Ermittlung von Umtauschverhältnissen im Rahmen
von grenzüberschreitenden Verschmelzungstatbeständen

Internationale Steuerlehre, Steuerrecht und Wirtschaftsprüfung

Herausgegeben von Rainer Heurung/Gerd Morgenthaler/Andreas Dutzi

Band 6

Zur Qualitätssicherung und Peer Review der vorliegenden Publikation

Die Qualität der in dieser Reihe erscheinenden Arbeiten wird vor der Publikation durch einen Herausgeber der Reihe geprüft.

Notes on the quality assurance and peer review of this publication

Prior to publication, the quality of the work published in this series is reviewed by one of the editors of the series.

Michael Fritz

Ermittlung von Umtauschverhältnissen im Rahmen von grenzüberschreitenden Verschmelzungstatbeständen

PL ACADEMIC RESEARCH

Bibliografische Information der Deutschen Nationalbibliothek
Die Deutsche Nationalbibliothek verzeichnet diese Publikation in der Deutschen Nationalbibliografie; detaillierte bibliografische Daten sind im Internet über http://dnb.d-nb.de abrufbar.

Zugl.: Siegen, Univ., Diss., 2014

Gedruckt auf alterungsbeständigem, säurefreiem Papier.

D 467
ISSN 2191-1223
ISBN 978-3-631-66101-7 (Print)
E-ISBN 978-3-653-05547-4 (E-Book)
DOI 10.3726/ 978-3-653-05547-4

PL Academic Research ist ein Imprint der Peter Lang GmbH.

Peter Lang – Frankfurt am Main · Bern · Bruxelles · New York · Oxford · Warszawa · Wien

Diese Publikation wurde begutachtet.

www.peterlang.com

meiner Familie

Geleitwort

Die vorliegende Arbeit befasst sich mit der Ermittlung von Umtauschverhältnissen im Rahmen von grenzüberschreitenden Verschmelzungen zwischen Kapitalgesellschaften. Bei einem gesetzlichen Bewertungsanlass der Verschmelzung zweier (oder mehrerer) Unternehmen sieht das Umwandlungsgesetz die Ermittlung eines Umtauschverhältnisses vor, was wiederum die Bestimmung von objektivierten Unternehmenswerten der beteiligten Rechtsträger erfordert. Um ein angemessenes Umtauschverhältnis auf Basis der Relation der objektivierten Unternehmenswerte ableiten zu können, werden zur Bewertung der beteiligten Kapitalgesellschaften einheitliche Risikomaßstäbe vorausgesetzt. Sofern davon ausgegangen werden kann, dass an der in Deutschland ansässigen Kapitalgesellschaft Anteilseigner mit Wohnsitz in Deutschland beteiligt sind und die Anteile der ausländischen Kapitalgesellschaft von Anteilseignern mit Wohnsitz im Ausland gehalten werden, sind im Zuge der Festlegung von Bewertungs- und Risikomaßstäben die Interessen zweier Anteilseignergruppen aus unterschiedlichen Nationen zu berücksichtigen. Bei innerstaatlichen Verschmelzungen kann dagegen auf einen einheitlich typisierten Anteilseigner abgestellt werden.

Vor diesem Hintergrund geht der Verfasser in der vorliegenden Arbeit der Frage nach, unter welchen Bedingungen vergleichbare, objektivierte Unternehmenswerte im Rahmen einer grenzüberschreitenden Verschmelzung zweier Kapitalgesellschaften ermittelt werden können, die der anschließenden Herleitung eines angemessenen Umtauschverhältnisses dienen. Da im grenzüberschreitenden Verschmelzungsfall zwei unterschiedliche Steuerregime zu beachten sind, welche im Regelfall aufgrund ihrer Differenziertheit eine Vergleichbarkeit der Unternehmenserträge nicht gewährleisten, bezieht sich ein Teil der Untersuchung modellgestützt auf die Frage, inwiefern die Berücksichtigung von Steuerbelastungen auf Unternehmensebene (mittelbare Typisierung) sowie auf Anteilseignerebene (unmittelbare Typisierung) im Bewertungskalkül in Frage kommt oder sogar gänzlich auf deren Einbeziehung verzichtet werden kann. Der zweite zentrale Aspekt beruht auf der Fragestellung, inwiefern Risikomaßstäbe im Zuge der Planung zukünftiger Erträge für die beteiligten Kapitalgesellschaften vereinheitlicht werden können, um die Forderung eines einheitlichen Kapitalkostensatzes zu erfüllen, zumal die Risikoberücksichtigung im Regelfall im Nenner der Bewertungsformel – im Kapitalisierungszinssatz – erfolgt. Hierzu erarbeitet der Verfasser die Voraussetzungen und zeigt anhand eines beispielhaften Bewertungsmodells auf, wie die Herleitung eines angemessenen Umtauschverhältnisses auf der Grundlage von objektivierten Unternehmenswerten auch bei Annahme differenzierter Kapitalkosten dennoch gelingen kann.

Der Verfasser widmet sich in seiner Untersuchung nicht nur den betriebswirtschaftlichen Aspekten, sondern zeigt auch rechtliche Voraussetzungen zur grenzüberschreitenden Verschmelzung auf, insbesondere mit Bezug auf das

Umwandlungsgesetz. Eine derartige interdisziplinäre Auseinandersetzung mit dem Forschungsgebiet wird von vergleichbaren Beiträgen häufig ausgeblendet oder allein auf rechtlicher Basis vorgenommen. Insgesamt liefert die Arbeit einen innovativen, auf konzeptioneller Basis beruhenden, Lösungsansatz zur Ermittlung eines Umtauschverhältnisses im Rahmen einer grenzüberschreitenden Verschmelzung, womit die gewonnenen Erkenntnisse des Verfassers einen herausragenden Beitrag zur Weiterentwicklung des Forschungsgebiets der Unternehmensbewertung im internationalen Kontext liefern. Damit kann die Arbeit nicht nur für die Wissenschaft, sondern auch für die Wirtschafts- und Beratungspraxis von hohem Nutzen sein. Ihr ist deshalb eine umfassende Verbreitung zu wünschen.

Siegen, im Oktober 2014 Rainer Heurung

Vorwort

Die vorliegende Arbeit ist während meiner Tätigkeit als wissenschaftlicher Mitarbeiter am Lehrstuhl für Wirtschaftsprüfung und Betriebswirtschaftliche Steuerlehre der Universität Siegen entstanden und wurde im April 2014 beim Promotionsausschuss der Fakultät Wirtschaftswissenschaften, Wirtschaftsinformatik und Wirtschaftsrecht der Universität Siegen eingereicht. Das Promotionsverfahren wurde am 25. September 2014 mit dem Rigorosum abgeschlossen. Die Arbeit basiert auf dem Rechtsstand vom 30. April 2014.

Danken möchte ich an dieser Stelle meinem Doktorvater, Herrn Prof. Dr. Rainer Heurung, der mir während der Erstellung der Arbeit jederzeit mit fachlichem Rat und konstruktiver Kritik zur Seite stand. Mein Dank gebührt ebenfalls Herrn Prof. Dr. Andreas Dutzi für die Erstellung des Zweitgutachtens. Herrn Prof. Dr. Joachim Eigler möchte ich für die Übernahme des Vorsitzes der Prüfungskommission ganz herzlich danken.

Meinen Lehrstuhlkolleginnen- und kollegen möchte ich für die schöne gemeinsame Zeit sowie für die anregenden thematischen Auseinandersetzungen danken, wobei bezüglich letzterem Aspekt insbesondere Herr Dipl.-Betriebsw. (CVA) Holger Leuveld, Herr Dr. Sebastian Schröder sowie Herr Dipl.-Kfm. Marco Klübenspies zu nennen sind.

Nicht zuletzt jedoch danke ich ganz herzlich meiner Familie, die mich bis zur Abgabe der Arbeit moralisch unterstützt und motiviert hat. Insbesondere sind in diesem Zusammenhang meine Ehefrau Angela sowie meine Eltern Renate und Werner Fritz zu nennen, die mir stets ein großer Rückhalt waren. Ihnen widme ich daher diese Arbeit.

Dillenburg, im Oktober 2014 — Michael Fritz

Inhaltsübersicht

Inhaltsverzeichnis

Abkürzungsverzeichnis

a.A.	Andere Auffassung
ABl.	Amtsblatt
Abs.	Absatz
a.F.	alte Fassung
AG	Aktiengesellschaft
AktG	Aktiengesetz
AKU	Arbeitskreis Unternehmensbewertung
Alt.	Alternative
AmtshilfeRL-UmsG	Gesetz zur Umsetzung der Amtshilferichtlinie
AO	Abgabenordnung
APV	Adjusted Present Value
Art.	Artikel
AStG	Außensteuergesetz
Aufl.	Auflage
BB	Betriebs-Berater (Zeitschrift)
BBK	Buchführung, Bilanz, Kostenrechnung (Zeitschrift)
BewG	Bewertungsgesetz
BFH	Bundesfinanzhof
BFuP	Betriebswirtschaftliche Forschung und Praxis (Zeitschrift)
BGB	Bürgerliches Gesetzbuch
BGBl.	Bundesgesetzblatt
BMF	Bundesministerium der Finanzen
BsGaV	Verordnung zur Anwendung des Fremdvergleichsgrundsatzes auf Betriebsstätten
bspw.	beispielsweise

BStBl.	Bundessteuerblatt
BR-Drucks.	Drucksachen des Deutschen Bundesrates
BT-Drucks.	Drucksachen des Deutschen Bundestags
BVerfG	Bundesverfassungsgericht
bzw.	beziehungsweise
CAPM	Capital Asset Pricing Model
DAV	Deutscher Anwaltverein
DB	Der Betrieb (Zeitschrift)
DBA	Doppelbesteuerungsabkommen
DCF	Discounted Cashflow
d.h.	das heißt
DNotZ	Deutsche Notar-Zeitschrift (Zeitschrift)
Drucks.	Drucksache
DStJG	Tagungsband der Jahrestagung der Deutschen Steuerjuristischen Gesellschaft
DStR	Deutsches Steuerrecht (Zeitschrift)
DStRE	Deutsches Steuerrecht Entscheidungsdienst (Zeitschrift)
DStZ	Deutsche Steuer-Zeitung
EBIT	Earnings Before Interest and Taxes
EBITDA	Earnings Before Interest and Taxes, Depreciation and Amortization
EBT	Earnings Before Taxes
EG	Europäische Gemeinschaft
EGBGB	Einführungsgesetz zum Bürgerlichen Gesetzbuch
EGV	Vertrag zur Gründung der Europäischen Gemeinschaft
EStG	Einkommensteuergesetz
etc.	et cetera
EU	Europäische Union

EuGH	Europäischer Gerichtshof
EuGVVO	Verordnung über die gerichtliche Zuständigkeit und die Anerkennung und Vollstreckung von Entscheidungen in Zivil- und Handelssachen
EWG	Europäische Wirtschaftsgemeinschaft
EWR	Europäischer Wirtschaftsraum
EWS	Europäisches Wirtschafts- und Steuerrecht (Zeitschrift)
EZB	Europäische Zentralbank
f.	folgende
FAUB	Fachausschuss für Unternehmensbewertung und Betriebswirtschaft
ff.	fortfolgende
FB	Finanzbetrieb (Zeitschrift)
FG	Finanzgericht
FGO	Finanzgerichtsordnung
FR	Finanz-Rundschau (Zeitschrift)
GewStG	Gewerbesteuergesetz
GG	Grundgesetz
GmbH	Gesellschaft mit beschränkter Haftung
GmbHR	GmbH-Rundschau (Zeitschrift)
GmbH-StB	Der GmbH-Steuer-Berater (Zeitschrift)
grds.	grundsätzlich
GoB	Grundsätze ordnungsmäßiger Buchführung
Halbs.	Halbsatz
HFA	Hauptfachausschuss
HGB	Handelsgesetzbuch
h. M.	herrschende Meinung
Hrsg.	Herausgeber
i.d.F.	in der Fassung

IDW	Institut der Wirtschaftsprüfer
i.H.v.	in Höhe von
IRC	Internal Revenue Code
inl.	Inländisch
IntVRL	Richtlinie über die Verschmelzung von Kapitalgesellschaften aus verschiedenen Mitgliedstaaten der Europäischen Union
i.d.R.	in der Regel
i.S.d.	im Sinne des/im Sinne der
i.S.v.	im Sinne von
IStR	Internationales Steuerrecht (Zeitschrift)
i.V.m.	in Verbindung mit
IWB	Internationale Wirtschaftsbriefe (Zeitschrift)
JbFfStR	Jahrbuch der Fachanwälte für Steuerrecht
JoFE	Journal of Financial Economics (Zeitschrift)
KG	Kommanditgesellschaft
KMU	kleine und mittlere Unternehmen
KStG	Körperschaftsteuergesetz
KWT	Kammer der Wirtschaftstreuhänder
MA	Musterabkommen
m.E.	Meines Erachtens
MgVG	Gesetz über die Mitbestimmung der Arbeitnehmer bei einer grenzüberschreitenden Verschmelzung
Mio.	Millionen
MK	Musterkommentar
m.w.N.	mit weiteren Nachweisen
NJW	Neue Juristische Wochenschrift (Zeitschrift)
NOPAT	Net Operating Profit After Tax
NOPLAT	Net Operating Profit Less Adjusted Taxes
Nr.	Nummer

NWB	Steuer- und Wirtschaftsrecht (Zeitschrift)
NZG	Neue Zeitschrift für Gesellschaftsrecht (Zeitschrift)
öAktG	Bundesgesetz über Aktiengesellschaften in Österreich
öEstG	Einkommensteuergesetz in Österreich
öGmbHG	Gesetz betreffend die Gesellschaften mit beschränkter Haftung in Österreich
OECD	Organisation for Economic Co-operation and Development
OECD-MA	Musterabkommen der Organisation for Economic Co-operation and Development zur Vermeidung der Doppelbesteuerung
OECD-MK	Musterkommentar der Organisation for Economic Co-operation and Development zur Vermeidung der Doppelbesteuerung
oFCF	operative Free Cashflow
OFD	Obere Finanzdirektion
OHG	Offene Handelsgesellschaft
rd.	rund
RFH	Reichsfinanzhof
RIW	Recht der Internationalen Wirtschaft (Zeitschrift)
Rs.	Rechtssache
RWZ	Recht und Rechnungswesen (österreichische Zeitschrift)
Rz.	Randziffer
S.	Seite
SEStEG	Gesetz über steuerliche Begleitmaßnahmen zur Einführung der Europäischen Gesellschaft
sog.	sogenannte, sogenannter
SpruchG	Spruchverfahrensneuordnungsgesetz
StabG 2012	Stabilitätsgesetz 2012 in Österreich
StuB	Steuern und Bilanzen (Zeitschrift)
u.a.	unter anderem

UGB	Bundesgesetz über besondere zivilrechtliche Vorschriften für Unternehmen in Österreich
UmwG	Umwandlungsgesetz
USA	United States of America
UStRG 2008	Unternehmensteuerreformgesetz 2008
v.	von (Namenszusatz)
Vgl.	Vergleiche
Wpg	Die Wirtschaftsprüfung (Zeitschrift)
WPO	Wirtschaftsprüferordnung
WÜRV	Wiener Übereinkommensgesetz
z.B.	zum Beispiel
ZBB	Bankrecht und Bankwirtschaft (Zeitschrift)
ZfB	Zeitschrift für Betriebswirtschaft (Zeitschrift)
zfbf	Schmalenbachs Zeitschrift für betriebswirtschaftliche Forschung (Zeitschrift)
ZGR	Zeitschrift für Unternehmens- und Gesellschaftsrecht (Zeitschrift)
ZHR	Zeitschrift für das gesamte Handels- und Wirtschaftsrecht (Zeitschrift)

Abbildungsverzeichnis

Tabellenverzeichnis

Symbolverzeichnis

a	Anzahl der vor der Fusion von A ausgegebenen Aktien
b	Anzahl der vor der Fusion von B ausgegebenen Aktien
β	unternehmensspezifischer Betafaktor
β_j^D	Unternehmensindividueller (verschuldeter) Betafaktor der A-AG
$\beta_j^Ö$	Unternehmensindividueller (verschuldeter) Betafaktor der B-AG
β_u	Betafaktor des unverschuldeten Unternehmens
β_v	Betafaktor des verschuldeten Unternehmens
$\mathrm{cov}(r_j, r_M)$	Kovarianz zwischen Unternehmens- und Marktrendite
est_k^{eff}	effektiver Kursgewinnsteuersatz
FCF_t	erwarteter Free Cashflow in Periode t
E_A	Zukunftserfolg der übernehmenden Gesellschaft
E_B	Zukunftserfolg der übertragenden Gesellschaft
$e_{B_{nUSt}}$	ausschüttbares Ergebnis der übertragenden Gesellschaft nach Unternehmenssteuern
EK	Marktwert des Eigenkapitals
E_t	erwarteter Unternehmensertrag in Periode t
FW	Ertragswert
FK	Marktwert des Fremdkapitals
GK	Marktwert des Gesamtkapitals
H	Haltedauer
i	Kalkulationszinssatz

i_e	barwertäquivalente, risikofreie Rendite
$i_{d,t}$	diskrete Spot Rate zum Zeitpunkt t
k	Kapitalkostensatz des übernehmenden Unternehmens
MG_{vUst}	Mindestgewinn vor Abzug von Unternehmenssteuern
MG_{nUst}	Mindestgewinn nach Abzug von Unternehmenssteuern
N_0	Barwert der erwarteten Liquidationserlöse aus der Veräusserung des nicht betriebsnotwendigen Vermögens
n_{St}	nach persönlichen Steuern
q	Ausschüttungsquote
r_{EK}	Renditeforderung der Eigenkapitalgeber
r_f	Rendite des risikofreien Wertpapieres
r_{FK}	Renditeforderung der Fremdkapitalgeber
r_j^{vSt}	Renditeforderung der Anteilseigner vor persönlichen Steuern
r_M	Rendite des Marktportfolios
r_j^{nSt}	Renditeforderung der Anteilseigner nach persönlichen Steuern
r_w	Wiederanlagerendite
r_w^D	Wiederanlagerendite für Aktionäre der A-AG
$r_w^Ö$	Wiederanlagerendite für Aktionäre der B-AG
ρ	Korrelationskoeffizient
$\rho_{i,M} * \sigma_i$	Schwankungsbreite der Kurse der Anlage in das betrachtete Unternehmen
S	Steuersatz zur Vorteilhaftigkeit von Fremdfinanzierungen
S_A	Abgeltungsteuersatz
s_{gew}	Gewerbesteuersatz

s_{gew}^{D}	Gewerbesteuersatz in Deutschland
s_{ks}	Körperschaftsteuersatz
$s_{ks,\,s}$	Körperschaftsteuersatz zzgl. Solidaritätszuschlag
$s_{ks,s}^{D}$	Körperschaftsteuersatz zzgl. Solidaritätszuschlag in Deutschland
$s_{ks}^{Ö}$	Körperschaftsteuer eines österreichischen Unternehmens
σ	Standardabweichung
σ_M	Schwankungsbreite der Rendite des Marktportfolios
t	Periodenindex
U	Umtauschverhältnis ohne Barzuzahlung sowie ohne Zuteilung eines Mindest-Verbundeffektes
U^*	Ziel-Umtauschverhältnis
u'	mit Zuzahlung vereinbartes Umtauschverhältnis ($u' > u$)
U_A	Mindest-Umtauschverhältnis
U_B	Höchst-Umtauschverhältnis
$U(D/Ö)$	Grenz-Umtauschverhältnis
∞	unendlich
UW	Unternehmenswert
UW_{nSt}	Unternehmenswert nach persönlichen Steuern
V	Verbundeffekt
$Var(r_M)$	Varianz der Rendite des Marktportfolios
$V_{brutto,\,jährlich}$	jährlicher Zahlungsstrom aus dem Verbundeffekt vor Unternehmenssteuern
$V_{brutto,\,jährlich}^{H}$	jährlicher Zahlungsstrom aus dem Verbundeffekt vor Unternehmenssteuern auf Grundlage des Höchst-Umtauschverhältnisses

$V^{M}_{brutto,\,jährlich}$	jährlicher Zahlungsstrom aus dem Verbundeffekt vor Unternehmenssteuern auf Grundlage des Mindest-Umtauschverhältnisses
$V_{jährlich}$	Zahlungsstrom aus dem Verbundeffekt vor persönlichen Steuern
V_{St}	vor persönlichen Steuern
$WACC$	durchschnittliche, gewichtete Kapitalkosten
w_{th}	Wachstumsrate aus Thesaurierung
Z	bare Zuzahlung pro Anteil des übertragenden Unternehmens
$Z_{brutto,\,jährlich}$	jährlicher Zahlungsstrom aus der Barzuzahlung vor Unternehmenssteuern
$Z_{netto,\,jährlich}$	jährlicher Zahlungsstrom aus der Barzuzahlung vor persönlichen Steuern

A. Einleitung

I. Problemstellung

Der deutsche Gesetzgeber hat mit dem Zweiten Gesetz zur Änderung des Umwandlungsgesetzes[1], das am 25. April 2007 in Kraft trat, die gesellschaftsrechtlichen Vorgaben der Richtlinie 2005/56/EG[2] (nachfolgend auch IntVRL) des Europäischen Parlaments und des Rates über die Verschmelzung von Kapitalgesellschaften aus verschiedenen Mitgliedstaaten umgesetzt. Die Richtlinie gibt einen Rahmen vor, innerhalb dessen grenzüberschreitende Verschmelzungen von Kapitalgesellschaften möglich sind, indem sie ein grundsätzlich einheitliches, gesellschaftsrechtliches, Verfahrenskonzept liefert, das solche Transaktionen auf eine rechtssichere Basis stellt. Aufgrund der aus deutscher Sicht sehr ähnlichen Verfahrensweisen von nationalen und grenzüberschreitenden Verschmelzungen erfolgte die Umsetzung durch den deutschen Gesetzgeber durch die Ergänzung des Umwandlungsgesetzes um einen Zehnten Abschnitt über grenzüberschreitende Verschmelzungen von Kapitalgesellschaften im Zweiten Buch (§§ 122a – 122l UmwG).

Nach Maßgabe des UmwG ist im Rahmen des gesetzlichen Bewertungsanlasses einer Verschmelzung zweier (oder mehrerer) Unternehmen zu einem Unternehmen ein angemessenes Umtauschverhältnis zu bestimmen.[3] Hierzu erfordert der Bewertungsanlass die Ermittlung objektivierter Unternehmenswerte. Die jeweilige Bewertung der an der Verschmelzung beteiligten Unternehmen setzt wiederum die Verwendung einheitlicher Risikomaßstäbe voraus, um zu vergleichbaren Ergebnissen zu gelangen.[4] Diese Voraussetzung kann im Rahmen nationaler Verschmelzungen eher erfüllt werden, da bspw. bei unmittelbarer Typisierung der steuerlichen Verhältnisse die Ermittlung des objektivierten Unternehmenswertes einheitlich aus Sicht eines national ansässigen Anteilseigners erfolgen kann. Insbesondere gestaltet sich damit einerseits die Bildung eines einheitlichen Annahmenkataloges für die beteiligten Unternehmen im Hinblick auf die zu planenden, zukünftigen, Ertragsgrößen einfacher. Zum anderen kann die Herleitung eines einheitlichen Kapitalkostensatzes zur Diskontierung zukünftiger Ertragsgrößen auf Grundlage des CAPM-Modells gem. IDW S 1 i.d.F. 2008 aus der Sicht eines typisierten Anteilseigners erfolgen. Während bei nationalen Verschmelzungen im Zuge der Festlegung von Risikomaßstäben noch von einem typisierten Anteilseigner mit Wohnsitz in Deutschland ausgegangen werden kann, sind bei einer grenzüberschreitenden

1 Vgl. Zweites Gesetz zur Änderung des Umwandlungsgesetzes vom 19.04.2007, BGBL I, S. 542ff.

2 Vgl. Richtlinie 2005/56/EG des Europäischen Parlaments und des Rates vom 26.10.2005, Abl. EU Nr. L 310.

3 Vgl. § 5 Abs. 1 Nr. 3 UmwG.

4 Vgl. Heurung, DB 1997a, S. 840.

Verschmelzung die Interessen mindestens zweier Anteilseignergruppen aus unterschiedlichen Nationen zu berücksichtigen, sofern davon ausgegangen wird, dass an dem in Deutschland ansässigen Unternehmen Anteilseigner mit Wohnsitz in Deutschland beteiligt sind und dementsprechend die Anteile am ausländischen Unternehmen von Anteilseignern mit Wohnsitz im Ausland gehalten werden.

Vor diesem Hintergrund widmet sich die Kern der Arbeit der zu beantwortenden Frage, unter welchen Bedingungen im Rahmen einer grenzüberschreitenden Verschmelzung zweier Kapitalgesellschaften vergleichbare, objektivierte, Unternehmenswerte zur anschließenden Herleitung eines angemessenen Umtauschverhältnisses ermittelt werden können. Die Untersuchung bezieht sich auf einen beispielhaften Fall der Hereinverschmelzung einer österreichischen Aktiengesellschaft auf eine deutsche Aktiengesellschaft. Um bezugnehmend auf den Beispielfall die Vergleichbarkeit der zu ermittelnden, jeweils objektivierten, Unternehmenswerte im Hinblick auf die Bestimmung eines angemessenen Umtauschverhältnisses sicherzustellen, sind bei Verwendung der im IDW-Standard S 1 (IDW S 1 i.d.F. 2008) empfohlenen Bewertungsmethoden wie das Ertragswertverfahren oder die DCF-Verfahren sowohl im Zähler als auch im Nenner der jeweiligen Bewertungsformeln einheitliche Bewertungsmaßstäbe erforderlich. Wenngleich bei nationalen Verschmelzungen aus Sicht eines typisierten Anteilseigners noch vergleichbare Erträge aufgrund einheitlicher Besteuerungsannahmen bestimmt werden können, sind im grenzüberschreitenden Fall einer Verschmelzung zwei unterschiedliche Steuerregime zu beachten, die wegen ihrer Differenziertheit eine Vergleichbarkeit der Unternehmenserträge nicht gewährleisten, sofern es zur Berücksichtigung von Unternehmenssteuern und persönlichen Steuern der Anteilseigner im Bewertungskalkül kommt. Die Untersuchung widmet sich in diesem Zusammenhang der Fragestellung, ob die Berücksichtigung von Unternehmenssteuern im betrachteten Fall zur Bestimmung eines angemessenen Umtauschverhältnisses überhaupt zum Tragen kommt (mittelbare Typisierung) oder ob ein gänzlicher Verzicht auf die Steuerberücksichtigung zielführend sein kann. Weiterhin stellt sich diese Frage auch in Bezug auf die Berücksichtigung von persönlichen Steuern (unmittelbare Typisierung), sofern die zu planenden Erträge bereits um Unternehmenssteuern gekürzt werden.

Da die Risikoberücksichtigung regelmäßig in den Kapitalkosten und damit im Nenner der jeweiligen Bewertungskalküle in Form von Risikozuschlägen erfolgt[5], bezieht sich ein weiterer zentraler Aspekt der Untersuchung auf die Fragestellung, inwiefern Risikomaßstäbe im Zuge der Planung zukünftiger Erträge für beide beteiligten Unternehmen vereinheitlicht werden können, um die Forderung eines für beide Bewertungskalküle – sowohl für die deutsche als auch die österreichische Aktiengesellschaft – geltenden, einheitlichen, Kapitalkostensatzes zu erfüllen. Hierbei ist vorrangig zu untersuchen, ob ein einheitlicher (risikofreier) Basiszinssatz zum Ansatz kommen kann, der neben dem Risikozuschlag

5 Vgl. IDW S 1 i.d.F. 2008, Tz. 90.

den zweiten zentralen Bestandteil des Eigenkapitalkostensatzes gem. CAPM-Methode darstellt.

Bei den zu planenden, zukünftigen, Erträgen handelt es sich um Erwartungswerte, die unter Zugrundelegung verschiedener Risikogesichtspunkte ermittelt werden. Beispielsweise sind in diesem Zusammenhang Branchenrisiken und Marktrisiken zu nennen, die je nach Marktauftritt der beteiligten Unternehmen unterschiedlich ausfallen. Solche Risiken sind neben weiteren Risiken wiederum aus Sicht der Anteilseigner, deren Risikoverhalten maßgebend ist, zu bewerten und in Form eines Risikozuschlags im Kapitalkostensatz zu berücksichtigen. In der Regel wird davon auszugehen sein, dass die Ergebnisse der geplanten, zukünftigen, Erträge nicht deckungsgleich sind, zumal sie durch unternehmensindividuelle Einschätzungen beeinflusst werden, welche wiederum unterschiedliche Marktrisiken sowie die Interessen der Anteilseigner aus verschiedenen Nationen berücksichtigen. Weiterhin ist davon auszugehen, dass sich die Kapitalstrukturen auf unterschiedlichem Niveau bewegen und ebenso den Betafaktor beeinflussen, mit dem der Risikozuschlag letztlich gewichtet wird. Unter anderem wird die Höhe des Betafaktors durch einen Steuervorteil beeinflusst, welcher durch die Fremdfinanzierung des Unternehmens ausgelöst wird, indem Zinsaufwendungen das zu versteuernde Ergebnis mindern. Aufgrund des unterschiedlichen Steuerregimes zwischen Deutschland und Österreich resultieren diesbezüglich Steuerspareffekte in vergleichsweise unterschiedlicher Höhe, was sich auf den Risikozuschlag auswirkt.

Die hier auszugsweise genannten Aspekte lassen bereits die Schwierigkeit der Bestimmung eines einheitlichen Kapitalkostensatzes erahnen. Daher liegt das Ziel der Untersuchung darin, dass entsprechende Voraussetzungen für den Ansatz eines für beide beteiligten Unternehmen geltenden Kapitalkostensatzes herausgearbeitet und beurteilt werden. Alternativ dazu bezieht sich ein weiterer Teil der Untersuchung darauf, inwiefern die Herleitung eines angemessenen Umtauschverhältnisses auf Basis von objektivierten Unternehmenswerten, zu deren Bestimmung unterschiedliche Kapitalkosten verwendet wurden, dennoch gelingen kann.

II. Gang der Untersuchung

Zunächst werden in Kapitel B die gesetzlichen Grundlagen systematisch dargelegt, die bei nationalen Verschmelzungen sowie bei grenzüberschreitenden Verschmelzungstatbeständen Anwendung finden. Nach eingehenden Beschreibungen der verschiedenen Verschmelzungsvarianten wird der Verfahrensablauf einer innerstaatlichen Verschmelzung aufgezeigt, wobei sich die Ausführungen speziell auf den Mindestinhalt des Verschmelzungsvertrags sowie auf die Anforderungen an einen Verschmelzungsbericht beschränken. In diesem Kontext wird anschließend das Aufgabengebiet des Verschmelzungsprüfers eingebettet. Nach der innerstaatlichen Betrachtungsweise folgt die Darlegung grenzüberschreitender Verschmelzungsvarianten sowie die Erörterung des entsprechenden Verfahrensablaufs, bezogen auf grenzüberschreitende Verschmelzungen zwischen Deutschland und Österreich.

Nachdem anhand der rechtlichen Grundlagen die Voraussetzungen zur grenzüberschreitenden Verschmelzung zwischen Deutschland und Österreich aufgezeigt wurden, folgt darauf aufbauend im nächsten Kapitel C ein Vergleich der Grundsätze zur Durchführung von Unternehmensbewertungen auf Basis der in den Fachgutachten IDW S 1 i.d.F. 2008 sowie KFS BW 1 i.d.F. 2006 verankerten Empfehlungen, insbesondere bezogen auf die Bestimmung objektivierter Unternehmenswerte, die der gesetzliche Bewertungsanlass einer Verschmelzung erfordert. Dieser Vergleich dient der Prüfung, ob die Verfahrensweisen zur Ermittlung von objektivierten Unternehmenswerten im Rahmen der grenzüberschreitenden Verschmelzung zwischen deutscher und österreichischer Unternehmensbewertungspraxis einander entsprechen, zumal das Umtauschverhältnis aus der Relation der objektivierten Unternehmenswerte abzuleiten ist, wofür wiederum die Vergleichbarkeit der Unternehmenswertergebnisse von zentraler Bedeutung ist. Um mögliche Abweichungen von Unternehmenswertresultaten zwischen deutschen und österreichischen Bewertungskalkülen aufzuzeigen, bezieht sich ein wesentlicher Teil dieses Kapitels zum einen auf vergleichende Gegenüberstellungen von beispielhaften Bewertungskalkülen zwischen einer deutschen und einer österreichischen Kapitalgesellschaft, deren Aufbau auf den Empfehlungen beider Fachgutachten basieren. Anschließend werden die Ergebnisse zusammenfassend verglichen und bewertet. Zum anderen werden nach einem eingehenden Vergleich und einer folgenden Bewertung der Empfehlungen des IDW und der KWT, in Bezug auf den Ansatz von Risikozuschlägen im Rahmen der Eigenkapitalkostenbestimmung nach CAPM, die Möglichkeiten und Grenzen einer Vereinheitlichung von Eigenkapitalkosten herausgearbeitet. Abgerundet wird Kapitel C durch eine kritische Analyse der Empfehlungen des IDW sowie der KWT zur Höhe von Risikozuschlägen in Bezug auf die zu ermittelnden Eigenkapitalkosten. Konkret bezieht sich die Analyse auf die Haltbarkeit dieser Empfehlungen vor dem Hintergrund der darüber hinaus empfohlenen Ausschüttungsquoten, welche speziell für die nachhaltige Phase (Phase II) eines Bewertungsmodells anhand einer Peer-Group abgeleitet werden.

Im Mittelpunkt des Kapitels D steht die Ermittlung des Umtauschverhältnisses am Beispiel der grenzüberschreitenden Verschmelzung zweier Aktiengesellschaften zwischen Deutschland und Österreich. Dem Beispiel liegt die Annahme einer Hereinverschmelzung einer Aktiengesellschaft mit Unternehmenssitz in Österreich auf eine deutsche Kapitalgesellschaft zugrunde. Weiterhin wird angenommen, dass das österreichische Unternehmen nach Verschmelzung durch das Stammhaus als Betriebsstätte fortgeführt wird. Als zentrales Motiv dieser Hereinverschmelzung steht die aus Sicht der deutschen Aktiengesellschaft mögliche Steuerbelastungsoptimierung im Vordergrund. Daher werden eingehend die ertragsteuerlichen Folgen unter Einbezug der DBA-Regelungen erörtert. In Bezug auf die Rahmenbedingungen wird darüber hinaus untersucht, aus wessen Sichtweise – entweder aus Sicht der Aktionäre der übernehmenden deutschen Aktiengesellschaft oder aus Sicht der Aktionäre der übertragenden österreichischen Aktiengesellschaft – die Bewertung der an der Verschmelzung beteiligten Unternehmen zu erfolgen hat und ob eine mittelbare oder unmittelbare Typisierung der steuerlichen Verhältnisse in Frage kommt. Vor dem Hintergrund einer Vereinheitlichung von Eigenkapitalkosten wird daraufhin diskutiert, welche Zahlungsstromgrößen am ehesten zur Herleitung eines Umtauschverhältnisses geeignet sind, sofern das Umtauschverhältnis im grenzüberschreitenden Verschmelzungsfall auf Basis von zukünftigen Zahlungsstromgrößen bzw. auf Basis der zukünftigen Ertragskraft der beteiligten Unternehmen ermittelt werden soll.

Im Anschluss an die Rahmenbedingungen folgt die Bestimmung des angemessenen Umtauschverhältnisses unter Berücksichtigung der in Kapitel C erörterten Grundsätze zur Durchführung von Unternehmensbewertungen. Aufgrund des unterschiedlichen Steuerregimes zwischen Deutschland und Österreich ist eine Verschiebung der Beteiligungsquote zu erwarten, da abweichende Ertragsteuerbelastungen unterschiedliche (objektivierte) Unternehmenswertergebnisse herbeiführen. Sofern eine Beteiligungsquote maßgebend sein soll, die ohne Berücksichtigung steuerlicher Belastungen aus der Gegenüberstellung der jeweiligen Zukunftserfolge beider Aktiengesellschaften resultiert, werden zwei zielführende Optionen dargestellt, darunter die Möglichkeit der Barzuzahlung an die Aktionäre des übertragenden Unternehmens sowie die Ermittlung eines Mindest-Verbundeffekts, damit die Vermögensposition der Aktionäre wieder hergestellt werden können, die vor der Verschmelzung galten. Im Zuge dieser Überlegungen wird auch aufgezeigt, wie ausgehend von differenzierten Eigenkapitalkosten auf Seiten des deutschen sowie österreichischen Aktionärs das angemessene Umtauschverhältnis, welches auf der Grundlage der zu vergleichenden Ertragskraft beider Unternehmen ohne die Berücksichtigung von Ertragsteuerbelastungen hergeleitet wurde, erreicht werden kann.

B. Rechtliche Grundlagen

I. Verschmelzung

1. Verschmelzungsbegriff

Die Begriffe der Verschmelzung und Fusion werden sowohl im Kontext des nationalen[6] als auch des internationalen Gesellschaftsrechts[7] synonym verwendet.[8] Der gesetzliche Tatbestand einer Verschmelzung ist in § 1 Abs. 1 UmwG geregelt. Die Verschmelzung stellt danach neben der Spaltung, Vermögensübertragung und dem Formwechsel eine der insgesamt vier Umwandlungsarten dar. Bezeichnend für eine Verschmelzung ist die wirtschaftliche und rechtliche Vereinigung der Vermögen zweier Rechtsträger als Ganzes[9] im Rahmen der Gesamtrechtsnachfolge. Dabei werden Aktiv- und Passivvermögen eines oder mehrerer Rechtsträger (Überträger(in)) auf einen anderen Rechtsträger (Übernehmerin) übertragen. Die übertragende Rechtsträgerin wird dabei ohne Abwicklung aufgelöst, womit auch die Mitgliedschaftsrechte an ihr erlöschen. Den Anteilsinhabern des übertragenden und erlöschenden Rechtsträgers wird eine entsprechende Beteiligung an dem übernehmenden Rechtsträger im Wege des Anteilstausches gewährt.[10] Neben der Gewährung von Anteilen ist auch eine bare Zuzahlung möglich, welche im Verschmelzungsvertrag festgesetzt werden kann und den zehnten Teil des Nennbetrags der gewährten Anteile nicht übersteigen darf.[11]

Nach dem Umwandlungsgesetz können zwei Arten von Verschmelzungen unterschieden werden, die Verschmelzung durch Aufnahme sowie die Verschmelzung durch Neugründung. Leistungswirtschaftlich lassen sich horizontale, vertikale und diagonale Unternehmenszusammenschlüsse unterscheiden.[12] Die Verschmelzung durch Aufnahme und die Verschmelzung durch Neugründung sind der Fusion i.e.S. zuzuordnen, da sie die Konsequenz einer rechtlichen Einheit der zusammengeschlossenen Unternehmen nach sich ziehen.[13] Die wirtschaftliche und rechtliche

6 Vgl. Timm, AG 1982, S. 98.
7 Vgl. Eisele, in: Rössler/Troll, BewG, 2014, § 97 Rz. 7a.
8 Vgl. Schmalenbach, Die Aktiengesellschaft, 1950, S. 147.
9 Es dürfen keine einzelnen Vermögensgegenstände bei den übertragenden Rechtsträgern zurückbleiben, vgl. Drygala, in: Lutter, UmwG, 2014, Band I, § 2 Rz. 29.
10 Vgl. § 20 UmwG.
11 Vgl. § 54 Abs. 4 UmwG.
12 Vgl. Wöhe/Döring, Betriebswirtschaftslehre, 2013, S. 255.
13 Vgl. Schmitz, Verschmelzungsprüfung, 1987, S. 5. Mit der Fusion i. e. S. sind sowohl die wirtschaftlichen Voraussetzungen einer Verschmelzung als auch das juristische Tatbestandsmerkmal der Gesamtrechtsnachfolge erfüllt.

Selbständigkeit der übertragenden Rechtsträger wird dabei aufgegeben.[14] Ursprünglich war mit der Verschmelzung ausschließlich die Vereinigung nicht verbundener Unternehmen vorgesehen[15], was der gesetzlichen Idealform der Verschmelzung entspricht und im Ergebnis zur Bildung eines Einheitsunternehmens führt.[16]

Die Fusion i.w.S. stellt dagegen eine Form dar, die im Ergebnis zu einer wirtschaftlichen und keiner rechtlichen Einheit führt.[17] Die wirtschaftliche Einheit entsteht demnach durch die organisatorische und/oder vertragliche Bindung von mindestens zwei Unternehmen aufgrund entsprechender Beteiligungsverhältnisse (kapitalmäßiger Beherrschungsmacht) und/oder Beherrschungsverträge, wobei diese Fälle vom Verschmelzungsbegriff i.S.d. Umwandlungsgesetzes nicht erfasst werden.[18]

2. Arten der Verschmelzung

2.1 Verschmelzung durch Aufnahme

Bei einer Verschmelzung durch Aufnahme wird das Vermögen eines oder mehrerer Rechtsträger als Ganzes im Wege der Gesamtrechtsnachfolge auf einen bereits bestehenden Rechtsträger, welcher dann in unveränderter Form fortbesteht, übertragen. Im Gegenzug werden den Anteilsinhabern des übertragenden Rechtsträgers Anteile am übernehmenden Rechtsträger gewährt.[19] Der übernehmende Rechtsträger kann bereits vorher an dem übertragenden Rechtsträger beteiligt sein, er muss es aber nicht.[20] Mit Eintragung in das Handelsregister des Sitzes der übernehmenden Gesellschaft erlischt der übertragende Rechtsträger.[21] Die Anteilseigner des übertragenden Rechtsträgers werden somit Anteilseigner des übernehmenden Rechtsträgers, was den Regelfall der Verschmelzung darstellt.

---

14 Vgl. Küting, Unternehmerische Wachstumspolitik, 1980, S. 247.

15 Vgl. Hügel, Verschmelzung und Einbringung, 1993, S. 511.

16 Die personelle, vertragliche und/oder anteilsmäßige Nichtverbundenheit von Kapitalgesellschaften wird als Grundsituation einer Konzentrationsverschmelzung eingestuft, vgl. Buchheim, Europäische Aktiengesellschaft und grenzüberschreitende Konzernverschmelzung, 2001, S. 45.

17 Vgl. Herzig/Dautzenberg, DB 1992, S. 3.

18 Vgl. Thomas, Steuerliche Behandlung einer grenzüberschreitenden Verschmelzung, 2007, S. 7; Gille, Bilanzierung immaterieller Anlagewerte bei Umwandlungen, 2005, S. 38f.

19 Vgl. § 2 Abs. 1 UmwG.

20 Vgl. Marsch-Barner, in: Kallmeyer, UmwG, 2013, § 2 Rz. 3.

21 Vgl. § 20 Abs. 1 Nr. 2 Satz 1 UmwG.

2.2 *Verschmelzung durch Neugründung*

Erfolgt die Verschmelzung durch Neugründung, wird das Vermögen zweier oder mehrerer Rechtsträger jeweils als Ganzes auf einen gleichzeitig neu zu gründenden Rechtsträger übertragen.[22] Der neu gegründete Rechtsträger (übernehmende Gesellschaft) übernimmt damit alle Aktiva und Passiva der beiden übertragenden Rechtsträger. Ähnlich wie auch bei der Verschmelzung durch Aufnahme gehen in diesem Fall mindestens zwei Rechtsträger als Rechtspersonen unter[23] und die Anteilseigner der übertragenden Rechtsträger erhalten im Gegenzug Anteile am übernehmenden Rechtsträger. Die Verschmelzung durch Neugründung kommt in der Praxis entgegen der Verschmelzung durch Aufnahme seltener vor. Als Vorteil kann einer Verschmelzung durch Neugründung zugute gehalten werden, dass ein Streit zwischen gleichwertigen Gesellschaftern hinsichtlich der zu beantwortenden Frage, welche Gesellschaft die übernehmende sein soll, vermieden wird.[24] Sowohl die Annahme zweier gleichwertiger Gesellschafter als auch die im Gegensatz dazu bewusste Vermittlung einer Gleichberechtigung gegenüber der Öffentlichkeit liefert dem Management der übertragenden Rechtsträger das Argument, auf diese Weise eine Anfechtung wegen Falschbewertung vermeiden zu können.[25] Dagegen stellt sich aber die Neugründung des übernehmenden Rechtsträgers als umständlicher und teurer heraus.[26] So ist das Aktivvermögen der übertragenden Rechtsträger maßgeblich für die Höhe der anfallenden Notargebühren im Rahmen der Beurkundung des Verschmelzungsvertrags[27], wobei das Aktivvermögen aller übertragenden Rechtsträger einbezogen wird.[28]

2.3 *Verschmelzungsvarianten auf Konzernebene*

Als typische Form der Verschmelzung kann die Konzernverschmelzung charakterisiert werden. Eine solche Konzernverschmelzung führt zu einer organisationsrechtlichen Einheit eines bereits vorher bestehenden wirtschaftlichen Verbundes, welcher aufgrund einer Beteiligung des einen Partners an dem anderen Unternehmen begründet wird.[29] In Abhängigkeit von der anvisierten Zielrichtung der

22 Vgl. § 2 Abs. 1 UmwG.

23 Vgl. § 20 Abs. 1 Nr. 2 Satz 1 UmwG.

24 Vgl. Drygala, in: Lutter, UmwG, 2014, Band I, § 2 Rz. 27.

25 Vgl. Schiessl, AG 1999, S. 446; bei keinem der beteiligten Rechtsträger kann die Anfechtungsklage darauf gestützt werden, dass das Umtauschverhältnis zu niedrig bemessen ist, vgl. Fronhöfer, in: Widmann/Mayer, Umwandlungsrecht, 2013, § 2 Rz. 36.

26 Vgl. Marsch-Barner, in: Kallmeyer, UmwG, 2013, § 2 Rz. 7.

27 Vgl. Heckschen, Verschmelzung von Kapitalgesellschaften, 1989, S. 73.

28 Vgl. Reimann, MittBayNot 1995, S. 2.

29 Vgl. Timm, AG 1982, S. 104.

Verschmelzung können unterschiedliche Möglichkeiten gewählt werden. Konkret kann zwischen einem upstream-merger, downstream-merger und dem sidestream-merger differenziert werden.[30]

Bei einem upstream-merger wird die Tochtergesellschaft auf die Muttergesellschaft verschmolzen. Dagegen wird bei einem downstream-merger die Muttergesellschaft auf die Tochtergesellschaft verschmolzen. Diese beiden Varianten der Verschmelzung sind der vertikalen Konzernverschmelzung zuzuordnen. Ein side-stream-merger kennzeichnet die horizontale Konzernverschmelzung, wobei Schwestergesellschaften verschmolzen werden. Die Gründe für die Wahl einer der beiden Verschmelzungsrichtungen können vielfältiger Natur sein. Als betriebswirtschaftliche Gründe können bspw. vordergründig die Gestaltungsfragen von Eigen- oder Fremdkapital, Kreditbesicherung, Ausschüttungspolitik oder die Unternehmenssanierung genannt werden.[31] Als rechtlicher Grund kann insbesondere bei einem downstream-merger die Vermeidung von Grunderwerbsteuer[32] für die von der Tochtergesellschaft gehaltenen Grundstücke oder die bewusste Beibehaltung der Rechtsform der Tochtergesellschaft sein.[33]

II. Verfahrensablauf bei innerstaatlichen Verschmelzungen nach dem Umwandlungsgesetz

1. Verfahrensablauf

Der Verschmelzungsablauf im Rahmen innerstaatlicher Verschmelzungen kann grundsätzlich in drei Phasen eingeteilt werden, die Vorbereitungsphase, die Beschlussphase und die Vollzugsphase, auf die im Folgenden näher eingegangen wird. Den Schwerpunkt bildet dabei die Verschmelzung durch Aufnahme, die im zentralen Fokus der folgenden Ausführungen steht und analog zum Umwandlungsgesetz behandelt wird.

30 Vgl. Gille, Bilanzierung immaterieller Anlagewerte bei Umwandlungen, 2005, S. 44.

31 Vgl. Schmitt/Schloßmacher, DStR 2010, S. 673.

32 Vgl. Wunsch, Verschmelzung und Spaltung von Kapitalgesellschaften, 2003, S. 79f.

33 Vgl. Heckschen, GmbHR 2008, S. 803; die Börsennotierung der Tochtergesellschaft ist als Begründung zur Beibehaltung der Rechtsform zu nennen, vgl. Klein/Stephanblome, ZGR 2007, S. 352.

Tabelle 1: Verfahrensablauf einer Verschmelzung von Aktiengesellschaften[34]

Verschmelzungsphase	Erforderliche Schritte
Vorbereitungsphase	• Erstellung der Schlussbilanz des übertragenden Rechtsträgers • Durchführung der Unternehmensbewertung der beteiligten Unternehmen • Erstellung eines Entwurfs des Verschmelzungsvertrags • Erstellung des Verschmelzungsberichts • Bestellung des Verschmelzungsprüfers • Durchführung der Verschmelzungsprüfung • Einreichung des Entwurfs beim Handelsregister, Bekanntmachung und Einladung der Aktionäre zur Hauptversammlung sowie Auslage der letzten drei Jahresbilanzen, des Verschmelzungsvertrags und –berichts in den Geschäftsräumen der beteiligten Gesellschaften • Zuleitung des Entwurfs an den Betriebsrat (soweit vorhanden) • Vorbereitung der Kapitalerhöhung beim übernehmenden Rechtsträger
Beschlussphase	• Auslegung von Verschmelzungsvertrag, Verschmelzungsbericht sowie der Bilanzen und Lageberichte der letzten drei Jahre in den Räumen der Hauptversammlung • Erläuterung des Verschmelzungsvertrags auf der Hauptversammlung durch den Vorstand der jeweiligen Gesellschaften • Einholung der Zustimmung der Aktionäre • Notarielle Beurkundung des Verschmelzungsbeschlusses
Vollzugsphase	• Durchführung der Kapitalerhöhung bei der übernehmenden Gesellschaft (soweit erforderlich) • Ggfs. Neugründung einer Gesellschaft (bei Verschmelzungen durch Neugründung) • Anmeldung zur Eintragung beim Handelsregister • Eintragung der Kapitalerhöhung ins Handelsregister (soweit erforderlich) • Eintragung der Verschmelzung in die Handelsregister beider Gesellschaften

34 In Anlehnung an Ahlers, Verschmelzung, 2003, S. 21.

Grundsätzlich beginnt der Verfahrensablauf einer Verschmelzung zunächst mit dem Entschluss zur Verschmelzung an sich, worauf dann die erste Phase, die Vorbereitungsphase, eingeleitet wird. Bevor die Vorbereitungsphase eingeleitet werden kann, ist zunächst die Kontaktaufnahme zwischen den beteiligten zu verschmelzenden Unternehmen notwendig. Weiterhin ist eine Auswahl von Wirtschaftsprüfern, Unternehmensberatern und Notaren vorzunehmen, um bspw. anschließend im gemeinsamen Dialog einen angemessenen Zeitplan zum Verschmelzungsvorhaben zu erstellen.[35] Sofern die potenziellen Verschmelzungspartner nach internen Verhandlungen zu dem Ergebnis kommen, die Verschmelzung durchführen zu wollen, kann der Verschmelzungsvertrag geschlossen werden, womit die Vorbereitungsphase beginnt.[36]

2. Verschmelzungsvertrag

2.1 Abschluss des Verschmelzungsvertrags

Der Verschmelzungsvertrag wird durch die Vertretungsorgane aller an der Verschmelzung beteiligten Unternehmen abgeschlossen.[37] Dies sind bei der AG der Vorstand[38], bei der GmbH die Geschäftsführer.[39] Ein Prokurist kann ebenso einen Verschmelzungsvertrag abschließen, wenn ihm vom Vertretungsorgan eine Vollmacht erteilt worden ist.[40] Der Verschmelzungsvertrag regelt vor allem die Übertragung des Vermögens des übertragenden Unternehmens auf das übernehmende Unternehmen und die Gegenleistung in Form von Anteilsgewährung oder Mitgliedschaften am übernehmenden Unternehmen.[41] Der Abschluss des Verschmelzungsvertrags erfordert die Zustimmung der Anteilsinhaber aller beteiligten Rechtsträger.[42] Gemäß § 4 Abs. 2 UmwG braucht der Verschmelzungsvertrag für die Fassung der Verschmelzungsbeschlüsse noch nicht abgeschlossen zu sein, sondern es genügt die Aufstellung eines Entwurfs, der den Anteilseignern ebenso als Entscheidungsgrundlage dient. Die nach § 6 UmwG für den Verschmelzungsvertrag vorgeschriebene notarielle Beurkundung gilt erst für

35 Vgl. Ahlers, Verschmelzung, 2003, S. 21.

36 Vgl. Winter, Der Konzern 2007, S. 31.

37 Vgl. § 4 UmwG.

38 Vgl. § 76 Abs. 1 AktG. Ist ein Vorstandsmitglied alleinvertretungsberechtigt, darf es die AG beim Abschluss eines Verschmelzungsvertrags vertreten.

39 Vgl. § 35 Abs. 1 GmbHG. Der Verschmelzungsvertrag kann auch durch einen Geschäftsführer und einen Prokuristen abgeschlossen werden, sollte die Vertretung entsprechend vorgesehen sein.

40 Der alleinige Abschluss durch einen Prokuristen ist indessen unzulässig, da es sich nicht um ein Rechtsgeschäft handelt, das der Betrieb eines Handelsgewerbes gem. § 49 Abs. 1 HGB mit sich bringt, vgl. Drygala, in: Lutter, UmwG, 2014, Band I, § 4 Rz. 8.

41 Vgl. Marsch-Barner, in: Kallmeyer, UmwG, 2013, § 4 Rz. 2.

42 Vgl. § 13 Abs. 1 S. 1 UmwG.

den endgültigen Vertrag. Im Regelfall wird vor der Beschlussfassung durch die Hauptversammlung im Fall einer AG ein Verschmelzungsvertrag geschlossen. Es kann sich dabei als sinnvoll erweisen, die notarielle Beurkundung erst nach der Beschlussfassung der Anteilseigner zu beantragen, um dem möglichen Nicht-Zustandekommen der Verschmelzungsbeschlüsse zu entgehen. Zum einen können somit anteilseignerseitige Änderungsanträge im Verschmelzungsvertrag noch Berücksichtigung finden und zum anderen bereits entrichtete Gebühren zur Beurkundung eingespart werden.[43]

2.2 Mindestinhalt des Verschmelzungsvertrags

Die für den Verschmelzungsvertrag vorgesehenen inhaltlichen Mindestangaben sind in § 5 Abs. 1 Nr. 1 bis 9 UmwG festgelegt. Dieser Katalog von Mindestangaben gilt grundsätzlich für alle Rechtsformen.[44] Die Namen der an der Verschmelzung beteiligten Rechtsträger sowie der jeweilige Firmensitz sind gem. § 5 Abs. 1 Nr. 1 UmwG zunächst anzugeben, wobei aus der Formulierung erkennbar sein muss, welcher Rechtsträger als übertragendes bzw. übernehmendes Unternehmen auftritt.[45] Die Übertragung des Vermögens des übertragenden Rechtsträgers erfolgt *als Ganzes* im Wege der Gesamtrechtsnachfolge. Die Gegenleistung stellt die Gewährung von Anteilen oder Mitgliedschaften am übernehmenden Rechtsträger dar.[46] Die entsprechende Formulierung in § 5 Abs. 1 Nr. 2 UmwG kann in diesem Zusammenhang aufgrund der Einfachheit und zur Vermeidung von Formmängeln wörtlich im Verschmelzungsvertrag übernommen werden, wobei die Vereinbarung einer *Verschmelzung* grundsätzlich ausreicht.[47] Die Angabe des Umtauschverhältnisses der Anteile und die Höhe einer möglichen baren Zuzahlung[48] gem. § 5 Abs. 1 Nr. 3 UmwG gehört zu dem grundlegenden Inhalt des Verschmelzungsvertrags und stellt den für die Anteilseigner wichtigsten Bestandteil dar, da das Umtauschverhältnis die Vermögenspositionen der Anteilseigner des übertragenden bzw. übernehmenden Unternehmens beeinflusst.[49] Vorrangiges Ziel der Anteilseigner ist es, ihre Vermögenspositionen nach der Verschmelzung nicht zu verschlechtern. Aus der Sicht der Anteilseigner des

43 Vgl. Marsch-Barner, in: Kallmeyer, UmwG, 2013, § 4 Rz. 9.

44 Das Umwandlungsgesetz enthält je nach Rechtsform entsprechende Sonderregelungen, vgl. §§ 40, 45b, 46, 57, 80, 110 UmwG.

45 Vgl. Ahlers, Verschmelzung, 2003, S. 23.

46 Vgl. § 2 Nr. 1 UmwG.

47 Vgl. Drygala, in: Lutter, UmwG, 2014, Band I, § 5 Rz. 14.

48 Barzuzahlungen erfolgen ausschließlich in Geld-, nicht in Sachwerten. Die GmbH, die AG und die Genossenschaft als übernehmende Rechtsträger dürfen Barzuzahlungen in Höhe von maximal 10% des Gesamtnennbetrages der gewährten Gesellschaftsrechte oder Geschäftsanteile vornehmen, vgl. §§ 54 Abs. 4, 68 Abs. 3 und 87 Abs. 2 Satz 2 UmwG.

49 Die Angaben zum Umtauschverhältnis entfallen nach § 5 Abs. 2 UmwG, wenn der übernehmende Rechtsträger bereits alle Anteile am übertragenden Rechtsträger hält.

übertragenden Rechtsträgers kann sich eine Verschlechterung der Vermögensposition einstellen, falls das Umtauschverhältnis zu niedrig bemessen ist. Gleichzeitig ergibt sich daraus ein Vermögensvorteil für die Anteilseigner des übernehmenden Unternehmens. Ausführungen zur Ermittlung des Umtauschverhältnisses beinhaltet der Verschmelzungsvertrag aber nicht. Die Erläuterung des Umtauschverhältnisses ist inhaltlicher Bestandteil des Verschmelzungsberichts.[50]

Einzelheiten zur Übertragung der Anteile des übernehmenden Rechtsträgers auf die Anteilseigner des übertragenden Rechtsträgers und der damit einhergehende Erwerb der Mitgliedschaft bei dem übernehmenden Rechtsträger sind ebenfalls im Verschmelzungsvertrag aufzunehmen.[51] Zu den Einzelheiten zählt unter anderem die Regelung darüber, wer die Kosten des Umtausches der bisherigen Anteile übernimmt, sowie die Angabe des Treuhänders für den Empfang der zu gewährenden Aktien in den Fällen, in denen es sich beim übernehmenden Rechtsträger um eine AG oder KGaA handelt.[52] Zu den Mindestinhalten des Verschmelzungsvertrags zählt weiterhin die Angabe des Zeitpunktes, von dem an die zu übertragenden Anteile einen Anspruch auf einen Anteil am Bilanzgewinn haben, der sich aus der Jahresbilanz des übernehmenden Rechtsträgers ergibt.[53] Der genaue Zeitpunkt, von dem an die Gesellschafter des übertragenden Rechtsträgers gewinnberechtigt werden, beginnt mit dem Wirksamwerden der Verschmelzung.[54] Da aber dieser Zeitpunkt i.d.R. nicht genau vorhersehbar ist und ein Beginn der Gewinnberechtigung während eines laufenden Geschäftsjahres ohnehin zu Schwierigkeiten bei der Gewinnverteilung zwischen alten und neuen Gesellschaftern führen kann, was sich insbesondere auf das Umtauschverhältnis auswirkt, besteht die Möglichkeit, im Verschmelzungsvertrag einen Zeitpunkt für den Beginn der Gewinnberechtigung zu vereinbaren.[55] Beispielsweise kann vereinbart werden, dass der Beginn des Geschäftsjahres des übernehmenden Rechtsträgers maßgebend ist, das auf den Stichtag der letzten Jahresbilanz der übertragenden Gesellschaft folgt. Aber auch spätere Zeitpunkte können vereinbart werden, womit der Ausgleich eines beispielsweise günstigen Umtauschverhältnisses erreicht werden kann.[56]

Ein Verschmelzungsvertrag muss nicht aufgrund der noch ausstehenden Eintragung der Verschmelzung, die auf den Eintritt von Verzögerungen zurückzuführen ist, angepasst werden. Hierunter fallen etwaige Verzögerungen, die bspw. durch die Klage gegen die Wirksamkeit des Verschmelzungsbeschlusses[57] oder durch die Nichteinhaltung des für die Eintragung vorgesehenen Termins

50 Vgl. § 8 Abs. 1 UmwG.
51 Vgl. § 5 Abs. 1 Nr. 4 UmwG.
52 Vgl. Marsch-Barner, in: Kallmeyer, UmwG, 2013, § 5 Rz. 24.
53 Vgl. Marsch-Barner, in: Kallmeyer, UmwG, 2013, § 5 Rz. 27.
54 Mit Eintragung der Verschmelzung ins Handelsregister gem. § 20 Abs. 1 UmwG.
55 Vgl. Drygala, in: Lutter, UmwG, 2014, Band I, § 5 Rz. 68.
56 Vgl. Hoffmann-Becking, Verschmelzungsrecht, 1988, S. 110.
57 Vgl. § 14 Abs. 1 UmwG.

hervorgerufen werden können.[58] Sollte allerdings das Wirksamwerden der Verschmelzung verzögert werden, müssen sowohl der übernehmende als auch der übertragende Rechtsträger weiterhin eigene Jahresabschlüsse erstellen, wobei die bisherige Gewinnverteilungspolitik fortgesetzt wird. Falls es dadurch zu Abweichungen bezüglich des vereinbarten Umtauschverhältnisses kommt, können die Vertretungsorgane der beteiligten Rechtsträger ein evtl. vereinbartes Rücktrittsrecht ausüben, wenn sie nicht an dem Verschmelzungsvertrag festhalten möchten.[59] Zur Wahrung des vereinbarten Umtauschverhältnisses können auch der Verschmelzung vorangehende Grundsatzvereinbarungen im Verschmelzungsvertrag aufgenommen werden, die auf eine dem Umtauschverhältnis entsprechende Geschäfts- und Ausschüttungspolitik abzielen. Eine solche Grundsatzvereinbarung bietet sich bspw. in den Fällen an, in denen die wirtschaftliche Entwicklung der beteiligten Rechtsträger im Zeitraum vom Verschmelzungsbeschluss bis zur Eintragung der Verschmelzung unerwartet auseinanderdriftet.[60]

Neben dem Zeitpunkt der Gewinnberechtigung muss im Verschmelzungsvertrag der Verschmelzungsstichtag genannt sein.[61] Mit dem Verschmelzungsstichtag wird der Zeitpunkt bestimmt, ab dem die Handlungen und Geschäftsvorfälle des übertragenden Rechtsträgers nach Rechnungslegungsgrundsätzen nicht als eigene, sondern als für Rechnung des übernehmenden Rechtsträgers vorgenommene zu verbuchen sind.[62] Der Übergang der Buchführungs- und Bilanzierungspflicht i.S.v. §§ 238ff. HGB auf den übernehmenden Rechtsträger bleibt damit außen vor.[63] Zweckmäßig erscheint die Festlegung eines einheitlichen Zeitpunktes von Verschmelzungsstichtag und Gewinnberechtigung im Verschmelzungsvertrag.[64] Ausgehend davon, dass den Anteilseignern die Teilnahme am Ergebnis des übernehmenden Rechtsträgers zusteht, sobald sie Handlungen für Rechnung des übernehmenden Rechtsträgers abwickeln, können folglich Verschiebungen beim Umtauschverhältnis, welches auf Basis dieses Zeitpunktes bemessen wurde, vermieden werden.[65] Der Verschmelzungsstichtag folgt damit unmittelbar auf den Stichtag der Schlussbilanz des übertragenden

---

58 Vgl. Hoffmann-Becking, Verschmelzungsrecht, 1988, S. 117.

59 Die Verschmelzung wird in diesen Jahresabschlüssen grundsätzlich nicht berücksichtigt, vgl. Marsch-Barner, in: Kallmeyer, UmwG, 2013, § 5 Rz. 30.

60 Vgl. Kiem, ZIP 1999, S. 179.

61 Vgl. § 5 Abs. 1 Nr. 6 UmwG.

62 Für grenzüberschreitende Verschmelzungen von Kapitalgesellschaften vgl. § 122c Abs. 2 Nr. 6 UmwG.

63 Bis zur Eintragung der Verschmelzung in das Handelsregister des übernehmenden Rechtsträgers bleibt die Rechnungslegungspflicht des übertragenden Rechtsträgers grundsätzlich bestehen, vgl. § 20 Abs. 1 UmwG.

64 Herrschende Meinung, vgl. Grunewald, in: Goette et al., AktG, 1994, § 340 AktG Rz. 20.

65 Möglich ist aber auch eine variable Regelung zur Festlegung eines Termins wie für die Gewinnberechtigung, um das Umtauschverhältnis über einen längeren Zeitraum konstant zu halten.

Rechtsträgers, die innerhalb von acht Monaten vor Anmeldung der Verschmelzung in das Handelsregister aufgestellt werden muss.[66] Ebenso ist der Gleichlauf von Verschmelzungsstichtag und Ablauf des Stichtags der Schlussbilanz auch in steuerlicher Hinsicht zu empfehlen.[67]

Die Gewährung besonderer Rechte zählt ebenfalls zu den Mindestinhalten im Verschmelzungsvertrag.[68] Es handelt sich dabei um die Pflicht zur Offenlegung von Sonderrechten, die der übernehmende Rechtsträger einzelnen Anteilsinhabern gewährt.[69] Insbesondere eingeräumte Vergünstigungen im Rahmen von Verschmelzungen sind als Sonderrechte zu qualifizieren.[70] Beispielhaft sind Sonderrechte, die bestimmten Anteilsinhabern des übertragenden Rechtsträgers in Bezug auf ihr Stimmrecht, die Geschäftsführung oder die Gewinnverteilung gewährt werden.[71] Zu nennen sind in diesem Zusammenhang Inhaber von Anteilen ohne Stimmrecht, Mehrstimmrechte, Vorzugsaktien, Genussrechte oder Schuldverschreibungen sowie für bestimmte Anteilsinhaber vorgesehene Maßnahmen. Zudem sind besondere Vorteile im Verschmelzungsvertrag aufzuführen, die den Mitgliedern der Vertretungsorgane, des Aufsichtsorgans[72], den geschäftsführenden Gesellschaftern und Partnern der an der Verschmelzung beteiligten Rechtsträger gewährt werden.[73] Besondere Vorteile stellen bspw. Abfindungszahlungen dar, zumal mit dem rechtlichen Untergang des übertragenden Rechtsträgers auch die bestehenden Ämter als Vorstand, Geschäftsführer und Aufsichtsrat erlöschen. Ebenso sind aber auch Zusagen an diese Personen im Verschmelzungsvertrag aufzunehmen, die eine erneute Organfunktion im übernehmenden Rechtsträger erhalten.[74] Weiterhin sind besondere Vorteile offenzulegen, die Abschlussprüfer und Verschmelzungsprüfer in Form von Sonderzahlungen zusätzlich zum Honorar erhalten, sowie Abfindungen, die am Ende der Prüfungstätigkeit beim übernehmenden Rechtsträger gewährt werden.

Den neunten und damit abschließenden Aspekt der Mindestinhalte des Verschmelzungsvertrags bildet die Aufnahme der Folgen der Verschmelzung für die

---

66 Vgl. § 17 Abs. 2 S. 4 UmwG.

67 Vgl. § 2 Abs. 1 S. 1 UmwStG, der Ablauf des Stichtags der Schlussbilanz gilt als steuerlicher Übertragungsstichtag.

68 Vgl. § 5 Abs. 1 Nr. 7 UmwG.

69 Anteilseigner des übertragenden oder des übernehmenden Rechtsträgers können begünstigt sein, vgl. Schröer, in: Semler/Stengel, UmwG, 2012, § 5 Rz. 66.

70 Damit soll den nichtbegünstigten Anteilsinhabern die Gelegenheit gegeben werden, die Einhaltung des Gleichbehandlungsgrundsatzes gem. § 53a AktG zu überprüfen.

71 Vgl. Marsch-Barner, in: Kallmeyer, UmwG, 2013, § 5 Rz. 41.

72 Neben Mitglieder der Aufsichtsräte werden auch Mitglieder eines Beirates oder Gesellschafterausschusses erfasst.

73 Vgl. § 5 Abs. 1 Nr. 8 UmwG.

74 Solche Zusagen stehen unter dem Vorbehalt, dass die Bestellung zum Vertretungsorgan auch tatsächlich erfolgt, vgl. Stratz, in: Schmitt/Hörtnagel/Stratz, UmwG, 2013, § 5 Rz. 84.

Arbeitnehmer und ihre Vertretungen. Darunter fallen bspw. der Übergang von Arbeitsverhältnissen, Versorgungsanwartschaften oder Betriebsvereinbarungen. Diese Vorschrift dient in ihrem Kern dazu, Arbeitnehmer über die unmittelbaren arbeitsrechtlichen Folgen der Verschmelzung zu informieren. Dazu zählen auch vorgesehene Maßnahmen, welche die Arbeitnehmer betreffen.[75] Zur zusätzlichen Angabe der vorgesehenen Maßnahmen liefert die Gesetzesbegründung keine klare Abgrenzung.[76] Konkret geht es um die Frage, inwiefern rechtliche und faktische Auswirkungen für Arbeitnehmer wie bspw. Entlassungen aufzunehmen sind, die auf Rationalisierungsmaßnahmen folgen, welche nicht bereits zum Zeitpunkt des Verschmelzungsvorgangs im vorliegenden Unternehmensplanungskonzept verankert sind.[77] Falls dagegen solche Rationalisierungsmaßnahmen bereits geplant sein sollten, müssten weiterhin konkrete Einschätzungen zu den Eintrittswahrscheinlichkeiten der damit verbundenen Folgen vorgenommen werden können, damit ihre Aufnahme im Verschmelzungsvertrag verlangt werden kann.[78]

3. Verschmelzungsbericht

3.1 Allgemeines

Die Vertretungsorgane der zu verschmelzenden Rechtsträger haben jeweils einen Verschmelzungsbericht zu erstellen, in dem die rechtlichen und wirtschaftlichen Aspekte der geplanten Verschmelzung erläutert und begründet werden.[79] Darunter fällt auch die Begründung für den Entwurf des Verschmelzungsvertrags, und vor allem für das Umtauschverhältnis und der Höhe der baren Zuzahlung. Ergänzend sind besondere Schwierigkeiten im Hinblick auf die Bewertung der beteiligten Rechtsträger, die Folgen für die Beteiligung der Anteilseigner und wesentliche, verschmelzungsrelevante Angelegenheiten bei verbundenen Unternehmen aufzunehmen.[80] Damit liefert der Verschmelzungsbericht den Anteilseignern anhand umfassender Informationen die Entscheidungsgrundlage zur Abstimmung über den geplanten Verschmelzungsvorgang. Anstelle von Einzelberichten eines jeden an der Verschmelzung beteiligten Rechtsträgers kann auch ein gemeinsamer Bericht erstellt werden[81], was sich aufgrund der damit verbundenen umfassenderen

75 Vgl. § 5 Abs. 1 Nr. 9 UmwG.

76 Vgl. Willemsen, in: Kallmeyer, UmwG, 2013, § 5 Rz. 50; Engelmeyer, DB 1996, S. 2542f.

77 Die Möglichkeit des Eintritts von Folgewirkungen, welche nicht durch die Verschmelzung ausgelöst wurden, kann im Verschmelzungsvertrag global formuliert aufgenommen werden, vgl. Willemsen, in: Kallmeyer, UmwG, 2013, § 5 Rz. 51.

78 Vgl. Willemsen, in: Kallmeyer, UmwG, 2013, § 5 Rz. 50. Anstelle der Unterschrift jedes einzelnen Mitglieds reicht die Unterzeichnung des Verschmelzungsberichts durch Organmitglieder in vertretungsberechtigter Zahl aus.

79 Vgl. § 8 Abs. 1 UmwG.

80 Vgl. § 8 Abs. 1 S. 2 und 3 UmwG.

81 Vgl. § 8 Abs. 1 S. 1 Halbsatz 2 UmwG.

Informationen gegenüber den Anteilseignern als zweckmäßiger herausstellen kann. Dennoch sind darin die unterschiedlichen Interessen der beteiligten Rechtsträger einzubringen, da auch bei gemeinsamer Berichterstattung jedes Vertretungsorgan gegenüber dem jeweiligen Rechtsträger verantwortlich bleibt.[82]

Anders als beim Abschluss des Verschmelzungsvertrags hat jedes Mitglied des Vertretungsorgans des jeweiligen Rechtsträgers an der Erstellung des Verschmelzungsberichts mitzuwirken, da nicht der Rechtsträger, sondern das jeweilige Vertretungsorgan zur Erstellung verpflichtet ist. Daraus folgt, dass die rechtsgeschäftliche Vertretung bei der Beschlussfassung über den Bericht ausgeschlossen ist. Die gesetzliche Vertretung genügt damit im Gegensatz zum Abschluss des Verschmelzungsvertrags nicht, wobei aber die tatsächliche Erstellung durchaus delegiert werden kann.[83]

3.2 Erläuterungen zur Verschmelzung

Die wirtschaftliche und rechtliche Erläuterung der Verschmelzung sowie deren wirtschaftliche und rechtliche Gründe sind im Verschmelzungsbericht aufzunehmen. Zunächst werden durch die Vertretungsorgane die beteiligten Rechtsträger beschrieben und anschließend Gründe dahingehend aufgeführt, warum in der Verschmelzung ein geeignetes Mittel zur Erreichung betriebswirtschaftlicher Ziele gesehen wird.[84] Als Gründe des Vorhabens werden die unternehmerischen Chancen und Risiken dargelegt, wobei alle wesentlichen Faktoren einschließlich der organisatorischen, bilanziellen, finanzwirtschaftlichen und steuerlichen Auswirkungen sowie vor allem Synergiepotenziale einzubeziehen sind. In der Regel beziehen sich die Vertretungsorgane hinsichtlich der wirtschaftlichen Vorteilhaftigkeit der Verschmelzung auf die Stärkung der Wettbewerbsposition, verbesserte Wachstumsperspektiven, Synergieeffekte und marktspezifische Besonderheiten.[85]

3.3 Erläuterungen zum Verschmelzungsvertrag

Neben der wirtschaftlichen und rechtlichen Erläuterung der Verschmelzung ist ebenso die Erläuterung der einzelnen Bestimmungen des Verschmelzungsvertrags oder seines Entwurfs verpflichtender Bestandteil des Verschmelzungsberichts. Dabei ist entscheidend, dass die Tragweite der einzelnen Bestimmungen des Vertrags erläutert wird und nicht nur eine Darstellung der wesentlichen Inhalte erfolgt.[86]

---

82 Vgl. Marsch-Barner, in: Kallmeyer, UmwG, 2013, § 8 Rz. 4.

83 Vgl. Drygala, in: Lutter, UmwG, 2014, Band I, § 8 Rz. 7.

84 Geprüfte und verworfene Alternativen zur Verschmelzung können erörtert werden. Wenn die Alternativen genannt werden, sind die maßgeblichen Gründe, die zur Verwerfung geführt haben, aufzuführen, vgl. LG München, Urteil vom 31.08.1999 – 5 HK O 8188/99, AG 2000, S. 86–87.

85 Vgl. Semler/Stengel, in: Semler/Stengel, UmwG, 2012, Einleitung A, Rz. 4.

86 Vgl. Gehling, in: Semler/Stengel, UmwG, 2012, § 8 Rz. 20.

Die Erläuterung einzelner Bestimmungen bezieht sich aber nicht auf Standardklauseln. Besonderes Augenmerk wird beispielsweise auf Aspekte wie abweichende Verschmelzungs- und Gewinnbezugsstichtage, Rechtseinräumungen an Vorstände und Aufsichtsräte und veränderte Rechtspositionen der Aktionäre am alten und neuen Rechtsträger gelegt, welche zu begründen sind.[87]

3.4 Erläuterungen zum Umtauschverhältnis

Wie bereits erwähnt, liefern u.a. die vertraglichen Regelungen zum Umtauschverhältnis der Anteile bzw. die Angaben über die Mitgliedschaft beim übernehmenden Rechtsträger den Anteilseignern eine entscheidende Beurteilungsgrundlage.[88] Mit der Erläuterung des Umtauschverhältnisses soll vor allem eine ausreichende Informationsbasis der Anteilseigner sichergestellt werden. Die Nachvollziehbarkeit der Erläuterungen muss gewährleistet werden, sodass es den Anteilseignern, gegebenenfalls auch durch Hinzuziehung eines Fachkundigen, möglich ist, eine Kontrolle über die Ermittlung des Umtauschverhältnisses durchzuführen. Zwar genügt eine plausible Darstellung[89], wobei die Angabe der Bewertungsmethode und die Aufzählung von Bewertungsfaktoren nicht ausreichen. Vielmehr sind neben den Analysen der Vergangenheitsergebnisse Einschätzungen über zukünftige Erträge darzulegen, die im Rahmen der erforderlichen Unternehmensbewertungen der beteiligten Rechtsträger zugrunde gelegt wurden.

Im Regelfall erfolgt die Unternehmensbewertung nach dem Ertragswertverfahren, welches gem. den Grundsätzen zur Durchführung von Unternehmensbewertungen vorgesehen ist[90] und in der Rechtsprechung anerkannt ist.[91] Demnach werden im ersten Schritt die Jahresergebnisse der beteiligten Rechtsträger aus der Vergangenheit analysiert und um außerordentliche und periodenfremde Aufwendungen und Erträge bereinigt. Im Verschmelzungsbericht reicht die Aufnahme der bereinigten Jahresergebnisse als Zahlenangaben aus, wobei die für die Bereinigung maßgebenden Gründe darzulegen sind.[92] Im zweiten Schritt sind die zukünftigen Erträge zu schätzen, wobei im Verschmelzungsbericht die geschätzten Jahresergebnisse mit den entsprechend auf jährlicher Basis angenommenen

87 Vgl. Gehling, in: Semler/Stengel, UmwG 2012, § 8 Rz. 21.

88 Vgl. Schöne, GmbHR 1995, S. 325ff.; gem. § 8 UmwG sind bei einer Verschmelzung gegen Gewährung von Anteilen sowohl das Umtauschverhältnis, als auch die beim übernehmenden Rechtsträger erworbenen Mitgliedschaften zu erläutern, wenn es sich bspw. um Genossenschaften oder eingetragene Vereine handelt.

89 Vgl. OLG Frankfurt, Urteil vom 22.08.2000 – 14 W 23/00, ZIP 2000, S. 1928; vgl. Gehling, in: Semler/Stengel, UmwG, 2012, § 8 Rz. 22.

90 Nicht betriebsnotwendiges Vermögen wird gesondert hinzugerechnet. Der Liquidationswert bildet die Untergrenze, vgl. IDW S 1 i.d.F. 2008, Tz. 5.

91 Vgl. Barthel, CFB 2010, S. 449ff.

92 Vgl. Mertens, AG 1990, S. 28f.; Bula / Pernegger, in: Sagasser/Bula/Brünger, Umwandlungen, 2011, § 9 Rz. 89ff.

Gesamterträgen und -aufwendungen aufzuführen sind. Im Hinblick auf die Plausibilitätskontrolle ist die Aufnahme vollständiger Plan-GuV-Rechnungen nicht erforderlich.[93] Dagegen genügt die Angabe der wichtigsten Plan-GuV-Posten wie Umsatzerlöse, Material- und Personalaufwand, Zinserträge und Zinsaufwendungen und Steuerbelastungen.[94] Neben den Planzahlen ist die zusätzliche Angabe und Begründung des Kapitalisierungszinssatzes notwendig, mit dem die geplanten Zukunftserträge auf den Bewertungsstichtag abgezinst werden.[95] Im Rahmen der Bewertung kann der Kapitalisierungszinssatz aufgrund unterschiedlicher Risikostrukturen der beteiligten Rechtsträger unterschiedlich hoch ausfallen. Insbesondere beeinflussen unterschiedliche Kapitalstrukturen und damit verbundene Finanzierungsrisiken den Risikozuschlag, der neben dem landesüblichen, einheitlich zu verwendenden Basiszinssatz im Ergebnis zu unterschiedlichen Kapitalisierungszinssätzen führt.[96]

Zwar ist es denkbar, dass unterschiedliche Methoden zur Bewertung der beteiligten Rechtsträger verwendet werden. Beispielsweise kann ein Rechtsträger mittels Ertragswertverfahren bewertet worden sein, der andere Rechtsträger anhand eines, gerade im Kontext von internationalen Bewertungsfällen, üblichen Discounted-Cashflow-Verfahrens.[97] In diesem Fall ist aber im Verschmelzungsbericht hinsichtlich der Vergleichbarkeit der Ergebnisse Stellung zu nehmen sowie die Wahl einer anderen Methode als die Ertragswertmethode zu begründen.[98] Von entscheidender Bedeutung ist in diesem Zusammenhang, dass für beide Rechtsträger die gleichen Bewertungsparameter festgelegt wurden, damit überhaupt eine Vergleichbarkeit sichergestellt werden kann. Für den einzelnen Rechtsträger selbst spielt es bei Annahme gleicher Bewertungsparameter keine Rolle, ob die Bewertung nach dem Ertragswertverfahren oder DCF-Verfahren durchgeführt wurde, zumal dann ein identischer Unternehmenswert resultiert. Die im Ergebnis erhaltenen Unternehmenswerte der beteiligten Rechtsträger sind neben der Angabe des Bewertungsstichtages und den Informationen zu den Wertrelationen ebenfalls im Verschmelzungsbericht anzugeben und zu erläutern.[99] Dazu sind Erläuterungen zum Zeitwert des nicht betriebsnotwendigen Vermögens aufzunehmen.[100]

---

93 Vgl. Mertens, AG 1990, S. 29.

94 Vgl. Sagasser/Luke, in: Sagasser/Bula/Brünger, Umwandlungen, 2011, § 9 Rz. 219–220.

95 Vgl. Sagasser/Luke, in: Sagasser/Bula/Brünger, Umwandlungen, 2011, § 9 Rz. 221.

96 Vgl. Gehling, in: Semler/Stengel, UmwG, 2012, § 8 Rz. 38.

97 Denkbar ist auch die Anwendung weiterer Verfahren wie das Substanzwertverfahren oder das Multiplikatorverfahren. Ebenso kann der Liquidationswert in Ansatz zu bringen sein, falls der Ertragswert niedriger ausfällt.

98 Vgl. Lutter/Drygala, AG 1995, S. 49f.

99 Vgl. Gehling, in: Semler/Stengel, UmwG, 2012, § 8 Rz. 41.

100 Vgl. Gehling, in: Semler/Stengel, UmwG, 2012, § 8 Rz. 40.

3.5 Besondere Schwierigkeiten bei der Bewertung

Sollten bei der Bewertung besondere Schwierigkeiten aufgetreten sein, ist im Verschmelzungsbericht darauf hinzuweisen.[101] Dabei sind solche Schwierigkeiten zu nennen, die im Rahmen der beabsichtigten Verschmelzung aufgetreten sind. Darunter fallen bspw. laufende Sanierungsarbeiten, die Bewertung von Verlustvorträgen, als besonders unsicher einzustufende Marktverhältnisse oder die Bewertung eines beteiligten Rechtsträgers, der sich in der Aufbauphase befindet.[102] Für ein Unternehmen, welches sich in der Aufbauphase befindet, kann sich die Einschätzung zukünftiger Erträge nicht nur aufgrund der eventuell noch nicht absehbaren klaren Marktpositionierung als besonders schwierig herausstellen. Eine der Aufbauphase vorangegangene Neugründung ruft die Schwierigkeit hervor, dass zum Bewertungsstichtag noch keine Jahresabschlussdaten aus der Vergangenheit vorliegen, welche als Anhaltspunkt für die Einschätzung zukünftiger Erträge dienen. Besondere Schwierigkeiten entstehen damit auch bei der Ermittlung des Kapitalisierungszinssatzes, zumal auch hier das unternehmensspezifische Risiko nur schwer abgeschätzt werden kann. Zum Zweck der Berichterstattung sind die Hinweise über besondere Schwierigkeiten im Verschmelzungsbericht um die Darstellung zu ergänzen, wie sie in der Bewertung berücksichtigt wurden.[103]

3.6 Angaben zu verbundenen Unternehmen

Soweit es sich bei einem der an der Verschmelzung beteiligten Rechtsträger um ein verbundenes Unternehmen gem. § 15 AktG handelt, sind im Verschmelzungsbericht Angaben zu den wesentlichen Angelegenheiten dieser verbundenen Unternehmen aufzunehmen.[104] Im Fokus von wesentlichen Angelegenheiten können demnach Unternehmensverträge der übernehmenden, aber auch die der übertragenden Gesellschaft liegen. Im Rahmen des Verschmelzungsvorgangs ist zu klären, ob Beherrschungs- oder Gewinnabführungsverträge bestehen bleiben oder erlöschen.[105] Das Erlöschen solcher Unternehmensverträge zieht gegebenenfalls Ausgleichs- und Abfindungsansprüche nach sich. Durch das Bestehenbleiben dieser Verträge ergeben sich dagegen möglicherweise Chancen, aber auch Risiken für die Aktionäre des übertragenden Rechtsträgers. Im Verschmelzungsfall kann sich das Bestehen oder Erlöschen der Verträge für die Aktionäre als entscheidungsrelevant herausstellen, sodass im Verschmelzungsbericht auf die rechtlichen und wirtschaftlichen Gegebenheiten der verbundenen Unternehmen eingegangen werden muss.[106] Problematisch ist bei der Berichtspflicht die Abgrenzung, welche

---

101 Vgl. § 8 Abs. 1 S. 1 UmwG.
102 Vgl. Stratz, in: Schmitt/Hörtnagel/Stratz, UmwG, 2013, § 8 Rz. 25–26.
103 Vgl. Drygala, in: Lutter, UmwG, 2014, Band I, § 8 Rz. 32.
104 Vgl. § 8 Abs. 1 S. 3 UmwG.
105 Vgl. Stratz, in: Schmitt/Hörtnagel/Stratz, UmwG, 2013, § 8 Rz. 28.
106 Vgl. Gehling, in: Semler/Stengel, UmwG, 2012, § 8 Rz. 59–60.

Angelegenheiten solcher verbundenen Unternehmen als wesentlich einzustufen sind, da dies durch das Gesetz nicht näher präzisiert wird. Einerseits können Unternehmensverträge der beteiligten Rechtsträger, wie oben beschrieben, noch in den Rahmen wesentlicher Angelegenheiten fallen, über die entsprechend zu berichten ist. Andererseits sind diese und weitere in Zusammenhang mit der Verschmelzung stehende Angelegenheiten bereits bei der Bewertung der beteiligten Rechtsträger zu berücksichtigen, sodass die Angelegenheiten im resultierenden Umtauschverhältnis und der Barabfindung erfasst sind. Darüber hinaus ergibt sich gegebenenfalls eine nähere Erläuterung. Zusätzlich kann eine wesentliche Änderung bzw. Erhöhung der Beteiligung des übernehmenden Rechtsträgers am verbundenen Unternehmen berichtspflichtig sein.[107]

3.7 Grenzen der Berichtspflicht

Im Verschmelzungsbericht brauchen gem. § 8 Abs. 2 S. 1 UmwG keine Tatsachen aufgenommen zu werden, deren Bekanntwerden geeignet ist, einem der beteiligten Rechtsträger oder einem verbundenen Unternehmen einen nicht unerheblichen Nachteil zuzufügen. Darunter fallen Bewertungsfaktoren, welche die Wettbewerbsfähigkeit der zu verschmelzenden Rechtsträger oder der verbundenen Unternehmen gefährden. Als notwendig gilt die Aufnahme von Informationen, deren Kenntnis ein beteiligter Rechtsträger vom anderen verlangen kann. Da der Verschmelzungsbericht vor der Abstimmung über die Verschmelzung vorliegen muss[108], dürfen keine Informationen aufgenommen werden, durch deren Veröffentlichung einer der beteiligten Rechtsträger oder ein verbundenes Unternehmen in dem Fall der Aufrechterhaltung der Selbständigkeit aufgrund des Unterbleibens der Verschmelzung geschädigt wird. Insbesondere betroffen ist bspw. Zahlenmaterial, welches von dem (Vorstand beauftragten) Wertgutachter im Gutachten aufgenommen wurde und im Interesse des Unternehmens geheimhaltungsbedürftig ist und auch nicht den Verschmelzungspartnern hätte unterbreitet werden dürfen. Geheimhaltungsbedürftig sind demnach in Bezug auf die Offenbarung zukünftiger Planungen als Basis von Ertragswertprognosen die Interna dieser Planungen, zumal im Fall des Unterbleibens der Verschmelzung der beteiligte Rechtsträger möglicherweise Konkurrent seines Unternehmens bleibt.[109] Sollten jedoch im Verschmelzungsbericht aus Geheimhaltungsgründen Tatsachen nicht aufgenommen werden, deren Aufnahme aber erforderlich wäre, müssen in dem Bericht gem. § 8 Abs. 2 S. 2 UmwG die Gründe dafür dargelegt werden. Damit stehen Vorstände vor der Herausforderung, eine detaillierte Begründung zu liefern, die den Anforderungen der Plausibilitätskontrolle zum

---

107 Vgl. Marsch-Barner, in: Kallmeyer, UmwG, 2013, § 8 Rz. 27.

108 Über die Verschmelzung von Aktiengesellschaften entscheidet die Hauptversammlung.

109 Vgl. Mertens, AG 1990, S. 27.

einen genügt, zum anderen aber auch keine Rückschlüsse auf geheimhaltungsbedürftige Tatsachen zulässt.[110]

3.8 Entfall der Erstellung des Verschmelzungsberichts

3.8.1 Verzicht

Auf die Erstattung des Verschmelzungsberichts kann verzichtet werden, wenn alle Anteilseigner aller beteiligten Rechtsträger dies erklären.[111] Für die Wirksamkeit der Verzichtserklärung bedarf es der notariellen Beurkundung.[112] Während an der Erstellung des Verschmelzungsberichts jedes Mitglied der Vertretungsorgane der beteiligten Rechtsträger mitzuwirken hat, da nicht der Rechtsträger, sondern das jeweilige Vertretungsorgan zur Erstellung verpflichtet ist, obliegt die Möglichkeit der schriftlichen Verzichtserklärung allen Anteilseignern der beteiligten Rechtsträger.[113] Für den Verzicht sind alle individuellen Unterschriften der Anteilsinhaber erforderlich, deren Einholung bei Aktiengesellschaften mit größeren Aktionärskreisen kaum möglich ist.

3.8.2 Unterlassung im Rahmen der Konzernverschmelzung

Anstelle eines Verzichts kann die Erstellung des Verschmelzungsberichts aber auch unterbleiben, sollten sich bereits alle Anteile des übertragenden Rechtsträgers in der Hand des übernehmenden Rechtsträgers befinden. Als typisches Beispiel dazu ist die Verschmelzung 100%iger Tochtergesellschaften auf das Mutterunternehmen (upstream-merger) im Rahmen einer Konzernverschmelzung zu nennen.[114] Anstatt eines Verschmelzungsberichts können sich die Gesellschafter anhand der Jahresabschlussunterlagen der letzten drei Geschäftsjahre des zu übertragenden Rechtsträgers über die wirtschaftlichen Verhältnisse informieren.[115] Ein Verschmelzungsbericht braucht auch dann nicht erstellt zu werden, wenn es sich um eine Personengesellschaft handelt, bei der jeder Gesellschafter zur Geschäftsführung berechtigt ist.[116] Denkbar ist auch die Anwendung dieser Bestimmung auf eine Kapitalgesellschaft in der Rechtsform einer GmbH, die ebenfalls durch einen geschäftsführenden Gesellschafter vertreten wird.[117]

---

110 Vgl. Drygala, in: Lutter, UmwG, 2014, Band I, § 8 Rz. 52.
111 Vgl. § 8 Abs. 3 S. 1 UmwG.
112 Vgl. § 8 Abs. 3 S. 2 UmwG.
113 Vgl. Gehling, in: Semler/Stengel, UmwG, 2012, § 8 Rz. 68.
114 Vgl. Gille, Bilanzierung immaterieller Anlagewerte bei Umwandlungen, 2005, S. 44f.
115 Vgl. § 49 Abs. 2 UmwG. Die Gesellschafter des übernehmenden Rechtsträgers dürfen sich aufgrund des ihnen zustehenden Auskunftsrechts gem. § 49 Abs. 3 UmwG ohnehin auf Verlangen Informationen zu den im Zusammenhang mit der Verschmelzung stehenden wesentlichen Angelegenheiten einholen.
116 Vgl. § 41 UmwG.
117 Vgl. Gehling, in: Semler/Stengel, UmwG, 2012, § 8 Rz. 75.

4. Verschmelzungsprüfung

4.1 Überblick

Für die Verschmelzung sieht § 9 UmwG eine Verschmelzungsprüfung vor, wobei für die beteiligten Rechtsträger in Rechtsformen von Kapitalgesellschaften oder Personengesellschaften unterschiedliche Regelungsinhalte gelten.[118] Bei der Verschmelzungsprüfung ist der Verschmelzungsvertrag oder sein Entwurf durch einen oder mehrere sachverständige Prüfer zu prüfen.[119] Während sich die Prüfungspflicht bei beteiligten Rechtsträgern in Rechtsform von Aktiengesellschaften gem. § 60 UmwG ergibt, ist bei der GmbH eine Verschmelzungsprüfung gem. § 48 UmwG nur auf Verlangen eines Gesellschafters durchzuführen. Ebenso wie für die GmbH ist bei der Personengesellschaft gem. § 44 UmwG sowie für die Partnerschaftsgesellschaft die Verschmelzungsprüfung bei durch Gesellschafts- bzw. Partnerschaftsvertrag zugelassener Mehrheitsentscheidung[120] auf Verlangen eines Gesellschafters bzw. Partners durchzuführen. Zur Entbehrlichkeit gilt wie auch für den Verschmelzungsbericht eine entsprechende gesetzliche Regelung, nach der ebenso die Verschmelzungsprüfung entfällt, sollte der übernehmende Rechtsträger bereits alle Anteile am übertragenden Rechtsträger halten.[121] Ansonsten ist eine Befreiung von der Verschmelzungsprüfung vorgesehen, wenn alle Anteilsinhaber aller beteiligten Rechtsträger den Verzicht schriftlich erklären.[122] Die Verzichtserklärungen sind ebenfalls, wie im Fall des Verzichts auf den Verschmelzungsbericht, notariell zu beurkunden. Eine Besonderheit ergibt sich durch die Regelungen des Umwandlungsgesetzes für Kapitalgesellschaften in der Rechtsform der GmbH. So findet eine Verschmelzungsprüfung nur dann statt, wenn ein Gesellschafter diese verlangt. Dagegen kommt es zu keiner Prüfung, wenn keiner der Gesellschafter eine Prüfung verlangt. Die gesetzliche Regelung zum Verzicht, mit der die Erforderlichkeit schriftlicher Verzichtserklärungen einhergeht, welche auch noch notariell beurkundet werden müssen, kann somit kostensparend umgangen werden.[123]

---

118 Vgl. § 44 UmwG für Personengesellschaften, § 45e UmwG für Partnerschaftsgesellschaften, § 48 UmwG für die GmbH, § 60 UmwG für die AG, § 78 UmwG für die KGaA, § 81 UmwG für die eG, § 100 UmwG für wirtschaftliche und eingetragene Vereine und § 122 für Kapitalgesellschaften im Rahmen grenzüberschreitender Verschmelzungen.

119 Vgl. § 9 UmwG.

120 Vgl. § 43 Abs. 2 UmwG für die Personengesellschaft, § 45 d Abs. 2 UmwG für die Partnerschaftsgesellschaft.

121 Vgl. § 9 Abs. 2 UmwG.

122 Vgl. § 9 Abs. 3 i.V.m. § 8 Abs. 3 UmwG.

123 Vgl. Engelmeyer, BB 1998, S. 334.

4.2 Sinn und Zweck der Prüfung

Die Verschmelzungsprüfung dient dem Präventivschutz der Anteilsinhaber des übertragenden und des übernehmenden Rechtsträgers. In Ergänzung zu den Anforderungen an den Verschmelzungsbericht soll den Anteilsinhabern durch die Verschmelzungsprüfung eine sichere Beurteilungsgrundlage geliefert werden, ob die Verschmelzung wirtschaftlich zweckmäßig ist und gesetzliche Anforderungen erfüllt wurden, um in der beschlussfassenden Hauptversammlung oder Gesellschafterversammlung anhand des erzeugten Kenntnisstandes über die Verschmelzung abstimmen zu können.[124] Die Verschmelzungsprüfung und ihr Ergebnis in Form des Prüfungsberichts gem. § 12 UmwG kann daher in Verbindung mit dem erforderlichen Verschmelzungsbericht gem. § 8 UmwG als koordiniertes Informationsinstrumentarium betrachtet werden.[125] Zur sicheren Beurteilungsgrundlage ist für die Anteilsinhaber die Beurteilung der Angemessenheit des Umtauschverhältnisses der Anteile durch den unabhängigen Sachverständigen vorrangig von Interesse.[126]

4.3 Gegenstand der Prüfung

Der Verschmelzungsprüfer hat nach § 9 Abs. 1 den Verschmelzungsvertrag oder seinen Entwurf zu prüfen. Dabei besteht das Prüfungsziel in der Sicherstellung der Vollständigkeit des Verschmelzungsvertrags und der Richtigkeit der darin enthaltenen Angaben.[127] Konkret bezieht sich die Prüfung auf die Vollständigkeit der im Verschmelzungsvertrag enthaltenen Mindestangaben nach § 5 Abs. 1 Nr. 1 bis 9 UmwG und weiteren rechtsformspezifischen Angaben nach §§ 40, 46 und 80 UmwG.[128] Die Richtigkeitsprüfung zielt dagegen darauf ab, ob die im Verschmelzungsvertrag enthaltenen Aussagen inhaltlich und sachlich zutreffen und frei von Widersprüchen sind. Insbesondere müssen das Umtauschverhältnis, der Beginn des Gewinnbezugs und der Verschmelzungsstichtag in sich widerspruchsfrei sein. Die Rechtmäßigkeit und Wirksamkeit aller Bestimmungen muss nicht umfassend geprüft werden, es sei denn, es ergeben sich während der Prüfungshandlungen Einwendungen oder Bedenken zu vereinzelten Bestimmungen.[129] In diesem Zusammenhang ist bei einer grenzüberschreitenden Verschmelzung beispielsweise die Prüfung der Rechtmäßigkeit und Zulässigkeit der im Verschmelzungsplan nach § 122c Abs. 2 Nr. 11 UmwG angegebenen Bewertungsansätze von Bedeutung.[130]

---

124 Vgl. Sagasser/Luke, in: Sagasser/Bula/Brünger, Umwandlungen, 2011, § 9 Rz. 230.

125 Vgl. Müller, in: Kallmeyer, UmwG, 2013, § 9 Rz. 2.

126 Vgl. Engelmeyer, BB 1998, S. 333.

127 Vgl. Pfitzer, in: WP-Handbuch, Band II, 2014, Umwandlungsfälle und deren Prüfung, Tz. 208; Müller, in: Kallmeyer, UmwG, 2013, § 9 Rz. 17–22.

128 Vgl. Müller, in: Kallmeyer, UmwG, 2013, § 9 Rz. 17.

129 Grundsätzlich unterliegen alle Bestimmungen, auch die fakultativen Bestandteile, des Verschmelzungsvertrags bzw. des Entwurfs der Richtigkeitskontrolle.

130 Vgl. Müller, in: Kallmeyer, UmwG, 2013, § 9 Rz. 20.

Als zentrale Aufgabe kommt dem Verschmelzungsprüfer die Prüfung der Angemessenheit des vorgeschlagenen Umtauschverhältnisses der Anteile zu sowie die Höhe der baren Zuzahlung, falls eine solche vereinbart wurde.[131] Sollte es sich bei der Verschmelzung um zwei zu verschmelzende Rechtsträger unterschiedlicher Rechtsform handeln, ist auch die Angemessenheit einer anzubietenden Barabfindung zu prüfen.[132] Der Verschmelzungsbericht enthält bereits die Erläuterungen zum Verschmelzungsvertrag, insbesondere wesentliche Angaben zum Umtauschverhältnis der Anteile. Folglich wird sich der Verschmelzungsprüfer zur Überprüfung der Angemessenheit des Umtauschverhältnisses auf die Ausführungen des Verschmelzungsberichts beziehen müssen. Darüber hinaus darf der Prüfer Einsicht in Schriften und Bücher nehmen, Vermögensgegenstände und Schulden prüfen, etwaige Bewertungsgutachten sowie sämtliche Unterlagen als Datengrundlage ergänzend zum ohnehin zu prüfenden Verschmelzungsvertrag oder sein Entwurf hinzuziehen.[133] Der Verschmelzungsbericht selbst ist nicht Gegenstand der Prüfung. Die Prüfung erstreckt sich nicht auf die Ausführungen zur wirtschaftlichen Zweckmäßigkeit der Verschmelzung, die der Verschmelzungsbericht enthält. Ebenso ist auch nicht die Vollständigkeit des Verschmelzungsberichts zu prüfen, womit die Ermöglichung einer Stichhaltigkeitskontrolle beurteilt würde. Im Fokus steht nur die Beurteilung der Rechtmäßigkeit der Verschmelzung bzw. des Verschmelzungsvorgangs.[134]

4.4 Prüfung der Angemessenheit des Umtauschverhältnisses

4.4.1 Grundsätzliches

Die Prüfung der Angemessenheit des Umtauschverhältnisses bzw. der Barabfindung steht im Mittelpunkt der Prüfungstätigkeit. Das Gesetz schreibt weder eine Wertnorm noch eine bestimmte Methode zur Ermittlung eines angemessenen Umtauschverhältnisses bzw. einer angemessenen Barabfindung vor. Die Unbestimmtheit der Wertnorm eines angemessenen Umtauschverhältnisses bietet jedoch den Spielraum dafür, die Interpretation zur Angemessenheit an die allgemeine Entwicklung der Grundsätze ordnungsmäßiger Unternehmensbewertung anzupassen.[135] Nach *Moxter* gibt es nicht den einen Unternehmenswert, der im Rahmen anerkannter Grundsätze ermittelt wird und für alle vorkommenden

131 Vgl. § 12 Abs. 2 und § 30 Abs. 2 UmwG.

132 Vgl. § 29 Abs. 1 i.V.m. § 30 Abs. 2 UmwG.

133 Vgl. § 11 Abs. 1 S. 1 UmwG verweist auf das in § 320 Abs. 1 S. 1 HGB kodifizierte Auskunftsrecht gegenüber dem auftraggebenden Rechtsträger. Erweitert wird dieses Auskunftsrecht auf alle beteiligten Rechtsträger in § 11 Abs. 1 Satz 4 UmwG.

134 Vgl. Sagasser/Luke, in: Sagasser/Bula/Brünger, Umwandlungen, 2011, § 9 Rz. 262–263.

135 Vgl. Ossadnik, DB 1985, S. 1953.

Rechtsverhältnisse passt.[136] Als angemessen sind solche Umtauschverhältnisse bzw. Barabfindungen zu bezeichnen, die die Vermögenspositionen aller Gesellschafter der an der Verschmelzung beteiligten Rechtsträger nach dem Umwandlungsvorgang nicht verschlechtern. Die Beibehaltung der Vermögenspositionen wird demnach durch Leistung – Aufgabe der Beteiligung am übertragenden Rechtsträger – und Gegenleistung in Form der Gewährung von Anteilen am übernehmenden Rechtsträger erreicht.[137] Die Angemessenheitskriterien können aus den allgemein anerkannten Grundsätzen der ordnungsgemäßen Unternehmensbewertung und aus der Rechtsprechung abgeleitet werden:

1) Sicherstellung der Gleichbehandlung aller Gesellschafter,
2) Typisierung der Gesellschafterinteressen,
3) Ansatz gleicher Risiko-Chancen-Parameter bei den beteiligten Rechtsträger u.
4) Gleichheit der Bewertungsmethode und Identität des Bewertungsstichtages.[138]

4.4.2 Subjektive Bewertung als Grundlage eines angemessenen Umtauschverhältnisses

Das im Verschmelzungsvertrag festgelegte Umtauschverhältnis verfolgt den Anspruch, die individuellen Verhältnisse der Anteilsinhaber bzw. Gesellschafter aller an der Verschmelzung beteiligten Parteien gleichermaßen zu berücksichtigen. Dazu müsste für jeden Anteilsinhaber der zu verschmelzenden Gesellschaften ein Grenz-Umtauschverhältnis ermittelt werden, welches an den jeweiligen individuellen Zielen und Möglichkeiten der einzelnen Anteilsinhaber ausgerichtet ist. Jedem anteilsinhaberspezifischen Grenz-Umtauschverhältnis ist ein entsprechendes Grenz-Umtauschverhältnis der Gegenpartei gegenüberzustellen, damit anschließend ein angemessenes Umtauschverhältnis in Abhängigkeit dieser Grenzen bestimmt werden kann. Diese Vorgehensweise entspricht der subjektiven Konfliktlösung.[139] Jedoch ist dieses Vorgehen mit einem zu hohen Aufwand verbunden, gerade wenn eine Vielzahl von Aktionären im Falle der Verschmelzung von Aktiengesellschaften vorhanden ist, deren individuelle Ziele und Möglichkeiten jeweils zu berücksichtigen wären.[140] Allein durch die unterschiedlichen Alternativrenditen der Anteilsinhaber kann eine Vielzahl von individuellen Umtauschverhältnissen resultieren.[141]

136 Vgl. Moxter, ZIP 1986, S. 1493.
137 Vgl. Heurung DB 1997a, S. 837–838; Henckel/Schmalzhaf, FB 2006, S. 285.
138 Vgl. Ossadnik, DB 1985, S. 1954; Bitzer, Probleme der Prüfung des Umtauschverhältnisses, 1987, S. 48; Müller, in: Kallmeyer, UmwG, 2013, § 9 Rz. 25–28.
139 Vgl. Ossadnik, DB 1985, S. 1954.
140 Vgl. Matschke, BFuP 1981, S. 124–126.
141 Vgl. Ossadnik DB 1985, S. 1954. Damit läge ein Verstoß gegen den Gleichbehandlungsgrundsatz gem. § 53a vor, da Anteile mit gleicher rechtlicher Ausstattung im Verhältnis zueinander den gleichen Wert haben, unabhängig von den subjektiven Voraussetzungen der Anteilsinhaber.

Der Verschmelzungsprüfer müsste zudem entscheiden, welches der anteilsinhaberspezifischen Grenz-Umtauschverhältnisse der Gegenseite jeweils für eine anteilsinhaberindividuell angemessene Konfliktlösung zugrunde gelegt werden soll.[142] Diese Auswahl kann allerdings nur willkürlich erfolgen und auch nicht den Anforderungen an die Nachvollziehbarkeit im Sinne der Konfliktlösung genügen.

4.4.3 Objektive Bewertung als Grundlage eines angemessenen Umtauschverhältnisses

Entgegen einer subjektiven Konfliktlösung kann die Ermittlung des angemessenen Umtauschverhältnisses auf Basis einer objektiven Bewertungskonzeption erfolgen.[143] Das Ergebnis dieser Bewertung führt in der Folge zu einem einheitlichen, von individuellen Zielen und Möglichkeiten der Anteilsinhaber losgelösten, Umtauschverhältnis.[144] Damit wird zwar das Angemessenheitskriterium der Gleichbehandlung aller Anteilsinhaber erfüllt, die Höhe der zu bestimmenden Unternehmenswerte jedoch verfälscht. Die objektive Bewertung blendet die Berücksichtigung subjektiver Vorstellungen der Anteilsinhaber, die in erwartete Planwerte der fortzuführenden beteiligten Rechtsträger zum Zeitpunkt des Bewertungsstichtages münden, völlig aus.[145] Dagegen werden die Unternehmenserfolge auf Basis der Status-quo-Konzepte normalisiert, was dem Gerechtigkeitspostulat nicht genügt. Darüber hinaus resultiert auf Basis der objektiven Bewertungskonzeption ein für alle Parteien geltendes Umtauschverhältnis, womit die Berücksichtigung unterschiedlicher Grenz-Umtauschverhältnisse der beteiligten Parteien hinsichtlich der Bestimmung eines angemessenen Umtauschverhältnisses nicht zum Tragen kommt. Es existiert daher kein Einigungsbereich, innerhalb dessen ein angemessenes Umtauschverhältnis festzulegen wäre. Letztlich kommt der objektiven Bewertungskonzeption die Argumentation zugute, dass es bei der Festlegung eines Umtauschverhältnisses weniger auf die dem Umtauschverhältnis zugrunde liegenden Unternehmenswerte in absoluter Höhe ankommt, auf deren Grundlage die Angemessenheit des Umtauschverhältnisses durch den Prüfer festzustellen wäre. Vielmehr genügt die Wertrelation der in Zukunft zu erwartenden Erfolgsströme.[146] Diese Argumentation verliert dennoch ihre Haltbarkeit, da es sich um normalisierte Erfolgsgrößen handelt, die auf den gegenwärtigen Unternehmenskonzepten basieren und erwartete Erfolge auf Grundlage eines geplanten Fortführungskonzeptes mit subjektiven Faktoren außen

---

142 Vgl. ebenda.

143 Vgl. Matschke, BFuP 1981, S. 118; Moxter, Unternehmensbewertung,1983, S. 33 ff.; Born, Unternehmensanalyse und Unternehmensbewertung, 2003, S. 17f.

144 Die Zugrundelegung uneinheitlicher Maßstäbe führt zum unangemessenen Umtauschverhältnis, welches mit rationalem Handeln beider Parteien nicht zu vereinbaren ist, vgl. Matschke, Unternehmensbewertung, 1979, S. 306 Fn. 1.

145 Vgl. Bula / Pernegger, in: Sagasser/Bula/Brünger, Umwandlungen, 2011, § 9 Rz. 91.

146 Vgl. Gmelin, Bewertung, 1970, S. 52.

vor lassen.[147] Sollte je nach Verschmelzungsfall ein Spitzenausgleich oder eine Barabfindung in Frage kommen, ist die Ermittlung des Umtauschverhältnisses anhand absoluter Unternehmenswerte ohnehin notwendig.[148]

4.4.4 Konfliktregelung auf Basis objektivierter Unternehmenswerte

Aus den vorstehenden Ausführungen lässt sich ableiten, dass weder eine rein subjektive noch eine rein objektive Bewertungskonzeption als Maßstab zur Bestimmung eines Umtauschverhältnisses gelten kann, welches nach der Verschmelzungsprüfung das Prädikat *angemessen* verdient, obwohl beide Konzepte zumindest in Teilbereichen Zweckadäquanz aufweisen. Die Ermittlung objektivierter Unternehmenswerte als Grundlage eines festzulegenden angemessenen Umtauschverhältnisses stellt für die konfligierenden Parteien einen Kompromiss zur subjektiven Bewertungskonzeption auf der einen Seite und zur objektiven Bewertungskonzeption auf der anderen Seite dar. Es handelt sich dabei um ein Bewertungskonzept, welches die Ziele und Möglichkeiten der Anteilsinhaber gemäß der subjektiven Bewertung berücksichtigt und deren Gleichbehandlung nach der objektiven Bewertungskonzeption gewährleistet. Gleichzeitig wird aber auch der Nachteil der vielfachen, auf einzelne individuelle Besonderheiten zugeschnittenen Bestimmung von Grenz-Umtauschverhältnissen nach der subjektiven Bewertung vermieden. Ebenso wird der Nachteil von Ungleichbehandlungen der Interessen der jeweiligen Parteien beseitigt.[149] Das auf Basis einer objektivierten Bewertung der beteiligten Unternehmen ermittelte Umtauschverhältnis repräsentiert demnach einen Anteilsinhabertypus, dessen spezifische Eigenschaften für alle Anteilsinhaber gelten. In diesem Zusammenhang werden einzelne persönliche Verhältnisse ausgeblendet und dafür einheitliche Maßstäbe festgelegt, was als Ent-Subjektivierung bzw. als Typisierung zu bezeichnen ist. Nach *Moxter* ist die Orientierung an Verhältnissen, die in vergleichbaren Situationen als üblich bzw. als typisch gelten können, als Typisierung zu verstehen.[150] Typisiert werden die persönlichen Verhältnisse der Anteilsinhaber, aber auch die der zu bewertenden Rechtsträger. Beispielsweise werden die persönlichen Verhältnisse der Anteilsinhaber typisiert, indem als persönlicher Steuersatz ein durchschnittlicher Steuersatz verwendet wird und davon ausgegangen wird, dass die Anlagealternative in einem Aktienportfolio besteht. Auf Gesellschaftsebene werden ebenso Typisierungen vorgenommen, wie bspw. die Festlegung einer nachhaltigen Ausschüttungsquote und der Weg zur Ableitung der internen Wiederanlagerendite thesaurierter Mittel.[151] Die Bestimmung des Umtauschverhältnisses auf Basis objektivierter Unternehmenswerte trägt damit zur Sicherstellung der Gleichbehandlung aller Gesellschafter bei.

147 Vgl. Dirrigl, WPG 1989, S. 460.
148 Vgl. Müller, in: Kallmeyer, UmwG, 2013, § 9 Rz. 33.
149 Vgl. Ossadnik, DB 1985, S. 1954.
150 Vgl. Moxter, Unternehmensbewertung,1983, S. 25.
151 Vgl. Wollny, Der objektivierte Unternehmenswert, 2010, S. 28.

4.4.5 Prüfung der Angemessenheit der Bewertungsmethode

Es obliegt der Pflicht des Verschmelzungsprüfers, festzustellen, nach welcher Methode das Umtauschverhältnis seitens der Vertretungsorgane ermittelt worden ist und die Angabe einer Begründung darüber, ob die gewählte Bewertungsmethode angemessen ist.[152] Da das Gesetz nicht näher spezifiziert, nach welcher Methodik die Bewertung der zu verschmelzenden Rechtsträger zu erfolgen hat, ist die Anwendung einer Vielzahl unterschiedlicher Methoden erlaubt, solange das Umtauschverhältnis nicht willkürlich ermittelt wird. Denkbar wäre auch, dass aus Vereinfachungsgründen nur eine vergleichende Gegenüberstellung von Bilanzkennzahlen in Frage kommt, wenn damit die Relation festgestellt und begründet werden kann.[153]

Es ist nicht die Aufgabe des Verschmelzungsprüfers, die Bewertungen der beteiligten Rechtsträger erneut vorzunehmen. Gegebenenfalls sind aber Kontrollrechnungen durchzuführen, sollte es sich als zweifelhaft herausstellen, ob anhand der gewählten Bewertungsmethode ein angemessenes Ergebnis erzielt wurde.[154] In diesem Fall bietet es sich an, zur Kontrolle die Ertragswerte der beteiligten Rechtsträger zur Ableitung eines Umtauschverhältnisses ins Verhältnis zu setzen, da das Ertragswertverfahren sowohl den Grundsätzen ordnungsmäßiger Unternehmensbewertung genügt, als auch in der Rechtsprechung anerkannt ist. Vielmehr orientiert sich der Prüfer bei der Beurteilung der Angemessenheit der Bewertungsmethode daran, ob die Anwendung einer Methode im Rahmen des vorliegenden Bewertungszwecks unter betriebswirtschaftlichen Gesichtspunkten zu einem Ergebnis führt, das aus dem Blickwinkel der Anteilsinhaber in einer angemessenen Bandbreite liegt. In Ergänzung zu den bereits erläuterten Angemessenheitskriterien der Gleichbehandlung der Anteilsinhaber sowie der Typisierung ihrer Interessen sind bei der Bewertung der beteiligten Rechtsträger gleiche Parameter hinsichtlich Chancen und Risiken anzulegen und jeweils die gleiche Bewertungsmethode zu verwenden. Für die Bewertung der zukünftigen Erträge sind insbesondere gleiche Chancen- und Risikomaßstäbe zu wählen, um nicht den übertragenden Rechtsträger im Gegensatz zum übernehmenden Rechtsträger vorsichtiger zu bewerten, wodurch das Umtauschverhältnis bei entsprechender Gegenüberstellung der Unternehmenswerte zugunsten der Anteilsinhaber des übernehmenden Rechtsträgers verzerrt werden kann. Verzerrungen der zu bestimmenden Unternehmenswerte können bspw. durch die Heranziehung von Mischverfahren entstehen.[155] Das Ziel eines angemessenen Umtauschverhältnisses

152 Vgl. § 12 Abs. 2, S. 2 Nr. 1–2 UmwG.

153 Vgl. Müller, in: Kallmeyer, UmwG, 2013, § 9 Rz. 31.

154 § 12 Abs. 2 S. 2 Nr. 3 UmwG erlaubt die Anwendung mehrerer Methoden zur Bestimmung des Umtauschverhältnisses durch die jeweiligen Vertretungsorgane. In diesem Fall hat der Prüfer zu beurteilen, welche Gewichtung den angewandten Verfahren zur Bestimmung des Umtauschverhältnisses jeweils beizumessen ist.

155 Als Mischverfahren kommt etwa die Kombination von Ertrags- und Substanzwertverfahren in Betracht. Die Verfahren werden jedoch aufgrund des neueren

kann gegebenenfalls aber auch bei Anwendung eines solchen Verfahrens erreicht werden, sollten sich die darauf beruhenden Verzerrungen sowohl beim übernehmenden als auch beim übertragenden Rechtsträger in gleicher Richtung und im selben Ausmaß auswirken.[156] Im Ergebnis kommt es dann zu keiner Veränderung von Zähler und Nenner, wenn die Unternehmenswerte jeweils um den gleichen Faktor erhöht oder vermindert werden. Voraussetzung hierfür sind die Übereinstimmungen von zeitlichen Erfolgsstrukturen und der Kapitalisierungszinssätze der beteiligten Rechtsträger. Unter Zugrundelegung des Phasenmodells im Rahmen des Ertragswertverfahrens bedeutet dies die Annahme gleicher Zeiträume zur Detailplanungsphase sowie zur anschließenden Phase der ewigen Rente.

Bei Annahme eines einheitlichen Kapitalisierungszinssatzes haben zeitlich abweichende Detailplanungsphasen bereits einen Einfluss auf die Wertermittlung und damit auf das Umtauschverhältnis. Ein weiterer Aspekt zur Bestimmung des Umtauschverhältnisses stellt die Berücksichtigung oder Nichtberücksichtigung persönlicher Steuerbelastungen dar. Die Vernachlässigung von persönlichen Steuern kann gerechtfertigt sein, wenn deren Berücksichtigung keine Änderungen der Wertrelation zwischen übertragendem und übernehmendem Rechtsträger hervorruft.[157]

Insgesamt betrachtet kann festgehalten werden, dass der Verschmelzungsprüfer eine solche Methode als *angemessen* einstufen kann, die zu keinen Verzerrungen bei der Ermittlung der jeweiligen absoluten Unternehmenswerte führt, die zur anschließenden Berechnung des Umtauschverhältnisses verwendet werden.[158] Vereinfachungen der Kalkülstruktur können zur Bestimmung dieser Wertrelation geboten sein, sollten diese Vereinfachungen das Ergebnis nicht beeinflussen.

4.4.6 Prüfung der Angemessenheit des Bewertungsstichtages

Die Prüfung der Angemessenheit bezieht sich auch auf den Bewertungsstichtag. Es wurde bereits ausgeführt, dass ab dem Zeitpunkt des Verschmelzungsstichtages die Handlungen und Geschäftsvorfälle des übertragenden Rechtsträgers als für Rechnung des übernehmenden Rechtsträgers vorgenommene zu verbuchen sind und den Anteilsinhabern die Teilnahme am Ergebnis des übernehmenden Rechtsträgers zusteht.[159] Idealerweise müsste das Umtauschverhältnis genau zu dem Bewertungsstichtag festgestellt werden, an dem die Eintragung der Verschmelzung in das Register des übernehmenden Rechtsträgers erfolgt.[160] Da das Umtauschverhältnis

---

Erkenntnisstandes der Unternehmensbewertungslehre sowohl im Schrifttum, als auch in der Praxis sowie in der Rechtsprechung nicht mehr als sachgerecht betrachtet, vgl. Pfitzer, in: WP-Handbuch, Band II, 2014, Umwandlungsfälle und deren Prüfung, Tz. 237; Mayer, in: Widmann/Mayer, Umwandlungsrecht, 2013, § 5 Rz. 98; Stratz, in: Schmitt/Hörtnagel/Stratz, UmwG, 2013, § 5 Rz. 47.

156 Vgl. Dirrigl, WPG 1989, S. 461.

157 Vgl. ebenda.

158 Vgl. Dirrigl, WPG 1989, S. 461.

159 Vgl. Siehe dazu Abschnitt II. 2.2.

160 Vgl. § 20 Abs. 1 UmwG.

aber bereits im Vorfeld im Verschmelzungsvertrag festzulegen ist, ist eine Feststellung zum Stichtag der Eintragung nicht möglich. Den Bewertungsstichtag auf den Tag der Mitgliederversammlung des übertragenden Rechtsträgers abzustellen, hat gegebenenfalls eine Wertfortschreibung zur Folge[161]. Jedoch führt auch die Bestimmung des Umtauschverhältnisses, die auf den Verschmelzungsstichtag abstellt, zu einem angemessenen Umtauschverhältnis, wenn zu diesem Stichtag auch der Beginn der Beteiligung am Ergebnis vorgesehen ist.

4.5 Bestellung der Verschmelzungsprüfer

Auf Antrag der Vertretungsorgane erfolgt die Auswahl und Bestellung des Verschmelzungsprüfers durch das Gericht.[162] Durch die Novellierung der Vorschrift durch das Spruchverfahrensneuordnungsgesetz[163] wurde der Kompetenz- und Verantwortungsbereich der Gerichte dahingehend erweitert, dass nun Auswahl und Bestellung des Verschmelzungsprüfers ausschließlich in den Zuständigkeitsbereich des Gerichts fällt. Zuvor konnte wahlweise die Bestellung durch das Vertretungsorgan oder auf dessen Antrag durch das zuständige Gericht erfolgen. Ausgewählt wurde der Prüfer dagegen vom Vertretungsorgan, wobei die ausschließliche Auswahlkompetenz nicht gesetzlich geregelt war. Das Gericht war nach der alten Fassung des UmwG 1995 nicht an einem im Antrag des Vertretungsorgans enthaltenen Vorschlag eines gewünschten Prüfers gebunden. Der Zweck dieser Änderung wird damit begründet, dem Eindruck eines Parteigutachters entgegenzuwirken, um somit die Akzeptanz der Prüfungsergebnisse für die außenstehenden Anteilsinhaber erhöhen zu können.

Vorschriftsgemäß ist für die gerichtliche Bestellung des Verschmelzungsprüfers das Landgericht zuständig, in dessen Bezirk der übertragende Rechtsträger seinen Verwaltungssitz hat.[164] Sollten mehrere übertragende Rechtsträger im Rahmen der beabsichtigten Verschmelzung beteiligt sein, besteht diesbezüglich ein Wahlrecht.[165] Das Wahlrecht besteht unabhängig davon, ob ein gemeinsamer Verschmelzungsprüfer bestellt wird.[166] Der Hintergrund der gesetzlichen Regelung in Bezug

161 Vgl. § 13 UmwG.

162 Vgl. § 10 Abs. 1 UmwG. Der Antrag kann einen oder mehrere Vorschläge zur Auswahl des oder der zu bestellenden Prüfer(s) enthalten.

163 Vgl. Gesetz zur Neuordnung des gesellschaftsrechtlichen Spruchverfahrens (Spruchverfahrensneuordnungsgesetz) vom 16.12.2003, BGBl. I 2003, S. 838.

164 Vgl. § 10 Abs. 2 S. 1 UmwG; Sitz ist nach allgemeiner Meinung der Verwaltungssitz des übertragenden Rechtsträgers.

165 Aus § 10 Abs. 2 S. 1 UmwG geht nicht hervor, dass jeder übertragende Rechtsträger einen Antrag an das für ihn zuständige Gericht stellen muss.

166 Vgl. Stratz, in: Schmitt/Hörtnagel/Stratz, UmwG, 2013, § 10 Rz. 11. Auf gemeinsamen Antrag der Vertretungsorgane kann ein Prüfer für mehrere oder alle beteiligten Rechtsträger gemeinsam bestellt werden, vgl. § 10 Abs. 2 S. 2 UmwG. Die Einigung auf die gemeinsame Prüfung erfolgt im Verschmelzungsvertrag.

auf die Zuständigkeit ausschließlich eines Landgerichts besteht darin, dasjenige Landgericht mit dem konkreten Verschmelzungsfall zu betrauen, welches gegebenenfalls in einem sich anschließenden Spruchverfahren auch die Angemessenheit des Umtauschverhältnisses nachprüfen muss und somit die Bestellung eines weiteren Gutachters sowie erhebliche Verzögerungen des Spruchverfahrens vermieden werden können.[167] In dem Fall einer grenzüberschreitenden Verschmelzung ist ein deutsches Landgericht grundsätzlich nicht zuständig, wenn der übertragende Rechtsträger seinen Verwaltungssitz im Ausland hat.[168]

5. Verschmelzungsbeschluss

Über den Verschmelzungsvertrag entscheiden die Anteilsinhaber aller an der Verschmelzung beteiligten Rechtsträger. Der Verschmelzungsvertrag wird erst dann wirksam, wenn die Anteilsinhaber zugestimmt haben und die erforderlichen Zustimmungserklärungen vorliegen. Für die Zustimmung ist ein Beschluss notwendig, der rechtsformunabhängig im Rahmen einer Versammlung zu fassen ist.[169] Für Aktiengesellschaften sowie Kommanditgesellschaften auf Aktien gilt die Ausnahme, dass kein Verschmelzungsbeschluss notwendig ist, wenn mindestens 9/10 des Grundkapitals des übertragenden Rechtsträgers in den Händen des übernehmenden Rechtsträgers liegt. Damit entfällt die Einberufung einer entsprechenden Hauptversammlung, sofern diese nicht von Aktionären eingefordert wird, welche zusammen mindestens 5% des Grundkapitals des übernehmenden Rechtsträgers halten.[170] Der Zustimmungsbeschluss ist nach Abschluss des Verschmelzungsvertrags durch die Vertretungsorgane herbeizuführen. Möglich ist aber auch eine Beschlussfassung vor Abschluss des Verschmelzungsvertrags, da auch der finale Entwurf Gegenstand der Beschlussfassung sein kann und der Vertrag folglich erst mit seinem Abschluss wirksam wird.[171] Sind nach Beschlussfassung noch Änderungen vorzunehmen, ist eine erneute Zustimmung notwendig.[172]

Es liegt im Ermessen des Gerichts, einen gemeinschaftlichen Prüfer zu bestellen, sollte das Gericht für alle beteiligten Antragsteller zuständig sein.

167 Vgl. Müller, in: Kallmeyer, UmwG, 2013, § 10 Rz. 6.

168 Vgl. § 122f. UmwG; Sollte der übertragende Rechtsträger in Deutschland ansässig sein, andere übertragende und/oder übernehmende Rechtsträger in einem anderen Mitgliedstaat der EU, kann es zu Doppelprüfungen kommen.

169 Vgl. § 13 Abs. 1 UmwG.

170 Vgl. § 62 Abs. 1 u. 2 UmwG.

171 Vgl. Zimmermann, in: Kallmeyer, UmwG, 2013, § 13 Rz. 7. Die zeitliche Reihenfolge der Verschmelzungsbeschlüsse bei den beteiligten Rechtsträgern ist nicht entscheidend.

172 Vgl. Heckschen, in: Widmann/Mayer, Umwandlungsrecht, 2013, § 13 Rz. 62 u. 66. Auch einer Aufhebung ist erneut zuzustimmen. Redaktionelle Änderungen bedürfen keiner erneuten Zustimmung.

Die Wirksamkeit des Verschmelzungsvertrags erfordert die mehrheitliche Zustimmung der Anteilsinhaber. Bei Kapitalgesellschaften in der Rechtsform der GmbH sind Dreiviertelmehrheiten der abgegebenen Stimmen, bei Aktiengesellschaften drei Viertel des bei der Beschlussfassung vertretenen Grundkapitals erforderlich.[173] Bei Personengesellschaften ist grundsätzlich die Zustimmung aller Gesellschafter erforderlich[174], es sei denn, der Gesellschaftsvertrag sieht eine Mehrheitsentscheidung von mindestens drei Viertel der abgegebenen Stimmen vor.[175] Für die Gültigkeit des Beschlusses muss die Mehrheit in der Versammlung erreicht werden.[176]

Während dem Gesetzeswortlaut folgend die Zustimmungserklärungen der nicht zur Versammlung erschienenen Anteilsinhaber nicht berücksichtigt werden können[177], besteht dagegen die Möglichkeit einer Vertretung durch Bevollmächtigte.[178] In § 13 Abs. 3 Satz 1 UmwG wird jedoch klargestellt, dass auch erforderliche Zustimmungserklärungen nicht erschienener Anteilsinhaber für den Verschmelzungsbeschluss relevant sind. Die Zustimmungserklärungen müssen zum Schutz der Anteilsinhaber notariell beurkundet werden.[179] Die jeweiligen Satzungen oder Gesellschaftsverträge der beteiligten Rechtsträger können zwar höhere Anforderungen für die Beschlussfassung vorsehen, jedoch keine geringere als solche, die das UmwG vorschreibt.[180] Einschließlich der notariell zu beurkundenden Zustimmungserklärungen einzelner Anteilsinhaber ist auch der Verschmelzungsbeschluss selbst notariell zu beurkunden.[181] Mit dem Verschmelzungsbeschluss wird der jeweilige Vorstand angewiesen, die Verschmelzung auch tatsächlich durchzuführen bzw. die im Verschmelzungsvertrag festgelegten Vereinbarungen umzusetzen.[182]

6. Anmeldung und Eintragung der Verschmelzung

6.1 Anmeldung zur Eintragung

Die Anmeldung zur Eintragung der Verschmelzung wird durch die Vertretungsorgane jedes Rechtsträgers vorgenommen, der an der Verschmelzung beteiligt ist, wobei die Anmeldung jeweils in das Register des jeweiligen Firmensitzes erfolgt.[183]

---

173 Vgl. § 50 Abs. 1 UmwG für die GmbH; § 65 Abs. 1 UmwG für die AG.
174 Vgl. § 43 Abs. 1 UmwG.
175 Vgl. § 43 Abs. 2 S. 1 u. 2 UmwG.
176 Vgl. § 13 Abs. 1 S. 2 UmwG.
177 Vgl. Zimmermann, in: Kallmeyer, UmwG, 2013, § 13 Rz. 10.
178 Für die Rechtsformen von GmbH, AG und KGaA bedarf die Vollmachtserteilung der schriftlichen Textform, vgl. §§ 47 Abs. 3 GmbHG, 134 Abs. 3 S. 2 AktG. Bei Personengesellschaften ist sie formlos gültig.
179 Vgl. Zimmermann, in: Kallmeyer, UmwG, 2013, § 13 Rz. 41.
180 Vgl. § 50 Abs. 1 S. 2 UmwG; § 65 Abs. 1 S. 2 UmwG.
181 Vgl. § 13 Abs. 3 S. 1 UmwG.
182 Vgl. Gehling, in: Semler/Stengel, UmwG, 2012, § 13 Rz. 65.
183 Vgl. § 16 Abs. 1 S. 1 UmwG.

Zur Verfahrensbeschleunigung erlaubt das Gesetz jedoch, die Verschmelzung zur Eintragung des übertragenden Rechtsträgers auch durch das Vertretungsorgan des übernehmenden Rechtsträgers anmelden zu lassen.[184] Die Angaben im Rahmen der Anmeldung beziehen sich nur auf die Art der Verschmelzung selbst, wie etwa zur Aufnahme oder Neugründung unter Bezeichnung von Firma und Sitz der beteiligten Rechtsträger, nicht aber auf den Verschmelzungsvertrag oder Verschmelzungsbeschlüsse. Weitere Angaben sind nicht erforderlich, da sie sich aus den der Anmeldung beizufügenden Unterlagen ergeben. Zu den beizufügenden Unterlagen gehören der Verschmelzungsvertrag, Niederschriften zu den Verschmelzungsbeschlüssen, Zustimmungserklärungen einzelner Anteilsinhaber einschließlich der Zustimmungserklärungen nicht erschienener Anteilsinhaber, Verschmelzungsbericht und Prüfungsbericht[185] sowie ein Nachweis über die rechtzeitige Zuleitung des Verschmelzungsvertrags oder seines Entwurfs an den zuständigen Betriebsrat.[186] Außerdem ist die Schlussbilanz des übertagenden Rechtsträgers beizufügen, deren Stichtag innerhalb eines Zeitraumes von höchstens acht Monaten vor der Anmeldung liegt.[187]

6.2 *Kapitalerhöhung*

Im Fall der Verschmelzung durch Aufnahme kommt gegebenenfalls auch eine Kapitalerhöhung beim übernehmenden Rechtsträger in Betracht. Die den Anteilsinhabern des übertragenden Rechtsträgers für die Aufgabe ihrer Anteile als Gegenleistung zu gewährenden Anteile des übernehmenden Rechtsträgers werden i.d.R. durch die Kapitalerhöhung bereitgestellt.[188] Der Kapitalerhöhungsbetrag bestimmt sich dabei nach dem Umtauschverhältnis, welches wiederum von der Verschmelzungswertrelation abhängig ist. Dagegen ist eine Kapitalerhöhung unzulässig, wenn der übernehmende Rechtsträger bspw. bereits Anteile am übertragenden Rechtsträger innehat.[189] Ebenso kann von einer Kapitalerhöhung abgesehen werden, wenn alle Anteilsinhaber des übertragenden Rechtsträgers ihren Verzicht erklären.[190]

---

184 Vgl. § 16 Abs. 1 S. 2 UmwG.

185 Gegebenenfalls ist eine Verzichtserklärung gem. § 8 Abs. 3, § 9 Abs. 3, § 12 Abs. 3, § 54 Abs. 1 S. 3 oder § 68 Abs. 1 S. 3 UmwG beizufügen.

186 Vgl. § 17 Abs. 1 UmwG.

187 Vgl. § 17 Abs. 2 S. 4 UmwG.

188 Vgl. § 55 UmwG gilt für die Rechtsform der GmbH, § 69 UmwG für die AG.

189 Zum Verbot der Verschmelzung ohne Kapitalerhöhung vgl. §§ 54 und 68 UmwG. Typischer Fall ist die Verschmelzung einer 100%igen Tochtergesellschaft auf die Muttergesellschaft im Rahmen der Konzernverschmelzung (upstream-merger), siehe dazu Abschnitt I. 2.3. dieses Kapitels.

190 Vgl. § 54 Abs. 1 S. 3 UmwG; Die Verzichtserklärung muss notariell beurkundet werden.

Eine Kapitalerhöhung ist beim Register des übernehmenden Rechtsträgers zur Eintragung anzumelden, wobei der Verschmelzungsvertrag und die Niederschriften zu den Verschmelzungsbeschlüssen beizufügen sind.[191] Die Verschmelzung kann erst nach Eintragung der Kapitalerhöhung wirksam werden und auch nur, wenn alle Wirksamkeitsvoraussetzungen für die Verschmelzung erfüllt sind. Umgekehrt verliert der Beschluss zur Kapitalerhöhung seine Wirkung, sollten nicht alle Voraussetzungen für die Wirksamkeit der Verschmelzung vorliegen. Die Anteilsinhaber des übertragenden Rechtsträgers werden auf diese Weise insofern geschützt, dass das zum Umtausch der Anteile benötigte Kapital beim übernehmenden Rechtsträger auch tatsächlich zur Verfügung steht, zumal die Verschmelzung erst mit der Eintragung der Kapitalerhöhung wirksam werden kann.[192]

6.3 Wirkung der Eintragung

Nachdem die Verschmelzung in das Register des Sitzes jedes zu übertragenden Rechtsträgers eingetragen wurde, erfolgt die Eintragung in das Register des übernehmenden Rechtsträgers.[193] Erst dann wird die Verschmelzung rechtskräftig und somit wirksam. Das Vermögen einschließlich der Verbindlichkeiten des übertragenden Rechtsträgers geht auf die Übernehmerin über, der übertragende Rechtsträger erlischt und deren Anteilsinhaber werden Anteilsinhaber des übernehmenden Rechtsträgers. Durch die Eintragung werden auch Beurkundungsmängel des Verschmelzungsvertrags oder der gegebenenfalls erforderlichen Zustimmungs- oder Verzichtserklärungen einzelner Anteilsinhaber geheilt.[194] Nach Eintragung ist eine Rückabwicklung der Verschmelzung nicht mehr möglich.

III. Grenzüberschreitende Verschmelzung

1. Wesen der grenzüberschreitenden Verschmelzung

Als grenzüberschreitend bezeichnet man eine Verschmelzung, bei der Rechtsträger unterschiedlicher Personalstatute beteiligt sind. Hintergrund des Personalstatutes ist das auf den Lebenssachverhalt anwendbare Recht, welches alle Innen- und Außenbeziehungen juristischer Personen bestimmt, also unter welchen Voraussetzungen der Rechtsträger entsteht, lebt und erlischt.[195] Für das Wesen der grenzüberschreitenden Verschmelzung ist damit entscheidend, dass neben einem Rechtsträger, welcher der deutschen Rechtsordnung unterliegt, auch ein Rechtsträger ausländischen Personalstatutes beteiligt sein muss. Für den grenz-überschreitenden Verschmelzungsfall sind

---

191 Vgl. § 55 Abs. 2 und § 69 Abs. 2 UmwG.

192 Vgl. Winter/Vetter, in: Lutter, UmwG, 2014, § 53 Rz. 19; Zimmermann, in: Kallmeyer, UmwG, 2013, § 53 Rz. 18; § 66 Rz. 10.

193 Vgl. § 19 Abs. 1 UmwG.

194 Vgl. § 20 UmwG.

195 Vgl. v. Hoffmann/Thorn, Internationales Privatrecht, 2007, § 2 Rn. 33.

folglich zwei Verschmelzungsrichtungen möglich. Falls ein ausländischer Rechtsträger auf einen deutschen Rechtsträger verschmolzen wird, handelt es sich um eine sogenannte Hereinverschmelzung. Der daraus hervorgehende Rechtsträger unterliegt dem deutschen Personalstatut. Umgekehrt unterliegt der Rechtsträger dem ausländischen Personalstatut, sollte im Zuge der Hinausverschmelzung der deutsche Rechtsträger auf den ausländischen Rechtsträger verschmolzen werden.[196]

2. Varianten grenzüberschreitender Verschmelzungen

Für die Fälle grenzüberschreitender Verschmelzungen von Kapitalgesellschaften ist zwischen der Ansässigkeit des Rechtsträgers bzw. der übertragenden Rechtsträger, der Ansässigkeit des übernehmenden Rechtsträgers, der Ansässigkeit der Anteilseigner des Rechtsträgers bzw. der übertragenden Rechtsträger und der Belegenheit des zu übertragenden Vermögens zu differenzieren. Die daraus resultierenden 16 Varianten, welche anhand der genannten Kriterien bei Unterscheidung der Ausprägungen zwischen In- und Ausland denkbar sind, können in vier Fallgruppen kategorisch aufgeteilt werden.[197] Der erste Fall beschreibt die inländische Verschmelzung mit Auslandsbezug, wobei der übertragende und der übernehmende Rechtsträger im Inland ansässig sind. Die Auslandsberührung ist durch die Beteiligung ausländischer Anteilsinhaber oder durch den Übergang auslandsbelegenen Vermögens gegeben. Zur zweiten Fallgruppe können Hinausverschmelzungen (*outbound*) zugeordnet werden. Hierbei ist einer der übertragenden Rechtsträger im Inland ansässig, während der übernehmende Rechtsträger sein Domizil im Ausland hat. Entgegen dem ersten Fall kann das zu übertragende Vermögen im Inland oder Ausland belegen sein. Als drittes ist die Hereinverschmelzung zu nennen (*inbound*), bei der mindestens einer der übertragenden Rechtsträger im Ausland ansässig ist und der übernehmende Rechtsträger im Inland domiziliert. Anteilsinhaber können im Inland oder Ausland ansässig, das zu übertragende Vermögen wie im zweiten Fall ebenso im Inland oder Ausland belegen sein. Die vierte Fallgruppe grenzüberschreitender Verschmelzungen beschreibt die ausländische Verschmelzung mit Inlandsbezug. In diesem Fall sind die beteiligten Rechtsträger, sowohl übertragender als auch übernehmender, beide im Ausland ansässig. Durch Vorhandensein inländischer Gesellschafter oder Übertragung von Inlandsvermögen wird der Inlandsbezug erzeugt.[198]

---

196 Die Bestimmung des maßgeblichen Personalstatuts gestaltete sich bis zur Sevic-Entscheidung des EuGH problemlos, sofern Satzungs- und Gründungssitz des Rechtsträgers in einem Staat lagen. Sofern der Tätigkeitsschwerpunkt und damit der effektive Verwaltungssitz eines Rechtsträgers im Ausland lagen, kamen zur Bestimmung des maßgeblichen Statuts für diesen Rechtsträger mehrere Rechtsordnungen in Betracht. Maßgebend waren die Grundkonzeptionen der Sitz- oder der Gründungstheorie, vgl. Behrens, ZGR 1994, S. 1–5.

197 Vgl. Herzig/Förster, DB 1994, S. 2.

198 Vgl. ebenda.

3. Gesetzliche Fortentwicklung

3.1 Status vor der Verschmelzungsrichtlinie

Bis Ende des Jahres 2005 waren auf europäischer Ebene kaum Regelungen auf dem Gebiet der grenzüberschreitenden Verschmelzungstatbestände vorzufinden. Europaweit einheitliche steuerrechtliche Regelungen waren einzig in der Fusionsrichtlinie (90/434/EWG) verankert. Eine grenzüberschreitende Verschmelzung schien bis dahin nicht möglich, zumal keine Vorschriften darüber existierten, welche gesetzlichen Regelungen der jeweiligen europäischen Länder im konkreten Verschmelzungsfall anzuwenden wären. Die herrschende Meinung lehnte die Anwendung des § 1 Abs. 1 UmwG für grenzüberschreitende Umwandlungen aufgrund des Wortlautes „Rechtsträger mit Sitz im Inland"[199], wonach allein inländischen Rechtsträgern die Umwandlung gestattet wurde, ab. Der Gesetzgeber hatte bis dahin argumentiert, dass auf gesellschaftsrechtlicher Ebene noch keine Harmonisierung innerhalb der EU stattgefunden habe.[200] Deutsche Unternehmen suchten daher nach anderen Wegen, um eine grenzüberschreitende Verschmelzung durchzuführen. Eine Möglichkeit bot sich den Unternehmen durch die Gründung einer SE (Societas Europaea), die als europäische Aktiengesellschaft der deutschen Aktiengesellschaft ähnelt. Grundlage für diese Verschmelzungsmöglichkeit sind die Verordnung Nr. 2157/2001/EG über das Statut der Europäischen Gesellschaft[201], sowie die Richtlinie 2001/86/EG zur Ergänzung hinsichtlich der Beteiligung der Arbeitnehmer.[202] Trotz dieser anwendbaren Möglichkeit wurde zunehmend eine einheitliche europarechtliche Regelung für Verschmelzungen gefordert, die den Verfahrensablauf einer grenzüberschreitenden Verschmelzung sowohl harmonisiert als auch konkretisiert, um diese Transaktion auf eine rechtssichere Basis zu stellen.

---

199 Drinhausen, in: Semler/Stengel, UmwG, 2012, Einleitung C, Rz. 18.

200 Vgl. BegrRegE, BR-Drucks. 12/6699, S. 80; Drinhausen, in: Semler/Stengel, UmwG, 2012, Einleitung C, Rz. 21ff.

201 Vgl. Verordnung (EG) Nr. 2157/2001 des Rates vom 08.10.2001 über das Statut der Europäischen Gesellschaft (SE), Abl. EG Nr. L 294/1 vom 10.11.2001.

202 Vgl. Richtlinie 2001/86/EG des Rates vom 8. Oktober 2001 zur Ergänzung des Statuts der Europäischen Gesellschaft hinsichtlich der Beteiligung der Arbeitnehmer, in: Amtsblatt der Europäischen Gemeinschaften Nr. L 294, S. 22. Die Richtlinie wurde bereits in nationales Recht umgesetzt. Das Ausführungsgesetz für die SE-VO und das Gesetz zur Umsetzung der SE-RL wurde in dem Gesetz zur Einführung der Europäischen Gesellschaft (SEEG) zusammengefasst. Es entstand in Deutschland das SE-Beteiligungsgesetz (SEBG) und das SE-Ausführungsgesetz (SEAG).

3.2 Entscheidungen des EuGH

3.2.1 SEVIC-Urteil

Gegenstand der vom EuGH zu behandelnden Rechtssache war die Hereinverschmelzung der in Luxemburg ansässigen Gesellschaft Security Vision Concept AG auf die in Deutschland ansässige Sevic Systems AG.[203] Im Verschmelzungsvertrag wurde die Auflösung der Security Vision Concept AG ohne Abwicklung und die Übertragung ihres gesamten Vermögens auf die Sevic Systems AG vereinbart. Die Eintragung in das deutsche Handelsregister wurde jedoch durch das Amtsgericht Neuwied mit der Begründung abgelehnt, dass § 1 Abs. 1 UmwG nur die Umwandlung von Rechtsträgern mit Sitz in Deutschland zulasse. Daraufhin erhob die Sevic Systems AG Beschwerde beim LG Koblenz mit der Begründung, dass die Zurückweisung der Eintragung gegen die Niederlassungsfreiheit verstoße. Das LG Koblenz nahm dies zum Anlass, dem EuGH die Fragestellung vorzulegen, ob denn die Eintragung einer Verschmelzung in das deutsche Handelsregister vor dem Hintergrund der Niederlassungsfreiheit gem. Artt. 43,48 EGV unzulässig sei. Der EuGH entschied dagegen, dass die Verweigerung der Eintragung in das nationale Handelsregister unzulässig sei.[204] Die zugrunde liegende Hereinverschmelzung der luxemburgischen Security Vision Concept SA auf die deutsche Sevic Systems AG wird laut EuGH vom Anwendungsbereich der Art. 43 Abs. 1 S. 1 und 48 EGV, welche natürlichen Personen sowie ihnen gleichgestellten Gesellschaften das Recht garantieren, im EU-Ausland ein Unternehmen zu gründen oder zu übernehmen oder aber auch den Schwerpunkt der wirtschaftlichen Tätigkeit in einen anderen Mitgliedstaat zu verlegen, erfasst.[205] Das Gericht stellte insbesondere fest, dass aufgrund der deutschen Rechtslage, welche dem Wortlaut des § 1 Abs. 1 UmwG folgend nur innerstaatliche Verschmelzungen zulässt, ein Widerspruch zur im EGV verankerten Niederlassungsfreiheit vorliegt.[206] Entgegen der Auffassung der beteiligten Regierungen, eine Verhinderung grenzüberschreitender Verschmelzungen diene dem Schutz der Interessen von Gläubigern, Minderheitsaktionären sowie Aktionären, argumentierte der EuGH, dass ein Verbot ebenso eine grenzüberschreitende Verschmelzung in den Fällen verhindere, wenn die Rechtsschutzinteressen gar nicht bedroht seien.[207] Damit stehen die deutschen Regelungen im Widerspruch zur Niederlassungsfreiheit.

---

203 Vgl. EuGH, Urteil vom 13.12.2005, Rs C-411/03, DNotZ 2006, S. 210ff.

204 Vgl. EuGH, Urteil vom 13.12.2005, Rs C-411/03, DNotZ 2006, Rz. 31. Bis dato war sehr umstritten, ob die grenzüberschreitende Verschmelzung vom Anwendungsbereich der Niederlassungsfreiheit erfasst wird; ablehnend, vgl. Triebel/v. Hase, BB 2003, S. 2409f.; vollständig bejahend, vgl. Kloster, GmbHR 2003, S. 1413ff.

205 Vgl. Kieninger, EWS 2006, S. 50; Leible/Hoffmann, RIW 2006, S. 162f.; Sedemund, BB 2006, S. 521; Eckstein, Grenzüberschreitende Verschmelzung, 2009, S. 37.

206 Vgl. EuGH, Urteil vom 13.12.2005, Rs C-411/03, DNotZ 2006, Rz. 23.

207 Vgl. EuGH, Urteil vom 13.12.2005, Rs C-411/03, DNotZ 2006, Rz. 30.

Zwar beziehen sich die Ausführungen der Urteilsbegründung des EuGH nur auf die Niederlassungsfreiheit des übertragenden Rechtsträgers, womit Hereinverschmelzungen von Rechtsträgern aus anderen Mitgliedstaaten auf deutsche Rechtsträger erfasst werden. Dennoch ist nach herrschender Meinung auch die Hinausverschmelzung deutscher Rechtsträger auf Rechtsträger mit Sitz in anderen EU-Mitgliedstaaten erfasst. Gestützt wird die herrschende Meinung dadurch, dass der EuGH in der Urteilsbegründung nur auf Verschmelzungen im Allgemeinen eingeht und transnationale Unternehmensumstrukturierungen allgemein unter den Schutz des EU-Rechts stellt. Trotzdem bleibt damit eine gewisse Rechtsunsicherheit hinsichtlich der Zulässigkeit von Hinausverschmelzungen zurück.

Bei einer grenzüberschreitenden Verschmelzung sind, wie bereits in Abschnitt III. 1. klargestellt wurde, mindestens zwei Rechtsträger mit unterschiedlichem Rechtsstatut beteiligt. Konkret ist damit ein Eingriff einer der beteiligten Mitgliedstaaten in die Belange des Rechtsträgers des anderen Mitgliedstaates verbunden, wenn er den seiner Rechtsordnung unterliegenden Rechtsträgern die grenzüberschreitende Verschmelzung verbietet. Die Hinausverschmelzung kann bspw. gezielt zur Gestaltung der Unternehmensmitbestimmung gewählt werden. Folglich standen nationale Gerichte Hinausverschmelzungen ablehnender gegenüber, zumal inländische Rechtsträger dem Anwendungsbereich nationaler Schutzbestimmungen entzogen werden und dadurch z.B. Gläubiger und Arbeitnehmer mit dem Wechsel des Gesellschaftsstatuts möglicherweise schlechter gestellt werden könnten.[208]

Nach der Argumentation von *Bungert* kann sich der aufnehmende Rechtsträger im Falle der Hinausverschmelzung seinerseits auf die Niederlassungsfreiheit berufen. Für den ausländischen Rechtsträger stellt die Hinausverschmelzung streng genommen aus dem umgekehrten Betrachtungswinkel eine Hereinverschmelzung dar, welcher durch das Sevic-Urteil geschützt wird. Die logische Konsequenz daraus wäre, die der Sevic-Entscheidung zugrunde liegende Logik auch auf die Hinausverschmelzung zu übertragen.[209]

Insgesamt kann nach den Ausführungen des EuGH und den vorstehenden Argumenten davon ausgegangen werden, dass ein Verbot der Hinausverschmelzung der Niederlassungsfreiheit widerspricht und folglich gemeinschaftsrechtswidrig ist.[210] Nicht möglich ist hingegen eine grenzüberschreitende Verschmelzung durch Neugründung, indem zwei inländische Rechtsträger auf einen im anderen Mitgliedstaat neu zu gründenden Rechtsträger verschmolzen werden.[211] Weiterhin

---

208 Vgl. Beutel, Der neue rechtliche Rahmen grenzüberschreitender Verschmelzungen in der EU, 2008, S. 87f.

209 Vgl. Bungert, BB 2006, S. 56.

210 Vgl. Eckstein, Grenzüberschreitende Verschmelzung, 2009, S. 42.

211 Es besteht die Voraussetzung, dass mindestens zwei der an der grenzüberschreitenden Verschmelzung beteiligten Rechtsträger dem Recht unterschiedlicher Mitgliedstaaten unterliegen müssen, vgl. Brocker, BB 2010, S. 971.

kann festgehalten werden, dass das Sevic-Urteil keine Regelungen für den Ablauf eines grenzüberschreitenden Verschmelzungsverfahrens enthält. Damit besteht Unklarheit darüber, welche Verfahrensanforderungen von den beteiligten Mitgliedstaaten für eine grenzüberschreitende Verschmelzung vorgesehen werden können. Die praktische Durchführung dieser Transaktionen erfährt durch das EuGH-Urteil keine Verbesserung.

3.2.2 Erfasste Rechtsformen

3.2.2.1 Kapitalgesellschaften

Der EuGH hat in der Rechtssache Sevic die Zulässigkeit der Hereinverschmelzung der luxemburgischen SA auf eine deutsche AG mit der Niederlassungsfreiheit gem. Art. 43, 48 EGV begründet. Unklarheit bestand daraufhin hinsichtlich der Frage, ob der EuGH mit der Urteilsbegründung die Möglichkeit der grenzüberschreitenden Verschmelzung nur auf die Rechtsform der Aktiengesellschaft beschränkt hat oder ob an grenzüberschreitenden Verschmelzungen auch andere Gesellschaftsformen, unter anderem die GmbH, beteiligt sein könnten. Ausgehend von grenzüberschreitenden Verschmelzungen nach der SE-VO, die nur Aktiengesellschaften offenstehen und dem Umstand, dass nicht unerhebliche Unterschiede zwischen den Rechtsordnungen einzelner Mitgliedstaaten im Hinblick auf den Bereich des GmbH-Rechts bestehen[212], bekräftigt die Annahme der ausschließlich Aktiengesellschaften zustehenden Möglichkeit. Der EuGH hat dazu nicht explizit Stellung bezogen. Aus der Urteilsbegründung kann jedoch auch für die weiteren Rechtsformen innerhalb von Kapitalgesellschaften die Zulässigkeit grenzüberschreitender Verschmelzungen mit Bezug auf die Niederlassungsfreiheit nach Art. 48 EGV abgeleitet werden. In einem der Sevic-Entscheidung vorangehenden Urteil stellt der EuGH bereits klar, dass die Ausübung der Niederlassungsfreiheit nicht in Abhängigkeit von Harmonisierungsmaßnahmen stehen darf.[213] Damit wird das Argument der Niederlassungsfreiheit noch untermauert, sodass keine Differenzierung zwischen den Kapitalgesellschaftsformen gegeben scheint.

3.2.2.2 Personengesellschaften

Neben der Unklarheit, ob das Sevic-Urteil nur auf die Rechtsform einer Aktiengesellschaft abstellt oder auch die übrigen Rechtsformen von Kapitalgesellschaften erfasst, bleibt fraglich, inwiefern beteiligungsfähige Rechtsträger in der Rechtsform von Personengesellschaften inbegriffen sind. Auch hierzu nahm der EuGH nicht explizit Stellung. Nach dem Wortlaut des Art. 48 Abs. 2 EGV zählen Personengesellschaften nicht zum Kreis der beteiligungsfähigen Rechtsträger, da sie nicht als juristische Person eingestuft werden und damit nicht in den Anwendungsbereich der Niederlassungsfreiheit fallen. Dennoch werden die Rechtsformen der KG und OHG durch die Niederlassungsfreiheit nach Art. 43, 48 EGV geschützt,

212 Vgl. Koppensteiner, Der Konzern 2006, S. 42f.
213 Vgl. EuGH, Urteil vom 5.11.2002, Rs. C-208/00, DNotZ 2003, Rz. 55.

zumal Art. 48 Abs. 2 EGV alle Gesellschaften einbezieht, die einen Erwerbszweck verfolgen, womit auch auf den Einbezug von Personengesellschaften geschlossen werden könnte.[214]

3.2.3 VALE-Entscheidung

Mit der Entscheidung in der Rechtssache VALE hat der EuGH den Weg für eine grenzüberschreitende Umwandlung geebnet. Demzufolge kann eine Gesellschaft, die ihre Rechtsform in die eines anderen EU-Mitgliedstaates verwandelt, die rechtliche und wirtschaftliche Kontinuität zwischen der ursprünglichen Gesellschaft und der umgewandelten Gesellschaft verlangen, ohne ihre Rechtspersönlichkeit zu verlieren.[215] Obwohl es sich im Vergleich zur grenzüberschreitenden Verschmelzung nur um einen Rechtsträger handelt, erfolgt ebenso die Übertragung von Vermögen ohne Liquidation im Rahmen der Gesamtrechtsnachfolge. Jedoch wird die umziehende Gesellschaft nicht aufgelöst, womit es auch nicht zur Auflösung stiller Reserven kommt.[216] Hintergrund des Urteils ist die Sitzverlegung einer italienischen GmbH nach Ungarn und einer dortigen Neugründung einer GmbH. Der Antrag zur Eintragung im ungarischen Register wurde jedoch abgelehnt mit der Begründung, eine mit der Sitzverlegung aus dem Ausland verbundene Neugründung der Gesellschaft könne nicht als eine dem ungarischen Recht vorbehaltene Umwandlung betrachtet werden.[217]

Gemäß dem EuGH-Urteil ist neben dem Gründungsstaat der Aufnahmestaat in der Pflicht, die nach dem Recht des Gründungsstaates errichtete Gesellschaft in seine Rechtsordnung aufzunehmen, ohne die vorherige Auflösung und Neugründung der Gesellschaft verlangen zu können.[218] Ergänzend zur Cartesio-Entscheidung des EuGH, nach der die Frage der Verpflichtung, unter welchen Bedingungen die zuziehende Gesellschaft unter die Rechtsordnung des Aufnahmestaates aufzunehmen sei, unbeantwortet blieb, schließt der EuGH in der Rechtssache VALE nun diese Lücke.[219] Bezugnehmend auf das SEVIC-Urteil, worin der EuGH aus der

---

214 Vgl. Eckstein, Grenzüberschreitende Verschmelzung, 2009, S. 44.

215 Vgl. EuGH, Urteil vom 12.07.2012 – Rs. C-378/10, DB 2012, S. 1614f. Der Vorgang kann auch als „identitätswahrende Sitzverlegung von Gesellschaften in Europa" bezeichnet werden, vgl. Thömmes, DB 1993, S. 1021.

216 Vgl. Thömmes, NWB 2012, S. 3020.

217 Der oberste Gerichtshof Ungarns hatte Zweifel hinsichtlich der Vereinbarkeit mit der Niederlassungsfreiheit.

218 Vgl. Teichmann, DB 2012, S. 2085; Thömmes, NWB 2012, S. 3020.

219 Gegenstand der Rechtssache Cartesio war die Verlegung der Tätigkeit und des Verwaltungssitzes einer Gesellschaft in einen anderen Staat mit dem Bestreben, auch eine der Rechtsformen des Aufnahmestaates anzunehmen, um die Umwandlung in eine Gesellschaft dieses Staats zu erreichen. Der EuGH hatte darüber entschieden, dass der Gründungsstaat den Wegzug einer Gesellschaft unter Änderung ihres Statuts aufgrund der Niederlassungsfreiheit zu gestatten hat, vgl. EuGH, Urteil vom 16.12.2008, Rs. C-210/06, DNotZ 2009, S. 553ff.

Niederlassungsfreiheit den Grundsatz abgeleitet hat, dass innerstaatliches Verschmelzungsrecht eines EU-Mitgliedstaats nicht allein inländischen Gesellschaften vorbehalten bleiben darf und klarstellte, dass die unterschiedliche Behandlung innerstaatlicher und grenzüberschreitender Verschmelzungen eine Beschränkung der Niederlassungsfreiheit darstellt, hat der EuGH diesen Gedanken im Urteil VALE auf grenzüberschreitende Umwandlungen übertragen.[220] Da zahlreiche EU-Mitgliedstaaten noch keine Regelungen zur grenzüberschreitenden Umwandlung in ihren Rechtsordnungen verankert haben, werden deutsche Gerichte in den Fällen von Sitzverlegungen die in Umsetzung der Verschmelzungsrichtlinie eingeführten Vorschriften der §§ 122a ff. UmwG zu grenzüberschreitenden Hinausverschmelzungen analog anwenden.[221]

4. Verschmelzungsrichtlinie

Bereits vor dem Sevic-Urteil hat der europäische Gesetzgeber eine Richtlinie über die grenzüberschreitende Verschmelzung von Kapitalgesellschaften ausgearbeitet. Zwar wurde bereits die Zulässigkeit einer grenzüberschreitenden Verschmelzung durch die Sevic-Entscheidung mit der Niederlassungsfreiheit gem. Art. 43 und 48 EGV begründet, jedoch traf der EuGH keine Aussagen im Hinblick auf den Verfahrensablauf einer solchen Transaktion.[222] Mit der Richtlinie 2005/56/EG des Europäischen Parlaments und des Rates über die Verschmelzung von Kapitalgesellschaften aus verschiedenen Mitgliedstaaten[223], welche fast zeitgleich zum Sevic-Urteil in Kraft trat, wurde zum einen der Rahmen vorgegeben, innerhalb dessen grenzüberschreitende Verschmelzungen von Kapitalgesellschaften möglich sein sollten. Zum anderen wurde die Richtlinie dem Bedürfnis nach einer Regelung hinsichtlich des Verfahrensablaufs gerecht, indem mit ihr ein grundsätzlich einheitliches gesellschaftsrechtliches Verfahrenskonzept geliefert wurde, das solche Transaktionen zukünftig auf eine rechtssichere Basis stellen sollte. Die Umsetzung der gesellschaftsrechtlichen Vorgaben der Verschmelzungsrichtlinie erfolgte durch den deutschen Gesetzgeber vorwiegend im Rahmen des Zweiten Gesetzes zur Änderung des Umwandlungsgesetzes, das am 25. April 2007 in Kraft trat.[224]

---

220 Die für innerstaatliche Umwandlungen geltenden Bestimmungen sind gleichermaßen auch auf grenzüberschreitende Vorgänge anzuwenden, vgl. Behrens, EuZW 2012, S. 626.

221 Vgl. Thömmes, NWB 2012, S. 3021.

222 Vgl. Neye/Timm, DB 2006, S. 488.

223 Vgl. Richtlinie 2005/56/EG des Europäischen Parlaments und des Rates vom 26.10.2005, Abl. EU Nr. L 310, S. 1. Die Richtlinie wurde am 25.11.2005 veröffentlicht und trat schlussendlich am 15.12.2005 in Kraft.

224 Vgl. Zweites Gesetz zur Änderung des Umwandlungsgesetzes vom 19.04.2007, BGBL I, S. 542ff. Mitbestimmungsrechtliche Vorgaben der Verschmelzungsrichtlinie fanden wiederum Eingang in ein eigenständiges Gesetz zur Umsetzung der

Aufgrund der aus deutscher Sicht sehr ähnlichen Verfahrensweisen von nationalen und grenzüberschreitenden Verschmelzungen bot sich die Anpassung des Umwandlungsgesetzes bezugnehmend auf die gesellschaftsrechtlichen Vorgaben der Verschmelzungsrichtlinie an.[225] Mit den Änderungen des Umwandlungsgesetzes wurden die grenzüberschreitenden Gestaltungsmöglichkeiten neben der bis dahin bereits möglichen Gründung einer Europäischen Aktiengesellschaft (SE) und den Möglichkeiten nach der Sevic-Rechtsprechung des EuGH bezüglich der europäischen Niederlassungsfreiheit erweitert. Konkret erfolgte die Umsetzung durch die Ergänzung des Umwandlungsgesetzes um einen Zehnten Abschnitt über grenzüberschreitende Verschmelzungen von Kapitalgesellschaften im Zweiten Buch (§§ 122a – 122l UmwG). Grenzüberschreitend ist nach dem Anwendungsbereich der neuen Regelungen eine Verschmelzung, an der mindestens eine der beteiligten Kapitalgesellschaften dem Recht eines anderen EU-Mitgliedstaates oder sonstigen EWR-Staates unterliegt.[226] Verschmelzungen mit Beteiligung von Gesellschaften aus sogenannten Drittstaaten werden dagegen nicht erfasst. Um international verschmelzungsfähig zu sein, müssen die beteiligten Gesellschaften gem. § 122b Abs. 1 UmwG nach dem Recht eines EU-Mitgliedstaates oder des EWR gegründet worden sein und sie müssen auch ihren satzungsmäßigen Sitz, Hauptverwaltung oder Hauptniederlassung in einem dieser Staaten haben.[227] In Erweiterung zur Sevic-Rechtsprechung des EuGH, die auf den Fall der Hereinverschmelzung abstellt, schaffen die Neuregelungen nun auch einen rechtssicheren Rahmen für den Fall einer Hinausverschmelzung deutscher Kapitalgesellschaften. Sowohl die Herein- als auch die Hinausverschmelzung kann durch Aufnahme oder durch Neugründung erfolgen, zumal der deutsche Gesetzgeber keine eigenständigen Definitionen für grenzüberschreitende Verschmelzungen festgelegt hat.[228] Nach den Neuregelungen sind in Deutschland Kapitalgesellschaften in Rechtsform der AG, KGaA, GmbH oder auch die Europäische Aktiengesellschaft (SE) erfasst, falls es sich bei der SE um den zu übertragenden Rechtsträger mit Sitz in Deutschland handelt.[229] Falls mit der grenzüberschreitenden Verschmelzung die Gründung einer SE beabsichtigt ist, gelten die Vorschriften der Art. 2 Abs. 1, 17ff. SE-VO.[230] Denkbar wäre dagegen aber auch die Hinausverschmelzung einer inländischen

---

Regelungen über die Mitbestimmung der Arbeitnehmer (MgVG), welches am 29.12.2006 in Kraft trat.

225 Vgl. Bayer/Schmidt, NJW 2006, S. 401.

226 Vgl. § 122a UmwG.

227 Art. 4 Abs. 1a der Verschmelzungsrichtlinie setzt voraus, dass die an der Verschmelzung beteiligte Gesellschaft nach dem innerstaatlichen Recht des betreffenden Mitgliedstaates verschmelzungsfähig ist.

228 Vgl. § 122a Abs. 2 UmwG i.V.m. § 2 Nr. 1, 2 UmwG.

229 Vgl. Art. 9 Abs. 1lit. c ii und Art. 10 SE-VO, Nr. 2157/2001 des Rates vom 08.10.2001 über das Statut der Europäischen Gesellschaft (SE), Abl.EG Nr. L 294/1 vom 10.11.2001.; Begr. RegE, BT-Drucks. 16/2919, S. 14.

230 Vgl. Drinhausen/Keinath, BB 2006, S. 726.

Kapitalgesellschaft auf eine SE mit Sitz im Ausland oder umgekehrt die Hereinverschmelzung einer ausländischen SE auf eine Kapitalgesellschaft mit Sitz im Inland, womit die §§ 122a ff. UmwG wieder anzuwenden wären.[231] Unter Berücksichtigung der Sevic-Entscheidung des EuGH, welche den Fall der Hereinverschmelzung zum Gegenstand hat, bleibt die Gültigkeit einer Hinausverschmelzung einer inländischen Personengesellschaft auf eine ausländische Personengesellschaft fraglich. Denkbar wäre die vorherige Umwandlung der beteiligten Personengesellschaften in Kapitalgesellschaften mit anschließender Rückumwandlung der übernehmenden Gesellschaft in eine Personengesellschaft. In der Cartesio-Entscheidung stellt der EuGH klar, dass der Wegzugsstaat im Rahmen einer Sitzverlegung nicht die vorherige Auflösung und Liquidation der Gesellschaft verlangen kann und der Gesellschaft die Möglichkeit eröffnet werden muss, sich in eine Gesellschaft nach dem Recht des anderen Mitgliedstaates umzuwandeln.[232]

IV. Verfahrensablauf einer grenzüberschreitenden Verschmelzung von Kapitalgesellschaften zwischen Deutschland und Österreich

1. Überblick

Das Verfahren einer grenzüberschreitenden Verschmelzung kann wie auch bei nationalen Verschmelzungen bei jeder beteiligten Kapitalgesellschaft in eine Vorbereitungs-, eine Beschluss- und eine Vollzugsphase unterteilt werden. In der Vorbereitungs- und Beschlussphase kommt jeweils das nationale Recht der beteiligten Rechtsträger unter Berücksichtigung der in nationales Recht umgesetzten Vorgaben der Verschmelzungsrichtlinie zur Anwendung. Unter den Voraussetzungen des Rechts des Staates, dem der übernehmende oder neu gegründete Rechtsträger unterliegt, wird die grenzüberschreitende Verschmelzung wirksam[233], womit für den übernehmenden oder neu entstehenden Rechtsträger das Recht des Aufnahme- oder Zielstaates gilt. Wie bereits erwähnt, wurden mit der Aufnahme des zehnten Abschnitts im Umwandlungsgesetz die Regelungen zum Verfahrensablauf bei grenzüberschreitenden Verschmelzungen von Kapitalgesellschaften insbesondere in §§ 122c-122l UmwG festgelegt. Beginnend mit der Aufstellung eines Verschmelzungsplans kann der Verfahrensablauf in weitere sechs Schritte eingeteilt werden.

231 Vgl. Bayer, in: Lutter, UmwG, 2014, § 122b, Rz. 7.
232 Vgl. EuGH, Urteil vom 16.12.2008, Rs. C-210/06, DNotZ 2009, S. 553ff.
233 § 122k Abs. 2 S. 3 UmwG.

Tabelle 2: Verfahrensablauf einer Verschmelzung von Aktiengesellschaften[234]

Verschmelzungsphase	Verfahrensablauf
Vorbereitungsphase	• Gemeinsamer Verschmelzungsplan • Bekanntmachung des Verschmelzungsplans • Verschmelzungsbericht • Verschmelzungsprüfung und Sachverständigenbericht
Beschlussphase	• Zustimmung der Anteilsinhaber • Verschmelzungskontrolle
Vollzugsphase	• Eintragung und Wirksamwerden der Verschmelzung

Die grenzüberschreitenden Verschmelzungsregelungen des Umwandlungsgesetzes verweisen weitgehend auf die für nationale Verschmelzungen geltenden Regelungen, wobei im Hinblick auf das Eintragungsverfahren, den Schutz von Minderheitsgesellschaftern und Gläubigern und die arbeitsrechtlichen Folgen Unterschiede zu den nationalen Regelungen bestehen. Mit der Verweisung auf die geltenden Regelungen nationaler Verschmelzungen stehen den beteiligten Rechtsträgern einer grenzüberschreitenden Verschmelzung sämtliche Verschmelzungsarten zur Verfügung.[235] Demnach ist sowohl eine Herein- als auch Hinausverschmelzung möglich, wobei die Verschmelzung zur Aufnahme oder durch Neugründung erfolgen kann.[236]

In Österreich ist das Umwandlungsrecht im Vergleich zu Deutschland nicht in einem Umwandlungsgesetz zusammengefasst, das für alle verschmelzungsfähigen Rechtsträger gilt. Das Umwandlungsrecht ist für die unterschiedlichen Rechtsformen von Kapitalgesellschaften in einem eigenen Abschnitt in den jeweils geltenden Gesetzen geregelt. Zur Umsetzung der Verschmelzungsrichtlinie wurden die Vorschriften für grenzüberschreitende Verschmelzungen von Kapitalgesellschaften im EU-Verschmelzungsgesetz niedergelegt, wobei in § 3 Abs. 2 EU-VerschG auf die allgemeinen Vorschriften für die Rechtsformen der GmbH und AG verwiesen wird, die subsidiär zur Anwendung kommen.[237] Das österreichische Verschmelzungsrecht gleicht in seinen Strukturen dem deutschen Verschmelzungsrecht, insbesondere in Bezug auf die Gesamtrechtsnachfolge, das Erlöschen des übertragenden Rechtsträgers und der Gewährung von Anteilen am übernehmenden Rechtsträger.

234 Vgl. in Anlehnung an: Pfitzer, in: WP-Handbuch, Band II, 2014, Umwandlungsfälle und deren Prüfung, Tz. 16.

235 Vgl. § 122a Abs. 2 i.V.m. § 2 Nr. 1, 2 UmwG.

236 Auch die Verschmelzung eines 100-prozentigen Tochterunternehmens auf seine Muttergesellschaft kommt in Betracht, vgl. § 20 Abs. 1 Nr. 3 UmwG.

237 Für die Rechtsform der GmbH gelten vorrangig §§ 96–101 öGmbHG, für die Rechtsform der AG entsprechend §§ 220–233 öAktG.

2. Gemeinsamer Verschmelzungsplan

2.1 Inhalt des Verschmelzungsplans

Die Aufstellung eines Verschmelzungsplans, die durch die Vertretungsorgane der beteiligten Gesellschaften erfolgt, stellt die Grundlage der grenzüberschreitenden Verschmelzung zwischen einer deutschen und österreichischen Kapitalgesellschaft dar.[238] Im Wesentlichen entspricht der Verschmelzungsplan inhaltlich den erforderlichen Mindestangaben des Verschmelzungsvertrags bei innerstaatlichen Verschmelzungen, sowohl auf deutscher als auch auf österreichischer Seite.[239] Bei dem Verschmelzungsplan handelt es sich um einen rein gesellschaftsrechtlichen Organisationsakt, der keine schuldrechtliche Wirkung entfaltet, wie durch die Verpflichtung zur Vermögensübertragung gegen Gewährung von Anteilen.[240] Wie auch der Verschmelzungsvertrag ist der Verschmelzungsplan im Anschluss an seine Erstellung notariell zu beurkunden[241], wobei eine einheitliche Beurkundung unter bestimmten Voraussetzungen vorgenommen werden kann. Grundsätzlich haben die Vertretungsorgane der beteiligten Rechtsträger einen gemeinsamen Verschmelzungsplan auszuarbeiten, sodass sich auch die Beurkundung in Form eines einheitlichen Dokuments anbietet. Aufgrund fehlender Vorgaben der Internationalen Verschmelzungsrichtlinie stellt sich die Frage, ob überhaupt eine einheitliche Beurkundung vorgenommen werden kann oder die Notwendigkeit einer Doppelbeurkundung besteht. Wenn anstelle der Beurkundung im Inland eine solche im Ausland genügt, gilt die Voraussetzung, dass diese der inländischen Beurkundung als gleichwertig eingestuft wird.[242] Verlangt aber das Recht des ausländischen Verschmelzungspartners ebenfalls die Beurkundung, muss diese neben der Beurkundung nach § 122c Abs. 4 UmwG bzw. § 5 EUVerschG Abs. 5 erfolgen.

Zu den für innerstaatliche Verschmelzungen erforderlichen Angaben sind im Verschmelzungsplan die Satzung der neuen Gesellschaft[243], Angaben zum Verfahren der Arbeitnehmerbeteiligung und Angaben zur Bewertung der übergehenden Aktiva und Passiva sowie die Bilanzstichtage der beteiligten Kapitalgesellschaften hinzuzufügen.[244] Auch wenn der Verschmelzungsplan keine Verpflichtung zur Vermögensübertragung von Anteilen entfaltet, steht es den Vertretungsorganen der beteiligten Rechtsträger frei, schuldrechtliche Verpflichtungen im Verschmelzungsplan zusätzlich zu den in § 122c Abs. 2 UmwG und § 5 Abs. 2 EU-VerschG

238 Vgl. § 122c Abs. 1 UmwG; § 5 Abs. 1 EU-VerschG.
239 Vgl. §§ 122c Abs. 2 UmwG u. § 5 Abs. 2 EU-VerschG.
240 § 5 Abs. 1 Nr. 2 UmwG sieht eine solche Verpflichtung vor.
241 Vgl. § 122c Abs. 4 UmwG und § 5 Abs. 5 EU-VerschG.
242 Die Gleichwertigkeit bezieht sich auf die Urkundsperson und das Verfahren, vgl. BT-Drucks. 16/2919, S. 15.
243 Vgl. Frenzel, Grenzüberschreitende Verschmelzung von Kapitalgesellschaften, 2008, S. 206.
244 Vgl. § 122c Abs. 2 Nr. 9–12.; § 5 Abs. 2 Nr. 9–12 EU-VerschG.

vorgeschriebenen Mindestangaben mit aufzunehmen.[245] Eine Verpflichtung zur Aufnahme einer Barabfindung im Verschmelzungsplan ergibt sich gem. § 122i UmwG und § 5 Abs. 4 EU-VerschG im Fall der Hinausverschmelzung eines deutschen bzw. österreichischen Rechtsträgers in ein anderes EU-Mitgliedsland. Die Barabfindung muss den Anteilsinhabern des übertragenden Rechtsträgers angeboten werden, sollten diese gegen den Verschmelzungsbeschluss Widerspruch eingelegt haben. Hintergrund dieser Regelung ist, dass der Wechsel in eine ausländische Rechtsform keinem Anteilsinhaber aufgezwungen werden soll.[246]

Die Angaben zum Umtauschverhältnis sowie zur Höhe eventueller barer Zuzahlungen entfallen ebenso wie Angaben zu Einzelheiten hinsichtlich der Übertragung von Anteilen des übernehmenden Rechtsträgers an die Anteilsinhaber des übertragenden Rechtsträgers und zum Zeitpunkt, von dem an die Beteiligung am Gewinn gewährt wird, sofern sich alle Anteile des übertragenden Rechtsträgers in der Hand des übernehmenden Rechtsträgers befinden. Diese Regelung ist im deutschen Umwandlungsgesetz wie auch im für Österreich geltenden EU-VerschG vorzufinden.[247] Allerdings reicht es nach deutschem Recht im Gegensatz zum österreichischen Recht nicht aus, wenn die Anteile durch einen Treuhänder oder von einem Tochterunternehmen und damit nicht direkt vom Mutterunternehmen gehalten werden.[248] Im Hinblick auf die Erstellung eines gemeinsamen Verschmelzungsplans sind schlussendlich die strengeren deutschen Regelungen maßgeblich.

2.2 Einreichung und Bekanntmachung

Der Verschmelzungsplan oder sein ersatzweise abschließender Entwurf ist im Anschluss an seine Erstellung durch jeden der beteiligten Rechtsträger gesondert nach den jeweils für sie geltenden nationalen Vorschriften bekannt zu machen.[249] Den Hintergrund dieser Vorschriften stellt die frühzeitige Bekanntgabe von Informationen zur grenzüberschreitenden Verschmelzung dar, um den beteiligten Gesellschaftern und Gläubigern einen gewissen Schutz einzuräumen. Nach § 122d S. 1 UmwG ist die Einreichung beim zuständigen Handelsregister am Sitz des Rechtsträgers spätestens einen Monat vor der Versammlung der Anteilsinhaber, die über die Zustimmung zum Verschmelzungsplan gem. § 13 UmwG beschließen soll, vorzunehmen.[250] Dem Registergericht sind die bekannt zu machenden Angaben gem. § 121d S. 3 UmwG mitzuteilen.[251]

245 Vgl. BT-Drucks. 16/2919, S. 15.
246 Vgl. Bayer, in: Lutter, UmwG, 2014, § 122i Rz. 6.
247 Vgl. § 122c Abs. 3 UmwG und § 5 EU-VerschG Abs. 3.
248 Vgl. Marsch-Barner, in: Kallmeyer, UmwG, 2013, § 5 Rz. 69; Frotz, in: Frotz/Kaufmann, Verschmelzungen, 2012, § 5 Rz. 26.
249 Für Deutschland ist die Registerpublizität in § 10 HGB geregelt.
250 § 12 Abs. 2 HGB schreibt die Einreichung in elektronischer Form vor.
251 Nach österreichischem Recht besteht keine Mitteilungspflicht.

Nach österreichischem Recht ist der berufene Gerichtshof erster Instanz im Verfahren außer Streitsachen zuständig.[252] Für grenzüberschreitende Verschmelzungen zwischen Deutschland und Österreich ist allerdings nicht geklärt, ob bereits die Einreichung eines Entwurfs des Verschmelzungsplans ausreicht. Während nach deutschem Recht die Einreichung des von den zuständigen Organen erstellten Entwurfs gem. § 122d S. 1 UmwG mit sämtlichen erforderlichen Anlagen ausreicht, ist dagegen die Rechtslage auf österreichischer Seite nicht eindeutig. Bei innerstaatlichen Verschmelzungen genügt zwar ein Entwurf des Verschmelzungsvertrags[253], jedoch ist bei grenzüberschreitenden Verschmelzungen ausschließlich die Einreichung des Verschmelzungsplans vorgesehen.[254] Hierbei verweist § 8 Abs. 1 Nr. 2 EU-VerschG auf § 97 öGmbHG und § 221a öAktG, welche neben dem Verschmelzungsvertrag auch die Einreichung des entsprechenden Entwurfs vorsehen, mit der Maßgabe, ausschließlich den Verschmelzungsplan einzureichen.

Nach Einreichung ist das Handelsregister gefordert, unverzüglich einen Hinweis auf die Einreichung des Verschmelzungsplans oder seines Entwurfs bekannt zu machen. Des Weiteren fallen unter die bekannt zu machenden Angaben des Verschmelzungsplans die Rechtsform, Firma und Sitz der an der grenzüberschreitenden Verschmelzung beteiligten Rechtsträger, weiterhin die für sie zuständigen Register und ein Hinweis auf die Modalitäten für die Ausübung der Gläubiger- und Minderheitsgesellschafterrechte und die Anschrift, unter der vollständige Auskünfte über die Modalitäten kostenlos eingeholt werden können.[255] Im Wesentlichen stimmen die bekannt zu machenden Angaben mit denen des österreichischen Rechts überein.[256] Die österreichischen Vorschriften gehen bzgl. des Gläubigerschutzes noch einen Schritt weiter, indem bekannte Gläubiger eines beteiligten Rechtsträgers, der sein Vermögen auf einen im Ausland ansässigen übernehmenden Rechtsträger überträgt, unmittelbar zu verständigen sind, falls die Summe des Nennkapitals und der gebundenen Rücklagen des aus der Verschmelzung hervorgehenden Rechtsträgers niedriger ist als die Summe des Nennkapitals und der gebundenen Rücklagen des übertragenden Rechtsträgers.[257]

252 Vgl. § 2 EU-VerschG.

253 Vgl. § 221a Abs. 1, Abs. 2 Nr. 1 öAktG. Ebenfalls sehen §§ 220 öAktG i.V.m. 96 Abs. 2 öGmbHG für innerstaatliche Verschmelzungen neben dem Verschmelzungsvertrag auch dessen schriftlicher Entwurf vor.

254 Vgl. § 8 Abs. 1 Nr. 2 EU-VerschG.

255 Vgl. § 122d S. 2 Nr. 1–4 UmwG. Der Mindestinhalt der bekannt zu machenden Angaben wurde bereits vom europäischen Gesetzgeber in Art. 6 Abs. 2 der Richtlinie 2005/56/EG des Europäischen Parlaments und des Rates vom 26.10.2005, Abl. EU Nr. L 310, vorgegeben.

256 Vgl. § 8 Abs. 2 i.V.m. § 221a Abs. 1 öAktG, § 96 Abs. 2 öGmbHG und § 3 Abs. 2 EU-VerschG.

257 Vgl. § 8 Abs. 2 Nr. 3, S. 2 EU-VerschG.

Während die Veröffentlichung des Verschmelzungsplans und den weiteren o.g. erforderlichen Angaben gem. Art. 6 Abs. 1 IntVRL einen Monat vor der Versammlung der Anteilsinhaber zu erfolgen hat, gilt für die Einreichung laut § 122d S. 1 UmwG die gleiche Frist. Fraglich bleibt an dieser Stelle, ob die Umsetzung richtlinienkonform ist.[258] Gerade die Einreichung beim Handelsregister allein stellt noch keine Bekanntmachung im Sinne der Verschmelzungsrichtlinie dar, da das Registergericht erst nach der Einreichung und Prüfung die Bekanntmachung vornimmt. Dies kann zu dem Problem führen, dass kurz vor Ablauf der Monatsfrist zwar die Einreichung noch rechtzeitig vorgenommen wurde, die Bekanntmachung dagegen bereits zu spät erfolgen könnte. Um das Problem zu entschärfen, ist der Vorschlag der EU-Kommission angenommen worden, Art. 6 IntVRL dahingehend zu ändern, dass den beteiligten Rechtsträgern die Veröffentlichung eines Hinweises zur Offenlegung auf einer Internetseite genügt.[259] Nach österreichischem Recht obliegt die Veröffentlichung eines Hinweises auf die Einreichung mit den Angaben gem. § 8 Abs. 2 EU-VerschG in den Bekanntmachungsblättern den Geschäftsführern der beteiligten österreichischen GmbH.

Eine weitere Frage ergibt sich im Fall der Verschmelzung zur Neugründung. Hier stößt die Bekanntmachung der in § 122d S. 2 UmwG statuierten Pflichtangaben auf ihre Grenzen, zumal diese bei dem neu zu gründenden Rechtsträger noch gar nicht feststehen bzw. der neue Rechtsträger zum Zeitpunkt der Einreichung noch nicht existiert.[260] Dem kann aber wiederum entgegengehalten werden, dass zum Zeitpunkt der Einreichung immerhin Angaben über die künftige Rechtsform und Firmensitz des neu zu gründenden Rechtsträgers sowie Angaben zum Unternehmen selbst gemacht werden können, da auf diese Weise gewährleistet werden muss, den Anteilsinhabern und Gläubigern eine Informationsgrundlage bzgl. der beabsichtigten grenzüberschreitenden Verschmelzung zu geben.[261]

3. Verschmelzungsbericht

3.1 Formelle Erfordernisse und Inhalt

Wie auch im Rahmen von innerstaatlichen Verschmelzungen haben die Vertretungsorgane der an einer grenzüberschreitenden Verschmelzung beteiligten Rechtsträger jeweils einen Verschmelzungsbericht zu erstellen. Die Vorgaben des Art. 7 IntVRL wurden durch den deutschen Gesetzgeber durch die Schaffung des § 122e UmwG umgesetzt. In Österreich sind die Vorgaben in § 6 EU-VerschG verankert. Grundsätzlich sind für den Inhalt des Verschmelzungsberichts ebenso die Anforderungen nach § 8 UmwG zu beachten, für Österreich entsprechend § 220

258 Vgl. Herrler/Schneider, GmbHR 2011, S. 797.

259 Vgl. Art. 4 der Richtlinie 2009/109/EG des Europäischen Parlaments und des Rates vom 16.09.2009, Abl. EU Nr. L 259 vom 02.10.2009.

260 Vgl. Pfeiffer/Heilmeier, GmbHR 2009, S. 1319.

261 Vgl. Brocker, BB 2010, S. 973.

öAktG. Weiterhin sind neben diesen für innerstaatliche Verschmelzungen geltenden Pflichtangaben zusätzlich die Folgen der Verschmelzung für die Gläubiger und Arbeitnehmer der beteiligten Rechtsträger aufzuzeigen.[262]

3.2 Zugänglichmachung

Im Anschluss an die Erstellung des Verschmelzungsberichts ist dieser spätestens einen Monat vor der Gesellschafterversammlung, die über die Verschmelzung beschließt, den Anteilsinhabern und dem zuständigen Betriebsrat oder, für den Fall, dass es keinen Betriebsrat gibt, den Arbeitnehmern des beteiligten inländischen Rechtsträgers zugänglich zu machen.[263] Die Zugänglichmachung bezieht sich dabei nur auf den Verschmelzungsbericht dieses Rechtsträgers; die Berichte der anderen beteiligten Rechtsträger müssen dagegen nicht zugänglich gemacht werden.[264] Neu im Vergleich zur innerstaatlichen Verschmelzung ist in diesem Zusammenhang die Verpflichtung, den Bericht auch der Arbeitnehmerseite zugänglich zu machen, womit der Verschmelzungsbericht nicht nur den Anteilsinhabern, sondern auch den Arbeitnehmern zur Information dient.[265] Mit der Erweiterung des Adressatenkreises auf den Betriebsrat bzw. auf die Arbeitnehmer geht jedoch ein erheblicher Mehraufwand vor dem Hintergrund der ausgeweiteten Informationspflichten einher.[266] Der Mehraufwand hält sich jedoch bei Aktiengesellschaften aufgrund der Konkretisierung des § 122e S. 2 UmwG mit Bezug auf § 63 Abs. 1 Nr. 4 UmwG in Grenzen, da – der Regelung in § 63 Abs. 1 Nr. 4 UmwG folgend – die Auslage der Verschmelzungsberichte in den Geschäftsräumen der an der Verschmelzung beteiligten Aktiengesellschaft ausreicht. Für die Geschäftsführung einer Kapitalgesellschaft in der Rechtsform der GmbH gilt dagegen die zusätzliche Verpflichtung, allen Gesellschaftern gem. § 47 i.V.m. § 122a Abs. 2 UmwG den Verschmelzungsbericht zu übersenden.[267]

---

262 Vgl. § 122e S. 2 UmwG, für Österreich § 6 Abs. 1 S. 2 EU-VerschG. Für den beteiligten deutschen Rechtsträger in der Rechtsform der GmbH gilt § 47 i.V.m. § 122a Abs. 2 UmwG, für die Rechtsform der AG entsprechend § 63 Abs. 1 Nr. 4 i.V.m. § 122e S. 2 UmwG. Für den beteiligten österreichischen Rechtsträger in der Rechtsform der GmbH gilt § 97 Abs. 1 öGmbHG i.V.m. § 8 Abs. 1 Nr. 1 EU-VerschG, für die Rechtsform der AG entsprechend § 221a Abs. 2 Nr. 4 öAktG i.V.m. § 6 Abs. 1 Nr. 1 EU-VerschG.

263 Vgl. § 122e S. 2 UmwG, für Österreich vgl. § 6 Abs. 1 S. 2 EU-VerschG.

264 Vgl. Marsch-Barner, in: Kallmeyer, UmwG, 2013, § 122e Rz. 4.

265 Vgl. Neye/Timm, DB 2006, S. 489.

266 Besonderes Augenmerk verdient die finanzielle Mehrbelastung insbesondere bei solchen kleinen Unternehmen in der Rechtsform der GmbH, bei denen geringe finanzielle Ressourcen zu beobachten sind, vgl. hierzu Eckstein, Grenzüberschreitende Verschmelzung, 2009, S. 72–73.

267 § 122e S. 2 UmwG regelt die Erleichterung hinsichtlich der Zugänglichmachung nur für Aktiengesellschaften.

3.3 Verzicht

Entgegen der innerstaatlichen Verschmelzung sieht § 122e UmwG durch den Ausschluss von § 8 Abs. 3 UmwG keine Möglichkeit vor, auf die Erstellung des Verschmelzungsberichts zu verzichten.[268] Die für innerstaatliche Verschmelzungen geregelten Ausnahmen von der Berichtspflicht sind in der Verschmelzungsrichtlinie nicht vorgesehen. Ob allerdings der Ausschluss der Verzichtbarkeit durch die Verschmelzungsrichtlinie zwingend vorgegeben ist, bleibt fraglich, zumal die Richtlinie dazu keine ausdrückliche Regelung enthält. Der Hintergrund des Ausschlusses der Verzichtsmöglichkeit ist darin zu sehen, dass der Bericht als Informationsgrundlage neben den Anteilsinhabern auch den Arbeitnehmern dient.[269] In einschränkender Auslegung von § 122e UmwG erscheint jedoch ein Verzicht auf die Erstattung eines doch recht kostenaufwendigen Verschmelzungsberichts möglich, sofern nicht nur die Anteilsinhaber, sondern auch der Betriebsrat bzw. alle Arbeitnehmer auf die Erstellung verzichten. Der Verzicht der Anteilsinhaber wäre in den Fällen ausreichend, in denen die beteiligten Rechtsträger keine Arbeitnehmer beschäftigen.[270] Denkbar wäre aber auch der grenzüberschreitende Verschmelzungsfall, wo es sich bspw. um einen upstream-merger handelt und entsprechend eine deutsche Gesellschaft, die keine Arbeitnehmer beschäftigt, auf eine ausländische Muttergesellschaft verschmolzen wird. Hierbei erscheint ebenfalls kein Verzicht auf den Verschmelzungsbericht erforderlich, da bei der übertragenden Gesellschaft gem. § 122g Abs. 2 UmwG kein Verschmelzungsbeschluss gefasst wird und in der Folge keine Information des alleinigen Anteilsinhabers gegenüber der Gesellschafterversammlung erforderlich ist.[271] Bei dieser Betrachtungsweise ist der für alle Fälle vorgesehene Ausschluss der Verzichtsmöglichkeit in § 122e S. 3 UmwG unangemessen. Als sinnvoll könnte sich daher eine Änderung des § 122e UmwG für den Fall des Vorhandenseins von Arbeitnehmern dahingehend erweisen, § 8 Abs. 3 UmwG mit der Maßgabe anzuwenden, dass ein schriftlicher Verzicht des Betriebsrates oder der Arbeitnehmer, falls aufgrund einer geringen Arbeitnehmeranzahl kein Betriebsrat gebildet werden muss, erforderlich ist.[272]

---

268 Vgl. § 122e S. 3 UmwG; Sieja, NWB 2013, S. 1822. Für Österreich vgl. § 6 Abs. 1 S. 3 EU-VerschG mit Verweis auf § 220a öAktG. Für innerstaatliche Verschmelzungen in Österreich, an der Rechtsträger in Form der GmbH beteiligt sind, sieht § 100 Abs. 1 S. 1 öGmbHG eine Verzichtsmöglichkeit vor.

269 Vgl. Hörtnagel, in: Schmitt/Hörtnagel/Stratz, UmwG, 2013, § 122e Rz. 14.

270 Vgl. Bayer, in: Lutter, UmwG, 2014, § 122e Rz. 13.

271 Vgl. Kruse/Kruse, BB 2010, S. 3036.

272 Vgl. Vetter, AG 2006, S. 621; Herrler/Schneider, GmbHR 2011, S. 798.

3.4 *Gemeinsamer Verschmelzungsbericht*

Im Rahmen von innerstaatlichen Verschmelzungen dürfen sich die Vertretungsorgane der beteiligten Rechtsträger auf die Erstattung eines gemeinsamen Verschmelzungsberichts gem. § 8 Abs. 1 Satz 1 Halbsatz 2 UmwG verständigen, während Art. 7 der Verschmelzungsrichtlinie einen gemeinsamen Verschmelzungsbericht nicht vorsieht und aus § 122e UmwG nicht klar hervorgeht, ob auch ein gemeinsamer Verschmelzungsbericht bei grenzüberschreitenden Verschmelzungen zulässig ist. Sofern ein gemeinsamer Bericht inhaltlich den Anforderungen der beteiligten Rechtsordnungen genügt, auf die in Art. 4 Abs. 1 lit. b und Abs. 2 der Verschmelzungsrichtlinie verwiesen wird, sollte ein gemeinsamer Verschmelzungsbericht möglich sein.[273] Für die Erstellung eines gemeinsamen Verschmelzungsberichts spricht darüber hinaus eine gemeinsame Verschmelzungsprüfung, die nach Art. 8 Abs. 2 der Verschmelzungsrichtlinie zulässig ist und daraus nicht ohne weiteres auf die Unzulässigkeit eines gemeinsamen Verschmelzungsberichts geschlossen werden kann.[274] Die Befürwortung eines gemeinsamen Berichts wird auch dadurch untermauert, dass zwei inhaltlich übereinstimmende, in gleicher Sprache verfasste und von den Geschäftsführern des deutschen, als auch des österreichischen Rechtsträgers unterzeichnet werden können.[275]

4. Verschmelzungsprüfung

4.1 *Geltungsbereich*

Der Verschmelzungsplan oder sein Entwurf ist durch einen oder mehrere Sachverständige nach den für innerstaatliche Verschmelzungen geltenden §§ 9 – 12 UmwG zu prüfen.[276] Analog zur Prüfung des Verschmelzungsvertrags oder seines Entwurfs dient die Verschmelzungsprüfung im grenzüberschreitenden Verschmelzungsfall dazu, den Anteilsinhabern eine Entscheidungsgrundlage hinsichtlich ihrer Zustimmung zum Verschmelzungsplan zu geben.[277] Ebenso gilt auch für den zu erstellenden Prüfungsbericht dessen Vorlagepflicht gegenüber den Anteilsinhabern spätestens einen Monat vor deren Versammlung zwecks Zustimmungsbeschluss.[278] Im Rahmen einer Konzernverschmelzung, bei der eine 100%ige Tochtergesellschaft

---

273 Als Voraussetzung für den gemeinsamen Verschmelzungsbericht gilt, dass die beteiligten Rechtsordnungen den gemeinsamen Verschmelzungsbericht zulassen, vgl. Bayer/Schmidt, NJW 2006, S. 403.

274 Vgl. Krause/Kulpa, ZHR 2007, S. 62.

275 Vgl. Mayer, in: Widmann/Mayer, Umwandlungsrecht, 2013, § 8 Rz. 16.

276 Vgl. § 122f UmwG.

277 Vgl. Beutel, Der neue rechtliche Rahmen grenzüberschreitender Verschmelzungen in der EU, 2008, S. 188.

278 Vgl. § 122f S. 2 UmwG; Art. 8 der Richtlinie 2005/56/EG des Europäischen Parlaments und des Rates vom 26.10.2005, Abl. EU Nr. L 310, wurde mit der Bestimmung umgesetzt.

auf ihre Mutter verschmolzen wird, entfällt die Prüfung.[279] Abweichend von den für innerstaatliche Verschmelzungen geltenden Regelungen kann die Prüfung nicht auf Verlangen eines Anteilsinhabers einer GmbH, sowohl nicht in Deutschland als auch nicht in Österreich eingefordert werden.[280] Ein Verzicht auf die Prüfung kann folglich nur erwirkt werden, wenn alle Anteilsinhaber der beteiligten Rechtsträger in Deutschland und auch in Österreich auf die Prüfung verzichten, wie es Art. 8 Abs. 4 der Verschmelzungsrichtlinie vorsieht.[281] Aufgrund der fehlenden Formvorgaben des Art. 8 Abs. 4 der Verschmelzungsrichtlinie bzgl. des Verzichts und der gleichzeitigen Vorgabe der notariellen Beurkundung gem. § 8 Abs. 3 S. 2 UmwG im Fall einer innerstaatlichen Verschmelzung in Deutschland stellt sich die Frage, ob auch die Verzichtserklärungen der Anteilsinhaber des ausländischen Rechtsträgers diesem Formerfordernis entsprechen müssen.[282] Zu prüfen ist an dieser Stelle, ob das ausländische Recht ebenfalls die notarielle Beurkundung der Verzichtserklärung vorsieht. Die Vorschrift der notariellen Beurkundung in § 8 Abs. 3 S. 2 UmwG gilt aufgrund eines nationalen Vorgangs nicht für die Verzichtserklärungen von Anteilsinhabern des österreichischen Rechtsträgers.[283] Entsprechend sind für das österreichische Gesellschaftsstatut die dort geltenden Formerfordernisse maßgebend. Demnach ist für den Verzicht auf Prüfung die schriftliche Erklärung aller Anteilsinhaber des beteiligten österreichischen Rechtsträgers ausreichend.[284] Eine notarielle Beurkundung ist damit nach österreichischem Recht entgegen dem deutschen Recht nicht notwendig.

Einerseits wird bezugnehmend auf die Regelung in § 8 Abs. 3 UmwG und der fehlenden Formvorgabe in Art. 4 Abs. 4 IntVRL die notarielle Beurkundung teilweise befürwortet. Daraus ergibt sich die gleiche Fragestellung wie beim Verschmelzungsplan, welcher ebenfalls beurkundet werden muss, ob ausländische Beurkundungen in Deutschland anerkannt bzw. als gleichwertig eingestuft werden. Aus Praktikabilitätsgründen steht die Anerkennung im Rahmen der grenzüberschreitenden Verschmelzung innerhalb von EU-Mitgliedstaaten im Zeichen des Art. 8 Abs. 4 IntVRL.[285] Andererseits kann argumentiert werden, dass die vom jeweiligen Sitzstaat geforderte Form zur Verzichtserklärung im Hinblick auf die richtlinienkonforme Auslegung genügt.[286] Für das Vermeiden von Komplikationen und zur Erfüllung der nach deutschem Recht erforderlichen Beurkundungspflicht

279 Vgl. § 9 Abs. 2 UmwG; für Österreich entsprechend § 232 Abs. 1 öAktG, § 96 Abs. 2 öGmbHG i.V.m. § 3 Abs. 2 EU-VerschG.
280 Vgl. § 122f S. 1 Halbs. 2; für Österreich entsprechend § 7 EU-VerschG i.V.m. § 100 Abs. 2 S. 1 öGmbHG.
281 Vgl. § 8 Abs. 3 UmwG; für Österreich entsprechend § 7 Abs. 1 EU-VerschG.
282 Vgl. Drinhausen/Keinath, BB 2006, S. 729.
283 Vgl. Müller, Der Konzern 2007, S. 82.
284 Vgl. § 7 Abs. 1 EU-VerschG.
285 Vgl. Drinhausen, in: Semler/Stengel, UmwG, 2012, § 122f Rz. 7.
286 Vgl. Bayer, in: Lutter, UmwG, 2014, § 122f Rz. 17.

ist letztlich die Beurkundung von Verzichtserklärungen der Anteilsinhaber des österreichischen Rechtsträgers zu empfehlen.[287]

4.2 Aufgaben des Prüfers

Wie auch im Fall einer innerstaatlichen Verschmelzung liegen die Prüfung der Vollständigkeit und die Richtigkeit der Angaben im Verschmelzungsplan im Fokus der Verschmelzungsprüfung. Insbesondere stehen auch hierbei die Prüfung der Angemessenheit des Umtauschverhältnisses und der gegebenenfalls in Betracht kommenden baren Zuzahlung, die Angabe der Bewertungsmethode und Beurteilung ihrer Angemessenheit im Vordergrund.[288] Österreich stellt entgegen dem deutschen Umwandlungsgesetz in § 7 Abs. 3 EU-VerschG nicht auf das Umtauschverhältnis und eventueller Barzuzahlungen, sondern nur auf das Barabfindungsangebot ab.

4.3 Bestellung und Auswahl eines Prüfers

4.3.1 Getrennte Prüfung der beteiligten Rechtsträger

Für die Bestellung und Auswahl eines Verschmelzungsprüfers bei grenzüberschreitenden Verschmelzungen verweist § 122f UmwG auf die für innerstaatliche Verschmelzungen geltenden §§ 10 und 11 des UmwG. Grenzüberschreitend kommen die Vorschriften aus §§ 10 und 11 UmwG in Frage, wenn jeder der beteiligten Rechtsträger jeweils eine Verschmelzungsprüfung durchführt und sich der Firmensitz des zu übertragenden Rechtsträgers in Deutschland befindet bzw. hinausverschmolzen werden soll. Für den ausländischen Rechtsträger kommen diese Vorschriften nur zur Anwendung, falls das ausländische Recht oder das ausländische Gericht auf deutsches Recht zurückverweist.[289] Ansonsten stellt das Vertretungsorgan des übernehmenden Rechtsträgers im Ausland entsprechend nach ausländischem Recht den Antrag auf die Verschmelzungsprüfung. Das österreichische Recht sieht entgegen dem deutschen Recht die Bestellung durch das Gericht vor, in dessen Sprengel der übernehmende Rechtsträger seinen Sitz hat.[290] Insofern entstehen zwischen deutsch-österreichischen Verschmelzungsvorgängen zumindest keine rechtlichen Konflikte, sollte eine deutsche Kapitalgesellschaft auf eine österreichische hinausverschmolzen und getrennte Verschmelzungsprüfungen vorgenommen werden. Im umgekehrten Fall kommen die Vorschriften zum Bestellungsverfahren nach § 10 UmwG nicht zum Zuge, da nur auf den übertragenden Rechtsträger abgestellt wird. Als sinnvolle Ausnahme erweist sich daher

---

287 Unter der Voraussetzung einer gleichwertigen Einstufung durch das Registergericht.

288 Vgl. § 12 Abs. 2 UmwG, § 7 Abs. 3 EU-VerschG.

289 Vgl. Art. 4 Abs. 1 EGBGB.

290 Vgl. § 220b Abs. 2 S. 2 öAktG, für die Rechtsform der GmbH verweist § 96 Abs. 2 öGmbHG auf die Vorschriften des öAktG.

die örtliche Zuständigkeit des Landgerichts am Sitz des übernehmenden deutschen Rechtsträgers.[291]

4.3.2 Gemeinsamer Prüfer

Anstelle von getrennten Prüfungen bietet sich vereinfachend die Bestellung eines gemeinsamen Prüfers an. Art. 8 Abs. 2 IntVRL setzt hierzu einen gemeinsamen Antrag aller beteiligten Rechtsträger voraus. Die Richtlinie lässt in diesem Zusammenhang offen, in welchem der beteiligten EU-Mitgliedstaaten die gerichtliche oder durch die Verwaltungsbehörde vorzunehmende Bestellung eines gemeinsamen Prüfers erfolgt. Somit kann der Antrag zum einen nach § 10 Abs. 2 UmwG für den Fall der Hinausverschmelzung eines deutschen Rechtsträgers nach Österreich beim zuständigen deutschen Landgericht, zum anderen aber auch beim österreichischen Gericht oder bei der Verwaltungsbehörde gestellt werden, welches im Anschluss seinerseits den Prüfer bestellt. Mit der Bestellung des Prüfers durch das Landgericht in Deutschland aufgrund der Hinausverschmelzung nach Österreich gilt das deutsche Recht hinsichtlich der Verfahrens- und Prüfungsregeln gem. §§ 10 bis 12 UmwG. Umgekehrt sind die österreichischen Verfahrens- und Prüfungsregeln anstelle der Vorschriften der §§ 10 bis 12 des UmwG zu akzeptieren, sollte der Antrag an ein österreichisches Gericht oder an eine Verwaltungsbehörde gestellt worden sein.[292] Die Regelung des § 122f UmwG berücksichtigt nicht das in Art. 8 Abs. 3 IntVRL hervortretende Wahlrecht, die Bestellung des gemeinsamen Prüfers entweder nach deutschem oder alternativ nach österreichischem Wahlrecht vorzunehmen.[293] Österreich hat dagegen die Möglichkeit der gerichtlichen Bestellung des Prüfers für den aus Österreich nach Deutschland hinaus zu verschmelzenden (übertragenden) Rechtsträger in der entsprechenden Vorschrift in § 7 EU-VerschG Abs. 2 verankert.

4.3.3 Qualifikation der Prüfer

Im Hinblick auf die Qualifikation der auszuwählenden Prüfer sind bei getrennten Prüfungen der beteiligten Rechtsträger die Vorschriften der jeweiligen Rechtsordnungen beider Länder in Betracht zu ziehen. Für den Fall der Bestellung eines Prüfers durch ein Landgericht in Deutschland hat dies zur Konsequenz, dass sich die Qualifikation des Prüfers nach § 11 UmwG i.V.m. § 319 Abs. 1 HGB richtet.[294] Die Verschmelzungsrichtlinie fordert die Prüfung durch unabhängige Sachverständige, sodass in richtlinienkonformer Auslegung neben der Bestellung von deutschen

---

291 Drinhausen plädiert für die Anwendung des § 10 UmwG für diesen Ausnahmefall, vgl. Drinhausen, in: Semler/Stengel, UmwG, 2012, § 122f Rz. 4.

292 Vgl. Müller, in: Kallmeyer, UmwG, 2013, § 122f Rz. 10.

293 Eckstein unterbreitet einen entsprechenden Vorschlag zur richtlinienkonformen Ergänzung des § 122f UmwG, vgl. Eckstein, Grenzüberschreitende Verschmelzung, 2009, S. 78–79.

294 Aus österreichischer Sicht gelten die Vorschriften gem. §§ 268 Abs. 4, 271, 271a, 272 und 275 öUGB.

Wirtschaftsprüfern auch die Bestellung von ausländischen Sachverständigen durch das deutsche Landgericht vorgenommen werden kann, was auch umgekehrt aus österreichischer Sicht gilt.[295] Wesentliches Merkmal dabei ist der Nachweis einer vergleichbaren Berufsqualifikation.[296]

5. Zustimmungsbeschlüsse durch die Gesellschafterversammlung

5.1 Vorbereitung der Gesellschafterversammlung nach deutschem Recht

Für den zu beschließenden Verschmelzungsplan sieht die Verschmelzungsrichtlinie vor, dass die Anteilsinhaber aller beteiligten Rechtsträger diesem zustimmen, wobei sich die Modalitäten zur Beschlussfassung jeweils nach nationalem Recht richtet.[297] In diesem Zusammenhang trifft der europäische Gesetzgeber keine Vorgaben, was bspw. die Einberufung und Abhaltung der Gesellschafterversammlung betrifft. Ebenso werden die Abstimmungsmodalitäten zum Verschmelzungsplan im Hinblick auf die erforderlichen Mehrheiten dem jeweils nationalen Recht überlassen.[298] Im Vorfeld sind nach deutschem Recht spätestens mit der Einberufung der Gesellschafterversammlung den Gesellschaftern einer beteiligten GmbH der Verschmelzungsplan und der Verschmelzungsbericht gem. § 47 UmwG sowie der Verschmelzungsprüfungsbericht[299] zu übersenden. Weiterhin sind die Jahresabschlüsse und Lageberichte der letzten drei Geschäftsjahre von der Einberufung an in den Geschäftsräumen der GmbH auszulegen.[300] Ähnlich verhält es sich bei Aktiengesellschaften mit dem Unterschied, dass eine Zwischenbilanz erforderlich ist, sollte der Stichtag des letzten Jahresabschlusses mehr als sechs Monate vor dem Tag der Aufstellung des Verschmelzungsplans liegen. Die Auslegung der Unterlagen kann außerdem entfallen, wenn die Unterlagen gem. § 63 Abs. 1 und 3 UmwG auf der Internetseite der Aktiengesellschaft für denselben Zeitraum zugänglich sind.[301] Entgegen der GmbH bezieht sich die Auslegung der Unterlagen nicht nur

295 Bei Bestellung des ausländischen Sachverständigen durch das deutsche Gericht sind §§ 319, 319a HGB, bei Bestellung deutscher WP durch das österreichische Gericht §§ 271, 271a öUGB hinsichtlich der Ausschlussgründe zu beachten.

296 Vgl. Richtlinie 2006/43/EG des Europäischen Parlaments und des Rates vom 17.05. 2006, Abl. EU Nr. L 157. Bei Bestellung des ausländischen Sachverständigen durch das deutsche Gericht sind aber die Ausschlussgründe gem. §§ 319, 319a HGB zu beachten.

297 Vgl. Art. 9 der Richtlinie 2005/56/EG des Europäischen Parlaments und des Rates vom 26.10.2005, Abl. EU Nr. L 310.

298 Vgl. Art. 4 Abs. 1 b) der Richtlinie 2005/56/EG des Europäischen Parlaments und des Rates vom 26.10.2005, Abl. EU Nr. L 310.

299 Vgl. Winter, M./Vetter, J., in: Lutter, UmwG, 2014, § 47 Rz. 1; Reichert, in: Semler/Stengel, UmwG, 2012, § 47 Rz. 8; a.A. Mayer, in: Widmann/Mayer, Umwandlungsrecht, 2013, § 47 Rz. 4.

300 Vgl. § 47 Abs. 2 i.V.m. § 122a Abs. 2 UmwG.

301 Vgl. § 63 Abs. 4 UmwG.

auf die inländische Gesellschaft, sondern auf alle beteiligten in- und ausländischen Gesellschaften.[302]

5.2 Vorbereitung der Gesellschafterversammlung nach österreichischem Recht

Die Vorbereitungsmaßnahmen zu den Gesellschafterversammlungen beteiligter Gesellschaften in Österreich sind vergleichbar mit den Vorgaben des deutschen Rechts. Sowohl für die österreichische GmbH als auch für die Aktiengesellschaft gibt § 221a Abs. 2 öAktG die im Vorfeld der Gesellschafterversammlung den Gesellschaftern zu übersendenden Unterlagen vor.[303] Abweichend zu den deutschen Regelungen zur GmbH ist aber die Aufstellung einer Zwischenbilanz gem. § 221a Abs. 2 Nr. 3 öAktG erforderlich, sollte zwischen dem Stichtag des letzten Jahresabschlusses und dem danach erfolgten Abschluss des Verschmelzungsvertrags oder seines Entwurfs mehr als sechs Monate vergangen sein. Außerdem ist der Bericht des Aufsichtsrates den zu übersendenden Unterlagen beizufügen.

5.3 Beschlussfassung zum Verschmelzungsplan

Gegenstand der Beschlussfassung sind der vereinbarte Verschmelzungsplan oder sein Entwurf.[304] Im Vergleich zu nationalen Verschmelzungen gelten für die grenzüberschreitende Verschmelzung keine Besonderheiten, sodass zur Beschlussfassung durch die Anteilsinhaber des inländischen Rechtsträgers für die GmbH §§ 13, 50 UmwG und für die AG §§ 13, 65 UmwG Anwendung finden. Damit sind zur Beschlussfassung die bei nationalen Verschmelzungen erforderlichen Drei-Viertel-Mehrheiten der abgegebenen Stimmen der GmbH-Gesellschafter und ebenso Drei-Viertel-Mehrheiten des bei der Beschlussfassung vertretenen Grundkapitals im Fall der AG notwendig. Für die in Österreich ansässigen beteiligten Rechtsträger gelten für die Beschlussfassung im Vergleich zum deutschen Recht keine abweichenden Regelungen.[305] Die Beschlussfassung ist frühestens einen Monat nach Einreichung des Verschmelzungsplans oder seines Entwurfs beim deutschen und österreichischen Gericht möglich.[306]

5.4 Entbehrlichkeit der Zustimmung

Im Falle der Hinausverschmelzung ist nach deutschem Recht der Zustimmungsbeschluss gem. § 122g Abs. 2 UmwG nicht erforderlich, wenn der österreichische

---

302 Vgl. Zimmermann in: Kallmeyer, UmwG, 2013, § 122g Rz. 8.
303 Vgl. § 8 Abs. 1 EU-VerschG verweist auf § 97 öGmbHG i.V.m. § 221a Abs. 2 öAktG.
304 Der Beschluss bedarf der notariellen Beurkundung, vgl. § 13 Abs. 3 S. 1 UmwG, § 98 S. 3 öGmbHG.
305 Vgl. § 98 S. 1 öGmbHG; § 221 Abs. 2 S. 1 öAktG.
306 Vgl. § 122d S. 1 UmwG, § 221a Abs. 1 öAktG.

übernehmende Rechtsträger alle Anteile am übertragenden Rechtsträger hält. Ebenso kann die Beschlussfassung entfallen, wenn es sich um eine in Deutschland ansässige übernehmende AG, KGaA oder SE handelt und die Voraussetzungen für die Entbehrlichkeit gem. § 122a Abs. 2, 62 Abs. 1 UmwG vorliegen. Für die Rechtsform der GmbH sieht das Umwandlungsgesetz allerdings für den Fall der Hereinverschmelzung keine entsprechende Regelung zur Entbehrlichkeit der Beschlussfassung vor. Nach österreichischem Recht ist die Entbehrlichkeit der Beschlussfassung im Falle der Hinausverschmelzung in § 9 Abs. 2 EU-VerschG geregelt. Die Vorschrift sieht parallel zum deutschen Recht den hundertprozentigen Besitz der Anteile an dem übertragenden Rechtsträger vor. Weiterhin kann auch im umgekehrten Fall die Beschlussfassung entfallen, wenn der aufnehmende Rechtsträger mindestens 90% des um eigene Anteile reduzierten Stammkapitals des übertragenden Rechtsträgers hält oder wenn die zu gewährenden Anteile 10% des Stammkapitals des übernehmenden Rechtsträgers nicht übersteigen.[307] Mit dem in § 96 Abs. 2 öGmbHG enthaltenen Verweis auf die Regelungen der §§ 220–233 öAktG ist auch bei übernehmenden Rechtsträgern in der Rechtsform der GmbH die Entbehrlichkeit des Zustimmungsbeschlusses im Gegensatz zum deutschen Recht gegeben.

6. Verschmelzungskontrolle

6.1 Anmeldung der beabsichtigten Hereinverschmelzung

Nachdem die Gesellschafterversammlung dem gemeinsamen Verschmelzungsplan zugestimmt hat, sieht die Verschmelzungsrichtlinie in den Artt. 10, 11 und 12 S. 2 eine Rechtmäßigkeitskontrolle der grenzüberschreitenden Verschmelzung vor. Die Umsetzung dieser Richtlinienvorgaben wurde nach deutscher Gesetzgebung in den §§ 122k, 122l UmwG, in Österreich entsprechend in den §§ 14, 15 EU-VerschG verankert. Die Vertretungsorgane haben demnach das Vorliegen der Voraussetzungen zur grenzüberschreitenden Verschmelzung beim zuständigen Registergericht anzumelden. Die Voraussetzungen beziehen sich aber gem. § 122k Abs. 1 UmwG nur auf den inländischen übertragenden Rechtsträger im Falle der Hinausverschmelzung nach Österreich.[308]

Für den im Rahmen dieser Arbeit betrachteten Fall der Hereinverschmelzung einer österreichischen Kapitalgesellschaft auf eine deutsche Kapitalgesellschaft sind entsprechend die Vertretungsorgane des österreichischen Rechtsträgers gefordert,

307 Vgl. § 231 Abs. 1 Nr. 1 u. 2 öAktG i.V.m. § 3 Abs. 2 EU-VerschG. Minderheitsgesellschafter können zwecks Zustimmung zur Verschmelzung nach deutschem wie auch nach österreichischem Recht die Einberufung einer Hauptversammlung verlangen, wenn sie mindestens 5% des Nominalkapitals des aufnehmenden Rechtsträgers halten, vgl. § 62 Abs. 2 UmwG, § 231 Abs. 3 S. 1 öAktG.

308 Ferner ist zu erklären, dass eine Anfechtungsklage nicht oder nicht fristgerecht erhoben wurde, vgl. § 16 Abs. 2 i.V.m. § 122k Abs. 1 S. 2 UmwG.

die aus deren Sicht beabsichtigte Hinausverschmelzung beim zuständigen Firmenbuchgericht gem. § 14 Abs. 1 EU-VerschG unter Beifügung der dort genannten Unterlagen anzumelden.[309] Die einzureichenden Unterlagen entsprechen im Wesentlichen denen des § 122k UmwG. Zusätzlich ist gem. § 14 Abs. 1 Nr. 8 EU-VerschG ein Nachweis zur Sicherstellung der Barabfindung widersprechender Gesellschafter gem. § 10 EU-VerschG und die gegebenenfalls erforderliche Zustimmung des übernehmenden Rechtsträgers in Deutschland zur Einleitung eines Verfahrens auf Überprüfung des Umtauschverhältnisses gem. § 12 EU-VerschG beizufügen. Darüber hinaus haben die Vertretungsorgane des übertragenden österreichischen Rechtsträgers gem. § 14 Abs. 2 Nr. 2 EU-VerschG eine Erklärung abzugeben, ob und wie viele austrittswillige Gesellschafter von ihrem Recht der Barabfindung gem. § 10 EU-VerschG Gebrauch gemacht haben und dass die Anteile ordnungsgemäß übernommen werden können. Im Anschluss daran prüft das österreichische Firmenbuchgericht die im Vorfeld der Verschmelzung erforderlichen Rechtshandlungen und Formalitäten, darunter die Prüfung der Vollständigkeit und Ordnungsmäßigkeit der beigefügten Unterlagen, die Einhaltung von Kapitalerhaltungsvorschriften sowie die Sicherstellung der Barabfindung austrittswilliger Gesellschafter. Sofern keine Beanstandungen vorliegen, stellt das Gericht die Verschmelzungsbescheinigung aus.[310]

6.2 Anmeldung zur Eintragung in das deutsche Handelsregister

Die Vertretungsorgane des übernehmenden deutschen Rechtsträgers können die Hereinverschmelzung gem. § 122l Abs. 1 UmwG zur Eintragung in das Handelsregister anmelden, sobald die Verschmelzungsbescheinigung des österreichischen Firmenbuchgerichts, welche nicht älter als sechs Monate ist[311], vorliegt. Im Gegensatz zur Hinausverschmelzung, deren Anmeldung durch die Vertretungsorgane des übernehmenden österreichischen wie auch denen des deutschen übertragenden Rechtsträgers zu erfolgen hat[312], wirken die Vertretungsorgane des übertragenden österreichischen Rechtsträgers bei der Anmeldung der Hereinverschmelzung nicht mit. Neben der Verschmelzungsbescheinigung sind der Anmeldung folgende Unterlagen mindestens beizufügen:

1. Verschmelzungsplan in notarieller Form,
2. Verschmelzungsbeschluss der Anteilsinhaber des übernehmenden Rechtsträgers,
3. Verschmelzungsbericht des übernehmenden Rechtsträgers u.
4. Verschmelzungsprüfungsbericht[313].

---

309 Die Anmeldung bedarf der öffentlich beglaubigten Form gem. § 11 öUGB.

310 Vgl. § 14 Abs. 3 EU-VerschG.

311 Vgl. Art. 10 Abs. 2 der Richtlinie 2005/56/EG des Europäischen Parlaments und des Rates vom 26.10.2005, Abl. EU Nr. L 310.

312 Vgl. § 15 Abs. 1 EU-VerschG.

313 Liegen die Voraussetzungen für einen Verzicht auf den Verschmelzungsprüfungsbericht gem. § 9 Abs. 3 i.V.m. § 122a Abs. 2 UmwG vor, sind die entsprechenden

Bei der Anmeldung ist außerdem eine Erklärung (Negativerklärung) abzugeben, dass gegen den Verschmelzungsbeschluss eine Anfechtungsklage nicht oder nicht fristgerecht erhoben wurde.[314] Da das Umwandlungsgesetz die Anwendung des § 16 Abs. 2 und 3 sowie § 17 für die in Österreich ansässigen zu übertragenden Rechtsträger ausschließt, entfällt für diese die Vorlage der entsprechenden Unterlagen. Die Einreichung der Schlussbilanz ist somit entgegen dem Fall einer Hinausverschmelzung im Rahmen der Anmeldung beim Handelsregister nicht erforderlich[315], sodass folglich auch die zeitliche Frist von acht Monaten zwischen Aufstellung der Schlussbilanz und der Anmeldung gem. § 17 Abs. 2 S. 4 UmwG nicht zu beachten ist. Es entfällt auch die Abgabe einer Negativerklärung, zumal die für den übertragenden Rechtsträger betreffenden Voraussetzungen für die grenzüberschreitende Verschmelzung bereits in der Verschmelzungsbescheinigung dokumentiert sind.[316]

Verzichtserklärungen beizufügen. Außer den genannten Unterlagen kommen ggf. noch weitere Dokumente in Betracht: Ein Bestätigungsbeschluss und eventuelle Zustimmungserklärungen einzelner Anteilsinhaber gem. § 122g UmwG, eine Vereinbarung über die Beteiligung der Arbeitnehmer oder eine Negativerklärung, falls die Vereinbarung nicht erforderlich ist, sowie ggf. ein Nachweis, dass der Verschmelzungsbericht den Anteilsinhabern des übernehmenden Rechtsträgers rechtzeitig vor der Versammlung gem. § 122e S. 2 UmwG zugänglich gemacht wurde. Gegebenenfalls kommen auch Verzichtserklärungen hinsichtlich der Prüfung des Verschmelzungsplans gem. § 122a Abs. 2 i.V.m. § 9 Abs. 3 UmwG hinzu.

314 Vgl. § 122a Abs. 2 i.V.m. § 16 Abs. 2 UmwG. Die Erklärung bezieht sich allein auf den übernehmenden Rechtsträger, vgl. Bayer, in: Lutter, UmwG, 2014, § 122l, Rz. 10. Falls die Voraussetzungen für die Negativerklärung nicht vorliegen, darf die Verschmelzung nicht eingetragen werden. Erst nach Klageverzicht der Anteilsinhaber gem. § 122k Abs. 1 S. 2 i.V.m. § 16 Abs. 2 S. 2 UmwG oder erfolgreicher Durchführung eines Freigabeverfahrens gem. § 122a Abs. 2 i.V.m. § 16 Abs. 3 UmwG kann die Eintragung erfolgen, vgl. zur Anwendbarkeit des Freigabeverfahrens: Drinhausen, in: Semler/Stengel, UmwG, 2012, § 122l Rz. 7. Die beizufügenden Unterlagen sind dann um die Verzichtserklärungen zu ergänzen.

315 Vgl. § 122l S. 3 Halbsatz 2 UmwG. Auch im Rahmen nationaler Verschmelzungen ist keine Schlussbilanz des übertragenden Rechtsträgers bei Anmeldung des übernehmenden Rechtsträgers beizufügen, vgl. Zimmermann, in: Kallmeyer, UmwG, 2013, § 17 Rz. 4; BayObLG, Urteil vom 10.12.1998, – 3 Z BR 237/98, NJW-RR 1999, S. 833; LG Frankfurt/M., Urteil vom 24.11.1995, -3/11 T 57/95, GmbHR 1996, S. 542. Im umgekehrten Fall ist nach österreichischem Recht auch die Schlussbilanz des übertragenden deutschen Rechtsträgers beizufügen. Nach österreichischem Recht beträgt die Frist zwischen Aufstellung der Schlussbilanz und Anmeldung beim Firmenbuchgericht neun Monate, vgl. § 225 Abs. 1 Nr. 6 i.V.m. § 220 Abs. 3 S. 3 öAktG. Im Fall der Hinausverschmelzung nach Österreich ist hinsichtlich der zeitlichen Frist aber auf die Anmeldung beim deutschen Registergericht abzustellen, vgl. Eckert, in: Kalss, Verschmelzung, 2010, § 15 EU-VerschG, Rz. 7.

316 Vgl. Neye/Timm in: DB 2006, S. 493.

6.3 *Prüfung des Registergerichts*

Nachdem die erforderlichen Unterlagen im Zuge der Anmeldung vollständig eingereicht wurden, nimmt das deutsche Registergericht eine Prüfung über das Vorliegen der formellen und materiellen Voraussetzungen für die Eintragung der Verschmelzung wie auch bei inländischen Verschmelzungen vor. Im Fokus der Prüfung steht dabei nur der übernehmende und nicht der übertragende Rechtsträger. Zur Vermeidung von Doppelprüfungen dient in diesem Zusammenhang die Verschmelzungsbescheinigung des österreichischen übertragenden Rechtsträgers, sodass lediglich die formellen Aspekte der Verschmelzungsbescheinigung einer Prüfung unterzogen werden.[317] Das Registergericht prüft gem. § 122l Abs. 2 UmwG, ob die Anteilsinhaber aller beteiligten Rechtsträger einem gemeinsamen, gleich lautenden Verschmelzungsplan zugestimmt haben und ob eine Vereinbarung über die Beteiligung der Arbeitnehmer geschlossen worden ist. Die Prüfung des Verschmelzungsplans beschränkt sich dabei auf eine formale Kontrolle der Verschmelzungsbescheinigung, ob diese denn anhand entsprechender Ausführungen den Zustimmungsbeschluss bestätigt, womit die materielle Prüfung des ordnungsgemäßen Zustandekommens der Zustimmungsbeschlüsse der Anteilsinhaber des übertragenden österreichischen Rechtsträgers, welche bereits durch das österreichische Firmenbuchgericht geprüft wurde, entfällt.[318] Die Prüfungshandlungen zur Vereinbarung über die Beteiligung der Arbeitnehmer beschränken sich nicht nur darauf, ob eine solche Vereinbarung vorliegt. Vielmehr prüft das Registergericht in erster Linie, ob überhaupt die Voraussetzungen zur Verhandlungspflicht vorlagen.[319] Darüber hinaus ist die gewählte Verfahrensweise zur Arbeitnehmerbeteiligung auf ihren ordnungsgemäßen Abschluss hin zu überprüfen.[320]

7. Eintragung der grenzüberschreitenden Verschmelzung

Nach Abschluss der Verschmelzungskontrolle hat das Registergericht bei entsprechend positivem Ausgang der Prüfung die Verschmelzung bzw. den neuen Rechtsträger ins Handelsregister einzutragen. Mit der Eintragung im Handelsregister des übernehmenden Rechtsträgers wird die grenzüberschreitende Verschmelzung des österreichischen Rechtsträgers auf den deutschen Rechtsträger wirksam[321], wobei

317 Vgl. Drinhausen/Keinath in: BB 2006, S. 730.

318 Vgl. Oechsler, NZG 2006, S. 163.

319 Vgl. § 5 MgVG; Frenzel, Grenzüberschreitende Verschmelzung von Kapitalgesellschaften, 2008, S. 290ff.

320 Vgl. Art. 16 Abs. 3 der Richtlinie 2005/56/EG des Europäischen Parlaments und des Rates vom 26.10.2005, Abl. EU Nr. L 310 i.V.m. Art. 12 Abs. 2 der Verordnung (EG) Nr. 2157/2001 des Rates vom 08. Oktober 2001 über das Statut der Europäischen Gesellschaft (SE), Abl. EG Nr. L 294/1 vom 10. November 2001.

321 Ist die grenzüberschreitende Verschmelzung nach den nationalen Vorschriften zu Art. 12 der Richtlinie 2005/56/EG des Europäischen Parlaments und des Rates vom 26.10.2005, Abl. EU Nr. L 310 wirksam geworden, kann sie nicht mehr

das Vermögen des österreichischen Rechtsträgers im Wege der Gesamtrechtsnachfolge auf den deutschen Rechtsträger übergeht und der Anteilstausch automatisch erfolgt.[322] Direkt nach der Eintragung hat das Registergericht gem. § 122l Abs. 3 UmwG den Tag der Eintragung von Amts wegen dem österreichischen Firmenbuchgericht mitzuteilen.[323] Nach deutschem Recht wird zwar der übertragende Rechtsträger nach Mitteilung der Eintragung der Verschmelzung von Amts wegen gelöscht, jedoch ist nach österreichischem Recht für die Löschung eine Anmeldung durch die Vertretungsorgane zuzüglich der Vorlage der Verschmelzungsbescheinigung notwendig.[324]

8. Schutz von Minderheitsgesellschaftern

8.1 Verbesserung des Umtauschverhältnisses

Im vorliegenden Fall der grenzüberschreitenden Verschmelzung sind die beteiligten Mitgliedstaaten gem. Art. 4 Abs. 2 Satz 2 IntVRL ermächtigt, entsprechende Vorschriften zum Schutz der Minderheitsgesellschafter zu erlassen, welche die Verschmelzung abgelehnt haben. Dieses Regelungsbedürfnis ergibt sich daraus, dass Minderheitsgesellschafter gegen ihren Willen zu Gesellschaftern des übernehmenden Rechtsträgers werden, sofern sie von den Mehrheitsgesellschaftern im Rahmen der Abstimmung über den Verschmelzungsbeschluss überstimmt wurden.[325] Das Umwandlungsgesetz sieht für innerstaatliche Verschmelzungen bereits Regelungen zum Schutz der Minderheitsgesellschafter vor. So haben Anteilsinhaber des übertragenden Rechtsträgers gem. § 15 UmwG das Recht auf Verbesserung des Umtauschverhältnisses und, falls sie der Verschmelzung widersprochen haben, ein Austrittsrecht verbunden mit dem Anspruch auf eine Barabfindung gem. § 29 UmwG. Im Gegenzug sind ihre Anfechtungsklagen gegen den Verschmelzungsbeschluss aufgrund eines zu niedrig bemessenen Umtauschverhältnisses gem. § 14 Abs. 2 UmwG ausgeschlossen und es verbleiben Korrekturmöglichkeiten durch das Spruchverfahren im Rahmen

---

für nichtig erklärt werden. Dies gilt im Interesse der Rechtssicherheit, vgl. Erwägungsgrund (8) dieser Richtlinie, S. 2. In den Fällen, in denen durch den Übergang vertraglicher Verpflichtungen von dem übertragenden auf den übernehmenden Rechtsträger Situationen entstehen, in denen die Erfüllung der Verpflichtung mit anderen Verpflichtungen des übernehmenden Rechtsträgers unvereinbar ist oder die Erfüllung eine schwere Unbilligkeit darstellt, kann eine Vertragsanpassung angestrebt werden, vgl. Grunewald, in: Lutter, UmwG, 2014, § 21 Rz. 10.

322 Vgl. 122a Abs. 2 i.V.m. § 20 Abs. 1 u. 2 UmwG.

323 Vgl. Art. 13 der Richtlinie 2005/56/EG des Europäischen Parlaments und des Rates vom 26.10.2005, Abl. EU Nr. L 310. Die Mitteilung hat unverzüglich zu erfolgen.

324 Vgl. § 14 Abs. 4 u. 5 S. 1 EU-VerschG. Die Löschung hat nur deklaratorische Wirkung.

325 Vgl. Müller, Der Konzern 2007, S. 81f. Die Ermächtigung zum Erlass von Schutzvorschriften durch die nationalen Gesetzgeber ergibt sich aus Art. 4 Abs. 2 der Richtlinie 2005/56/EG des Europäischen Parlaments und des Rates vom 26.10.2005, Abl. EU Nr. L 310.

des Spruchverfahrensgesetzes. Da in anderen EU-Mitgliedstaaten mit Ausnahme von Österreich solche Regelungen zum Schutz von Minderheitsgesellschaftern nicht bekannt sind, hat der deutsche Gesetzgeber gem. Art. 4 Abs. 2 IntVRL zusätzlich zu den nationalen Vorschriften entsprechende Schutzvorschriften für grenzüberschreitende Verschmelzungen mit den §§ 122h und 122i UmwG geschaffen.[326] Nach § 122h Abs. 1 i.V.m. § 15 UmwG können die Gesellschafter eines inländischen übertragenden Rechtsträgers die Verbesserung des Umtauschverhältnisses verlangen, wobei dann eine Klage gegen die Wirksamkeit des Verschmelzungsbeschlusses gem. § 14 Abs. 2 UmwG ausgeschlossen ist, sofern die ausländische Rechtsordnung ein vergleichbares Spruchverfahren vorsieht.[327]

Im vorliegenden Fall einer Hereinverschmelzung einer österreichischen Kapitalgesellschaft auf eine übernehmende deutsche Kapitalgesellschaft ist die Voraussetzung eines nach österreichischem Recht vorgesehenen Verfahrens zur Überprüfung des Umtauschverhältnisses gegeben.[328] Demnach ist auch nach österreichischem Recht die Anfechtung des Verschmelzungsbeschlusses wegen Mängeln des Umtauschverhältnisses ausgeschlossen, da die deutsche Rechtsordnung ein solches Überprüfungsverfahren kennt.[329] Ebenfalls ist die Anwendung des Überprüfungsverfahrens gem. § 12 Abs. 1 Satz 1 EU-VerschG möglich, wenn die Gesellschafter des übernehmenden deutschen Rechtsträgers dies akzeptieren.

8.2 Anwendbarkeit des Spruchverfahrens

Den Anspruch auf Verbesserung des Umtauschverhältnisses können nur Minderheitsgesellschafter übertragender, nicht dagegen die des übernehmenden Rechtsträgers stellen. Daher kommt das Überprüfungsverfahren für die Anteilsinhaber der übertragenden österreichischen Kapitalgesellschaft nur in Betracht, wenn die Anteilsinhaber der deutschen Kapitalgesellschaft im Verschmelzungsbeschluss ihr Einverständnis erklären.[330] Ob die Zustimmung erteilt wird, erscheint eher

326 Kritisch hierzu, vgl. Bayer/Schmidt, NZG 2006, S. 843.

327 Kennt die ausländische Rechtsordnung allerdings kein Verfahren zur Kontrolle und Änderung des Umtauschverhältnisses, gelten die §§ 14 Abs. 2, 15 UmwG nur, wenn die Anteilsinhaber des ausländischen Rechtsträgers der Durchführung des Spruchverfahrens zustimmen. Die Zustimmung bedarf derselben Mehrheit wie der Verschmelzungsbeschluss, vgl. Drinhausen, in: Semler/Stengel, UmwG, 2012, § 122h Rz. 6.

328 Vgl. § 225c öAktG i.V.m. § 96 Abs. 2 öGmbHG, § 3 EU-VerschG.

329 Vgl. § 225b öAktG i.V.m. § 12 Abs. 1 EU-VerschG.

330 Vgl. § 12 Abs. 1 Nr. 2 EU-VerschG. Den Minderheitsgesellschaftern des übernehmenden Rechtsträgers verbleibt bei fehlender Erklärung zum Überprüfungsverfahren nur die Möglichkeit einer Anfechtungsklage gegen den Zustimmungsbeschluss nach § 13 i.V.m. § 122a Abs. 2 UmwG. Die Minderheitsgesellschafter des österreichischen Rechtsträgers sind ebenso auf die Anfechtung des Zustimmungsbeschlusses verwiesen, sollten die Voraussetzungen des § 12 Abs. 1 Eu-VerschG nicht erfüllt sein, vgl. Kaufmann, in: Frotz/Kaufmann, Verschmelzungen, 2012, § 12 Rz. 4.

unwahrscheinlich, wenn ein Spruchverfahren der Minderheitsgesellschafter des österreichischen Rechtsträgers dazu führt, dass nur diese Anteilsinhaber eine bare Zuzahlung erhalten, welche aber zu Lasten des übernehmenden Rechtsträgers gezahlt wird und damit möglicherweise einen erheblichen Liquiditätsabfluss auslöst.[331] Auf der Grundlage des Art. 10 Abs. 3 S. 1 IntVRL kann eine Verbesserung des Umtauschverhältnisses unter der Voraussetzung des § 15 Abs. 1 UmwG angestrebt werden, wonach eine bare Zuzahlung 10% des Betrags des auf die bisher gewährten Anteile entfallenden Grund- oder Stammkapitals durchaus übersteigen darf. Insbesondere stellt die genaue Einschätzung der Zuzahlungshöhe in diesem Zusammenhang das zentrale Problem dar, zumal das zur Durchsetzung dieses Anspruchs erforderliche Verfahren erst nach dem Verschmelzungsprozess abgeschlossen wird. Damit unmittelbar verbunden ist das mit dem Liquiditätsabfluss einhergehende wirtschaftliche Risiko, dass nur sehr schwierig zu bemessen ist.[332] Zur Risikominimierung können Vorverhandlungen mit den Minderheitsgesellschaftern in Bezug auf das Umtauschverhältnis beitragen.[333] Zwar ist für die Durchführung des Spruchverfahrens das Landgericht zuständig, in dessen Bezirk der übertragende Rechtsträger ansässig ist[334], jedoch eröffnet § 122h Abs. 2 UmwG den Anteilsinhabern des österreichischen Rechtsträgers die Möglichkeit, ein Spruchverfahren zur Verbesserung des Umtauschverhältnisses nach § 15 UmwG vor einem deutschen Gericht einzuleiten, da das österreichische Recht ein Verfahren zur Kontrolle und Änderung des Umtauschverhältnisses vorsieht.[335] Die weitere Voraussetzung der internationalen Zuständigkeit des deutschen Gerichts ergibt sich in diesem Falle aus der EuGVVO[336] oder aus einer Gerichtstandsvereinbarung.

8.3 Begrenzung durch Kapitalerhaltungsvorschriften

Um das Problem eines aus Sicht des übernehmenden Rechtsträgers zu hohen und gegebenenfalls existenzgefährdenden Liquiditätsabfluss zu beheben, stellt sich die Frage, inwiefern der Anspruch auf bare Zuzahlungen durch die Grundsätze

---

331 Vgl. Marsch-Barner, in: Kallmeyer, UmwG, 2013, § 122h Rz.; Bayer/Schmidt, NZG 2006, S. 844.

332 Vgl. Vetter, AG 2006, S. 621f.; Eckstein, Grenzüberschreitende Verschmelzung, 2009, S. 101.

333 Vgl. Eckstein, Grenzüberschreitende Verschmelzung, 2009, S. 102.

334 Vgl. § 2 Abs. 1 S. 1 i.V.m. § 1 Nr. 4 SpruchG.

335 Vgl. Begr. RegE, BT-Drucks. 16/2919, S. 16. Obwohl § 122h Abs. 2 UmwG in vollem Umfang auf § 15 UmwG verweist, verleiht sie nur ein prozessuales Recht und begründet dagegen keinen materiell-rechtlichen Anspruch. Der Anspruch auf bare Zuzahlung ergibt sich nach dem Recht des österreichischen übertragenden Rechtsträgers.

336 Vgl. Verordnung (EG) Nr. 44/2001 des Rates vom 22.12.2000 über die gerichtliche Zuständigkeit und die Anerkennung und Vollstreckung von Entscheidungen in Zivil- und Handelssachen, Abl. EG Nr. L 12, vom 16.01.2001.

der Kapitalerhaltung begrenzt werden kann.[337] Wie auch für nationale Verschmelzungen ist diese Frage auch im Rahmen von grenzüberschreitenden Verschmelzungen nicht abschließend geklärt. Die herrschende Meinung geht von einem Vorrang der Kapitalerhaltungsvorschriften aus.[338] Eine Begrenzung der baren Zuzahlung kann sich aus dem Kapitalerhaltungsgrundsatz aus § 30 Abs. 1 GmbHG sowie aus § 57 Abs. 1 AktG ergeben. Unter der Berücksichtigung, dass mit der baren Zuzahlung nicht nur das Umtauschverhältnis korrigiert wird, sondern auch der Schutz der Gläubiger vor künftigen Auszahlungen an die Anteilsinhaber gewährleistet sein muss, ist ein Barausgleich daher aus dem freien Vermögen des Rechtsträgers zulässig.[339]

8.4 Anspruch auf Barabfindung

Neben dem Anspruch auf Verbesserung des Umtauschverhältnisses können die Minderheitsgesellschafter des übertragenden österreichischen Rechtsträgers einen Antrag auf Überprüfung und Festlegung einer höheren Barabfindung gem. § 11 Abs. 2 EU-VerschG stellen, wenn sie gegen den Verschmelzungsbeschluss Widerspruch zur Niederschrift erklärt haben. Die Anfechtungsklage kann gem. § 11 Abs. 1 EU-VerschG nicht auf ein unangemessen bemessenes Barabfindungsangebot oder darauf bezogene Erläuterungsfehler gestützt werden. Anders als bei der Überprüfung des Umtauschverhältnisses ist nach § 11 Abs. 1 EU-VerschG nicht entscheidend, ob die deutsche Rechtsordnung ein vergleichbares Verfahren zur Abfindung von Minderheitsgesellschaftern vorsieht.[340] Die Parallelvorschrift in § 122i Abs. 2 Satz 1 UmwG fordert dagegen für den Fall der Hinausverschmelzung, dass ein solches Verfahren in der österreichischen Rechtsordnung vorgesehen ist und für die grenzüberschreitende Verschmelzung gilt.[341] Diese Voraussetzung wird zwar durch das österreichische Recht erfüllt, jedoch kommt § 122i Abs. 1 Satz 1 UmwG nicht zur Anwendung, da sich die Vorschrift auf einen deutschen

---

337 Vgl. Vetter, AG 2006, S. 623.

338 Vgl. Decher, in: Lutter, UmwG, 2014, § 15 Rz. 8; Bayer, ZHR 2008, S. 31f.

339 Vgl. Ihrig, GmbHR 1995, S. 641; Marsch-Barner, in: Kallmeyer, UmwG, 2013, § 15 Rz. 2.

340 Auch die Zustimmungserklärungen der Anteilsinhaber des übernehmenden Rechtsträgers sind in den Fällen nicht erforderlich, in denen ausländische Rechtsordnungen kein Verfahren zur Abfindung von Minderheitsgesellschaftern vorsehen. Der Wortlaut des Art. 10 Abs. 3 der Richtlinie 2005/56/EG des Europäischen Parlaments und des Rates vom 26.10.2005, Abl. EU Nr. L 310, wurde durch den österreichischen Gesetzgeber somit nicht richtlinienkonform umgesetzt.

341 Vgl. Bayer, in: Lutter, UmwG, 2014, § 122i Rz. 21. Es reicht aus, dass die ausländische Rechtsordnung ein Verfahren zur Abfindung von Minderheitsgesellschaftern vorsieht. Ob ein dem deutschen Spruchverfahren vergleichbares Spruchverfahren zur Anwendung kommt, ist nicht von Belang, vgl. Simon/Rubner, Der Konzern 2006, S. 840.

übertragenden Rechtsträger im Rahmen einer Hinausverschmelzung bezieht.[342] Das deutsche Recht eröffnet allerdings im betrachteten Fall der Hereinverschmelzung den Anteilsinhabern des österreichischen Rechtsträgers die Möglichkeit der Einleitung eines gerichtlichen Überprüfungsverfahrens nach den Vorschriften des Spruchverfahrensgesetzes, falls eine im Verschmelzungsplan oder in seinem Entwurf nach § 29 UmwG bestimmte Barabfindung zu niedrig, nicht oder nicht ordnungsgemäß angeboten worden ist.[343] Die Verpflichtung zum Barabfindungsangebot im Verschmelzungsplan ergibt sich aber nach § 29 Abs. 1 UmwG nur dann, wenn entweder der Fall einer Verschmelzung durch Aufnahme eines Rechtsträgers anderer Rechtsform oder der Fall der Aufnahme einer börsennotierten Aktiengesellschaft durch eine nicht börsennotierte Aktiengesellschaft vorliegt.[344] Weiterhin ist zur Durchführung des Verfahrens die internationale Zuständigkeit eines deutschen Gerichts erforderlich, wobei aufgrund des in § 122i Abs. 2 Satz 2 UmwG enthaltenen Verweises auf die verfahrensrechtliche Vorschrift des § 34 UmwG den Anteilsinhabern des österreichischen Rechtsträgers lediglich ein prozessuales Antragsrecht auf Einleitung eines Spruchverfahrens vor dem zuständigen Landgericht eingeräumt wird.[345]

Die Möglichkeit, die Barabfindung in einem außerstreitigen Verfahren überprüfen zu lassen, ist wie im Rahmen der Verbesserung des Umtauschverhältnisses auch nur für die Minderheitsgesellschafter des übertragenden Rechtsträgers relevant. Für die Anteilsinhaber des übernehmenden Rechtsträgers besteht dagegen die Möglichkeit, bei zu hoch bemessener Abfindung den Verschmelzungsbeschluss

342 Vgl. Marsch-Barner, in: Kallmeyer, UmwG, 2013, § 122i Rz. 4.

343 Vgl. § 122i Abs. 2 S. 2 i.V.m. § 34 UmwG. § 122i UmwG weicht von der Regelung des § 29 UmwG nur insoweit ab, dass nicht der übernehmende, sondern der übertragende Rechtsträger das Austrittsrecht verbunden mit dem Angebot einer Barabfindung anbieten muss.

344 Der Fall der Hereinverschmelzung wird durch § 122i Abs. 1 UmwG nicht erfasst, sodass die Vorschriften der § 29 Abs. 1 Satz 1 und 2 i.V.m. § 34 UmwG zur Anwendung kommen, vgl. Bayer, in: Lutter, UmwG, 2014, § 122i Rz. 8; ebenso Frenzel, Grenzüberschreitende Verschmelzung von Kapitalgesellschaften, 2008, S. 346. Für den Fall der grenzüberschreitenden Hinausverschmelzung kommt dagegen § 29 Abs. 1 Satz 1 und 2 i.V.m. § 34 UmwG aufgrund der Regelung in § 122i Abs. 1 UmwG, welche von einem übertragenden deutschen Rechtsträger ausgeht, insofern nicht zur Anwendung, dass bei Verschmelzung eines übertragenden Rechtsträgers auf eine kongruente Rechtsform den Anteilsinhabern des übertragenden Rechtsträgers ein Austrittsrecht gegen Barabfindung zusteht, vgl. Bayer, in: Lutter, UmwG, 2014, § 122i Rz. 7. Für die Gleichstellung des Rechtsträgers ausländischer Rechtsform mit einem „Rechtsträger anderer Rechtsform", vgl. Maul/Teichmann/Wenz, BB 2003, S. 2633ff.

345 Vgl. Bayer, in: Lutter, UmwG, 2014, § 122i Rz. 30. Die Zuständigkeit des deutschen Gerichts im Spruchverfahren ergibt sich nur im Rahmen der Verbesserung des Umtauschverhältnisses aus der EuGVVO oder einer Gerichtstandsvereinbarung, vgl. Bayer, in: Lutter, UmwG, 2014, § 122i Rz. 27.

anzufechten.[346] Begründet wird das Anfechtungsrecht damit, dass die Zahlung einer zu hoch bemessenen Barabfindung zur Entwertung ihrer Beteiligung führt.[347] Das Anfechtungsrecht nach § 32 UmwG wird somit nicht ausgeschlossen.

Ähnlich wie bei der Problematik des Zuzahlungsanspruchs ergibt sich auch für die anzubietende Barabfindung die Schwierigkeit, im Vorfeld deren genaue Höhe zu bestimmen, denn es ist nicht absehbar, wie viele Anteilsinhaber von ihrem Widerspruchsrecht Gebrauch machen werden. Aufgrund der für den Verschmelzungsbeschluss erforderlichen Mehrheit von 75% kann die Quote der widersprechenden Anteilsinhaber höchstens 25% erreichen. Das Risiko einer erheblichen finanziellen Belastung basiert aber nicht nur auf der Nichtabsehbarkeit, wie viele Minderheitsgesellschafter dem Verschmelzungsbeschluss widersprechen werden, sondern auch darauf, dass die widersprechenden Minderheitsgesellschafter während des gesamten Zeitraumes eines Spruchverfahrens von ihrem Recht Gebrauch machen können, den in diesem Zeitraum garantierten Aktienkurs anzunehmen.[348] Bei Verschmelzung auf eine börsennotierte Aktiengesellschaft stellt sich ohnehin die Frage nach der Entbehrlichkeit des Barabfindungsangebots, da den Minderheitsgesellschaftern als Aktionäre des übernehmenden Rechtsträgers die Möglichkeit zukommt, ihre Anteile am Kapitalmarkt zu veräußern.[349] Um Anhaltspunkte für eine annähernd genaue Kalkulation der Barabfindungshöhe zu bekommen, verbleibt letztlich nur die Möglichkeit der frühzeitigen Kontaktaufnahme mit den Minderheitsgesellschaftern.

9. Zwischenfazit

Grenzüberschreitende Verschmelzungen von Kapitalgesellschaften zwischen Deutschland und Österreich unterscheiden sich hinsichtlich der Verfahrensweise nicht erheblich von rein nationalen Verschmelzungen. Mit der Richtlinie über die Verschmelzung von Kapitalgesellschaften aus verschiedenen Mitgliedstaaten wurde diesen Gesellschaften ein europaweit harmonisiertes Verfahren an die Hand gegeben. Aufgrund der weitgehend übereinstimmenden Umsetzung der Richtlinie in deutsches und österreichisches Recht wird das Verfahren zur grenzüberschreitenden Verschmelzung ohne zusätzliche Überwindung rechtskultureller Barrieren ermöglicht. Ein wesentlicher Vorteil liegt darin, dass die österreichische Rechtsordnung ein Verfahren zur Kontrolle und Überprüfung des Umtauschverhältnisses sowie ein Verfahren zur Abfindung von Minderheitsgesellschaftern vorsieht und damit die zu Grunde liegende Vorschrift des Art. 10 Abs. 3 Satz 1 IntVRL umgesetzt

346 Vgl. Stratz, in: Schmitt/Hörtnagel/Stratz, UmwG, 2013, § 32 Rz. 4.

347 Vgl. Bayer, in: Lutter, UmwG, 2014, § 32 Rz. 2.

348 Vgl. § 122i Abs. 1 Satz 3 i.V.m. § 31 Satz 2 UmwG; § 11 Abs. 2 EU-VerschG; Marsch-Barner in: Kallmeyer, UmwG, 2013, § 122i Rz. 2.

349 Vgl. Bayer in Lutter, § 122i Rz. 6; Bayer/Schmidt, NJW 2006, S. 406; Handelsrechtsausschuss des DAV, in: NZG 2006, S. 737; a. A. Müller, H.-F., in: Der Konzern 2007, S. 87.

hat, sodass die Einleitung eines Spruchverfahrens durch die Anteilsinhaber des übertragenden Rechtsträgers für den Fall der Hinausverschmelzung nach Österreich ermöglicht wird. Umgekehrt gibt die österreichische Rechtsordnung ebenfalls hinsichtlich barer Zuzahlungen das Erfordernis eines Kontroll- und Überprüfungsverfahrens nach deutscher Rechtsordnung vor, wonach die Anteilsinhaber des österreichischen Rechtsträgers im Fall der Hereinverschmelzung nach Deutschland ebenfalls ein Spruchverfahren einleiten können. Nach österreichischer Rechtsordnung wird hingegen für den Fall eines Barabfindungsangebots kein Verfahren zur Abfindung von Minderheitsgesellschaftern in der deutschen Rechtsordnung vorausgesetzt, um ein Spruchverfahren von Seiten der österreichischen Anteilsinhaber einleiten zu können. In diesem Punkt wurde die Vorschrift in Art. 10 Abs. 1 IntVRL durch den österreichischen Gesetzgeber nicht richtlinienkonform umgesetzt.[350] Weitere Unterschiede zwischen dem deutschen und österreichischen Umwandlungsrecht bestehen je nach Ausnutzung des Umsetzungsspielraumes neben den in diesem Kapitel behandelten Aspekten zur Ausgestaltung des Registerverfahrens und zum Schutz der Minderheitsgesellschafter noch darüber hinaus in Bezug auf den Gläubigerschutz, auf den aber nicht gesondert eingegangen werden soll.

350 Speziell für den Fall einer grenzüberschreitenden Verschmelzung sieht neben Österreich auch das niederländische Umsetzungsgesetz zur Verschmelzungsrichtlinie ein Verfahren zur Abfindung von Minderheitsgesellschaftern vor, vgl. Bayer, in Lutter, UmwG, 2014, § 122i Rz. 21; Winter, GmbHR 2008, S. 536.

C. Unternehmensbewertung im Kontext einer grenzüberschreitenden Verschmelzung zwischen Deutschland und Österreich

I. Inhaltlicher Vergleich der Grundsätze zur Ermittlung von Unternehmenswerten nach IDW S 1 und KFS BW 1

1. Allgemeine Grundsätze der Unternehmensbewertung

1.1 Maßgeblichkeit des Bewertungszwecks

Im Grundsatz der Maßgeblichkeit des Bewertungszwecks findet das Zweckadäquanzprinzip seine Verankerung. Sowohl der IDW Standard S 1 i.d.F. 2008 als auch das Fachgutachten KFS BW 1 i.d.F. 2006 stellen klar, dass Unternehmenswerte nicht losgelöst vom Bewertungsanlass und damit vom Bewertungszweck ermittelt werden.[351] Beide Fachgutachten stimmen darin überein, dass der Wirtschaftsprüfer oder Wirtschaftstreuhänder in Abhängigkeit vom Bewertungszweck in seiner Funktion als neutraler Gutachter, Berater oder Schiedsgutachter entweder einen objektivierten Unternehmenswert, einen subjektiven Entscheidungswert oder einen Einigungswert zu bestimmen hat.[352] Je nach Funktion des Wirtschaftsprüfers oder Wirtschaftstreuhänders sind zur Unternehmenswertermittlung unterschiedliche Annahmen bzgl. der Prognosen und Diskontierung der künftigen finanziellen Überschüsse zu treffen sowie eine anlassbezogene Typisierung der steuerlichen Verhältnisse der Anteilseigner bei Ermittlung des objektivierten Unternehmenswertes zu berücksichtigen. Daher muss bereits im Vorfeld einer sachgerechten Unternehmenswertermittlung (im Rahmen der Auftragserteilung) die Funktion des

351 Vgl. IDW S 1 i.d.F. 2008, Tz. 17; KFS BW 1, Entwurf vom 01.10.2013, Tz. 18. In beiden Gutachten werden nur diese drei Hauptfunktionen genannt. Damit wird die Argumentationsfunktion als eine weitere eigenständige Funktion seitens KWT und IDW nicht anerkannt, vgl. Peemöller, Praxishandbuch UB, 2012, S. 32.

352 Vgl. IDW S 1 i.d.F. 2008 Tz. 12; KFS BW 1, Entwurf vom 01.10.2013, Tz. 15. Dem österreichischen Fachgutachten ist jedoch die starre Verknüpfung zwischen Funktion und Bewertungszweck fremd. Damit kann ein WT möglicherweise auch in der Rolle des neutralen Gutachters bspw. einen subjektiven Entscheidungswert oder in der Rolle des Beraters einer Partei bspw. einen objektivierten Unternehmenswert ermitteln, vgl. Egger, RWZ 2006, S. 97.

WP oder WT und das zugrunde gelegte Wertkonzept ersichtlich sein, um entsprechende Annahmen und Typisierungen herleiten zu können.[353]

1.2 Bewertung der wirtschaftlichen Unternehmenseinheit

Die Bewertung der wirtschaftlichen Unternehmenseinheit wird durch das Institut der Wirtschaftsprüfer sowie durch den Fachsenat für Betriebswirtschaft und Organisation des Instituts für Betriebswirtschaft, Steuerrecht und Organisation der Kammer der Wirtschaftstreuhänder auch als Prinzip der Gesamtbewertung anerkannt, welches nicht die Wahl einzelner materieller und immaterieller Werte, sondern vielmehr ihre zweckgerichtete Kombination im Hinblick auf den Erfolg des Bewertungsobjekts als Grundlage der Bewertung verlangt. Der Unternehmenswert wird damit durch die Gesamtheit aller zusammenwirkenden Bereiche einer wirtschaftlichen Unternehmenseinheit (z.B. Beschaffungs- und Absatzmärkte, Finanzierung und Management, Forschung und Entwicklung, Organisation) bestimmt, da alle Unternehmensbereiche zur Erzielung zukünftiger finanzieller Überschüsse beitragen.[354] Einzelne Teilbereiche der wirtschaftlichen Einheit kommen als Bewertungsobjekt nicht in Betracht, sofern sie für sich allein keine finanziellen Überschüsse erzielen.[355] Die Herausforderung zur Bewertung der wirtschaftlichen Unternehmenseinheit liegt nach beiden Fachgutachten insbesondere in einer sorgfältigen Abgrenzung der wirtschaftlichen Einheit mit ihren Vermögensgegenständen und Schulden, wobei zwischen betriebsnotwendigem und nicht betriebsnotwendigem Vermögen zu differenzieren ist. Dabei kann es sich bspw. um einen Unternehmensverbund, eine Betriebsstätte oder strategische Geschäftseinheit handeln. Rechtliche Abgrenzungskriterien sind dagegen nicht entscheidend.[356]

1.3 Stichtagsprinzip

Der Bewertungsstichtag ergibt sich i.d.R. aus dem Auftrag oder aus vertraglichen oder rechtlichen Regelungen. Das Stichtagsprinzip wird einerseits als Bezugszeitpunkt der Kapitalisierung der finanziellen Überschüsse, zum anderen als Bezugszeitpunkt des zu berücksichtigenden Informationsstandes definiert. Die Kapitalisierung der finanziellen Überschüsse erfolgt zeitpunktbezogen, da Unternehmensbewertungen immer auf einen gesetzlich bestimmten oder vertraglich vereinbarten Bewertungsstichtag festgestellt werden.[357] Bewertungsrelevant sind in diesem Zusammenhang nur die finanziellen Überschüsse, die den künftigen

353 Vgl. IDW S 1 i.d.F. 2008 Tz. 17; KFS BW 1, Entwurf vom 01.10.2013, Tz. 23.
354 Vgl. IDW S 1 i.d.F. 2008, Tz. 18 u. 19; KFS BW 1, Entwurf vom 01.10.2013 Tz. 7.
355 Vgl. KFS BW 1, Entwurf vom 01.10.2013, Tz. 7; IDW S 1 i.d.F. 2008, Tz. 18.
356 Vgl. IDW S 1 i.d.F. 2008, Tz. 19–21; KFS BW 1, Entwurf vom 01.10.2013, Tz. 6–8.
357 Vgl. Peemöller, DStR 2001, S. 1402.

Eigentümern zuzurechnen sind, womit eine entsprechende Eingrenzung der gesamten finanziellen Überschüsse verbunden ist.[358]

Ferner legt der Bewertungsstichtag den Zeitpunkt des zu berücksichtigenden Informationsstandes fest, der Einfluss auf die Erwartungen der an der Unternehmensbewertung beteiligten Parteien nimmt. Der Wurzeltheorie folgend sind nur die Erkenntnisse zu berücksichtigen, deren Wurzeln in der Zeit vor dem Bewertungsstichtag gelegt wurden. Die Abgrenzung von Informationen wird umso bedeutender für den Bewerter, wenn zwischen Bewertungsstichtag und Durchführung der Bewertung ein umso längerer Zeitraum verstrichen ist.[359] Das Fachgutachten KFS BW 1 in der Entwurfsfassung vom 01.10.2013 nähert sich den Grundsätzen des IDW S 1 i.d.F. 2008 an, indem klargestellt wird, dass etwaige auftretende Änderungen der wertbestimmenden Faktoren zwischen Stichtag und Abschluss der Bewertung nur dann zu berücksichtigen sind, wenn ihre Wurzel vor dem Bewertungsstichtag liegt.[360]

Das Stichtagsprinzip wird analog angewendet im Hinblick auf den Informationsstand über die Ertragsbesteuerung der finanziellen Überschüsse. IDW S 1 i.d.F. 2008 fordert die Einbeziehung des zum Zeitpunkt des Bewertungsstichtags maßgeblichen sowie mit Wirkung für die Zukunft geltenden Steuerrechts in die Bewertung.[361] In diesem Punkt folgt der Grundsatz ebenfalls der vom BGH entwickelten Wurzeltheorie.

1.4 Bewertung des betriebsnotwendigen Vermögens

1.4.1 Grundlagen der Ermittlung finanzieller Überschüsse zur Ableitung des Unternehmenswerts

Mit dem Grundsatz der Bewertung des betriebsnotwendigen Vermögens wird die Ermittlung des Fortführungswertes im Sinne der Going-Concern-Prämisse verfolgt, da ein Investor primär an der Fortführung des Unternehmens interessiert ist und alle Vermögensteile, die nicht der Fortführung dienen, veräußert werden. Voraussetzung dazu ist die im Vorfeld vorzunehmende Klassifizierung der Vermögensmasse in betriebsnotwendiges und nicht betriebsnotwendiges

358 Vgl. Nölle, in: Schacht/Fackler, Unternehmensbewertung, 2009, S. 27.; Matschke/Brösel, Unternehmensbewertung, 2013, S. 786; IDW S 1 i.d.F. 2008, Tz. 22; KFS BW1, Entwurf vom 01.10.2013, Tz. 24.

359 Vgl. BGH, Urteil vom 17.01.1973, ZR 142/70, NJW 1973, S. 509ff.; IDW S 1 i.d.F. 2008, Tz. 23; Kuhner/Maltry, Unternehmensbewertung, 2012, S. 78.; Matschke/Brösel, Unternehmensbewertung, 2013, S. 786.; KFS BW 1, Entwurf vom 01.10.2013, Tz. 25.

360 Vgl. KFS BW 1, Entwurf vom 01.10.2013, Tz. 25. Gemäß KFS BW 1 i.d.F. 2006 sind Änderungen der wertbestimmenden Faktoren zwischen dem Bewertungsstichtag und dem Abschluss der Bewertung nur dann zu berücksichtigen, wenn sich dies aus dem Bewertungszweck ergibt, vgl. KFS BW 1 i.d.F. 2006, Tz. 20; Kranebitter/Lang, in: Kranebitter, Unternehmensbewertung, 2007, S. 30.

361 Vgl. IDW S 1 i.d.F. 2008, Tz. 23.

Vermögen.[362] Den eigentlichen Kern der Unternehmenswertermittlung stellt die Bewertung des betriebsnotwendigen Vermögens dar, denn dieser Teil des Vermögens trägt speziell zur Erwirtschaftung zukünftiger finanzieller Überschüsse bei.[363] Die zukünftigen finanziellen Überschüsse stellen die Basis für das Ausschüttungs- bzw. Entnahmepotenzial dar, aus dem die Unternehmenseigner unter Berücksichtigung noch zu erbringender Einlagen, die in Abzug zu bringen sind, ihre Nettoeinnahmen generieren können.[364] Während in Bezug auf KFS BW 1 i.d.F. 2006 beide Fachgutachten noch in ihren Ausführungen eine integrierte Planungsrechnung zur Ermittlung der finanziellen Überschüsse aufgenommen haben, wurde dieser Aspekt nicht mehr in der Entwurfsfassung des KFS BW 1 vom 01.10.2013 berücksichtigt.[365]

IDW S1 i.d.F. 2008 stellt mit Blick auf eine der Realität entsprechende Teilausschüttung anstelle einer Vollausschüttung klar, Thesaurierungen finanzieller Überschüsse sowie die Verwendung nicht ausgeschütteter Beträge im Rahmen der Ermittlung von Nettoeinnahmen zu berücksichtigen.[366] KFS BW1 i.d.F. 2006 definiert das betriebsnotwendige Vermögen als Gesamtheit jener dem Unternehmen für die Leistungserstellung zur Verfügung stehenden immateriellen und materiellen Gegenstände sowie Schulden[367], betont aber, dass dem Substanzwert keine eigenständige Bedeutung zukommt[368], was wiederum unter anderem der fehlenden Zukunftsorientierung des Substanzwertverfahrens geschuldet ist.

1.4.2 Minderung finanzieller Überschüsse durch Ertragsteuern

Die zu ermittelnden Nettozuflüsse sollen den Anteilseignern zur freien Verfügung stehen und daher sind ertragsteuerliche Einflüsse zu berücksichtigen, welche sich zahlungsstrommindernd auswirken.[369] Entgegen dem Fachgutachten KFS BW 1 i.d.F. 2006 geht die Entwurfsfassung vom 01.10.2013 an dieser Stelle nicht mehr auf die Berücksichtigung ertragsteuerlicher Einflüsse ein. In der Entwurfsfassung werden die Ausführungen zur Berücksichtigung von Ertragsteuern auf Unternehmensebene sowie persönliche Ertragsteuern auf Ebene der Eigner in

---

362 Vgl. Obermeier/Gasper, Investitionsrechnung, 2008, S. 168f.; Matschke/Brösel, Unternehmensbewertung, 2013, S. 787.

363 Nur solche finanziellen Überschüsse sind relevant, die in den Verfügungsbereich der Eigentümer gelangen, vgl. IDW S 1 i.d.F. 2008, Tz. 25.

364 Vgl. IDW S 1 i.d.F. 2008, Tz. 24; KFS BW 1 2006, Tz. 21a.

365 Vgl. IDW S 1 i.d.F. 2008, Tz. 27; KFS BW 1 i.d.F. 2006, Tz. 21b. In der Entwurfsfassung des KFS BW 1 vom 01.10.2013 wurde Tz. 21 aus der Fassung 2006 zur Ableitung des Unternehmenswertes aus künftigen finanziellen Überschüssen komplett herausgenommen.

366 Vgl. IDW S 1 i.d.F. 2008, Tz. 26.

367 Vgl. KFS BW 1 i.d.F. 2006, Entwurf vom 01.10.2013, Tz. 26.

368 Vgl. KFS BW 1, Entwurf vom 01.10.2013, Tz. 27.

369 Vgl. IDW S 1 i.d.F. 2008, Tz. 28.

den Abschnitt 4.4.2. zu „Finanzielle Überschüsse bei der Ermittlung eines objektivierten Unternehmenswertes“[370] verlagert. Nach wie vor bleibt die Entwurfsfassung in ihren Ausführungen gegenüber IDW S 1 i.d.F. 2008 konkret, indem die zu berücksichtigenden Ertragsteuern in Form der Körperschaftsteuer auf der Ebene von Kapitalgesellschaften genannt werden.[371] Die noch in KFS BW 1 i.d.F. 2006 erwähnte Kapitalertragsteuer bzw. die halbe durchschnittliche Einkommensteuer auf Ebene der Anteilseigner[372] wird dagegen nicht mehr aufgeführt.

Die um Ertragsteuern und gegebenenfalls persönliche Steuern geminderten Nettozuflüsse sind alternativen Erträgen gegenüberzustellen, welche in Bezug auf die Besteuerungswirkungen äquivalent sein müssen.[373] Daraus folgt, dass ertragsteuerliche Einflüsse und persönliche Besteuerungen sowohl bei den Nettozuflüssen als auch im Kapitalisierungszinssatz zu berücksichtigen sind, da die Alternativanlage im Rahmen der Diskontierung im Kapitalisierungszinssatz Berücksichtigung findet.[374]

1.5 Bewertung des nicht betriebsnotwendigen Vermögens

Zum nicht betriebsnotwendigen Vermögen zählen solche Vermögensteile, die nach funktionalen Abgrenzungskriterien frei veräußert werden können, ohne die eigentliche Unternehmensaufgabe zu beeinflussen und folglich zur Fortführung des Unternehmens nicht notwendig sind. Es handelt sich dabei bspw. um betrieblich nicht genutztes Anlagevermögen wie Grundstücke und Gebäude oder Finanzanlagen. Grundsätzlich sind solche Vermögensgegenstände isoliert von den finanziellen Überschüssen, die der Fortführung der Geschäftstätigkeit dienen, zu bewerten.[375] Bei der Bewertung ist nach dem ersten Schritt der Identifizierung des nicht betriebsnotwendigen Vermögens im zweiten Schritt der Barwert der daraus resultierenden zukünftigen Aufwendungen und Erträge zu ermitteln. Entscheidend ist ebenso, die diesbezüglich in der Vergangenheit erzielten Erträge und angefallenen Aufwendungen im Rahmen der Vergangenheitsanalyse zu eliminieren, zumal sich die Ermittlung der zukünftigen Nettozuflüsse auf das der Fortführung des Unternehmens dienende betriebsnotwendige Vermögen bezieht.[376]

---

370 KFS BW 1, Entwurf vom 01.10.2013, Tz. 91.

371 Vgl. KFS BW 1, Entwurf vom 01.10.2013, Tz. 92.

372 Vgl. KFS BW 1 i.d.F. 2006, Tz. 28.

373 Vgl. KFS BW 1, Entwurf vom 01.10.2013, Tz. 91.

374 Vgl. Nölle, in: Schacht/Fackler, Unternehmensbewertung, 2009, S. 27; Matscke/Brösel, Unternehmensbewertung, 2013, S. 788; KFS BW 1 2006, Tz. 30. In der Entwurfsfassung des KFS BW 1 vom 01.10.2013 ist kein Hinweis auf die Berücksichtigung ertragsteuerlicher Einflüsse im Kapitalisierungszinssatz enthalten.

375 Vgl. Peemöller, Praxishandbuch UB, 2012, S. 43f.; IDW S 1 i.d.F. 2008, Tz. 59f.; Matschke/Brösel, Unternehmensbewertung, 2013, S. 787; KFS BW 1, Entwurf vom 01.10.2013, Tz. 28.

376 Vgl. Serf, in: Schacht/Fackler, Unternehmensbewertung, 2009, S. 174.

Beide Fachgutachten verdeutlichen, dass der Liquidationswert die untere Grenze der Bewertung des nicht betriebsnotwendigen Vermögens bildet.[377] Im Regelfall stellt die Veräußerung die vorteilhaftere Handlungsalternative dar, sodass primär der (Netto-)Liquidationswert unter Berücksichtigung von Liquidationskosten, steuerlichen Folgen auf Ebene des Unternehmens und gegebenenfalls auch auf Anteilseignerebene in Betracht zu ziehen ist. IDW S1 i.d.F. 2008 ergänzt diesen Aspekt noch mit den Ausführungen zur Berücksichtigung von Schulden, deren Ablösung den Liquidationswert verringern, soweit diese in unmittelbarem Zusammenhang mit den nicht betriebsnotwendigen Vermögensgegenständen stehen. Zusätzlich wird auf mögliche Veränderungen von Finanzierungskonditionen hingewiesen, sollte das zu veräußernde nicht betriebsnotwendige Vermögen als Kreditsicherheit gedient haben.[378] Der im Ergebnis resultierende (Netto-)Liquidationswert wird daraufhin dem Ertragswert des betriebsnotwendigen Vermögens hinzugerechnet.

Entgegen dem Regelfall einer vorteilhafteren Veräußerung nicht betriebsnotwendigen Vermögens kann auch der Fall eintreten, dass bei Verbleib der Vermögensgegenstände im Unternehmen und entsprechender Fortführung der bisherigen Nutzung der Barwert der zuzurechnenden finanziellen Überschüsse den Liquidationswert übersteigt. In diesem Fall ist dann der Barwert bei Fortführung anstelle des Liquidationswerts zugrunde zu legen. Die Bewertung zum Liquidationswert bildet somit in jedem Fall die Untergrenze des nicht betriebsnotwendigen Vermögens.[379]

1.6 Unbeachtlichkeit des bilanziellen Vorsichtsprinzips

Mit dem Grundsatz der Unbeachtlichkeit des Vorsichtsprinzips soll sichergestellt werden, dass mit der Bewertung durch den Wirtschaftsprüfer oder Wirtschaftstreuhänder in ihrer Funktion als neutraler Gutachter oder Schiedsgutachter keine der beteiligten Parteien benachteiligt wird, da dies ein Verstoß gegen die Unparteilichkeit in ihrer Funktion als Gutachter darstellen würde. Sowohl deutsche als auch österreichische Bilanzierungsvorschriften beruhen hauptsächlich auf dem Schutz der Gläubiger.[380] Das damit verbundene Prinzip einer vorsichtigen Bewertung impliziert insbesondere die Berücksichtigung aller vorhersehbaren Risiken und Verluste, die in den vergangenen Geschäftsjahren vor dem Bewertungsstichtag entstanden sind.[381]

Das Vorsichtsprinzip ist bei der Unternehmensbewertung nach beiden Fachgutachten nicht zu beachten.[382] Mit der Beachtung des Vorsichtsprinzips wäre

377 Vgl. IDW S 1 i.d.F. 2008, Tz. 60; KFS BW 1, Entwurf vom 01.10.2013, Tz. 29.

378 Vgl. IDW S1 i.d.F. 2008, Tz. 62–63.

379 Vgl. IDW S 1 i.d.F. 2008, Tz. 60; Serf, in: Schacht/Fackler, Unternehmensbewertung, 2009, S. 181f.; KFS BW 1, Entwurf vom 01.10.2013, Tz. 29.

380 Vgl. § 252 Abs. 1 Nr. 4 HGB sowie § 201 Abs. 2 Nr. 4 UGB formulieren das Gebot für alle Kaufleute bzw. für alle Unternehmer, vorsichtig zu bewerten.

381 Vgl. Nölle, in: Schacht/Fackler, Unternehmensbewertung, 2009, S. 28.; Grünberger, Bilanzierung, 2009, S. 15f.; Wagenhofer, Bilanzierung u. Bilanzanalyse, 2013, S. 75ff.

382 Vgl. IDW S1 i.d.F. 2008, Tz. 64; KFS BW1, Entwurf vom 01.10.2013, Tz. 30.

eine aufgrund zahlreicher Bilanzierungs- und Bewertungsvorschriften ungleiche Bewertung von Chancen und Risiken zugunsten des Gläubigerschutzes verbunden, die gerade nicht zu einer eigentümerorientierten Rechnungslegung führt und im Ergebnis den Verkäufer bzw. abzufindenden Anteilseigner benachteiligt. Die in diesem Zuge ermittelten Handelsbilanzwerte führen zu einer einseitigen Verlagerung von Risiken zu Lasten der Anteilseigner, womit die zu diskontierenden zukünftigen finanziellen Überschüsse geringer ausfallen würden.[383]

Vielmehr sind die bilanziellen Werte daher im Rahmen der Vergangenheitsanalyse richtig zu stellen und finanzielle Überschüsse realistisch zu planen. Hierzu gehören unter anderem eine strenge Periodenzuordnung von Erträgen und Aufwendungen, der Ansatz von betriebsüblichen Nutzungsdauern und die Bewertung von Pensionsrückstellungen zu tatsächlichen Aufwendungen.[384] Dennoch verbleibt ein gewisses Maß an Unsicherheit, ob die zukünftigen finanziellen Überschüsse in ihrer tatsächlichen Ausprägung nicht von der ursprünglich geplanten Höhe abweichen. Dieses Risiko findet seine Berücksichtigung im Kapitalisierungszinssatz.[385]

1.7 Nachvollziehbarkeit der Bewertungsansätze

Die Prognose der zukünftigen finanziellen Überschüsse sowie deren Diskontierung beruht auf einer Vielzahl von Prämissen, die zur Ermittlung des Unternehmenswertes zugrunde zu legen sind und sich nicht unerheblich auf das Bewertungsergebnis auswirken können.[386] Dem Grundsatz der Klarheit folgend ist der Wirtschaftsprüfer nach IDW S1 verpflichtet, im Bewertungsgutachten die dahinter stehenden Annahmen und Typisierungen, auf denen das Bewertungsergebnis beruht, aufzuzeigen. Außerdem ist im Gutachten in Bezug auf die Annahmen darzulegen, welche Annahmen durch den Wirtschaftsprüfer in seiner Funktion als Gutachter, welche durch die Unternehmensführung des Bewertungsobjekts und welche durch einen sachverständigen Dritten getroffen wurden.[387]

Der Grundsatz der Nachvollziehbarkeit der Bewertungsansätze wird vergleichsweise zum österreichischen Fachgutachten nur in IDW S1 aufgegriffen und erläutert. Das österreichische Fachgutachten fordert aber ebenso die Erstellung eines Bewertungsgutachtens, in dem insbesondere Aussagen zur inhaltlichen Begründung der angewandten Bewertungsmethode zu treffen sind und die zugrunde gelegten Modellprämissen möglichst vollständig offen gelegt werden müssen.[388]

---

383 Vgl. Matschke/Brösel, Unternehmensbewertung, 2013, S. 787.

384 Vgl. Peemöller, Praxishandbuch UB, 2012, S. 44. Bei der realistischen Planung finanzieller Überschüsse ist aber dennoch nicht von einer Risikoneutralität des Investors auszugehen, vgl. IDW S1 i.d.F. 2008, Tz. 65.

385 Vgl. Timmreck, Sicherheitsäquivalente, 2006, S. 18f.

386 Vgl. Castedello, in: WP-Handbuch, Band II, 2014, Die Unternehmensbewertung, Tz. 145.

387 Vgl. Peemöller, DStR 2001, S. 1408; IDW S1 i.d.F. 2008, Tz. 66–67.

388 Vgl. KFS BW 1, Entwurf vom 01.10.2013, Tz. 161.

Eine analoge Anwendung des Grundsatzes ergibt sich damit auch für die Wirtschaftstreuhänder in der österreichischen Bewertungspraxis. In der Konsequenz dienen die Beschreibungen zur Dokumentation und Berichterstattung in IDW S1 bzw. in KFS BW 1 als Informationsgrundlagen, die vom Wirtschaftsprüfer / Wirtschaftstreuhänder im Hinblick auf die Gutachtenerstellung herangezogen werden können.[389]

1.8 Transaktionskosten und transaktionsbedingte Ertragsteuerwirkungen

Das Fachgutachten KFS BW 1 enthält zwar keinen Abschnitt zum Grundsatz der Nachvollziehbarkeit von Bewertungsansätzen, dagegen aber Ausführungen über die Behandlung von Transaktionskosten und transaktionsbedingten Ertragsteuerwirkungen.[390] Deren Berücksichtigung erfolgt daher nur durch den österreichischen Wirtschaftstreuhänder. Es handelt sich um Kosten, die in unmittelbarem Zusammenhang mit dem Kauf oder Verkauf von Unternehmen entstehen. Darunter fallen bspw. Grunderwerbsteuerbelastungen bei der Übernahme von Grundstücken, transaktionsbedingte Ertragsteuerwirkungen in Form von Ertragsteuerbelastungen aus Veräußerungsgewinnen des Verkäufers oder Ertragsteuerersparnisse durch erhöhte Abschreibungsvolumina, die aus der Aufdeckung stiller Reserven und Firmenwertkomponenten auf Käuferseite resultieren.[391]

Die Erfassung von Transaktionskosten sowie transaktionsbedingten Ertragsteuerwirkungen ist jedoch nur im Rahmen einer subjektiven Unternehmenswertermittlung geboten. Für die objektivierte Wertermittlung ergibt sich die Berücksichtigung gegebenenfalls aus rechtlichen Vorgaben, die für den Bewertungsanlass gelten oder aus dem Auftrag.[392] Für den Fall der grenzüberschreitenden Verschmelzung zweier Kapitalgesellschaften ist dieser Grundsatz im Hinblick auf die jeweils zu ermittelnden objektivierten Unternehmenswerte daher nur von untergeordneter Bedeutung.

2. Finanzielle Überschüsse zur Ermittlung des objektivierten Unternehmenswertes

2.1 Zur Maßgeblichkeit des objektivierten Unternehmenswertes

Der Unternehmensbewertung im Rahmen einer grenzüberschreitenden Verschmelzung liegt ein auf gesetzlichen Vorschriften basierender Bewertungsanlass zugrunde, der die Ermittlung eines objektivierten Unternehmenswertes erfordert.

389 Vgl. IDW S1 2008, Tz. 173f.; KFS BW 1, Entwurf vom 01.10.2013, Tz. 158.

390 Vgl. KFS BW 1, Entwurf vom 01.10.2013, Tz. 31–32.

391 Vgl. Mandl/Rabel, RWZ 2006, S. 103; vergleichsweise zum Fachgutachten KFS BW 1 i.d.F. 2006 ausführlicher dargestellt in KFS BW 1, Entwurf vom 01.10.2013, Tz. 31.

392 Vgl. Kranebitter/Lang, in: Kranebitter, Unternehmensbewertung, 2007, S. 30; Rabel, RWZ 2009, S. 303.

Zur Unternehmenswertermittlung wird daher die Prognose der entziehbaren finanziellen Überschüsse, in Form von systematisch abgestimmten Plan-Bilanzen, Plan-Gewinn- und Verlustrechnungen sowie Finanzplanungen vorausgesetzt.[393] Für die Prognose finanzieller Überschüsse ist insofern die entscheidende Frage zu klären, welche Faktoren in die Wertermittlung einzubeziehen sind. Die Abgrenzung der für objektivierte Wertermittlungen einzubeziehenden Faktoren von subjektiven Wertermittlungsfaktoren ist in diesem Zusammenhang geboten.[394]

Wie bereits dargelegt wurde, bestimmt sich der Unternehmenswert nach beiden Fachgutachten durch den Barwert der den Unternehmenseigentümern zufließenden Nettoeinnahmen, die sich wiederum aus den Nettoausschüttungen des Unternehmens ergeben.[395] Folgt man dem Kriterium der Ausschüttungsfähigkeit finanzieller Überschüsse, sind zum einen nicht ausgeschüttete Beträge, die z.B. für Investitionen oder Tilgung von Fremdkapital verwendet werden, sowie Thesaurierungen bei der Wertermittlung zu berücksichtigen. Zum anderen sind auch Ausschüttungssperren oder Gewinnverwendungsvorschriften aufgrund rechtlicher oder gesellschaftsvertraglicher Restriktionen zu beachten.[396] Zu den ertragsteuerlichen Auswirkungen auf die gesuchten Nettoeinnahmen wurden bereits Aussagen getroffen.[397] Die finanziellen Überschüsse werden durch die steuerlich bedingten Zahlungsmittelabflüsse, die sich im Kern nicht von anderen Auszahlungen wie Material- oder Personalkosten unterscheiden, vermindert. Da der objektivierte Unternehmenswert einheitlich für mehrere Anteilseigner gilt, ist von typisierten steuerlichen Verhältnissen der Anteilseigner auszugehen.[398]

2.2 Unternehmenskonzept und Synergieeffekte

Beide Fachgutachten sehen übereinstimmend vor, dass der Ermittlung des objektivierten Unternehmenswertes das zum Bewertungsstichtag bestehende Unternehmenskonzept zugrunde liegt, worauf die Unternehmensplanungsrechnungen und den daraus resultierenden Erfolgsprognosen gestützt werden. Der Standard IDW S1 i.d.F. 2008 benennt hierzu konkret die zum Stichtag vorhandene Ertragskraft, auf der die Unternehmensbewertung basiert, wobei die Ertragskraft wiederum auf den zum Bewertungsstichtag vorhandenen Erfolgsfaktoren beruht. Die in der Ertragskraft berücksichtigten Erfolgschancen sind auf die zum Stichtag der

393 Vgl. Wollny, Der objektivierte Unternehmenswert, 2010, S. 172; IDW S 1, i.d.F. 2008, Tz. 27; KFS BW 1, Entwurf vom 01.10.2013, Tz. 66.
394 Vgl. Matschke/Brösel, Unternehmensbewertung, 2013, S. 793.
395 Siehe dazu Abschnitt 1.4 dieses Kapitels.
396 Vgl. Matschke/Brösel, Unternehmensbewertung, 2013, S. 789–790.
397 Siehe dazu Abschnitt 1.4.2. dieses Kapitels.
398 Vgl. IDW S 1 i.d.F. 2008, Tz. 43. Die Entwurfsfassung des KFS BW 1 vom 01.10.2013 enthält gegenüber der Fassung vom 27.02.2006 keinen expliziten Hinweis mehr darüber, dass die steuerlichen Verhältnisse der Anteilseigner sachgerecht zu typisieren sind.

Bewertung bereits eingeleiteten oder hinreichend konkretisierten Maßnahmen im Rahmen des bisherigen Unternehmenskonzepts oder auf Marktgegebenheiten zurückzuführen, wogegen mögliche, aber noch nicht hinreichend konkretisierte Maßnahmen und die daraus resultierenden finanziellen Überschüsse nicht zu beachten sind.[399]

Die Berücksichtigung von Synergieeffekten, die allein durch die Veränderung finanzieller Überschüsse aufgrund des wirtschaftlichen Verbundes von mindestens zwei Unternehmen gekennzeichnet sind[400], sieht neben dem Fachgutachten IDW S 1 i.d.F. 2008 nun auch die Entwurfsfassung des KFS BW 1 vom 01.10.2013 vor.[401] Darüber hinaus stellt IDW S 1 i.d.F. 2008 klar, dass zumindest unechte Synergieeffekte, die sich ohne Berücksichtigung der Auswirkungen aus dem konkreten Anlass der Bewertung realisieren lassen können, in den objektivierten Unternehmenswert einzubeziehen sind.[402] Dabei kann es sich um kostenseitig erzielbare Vorteile in Form der Ausnutzung von Größeneffekten oder einnes zentralen Cash-Managements handeln.[403] Insbesondere zählen auch steuerliche Verlustvorträge zu dem Kreis der unechten Synergieeffekte, die für die Bewertungspraxis von hoher Bedeutung sind, da sie für den potenziellen Investor einen Vorteil der damit erzielbaren Steuervorteile darstellen.[404] Sollen diese unechten Synergieeffekte in die Bewertung einbezogen werden, müssen jedoch auch die entsprechenden Synergie stiftenden Maßnahmen bereits eingeleitet oder im Unternehmenskonzept dokumentiert sein.[405]

2.3 Managementfaktoren

Ein weiterer Grundsatz im Rahmen der Bestimmung finanzieller Überschüsse stellt die Beachtung von Managementfaktoren dar, die mit Spezialkenntnissen von Mitarbeitern und der Qualifikation der Unternehmensführung gekennzeichnet werden. Im Fokus dieses Grundsatzes steht die Untersuchung solcher Faktoren dahingehend, inwieweit diese die Ertragskraft des zu bewertenden Unternehmens beeinflussen.[406] In diesem Zusammenhang ist auch entscheidend, ob das bisherige Management

---

399 Bei den nicht hinreichend konkretisierten Maßnahmen handelt es sich bspw. um Erweiterungs- oder Desinvestitionen, vgl. IDW S 1 i.d.F. 2008 Tz. 32; KFS BW 1, Entwurf vom 01.10.2013, Tz. 87; u.a. LG Frankfurt, Urteil vom 16.05.1984, 3/3 AktE 144/80, AG 1985, S. 58f.

400 Vgl. Dirrigl, DB 1990, S. 185.

401 Vgl. IDW S 1 i.d.F. 2008, Tz. 32–34; KFS BW 1, Entwurf vom 01.10.2013, Tz. 95–96.

402 Vgl. IDW S 1 i.d.F. 2008, Tz. 34.

403 Vgl. Peemöller/Kunowski, in: Peemöller, Praxishandbuch UB, 2012, S. 294.

404 Vgl. Fleischer, ZGR 1997, S. 378.

405 Vgl. IDW S 1 i.d.F. 2008, Tz. 33f.; KFS BW 1, Entwurf vom 01.10.2013, Tz. 96; Mandl/Rabel, RWZ 2006, S. 104.; Dvorak, in: Kranebitter, Unternehmensbewertung, 2007, S. 126ff.

406 Vgl. Castedello, in: WP Handbuch, Band II, 2014, Die Unternehmensbewertung, Tz. 105ff.

auch in Zukunft für das Unternehmen tätig sein wird, da ansonsten von einem gleichwertigen Ersatz auszugehen ist. Mit dem Verbleiben des Managements oder der Annahme eines gleichwertigen Ersatzes entfällt grundsätzlich die Eliminierung von personenbezogenen Einflüssen auf die finanziellen Überschüsse.[407] Insoweit gehen beide Fachgutachten bei der Behandlung der Managementfaktoren im Rahmen der objektivierten Unternehmenswertermittlung konform. Weiterhin sehen beide Fachgutachten die Eliminierung von Managementfaktoren in Form von Einflüssen aus einem Unternehmensverbund oder sonstigen Beziehungen personeller oder familiärer Art zwischen Management und dritten Unternehmen vor, sofern sie bei einem Eigentümerwechsel nicht mit übergehen.[408]

Gegenüber dem Fachgutachten KFS BW 1 i.d.F. 2006 sowie dem Entwurf vom 01.10.2013 stellt IDW S 1 i.d.F. 2008 darüber hinaus noch klar, dass der Ansatz des Liquidationswertes als objektivierter Unternehmenswert in den Fällen geboten ist, in denen die Unternehmensleitung nicht mehr zur Verfügung steht oder die Fortführung des Unternehmens ohne diese nicht mehr möglich erscheint.[409] Auf die Behandlung von Managementfaktoren bei objektivierter Unternehmenswertermittlung von personenbezogenen Unternehmen wird nicht weiter eingegangen.

2.4 Ausschüttungsannahmen

2.4.1 Detailplanungsphase

Die finanziellen Überschüsse, die am Bewertungsstichtag zur Ausschüttung zur Verfügung stehen und in den Verfügungsbereich der Anteilseigner gelangen, bilden nach beiden Fachgutachten den Ausgangspunkt für die zu bestimmenden Ausschüttungsannahmen.[410] Das Hauptaugenmerk liegt dabei in der Maßgeblichkeit des Unternehmenskonzepts und in der entsprechenden Abbildung von Ausschüttungen in der Planungsrechnung. Außerdem sind etwaige rechtliche Restriktionen wie Ausschüttungssperren bei Aktivierung von latenten Steuern in der Bilanz zu beachten, welche gleichermaßen für deutsche und österreichische Kapitalgesellschaften gelten.[411]

---

407 Vgl. IDW S1 i.d.F. 2008, Tz. 38–39; KFS BW 1 i.d.F. 2006, Tz. 38; KFS BW 1, Entwurf vom 01.10.2013, Tz. 89.

408 Vgl. IDW S1 i.d.F. 2008, Tz. 41; KFS BW 1 i.d.F. 2006, Tz. 39b; KFS BW 1, Entwurf vom 01.10.2013, Tz. 90.

409 Vgl. IDW S1 i.d.F. 2008, Tz. 42; Castedello, in: WP Handbuch, Band II, 2014, Die Unternehmensbewertung, Tz. 105.

410 Vgl. IDW S 1 i.d.F. 2008, Tz. 35; KFS BW 1, Entwurf vom 01.10.2013, Tz. 88; Wagner et al., WPG 2006, S. 1008.

411 Vgl. § 268 Abs. 8 S. 2 HGB bzw. § 226 Abs. 2 öUGB; Castedello, in: WP-Handbuch, Band II, 2014, Die Unternehmensbewertung, Tz. 93f.; sowie Ausschüttungsbeschränkungen im Detail Lang, in: Kranebitter, Unternehmensbewertung, 2007, S. 134f.

Beide Standards empfehlen, bei Anwendung des Zweiphasenmodells in der ersten Phase (Detailprognosezeitraum) die Aufteilung der finanziellen Überschüsse (Ausschüttung sowie Thesaurierung) auf Basis des individuellen Unternehmenskonzepts und der bisherigen Ausschüttungspolitik vorzunehmen.[412] Sollten zur Verwendung der thesaurierten Beträge keine konkreten Planungen vorliegen, empfiehlt IDW S 1 i.d.F. 2008, sachgerechte Prämissen zu treffen.[413] Welche Prämisse in einzelnen Bewertungsfällen als sachgerecht einzustufen ist, wird an dieser Stelle nicht näher konkretisiert und somit obliegt es letztendlich dem mit der Bewertung vertrauten Sachverständigen, wie im konkreten Bewertungsfall eine sachgerechte Prämisse auszusehen hat. Der Standard weist in Bezug auf die Thesaurierungen darüber hinaus auf die Berücksichtigung der effektiven Kursgewinnbesteuerung im Veräußerungsfall hin, da ab den Bewertungsstichtagen nach dem 31.12.2008 nunmehr die Abgeltungsteuer auch bei Kursgewinnen in Abzug zu bringen ist.[414] Entgegen der Empfehlung des IDW S 1 i.d.F. 2008, im Fall nicht vorhandener Planungen sachgerechte Prämissen im Hinblick auf die Verwendung von Thesaurierungen zu treffen, enthält das österreichische Fachgutachten KFS BW 1 i.d.F. 2006 keinen entsprechenden Hinweis. Im Hinblick auf die Auswirkungen von Thesaurierungsannahmen wurde immerhin in der Entwurfsfassung des KFS BW 1 vom 01.10.2013 die Empfehlung aufgenommen, aufgrund des starken Gewichts der Wertbeiträge der finanziellen Überschüsse in der Rentenphase, die integrierten Planungsrechnungen über einen längeren Zeitraum fortzuschreiben, um neben den Auswirkungen der Wachstumsannahmen auch die Auswirkungen von Thesaurierungsannahmen sichtbar zu machen.[415]

2.4.2 Restwertphase

Während im Detailprognosezeitraum das Gebot der Objektivierung hinter die Berücksichtigung des unternehmensindividuellen Unternehmenskonzepts tritt, wird in der zweiten nachhaltigen Phase der Planung – die sog. Restwertphase – nicht mehr eine individuelle Ausschüttungspolitik unterstellt, sondern grundsätzlich die typisierende Annahme getroffen, dass das Ausschüttungsverhalten i.d.R. äquivalent sei zu jener Alternativanlage.[416] Für die Mittelverwendung und der effektiven Veräußerungsgewinnbesteuerung der thesaurierten Beträge gelten dabei die gleichen Prinzipien wie im Detailprognosezeitraum. Die Ausschüttungsquoten werden innerhalb einer Bandbreite von 40% bis 70%, die auf

412 Vgl. Castedello, in: WP-Handbuch, Band II, 2014, Die Unternehmensbewertung, Tz. 360; IDW S 1 i.d.F. 2008, Tz. 76; KFS BW 1, Entwurf vom 01.10.2013, Tz. 67.

413 Vgl. IDW S 1 i.d.F. 2008, Tz. 36.

414 Vgl. Kunowski/Popp, in: Peemöller, Praxishandbuch UB, 2012, S. 1060f.; Zeidler et al., FB 2008, S. 278f.; IDW S 1 i.d.F. 2008, Tz. 36.

415 Vgl. KFS BW 1, Entwurf vom 01.10.2013, Tz. 73.

416 Vgl. IDW S 1 i.d.F. 2008, Tz. 37.

der Grundlage der Ergebnisse empirischer Untersuchungen über Branchen- bzw. Kapitalmarktanalysen basiert, festgelegt.[417] Für Thesaurierungen gilt die Annahme einer kapitalwertneutralen Wiederanlage, wobei der zusätzliche Hinweis in KFS BW 1 i.d.F. 2006, dass für die Wiederanlage der Thesaurierungen typisierend die Anlage zum Kapitalisierungszinssatz vor Unternehmenssteuern angenommen werden kann, in der Entwurfsfassung vom 01.10.2013 nicht mehr berücksichtigt wird.[418] Im Ergebnis wird durch die kapitalwertneutrale Wiederanlage der Unternehmenswert nicht verändert.[419]

2.4.3 Berücksichtigung des thesaurierungsbedingten Unternehmenswachstums im Bewertungskalkül vor der Unternehmensteuerreform 2008

2.4.3.1 Besteuerung von Zinsen, Dividenden und Veräußerungsgewinnen

Sofern die Bewertungsstichtage im Zeitraum vor der zum 01.01.2008 in Kraft getretenen Unternehmensteuerreform liegen, ist im Halbeinkünfteverfahren in der Besteuerung von Zins- und Dividendeneinkünften eine Differenzierung geboten. So unterliegen Zinseinkünfte einer Steuerbelastung zum vollen persönlichen Einkommensteuersatz, während Dividenden mit dem hälftigen Einkommensteuersatz[420] besteuert werden. Auch Kursgewinne unterliegen dieser hälftigen Besteuerung. Unter bestimmten Voraussetzungen bleiben jedoch Kursgewinne steuerfrei. Dies ist dann der Fall, wenn der Anteilseigner weniger als 1% der Anteile am Unternehmen hält[421] und diese Anteile frühestens nach Ablauf einer Haltedauer von mindestens zwölf Monaten veräußert[422] oder der Kursgewinn unterhalb der Freigrenze von 600 Euro liegt.[423]

---

417 Für das Geschäftsjahr 2012 beläuft sich die durchschnittliche, aktuelle, Quote des österreichischen prime segments auf 35,8%, vgl. IVA, 2013.

418 Vgl. KFS BW 1 i.d.F. 2006, Tz. 37b; die Entwurfsfassung vom 01.10.2013 enthält nur noch die allgemeine Empfehlung, dass in der Grobplanungs- und Rentenphase auf die Konsistenz der Annahmen zu Renditeerwartungen, Wachstum und Thesaurierung zu achten ist, vgl. KFS BW 1, Entwurf vom 01.10.2013, Tz. 88.

419 Weder entsteht aufgrund der Wertneutralität der Thesaurierungen ein zusätzlicher Unternehmenswert, noch wird dieser vernichtet, vgl. Wagner et al., WPg 2004, S. 895ff.; IDW S 1 i.d.F. 2008, Tz. 37.; IDW S 1 i.d.F. 2005 enthält im Gegensatz zur aktuellen Fassung ebenso wie auch der österreichische Standard die Empfehlung, Thesaurierungsbeträge zum Kapitalisierungszinssatz vor Unternehmenssteuern kapitalwertneutral anzulegen oder wertgleich den Anteilseignern unmittelbar zuzurechnen, vgl. IDW S 1 i.d.F. 2005, Tz. 46; KFS BW 1 i.d.F. 2006, Tz 37b.

420 Vgl. ehemals § 3 Satz 1 Nr. 40d EStG.

421 Vgl. § 17 Abs. 1 Satz 1 EStG.

422 Vgl. § 23 Abs. 1 Satz 1 Nr. 2 EStG.

423 Vgl. § 23 Abs. 3 Satz 5 EStG.

2.4.3.2 Abbildung des thesaurierungsbedingten Wachstums im Bewertungskalkül

2.4.3.2.1 Teilausschüttung mit Wiederanlage der Thesaurierungen

Bei der Abbildung des Unternehmenswachstums im Bewertungskalkül wird im Regelfall zwischen organischem und thesaurierungsbedingtem Wachstum differenziert. Während organisches Wachstum auf die Fähigkeit des Unternehmens zurückzuführen ist, Inflationsraten über Verkaufspreise an Kunden weitergeben zu können, trägt auch thesaurierungsbedingtes Wachstum zum Unternehmenswachstum bei.[424] Mit der Erhöhung des Umsatzvolumens, das eine maßgebende Rolle für das Unternehmenswachstum spielt, geht im Voraus eine Ausweitung der Produktions- oder Dienstleistungskapazitäten einher. Zur Finanzierung dieser Kapazitäten dienen einbehaltene (thesaurierte) Gewinne des Unternehmens, wodurch der Unternehmenswert gesteigert wird, solange die zu erzielende Eigenkapitalrendite über den Eigenkapitalkosten liegt.[425] Zur Berücksichtigung des thesaurierungsbedingten Unternehmenswachstums im Bewertungskalkül stehen zwei Möglichkeiten zur Verfügung. Einerseits können die zur Ausschüttung zur Verfügung stehenden Gewinne vor Unternehmenssteuern um die Wertbeiträge aus Thesaurierung erhöht werden. Andererseits kann aber auch eine unmittelbare fiktive Zurechnung der Thesaurierungsbeiträge an die Anteilseigner erfolgen.[426] Ausgehend von Bewertungsstichtagen vor der Unternehmensteuerreform 2008 resultierte bei kapitalwertneutraler Wiederanlage der thesaurierten Mittel der gleiche Unternehmenswert wie bei fiktiver Zurechnung der thesaurierten Mittel, die durch die steuerfreie Auskehrung von Aktien bzw. durch ein Aktienrückkaufprogramm begründet werden konnte.[427] Die folgenden Beispiele verdeutlichen diesen Sachverhalt, zunächst unter Annahme einer Teilausschüttung mit kapitalwertneutraler Wiederanlage im Halbeinkünfteverfahren sowie der Annahme steuerfreier Kursgewinne:

424 Vgl. Schieszl et al., in: Peemöller, Praxishandbuch UB, 2012 S. 634.
425 Vgl. Wollny, Der objektivierte Unternehmenswert, 2010, S. 241.
426 Vgl. IDW S 1 i.d.F. 2008, Tz. 36.
427 Vgl. Zeidler et al., FB 2008, S. 279; Wagner et al., WPG 2006, S. 1019f.

Tabelle 3: Teilausschüttung mit Wiederanlage der Thesaurierungen (vor Steuerreform)[428]

Teilausschüttung mit Wiederanlage der Thesaurierungen (vor Steuerreform 2008)							
Jahr		**1**	**2**	**3**	**4**	**5**	**Rente**
Gewinn v. St.		100,00	100,00	100,00	100,00	100,00	100,00
Wiederanlagerendite	13,94%	0,00	5,23	10,72	16,51	22,60	29,01
Gewinn gesamt		100,00	105,23	110,72	116,51	122,60	129,01
GewSt	16,67%	16,67	17,54	18,46	19,42	20,44	21,51
KSt	25,00%	20,83	21,92	23,07	24,27	25,54	26,88
Gewinn nach Steuern		62,50	65,76	69,20	72,82	76,62	80,63
Thesaurierung lfd. Jahr	60,00%	37,50	39,46	41,52	43,69	45,97	48,38
Thesaurierung kumuliert			76,96	118,48	162,17	208,14	256,52
Ausschüttung vor Est	40,00%	25,00	26,31	27,68	29,13	30,65	32,25
Est typisiert	17,50%	4,37	4,60	4,84	5,10	5,36	5,64
Zu diskontierende Größe Ausschüttung nach ESt		20,62	21,70	22,84	24,03	25,29	26,61
Wachstum aus Thesaurierung	5,23%						
Kalkulationszinssatz nach Est	8,10%	8,10%	8,10%	8,10%	8,10%	8,10%	2,87%
Barwert		19,08	18,57	18,08	17,60	17,13	627,11
Unternehmenswert	**717,56**						

Dem Beispiel von *Wollny* folgend, wurden auf Basis des CAPM-Modells zur Ermittlung des Kalkulationszinssatzes nach persönlichen Steuern in Höhe von 8,1%[429] ein Basiszinssatz in Höhe von 4% vor persönlichen Steuern, welcher um die persönliche Einkommensteuer in Höhe von 35% zu kürzen war, sowie ein Risikozuschlag in Höhe von 4,71% vor persönlichen Steuern angenommen.[430] Entsprechend beläuft

428 Vgl. in Anlehnung an Wollny, Der objektivierte Unternehmenswert, 2010, S. 252.

429 Die Kapitalisierung des Zahlungsstroms der ewigen Rente erfolgt zum Zinssatz von 2,87%, welcher aus der Verminderung des Kapitalisierungszinssatzes (8,1%) um die Wachstumsrate aus Thesaurierung resultiert: 8,10%–5,23% = 2,87%.

430 Vgl. Wollny, Der objektivierte Unternehmenswert, 2010, S. 253. Der Risikozuschlag nach persönlichen Steuern beläuft sich auf 5,5%.

sich die Vorsteuerrendite auf 8,71%, woraus wiederum unter Einbezug der Unternehmensteuern eine Wiederanlagerendite in Höhe von (gerundet) 13,94% resultiert[431], zu der die thesaurierten Mittel kapitalwertneutral angelegt werden. Die Besteuerung der Dividenden erfolgt zu 17,5%, was der Hälfte des angenommenen, typisierten, Einkommensteuersatzes in Höhe von 35% entspricht. Der Solidaritätszuschlag wird im Beispiel vernachlässigt. Unter Berücksichtigung der Thesaurierungsquote in Höhe von 60% entspricht die Wachstumsrate aus Thesaurierung, bezogen auf die Vorsteuerrendite, einem Wert von (gerundet) 5,23%.[432] Bei Annahme längerer Haltedauern kann eine Besteuerung von Kursgewinnen, die bei Veräußerung innerhalb einer geltenden Spekulationsfrist von zwölf Monaten fällig wäre, vernachlässigt werden. Dadurch, dass Thesaurierungen im Halbeinkünfteverfahren im Gegensatz zu Dividenden nicht besteuert werden, wird ein steuerinduziertes Wachstum der Unternehmenserträge erzielt.[433]

2.4.3.2.2 Teilausschüttung mit Zurechnung von Wertbeiträgen aus Thesaurierungen

Das gleiche Ergebnis konnte anstelle einer Wiederanlage der übrigen nicht ausgeschütteten Teile des Unternehmensgewinns durch deren unmittelbare Zurechnung an die Anteilseigner erreicht werden. Prinzipiell handelt es sich dabei sozusagen um eine Vollausschüttung, jedoch wird der Gewinn nur anteilig in Höhe der Ausschüttungsquote mit der Hälfte des typisierten Einkommensteuersatzes von 35% besteuert, wie folgende Abbildung zeigt:

431 Die Wiederanlagerendite ergibt sich ausgehend von der Vorsteuerrendite i.H.v. 8,71% durch den Einbezug von Gewerbe- und Körperschaftsteuer:

$$\frac{8,71\%}{(1-16,67\%)*(1-25\%)}=13,94\%.$$

432 Wachstum aus Thesaurierung: 8,71%*0,6=5,23%

433 Vgl. Laitenberger / Tschöpel, WPg 2003, S. 1360–1365; Wagner et al., WPG 2006, S. 1009; Wiese, WPg 2007, S. 371. Bei Vollausschüttung würde ein geringerer Unternehmenswert in Höhe von 606,59 in t0 erzielt.

Tabelle 4: Teilausschüttung mit Zurechnung von Wertbeiträgen aus Thesaurierungen (vor Steuerreform 2008)

Teilausschüttung mit Zurechnung von Wertbeiträgen aus Thesaurierungen (vor Steuerreform 2008)							
Jahr		**1**	**2**	**3**	**4**	**5**	**Rente**
Gewinn v. St.		100,00	100,00	100,00	100,00	100,00	100,00
Wiederanlagerendite	0,00%	0,00	0,00	0,00	0,00	0,00	0,00
Gewinn gesamt		100,00	100,00	100,00	100,00	100,00	100,00
GewSt	16,67%	16,67	16,67	16,67	16,67	16,67	16,67
KSt	25,00%	20,83	20,83	20,83	20,83	20,83	20,83
Gewinn nach Steuern		62,50	62,50	62,50	62,50	62,50	62,50
Fiktive Zurechung Wertbeitrag aus Thesaurierung	60,00%	37,50	37,50	37,50	37,50	37,50	37,50
Zu diskontierende Größe 1		37,50	37,50	37,50	37,50	37,50	37,50
Ausschüttung vor Est	40,00%	25,00	25,00	25,00	25,00	25,00	25,00
Est typisiert	17,50%	4,37	4,37	4,37	4,37	4,37	4,37
Zu diskontierende Größe 2		20,62	20,62	20,62	20,62	20,62	20,62
Zu diskontierende Größe Wachstum aus Thesaurierung n.St. und Ausschüttung n.St.	5,23%	58,12	58,12	58,12	58,12	58,12	58,12
Kalkulationszinssatz nach Est	8,10%	8,10%	8,10%	8,10%	8,10%	8,10%	8,10%
Barwert		53,77	49,74	46,01	42,56	39,37	486,11
Unternehmenswert	**717,56**						

2.4.4 Berücksichtigung des thesaurierungsbedingten Unternehmenswachstums im Bewertungskalkül nach der Unternehmensteuerreform 2008

2.4.4.1 Änderungen durch die Unternehmensteuerreform 2008

Mit dem Inkrafttreten des Unternehmensteuerreformgesetzes zum 01.01.2008 ist eine Reduzierung der Körperschaft- und Gewerbesteuertarife verbunden.[434] Der Körperschaftsteuersatz wird von 25% auf 15% herabgesenkt. Bezüglich der

434 Das Unternehmensteuerreformgesetz 2008 wurde am 17.08.2007 verkündet, vgl. UStRG 2008, BGBl I, S. 1912.

Gewerbesteuer wird die Messzahl von bislang 5% auf 3,5% abgesenkt, wobei die Gewerbesteuer fortan keine abzugsfähige Betriebsausgabe mehr darstellt. Ebenfalls wird im Zuge der Unternehmensteuerreform 2008 die Besteuerung von Zinsen, Dividenden und Veräußerungsgewinnen mit dem Ansatz eines pauschalen Abgeltungsteuersatzes vereinheitlicht.[435] Im Gegensatz zum Halbeinkünfteverfahren unterliegen Veräußerungsgewinne aus dem Verkauf von Unternehmensanteilen, soweit es sich um unwesentliche Beteiligungen handelt und die Anteile ab dem 01.01.2009 erworben wurden, der Abgeltungsteuer.[436] Für wesentliche Beteiligungen gem. § 17 EStG kommt im Veräußerungsfall das Teileinkünfteverfahren zum Zuge, wonach Veräußerungsgewinne in Höhe von 60% zu versteuern sind.[437]

Da die Unternehmensteuerreform am 06.07.2007 durch den Bundesrat gebilligt wurde und gemäß der Wurzeltheorie ab diesem Zeitpunkt Klarheit über die zukünftigen steuerlichen Rahmenbedingungen aus dem Blickwinkel der Bewertungsstichtage besteht, sind für Bewertungsstichtage ab dem 07.07.2007 die mit der Unternehmensteuerreform 2008 verbundenen Regelungen zu beachten.[438] Die ab 01.01.2009 eingeführte Abgeltungsteuer wird somit erstmals für Ausschüttungen einer Kapitalgesellschaft in 2009 berücksichtigt, welche sich auf das Geschäftsjahr 2008 beziehen.

2.4.4.2 Effektive Steuerbelastung von Veräußerungsgewinnen

Unter den neuen steuerlichen Rahmenbedingungen kann wie auch im Halbeinkünfteverfahren ein durch Thesaurierung bedingtes steuerinduziertes Ertragswachstum erzielt werden. Allerdings kann die Wertneutralität der persönlichen Besteuerung in der Phase der ewigen Rente des Bewertungskalküls im Vergleich zum Bewertungskalkül im Halbeinkünfteverfahren nur unter der Voraussetzung hergestellt werden, wenn zusätzlich zur Forderung nach einer äquivalenten Ausschüttungspolitik zwischen Bewertungsobjekt und Alternativanlage auch die Realisationsfrequenz von Kursgewinnen bei Bewertungsobjekt und Alternativanlage äquivalent ist.[439] Somit sind im Rahmen der Unternehmensbewertung Annahmen zur Haltedauer von Anteilen erforderlich, da sie einen Einfluss auf die effektive Steuerbelastung auf Kursgewinne haben. Zwar sind gem. § 32d Abs. 1 EStG realisierte Kursgewinne unabhängig von der Haltedauer zu versteuern. Da aber die Kursgewinnbesteuerung mit Abgeltungsteuer in Höhe von 25% nicht periodisch, sondern erst zum Veräußerungszeitpunkt der Wertpapiere und der damit verbundenen Kursgewinnrealisierung erfolgt, wird die Steuerbelastung in die Zukunft verschoben.[440]

---

435 Vgl. § 43a Abs. 1 Nr. 1 EStG.

436 Für vor dem 01.01.2009 liegende Erwerbe gilt gem. § 52a EStG ein Bestandsschutz.

437 Vgl. § 3 Nr. 40 Satz 1 EStG.

438 Vgl. IDW S 1 i.d.F. 2008. S. 1, Fn. 1.

439 Vgl. Castedello, in: WP-Handbuch, Band II, 2014, Tz. 114; Wiese, WPG 2007, S. 368f.

440 Vgl. Hoffmann/Nippel, ZFB 2012, S. 1312.

Die effektive steuerliche Belastung der thesaurierungsbedingten Wertsteigerungen sinkt mit zunehmender Haltedauer aufgrund solcher Steuerstundungseffekte unter das Steuerbelastungsniveau von jährlich ausgeschütteten Dividenden. Die mit der Unternehmensteuerreform vereinheitlichte Besteuerung von Dividenden und Kursgewinnen mit Abgeltungsteuer in Höhe von 25% wird folglich nur bei Realisierung von Kursgewinnen in einperiodischen Abständen gewährleistet, was in der folgenden Tabelle verdeutlicht wird.[441]

Tabelle 5: Effektive Kursgewinnsteuersätze[442]

Effektive Steuerbelastung in Abhängigkeit von Kursrendite (k) und Haltedauer						
k \ Jahre	**1**	**5**	**10**	**20**	**30**	**40**
1%	0,25	0,25	0,24	0,23	0,22	0,22
3%	0,25	0,24	0,23	0,20	0,18	0,16
5%	0,25	0,23	0,21	0,18	0,15	0,13
6%	0,25	0,23	0,21	0,17	0,14	0,11
7%	0,25	0,23	0,20	0,16	0,12	0,10
8%	0,25	0,22	0,19	0,15	0,11	0,09
10%	0,25	0,22	0,18	0,13	0,10	0,08

Um die zahlreichen individuellen Vorstellungen hinsichtlich der Haltedauern von Unternehmensanteilen zu typisieren, hat sich die Annahme einer effektiven Steuerbelastung für Kursgewinne in Höhe des hälftigen Abgeltungsteuersatzes (zzgl. Solidaritätszuschlag) zur Bestimmung des objektivierten Unternehmenswertes in der Praxis durchgesetzt.[443] Die Empfehlung dazu stützt sich auf empirische Untersuchungen, die Haltedauern insbesondere für den amerikanischen Aktienmarkt von rund neun bis 26 Jahren bzw. eine Verminderung der nominellen Steuerlast auf Kursgewinne durch entsprechende Anlagezeiträume um bis zu 40% ermittelt haben, sodass der Ansatz des hälftigen Abgeltungsteuersatzes als sachgerecht eingestuft werden kann.[444]

441 Vgl. Wiese, WPG 2007, S. 369.

442 Vgl. in Anlehnung an Wiese, WPG 2007, S. 371. Zur Ermittlung der effektiven Kursgewinnsteuersätze wird auf die Ausführungen in Abschnitt 2.4.5.3.2. dieses Kapitels bzw. auf den Anhang dieser Arbeit verwiesen.

443 Vgl. Zeidler et al., FB 2008, S. 281; Wagner et al., WPG 2008, S. 736.

444 Vgl. Zeidler et al., FB 2008, S. 281, die Autoren verweisen auf empirische Untersuchungen von Protopapadakis, Journal of Business 1983; King, Public policy and the corporation, 1977 sowie Green/Hollifield, Journal of Financial Economics

2.4.4.3 Abbildung des thesaurierungsbedingten Wachstums im Bewertungskalkül

2.4.4.3.1 Teilausschüttung mit Wiederanlage der Thesaurierungen

Die folgende Abbildung zeigt nun die Anpassung des Bewertungskalküls an die steuerlichen Verhältnisse nach der Unternehmensteuerreform 2008 bei Annahme der Teilausschüttung mit Wiederanlage von Thesaurierungen. Dabei werden die Parameter des eingehenden Beispiels in Bezug auf die Ausschüttungs- bzw. Thesaurierungsquote zugrunde gelegt.[445]

Tabelle 6: Teilausschüttung mit Wiederanlage der Thesaurierungen (nach Steuerreform 2008)[446]

Teilausschüttung mit Wiederanlage der Thesaurierungen (nach Steuerreform 2008)							
Jahr		**1**	**2**	**3**	**4**	**5**	**Rente**
Gewinn v. St.		100,00	100,00	100,00	100,00	100,00	100,00
Wiederanlagerendite	14,51%	0,00	6,18	12,75	19,72	27,12	34,97
Gewinn gesamt		100,00	106,18	112,75	119,72	127,12	134,97
GewSt	14,00%	14,00	14,87	15,78	16,76	17,80	18,90
KSt	15,00%	15,00	15,93	16,91	17,96	19,07	20,25
Gewinn nach Steuern		71,00	75,39	80,05	85,00	90,25	95,83
Thesaurierung lfd. Jahr	60,00%	42,60	45,23	48,03	51,00	54,15	57,50
Thesaurierung kumuliert			87,83	135,86	186,86	241,01	298,51
Ausschüttung vor Est	40,00%	28,40	30,16	32,02	34,00	36,10	38,33
Est typisiert	25,00%	7,10	7,54	8,00	8,50	9,03	9,58
Zu diskontierende Größe Ausschüttung nach ESt		21,30	22,62	24,01	25,50	27,08	28,75
Wachstum aus Thesaurierung	6,18%						
Wachstum aus Thesaurierung ew. Rente	5,41%						
Kalkulationszinssatz nach Est	8,50%	8,50%	8,50%	8,50%	8,50%	8,50%	3,09%
Barwert		19,63	19,21	18,80	18,40	18,01	618,58
Unternehmenswert	**712,63**						

2003. Nach der Empfehlung des IDW beläuft sich die effektive Steuerbelastung unter Einbeziehung des Solidaritätszuschlags auf 13,19%.

445 Siehe dazu Abschnitt I. 2.4.3.2.1. dieses Kapitels.

446 Vgl. Wollny, Der objektivierte Unternehmenswert, 2010, S. 260.

Abweichend zum Beispiel vor Unternehmensteuerreform 2008 in Tabelle (3) wird nun eine höhere Vorsteuerrendite mit (gerundet) 10,30% unterstellt. Daraus kann bei einer nunmehr zu berücksichtigenden effektiven Kursgewinnbesteuerung in Höhe von 12,5% ein Kalkulationszinssatz nach Einkommensteuer in Höhe von 8,5% ermittelt werden. Entsprechend resultiert unter Berücksichtigung der Thesaurierungsquote in Höhe von 60% eine Wachstumsrate aus Thesaurierung, bezogen auf die Vorsteuerrendite, in Höhe von 6,18%. Für die Phase der ewigen Rente kalkulationszinssatzmindernde Wachstumsrate aus Thesaurierung in Höhe von 5,41%.[447] Unter Einbezug der Unternehmenssteuern ergibt sich nun eine Wiederanlagerendite in Höhe von 14,51%.[448]

Da bei Einhaltung der Steueräquivalenz im Bewertungskalkül die mit der Unternehmensteuerreform verbundenen Änderungen auch konsequent im Nenner der Bewertungsformel zu beachten sind[449], wird der Basiszinssatz gemäß der im Bewertungsmodell zum Halbeinkünfteverfahren angenommenen Höhe von 4% als Bestandteil des Kapitalisierungszinssatzes nun mit Abgeltungsteuer in Höhe von 25% belastet, womit bei Anwendung der Formel zum Tax-CAPM im Ergebnis ein höherer Kapitalisierungszinssatz resultiert, zumal der gleiche Risikozuschlag nach persönlichen Steuern in Höhe von 5,5% unterstellt wurde.[450] Insgesamt fällt im obigen Beispiel der Unternehmenswert bei steuerlichen Verhältnissen nach 2008 im Vergleich zum Halbeinkünfteverfahren niedriger aus.

2.4.4.3.2 Teilausschüttung mit Zurechnung von Wertbeiträgen aus Thesaurierungen

Anstelle einer kapitalwertneutralen Wiederanlage der übrigen nicht ausgeschütteten Teile des Unternehmensgewinns konnte durch deren unmittelbare Zurechnung an die Anteilseigner aufgrund der Nichtbesteuerung von Kursgewinnen im Halbeinkünfteverfahren der gleiche Unternehmenswert ermittelt werden.[451] Bei unmittelbarer Zurechnung thesaurierbarer Anteile des Unternehmensgewinns nach Unternehmensteuerreform 2008 resultiert nun im Vergleich zur kapitalwertneutralen Wiederanlage ein abweichendes Ergebnis aufgrund der Besteuerung von Kursgewinnen. Der Gewinn wird im Vergleich zum Halbeinkünfteverfahren je Periode nun anteilig in Höhe der Ausschüttungsquote mit dem vollen Abgeltungsteuersatz,

---

447 Die Wachstumsrate i.H.v. 6,18% wird um die Kursgewinnsteuerbelastung i.H.v. 12,5% gemindert: 6,18%* (1−17,5%)=5,41%.

448 Die Wiederanlagerendite ergibt sich ausgehend von der Vorsteuerrendite i.H.v. 10,30% durch den Einbezug von Gewerbe- und Körperschaftsteuer: $\frac{10{,}30\%}{(1-14\%-15\%)}=14{,}51\%.$

449 Vgl. Kruschwitz/Löffler, WPg 2005, S. 77; Meitner/Streitferdt, in: Peemöller, Praxishandbuch UB, 2012, S. 518.

450 Vgl. Wollny, Der objektivierte Unternehmenswert, 2010, S. 261.

451 Siehe dazu Abschnitte I. 2.4.3.2.1. sowie Abschnitt I. 2.4.3.2.2.dieses Kapitels.

der zuzurechnende Anteil der Thesaurierung dagegen mit dem hälftigen Abgeltungsteuersatz belastet.

Tabelle 7: Teilausschüttung mit Zurechnung von Wertbeiträgen aus Thesaurierungen (nach Steuerreform 2008)[452]

Teilausschüttung mit Zurechnung von Wertbeiträgen aus Thesaurierungen (nach Steuerreform 2008)							
Jahr		**1**	**2**	**3**	**4**	**5**	**Rente**
Gewinn v. St.		100,00	100,00	100,00	100,00	100,00	100,00
Wiederanlagerendite	0,00%	0,00	0,00	0,00	0,00	0,00	0,00
Gewinn gesamt		100,00	100,00	100,00	100,00	100,00	100,00
GewSt	14,00%	14,00	14,00	14,00	14,00	14,00	14,00
KSt	15,00%	15,00	15,00	15,00	15,00	15,00	15,00
Gewinn nach Steuern		71,00	71,00	71,00	71,00	71,00	71,00
Fiktive Zurechung Wertbeitrag aus Thesaurierung	60,00%	42,60	42,60	42,60	42,60	42,60	42,60
Eff. Veräußerungsgewinnsteuer	12,50%	5,33	5,33	5,33	5,33	5,33	5,33
Zu diskontierende Größe 1		37,28	37,28	37,28	37,28	37,28	37,28
Ausschüttung vor Est	40,00%	28,40	28,40	28,40	28,40	28,40	28,40
Est typisiert	25,00%	7,10	7,10	7,10	7,10	7,10	7,10
Zu diskontierende Größe 2		21,30	21,30	21,30	21,30	21,30	21,30
Zu diskontierende Größe Wachstum aus Thesaurierung n.St. und Ausschüttung n.St.	5,41%	58,58	58,58	58,58	58,58	58,58	58,58
Kalkulationszinssatz nach Est	8,50%	8,50%	8,50%	8,50%	8,50%	8,50%	8,50%
Barwert		53,99	49,76	45,86	42,27	38,96	458,29
Unternehmenswert	**689,12**						

452 Vgl. in Anlehnung an Wollny, Der objektivierte Unternehmenswert, 2010, S. 266. Das organische Wachstum wurde abweichend von Wollny nicht berücksichtigt.

Das Unternehmenswertergebnis wird nun im Vergleich zum Beispiel aus Tabelle (6) exakt um den Barwert der in der Detailplanungsphase auf die Kursgewinne entrichteten Steuerzahlungen gemindert.[453] Der aus Sicht des Anteilseigners positive Umstand geringerer Unternehmenssteuern und die damit einhergehenden höheren ausschüttbaren Gewinne steht die deutlich höhere Belastung der Dividenden und Kursgewinne mittels Abgeltungsteuer gegenüber. Eine vollständige Kompensierung der Unternehmenssteuervorteile wird jedoch bei gegebenen Annahmen einer Ausschüttungsquote in Höhe von 40%, einer 25%igen Steuerbelastung auf Dividenden und einer zusätzlichen effektiven Steuerbelastung auf Kursgewinne von 12,5% nicht erreicht. Folglich fallen die zu diskontierenden Größen im obigen Modell der Teilausschüttung mit Zurechnung von Wertbeiträgen aus Thesaurierungen gegenüber dem Modell in steuerlichen Verhältnissen vor 2008[454] geringfügig höher aus.

2.4.5 Kapitalwertneutrale Wiederanlagerendite

2.4.5.1 Ermittlung

Die Wiederanlagerendite stellt aus Sicht des Anteilseigners die geforderte Rendite vor Berücksichtigung von persönlichen Steuern sowie Unternehmenssteuern dar. Unter Zugrundelegung des TAX-CAPM kann ausgehend vom Kapitalisierungszinssatz nach persönlichen Steuern die Wiederanlagerendite in zwei Stufen ermittelt werden. Im ersten Schritt ist der Kapitalisierungszinssatz vor persönlichen Steuern zu ermitteln[455]:

$$(1) \qquad r_j^{vSt} = \frac{r_j^{nSt}}{\left(1 - q * s_A - (1-q) * est_k^{eff}\right)}$$

r_j^{vSt} = Renditeforderung der Anteilseigner vor persönlichen Steuern

r_j^{nSt} = Renditeforderung der Anteilseigner nach persönlichen Steuern

q = Ausschüttungsquote

s_A = Abgeltungsteuersatz

est_k^{eff} = effektiver Kursgewinnsteuersatz

Bei Annahme des im obigen Bewertungskalkül verwendeten Kapitalisierungszinssatzes von 8,5% nach persönlichen Steuern, einer Ausschüttungsquote von 40%

---

453 Bei Annahme eines effektiven Steuersatzes in Höhe von 12,5% beläuft sich der Barwert der fälligen Steuerzahlungen auf (gerundet) 23,51 GE.

454 Vgl. Tabelle (4), Abschnitt I. 2.4.3.2.2. diese Kapitels.

455 Zur Zusammensetzung des Kapitalisierungszinssatzes nach persönlichen Steuern, vgl. Castedello, in: WP-Handbuch, Band II, 2014, Die Unternehmensbewertung, Tz. 342ff.

und der effektiven Kursgewinnsteuerbelastung von 12,5% beläuft sich der Kapitalisierungszinssatz vor persönlichen Steuern auf 10,30%.

Im zweiten Schritt kann die ermittelte Vorsteuerrendite um die unternehmensseitig zu zahlenden Steuern bereinigt werden[456]:

$$(2) \qquad r_w = \frac{r_j^{vSt}}{\left(1 - s_{gew} - s_{ks}\right)}$$

r_w = Wiederanlagerendite

s_{gew} = Gewerbesteuersatz

s_{ks} = Körperschaftsteuersatz

Die gesuchte Größe entspricht der im Bewertungskalkül verwendeten Wiederanlagerendite von 14,51%.[457] Im Regelfall wird die Vorsteuerrendite aus Sicht des Anteilseigners leicht zu ermitteln sein, da die relevanten Komponenten wie Basiszinssatz vor persönlichen Steuern sowie Bruttorenditen von Wertpapierportfolios, die maßgeblich für die Bestimmung des Risikozuschlags sind, über Datenbanken abgerufen werden können.[458] Zur Ermittlung der Wiederanlagerendite ist dann nur noch eine Bereinigung um die unternehmensbezogenen Steuern erforderlich.

2.4.5.2 Unternehmenswertsteigerung aufgrund fehlender Kursgewinnbesteuerung in der Detailplanungsphase

Während bei steuerlichen Verhältnissen vor Unternehmensteuerreform 2008 im Bewertungskalkül mit kapitalwertneutraler Wiederanlage von Thesaurierungen im Vergleich zum Modell mit fiktiver Zurechnung nicht ausgeschütteter Gewinne vor Unternehmenssteuerreform 2008 noch identische Unternehmenswerte resultierten, differieren die Ergebnisse bei aktuellen steuerlichen Verhältnissen. Ursächlich dafür ist die Nichtbesteuerung von Kursgewinnen in der Detailplanungsphase im Bewertungskalkül mit kapitalwertneutraler Wiederanlage von Thesaurierungen. Eine fiktive Zurechnung nicht ausgeschütteter Gewinne (ab der ersten Planungsperiode) führt wegen der periodisch anfallenden effektiven Besteuerung von Kursgewinnen folglich nicht mehr zum identischen Unternehmenswert.[459]

Dieser Umstand wirft zwei Fragen auf: Zum einen stellt sich die Frage, ob die Darstellung der fiktiven Zurechnung von nicht ausgeschütteten Gewinnanteilen

456 In Anpassung zur Ermittlung der Wiederanlagerendite vor Unternehmensteuerreform 2008, vgl. Wagner et al., WPG 2006, S. 1025.

457 Der Solidaritätszuschlag wurde vernachlässigt.

458 Für die Ermittlung des Risikozuschlags kann auf die Untersuchung von Stehle zurückgegriffen werden, vgl. Stehle, WPG 2004, S. 906ff.

459 Identische Unternehmenswertergebnisse in Höhe von 626,47 wären nur bei Annahme der Vollausschüttung zu erzielen.

im Bewertungskalkül überhaupt als sachgerecht eingestuft werden kann, da bereits nach dem ersten (geplanten) Geschäftsjahr eine jährliche Besteuerung von Kursgewinnen nur zum hälftigen Abgeltungsteuersatz vorgenommen wird, obwohl gerade nach einer Haltedauer von nur einem Jahr eine maximale Besteuerung zum vollen Abgeltungsteuersatz fällig wäre. Selbst bei einer Haltedauer, die nur auf den Zeitraum der Detailplanungsphase von insgesamt 5 Jahren abzielt, ist eine deutlich höhere effektive Besteuerung von Kursgewinnen als nur in Höhe von 12,5% zu erwarten.[460]

Zur Beantwortung der Frage kann vorab festgehalten werden, dass der Ansatz eines effektiven, periodendurchschnittlichen Steuersatzes in Höhe der hälftigen Abgeltungsteuer nur einen Kompromiss darstellt, da der Zeitpunkt der Realisierung von Kursgewinnen in Regelfall nicht exakt vorhersehbar ist.[461] Das Ergebnis dieses Modells mit fiktiver Zurechnung entspricht dem des Terminal Value, bei dessen Ermittlung die effektive Steuerbelastung kapitalisierungszinssatzmindernd im Nenner der Formel zur ewigen Rente berücksichtigt wird. Dennoch ist die Abbildung von jährlichen effektiven Steuerbelastungen auf Kursgewinne im Bewertungskalkül insbesondere in der ersten Phase des Modells nicht plausibel.

Zum anderen stellt sich die Frage, ob im Bewertungsmodell die kapitalwertneutrale Wiederanlage nicht ausgeschütteter Gewinne in der Detailplanungsphase zu einer Rendite erfolgen kann, die unter Berücksichtigung von jährlichen effektiven Steuerbelastungen auf Kursgewinne ermittelt wurde. Im Bewertungsmodell von *Wollny* wurden Thesaurierungen mit einer kapitalwertneutralen Rendite in Höhe von 14,51% angelegt.[462] Die Rendite beinhaltet jedoch den Tatbestand von jährlichen effektiven Steuerbelastungen auf Kursgewinne in Höhe von 12,5%, obwohl in der Detailplanungsphase keine Kursgewinne realisiert werden und folglich neben der Besteuerung von Ausschüttungen keine weiteren Steuern anfallen. Dadurch wird ein um diese Steuerersparnis höheres Unternehmenswertergebnis erzielt im Vergleich zur fiktiven Zurechnung nicht ausgeschütteter Gewinne. Eine mögliche Antwort auf diese Frage stellt die Minderung der Wiederanlagerendite entsprechend um den Anteil der effektiven Kursgewinnsteuerbelastung dar, sofern berücksichtigt werden soll, dass es im Zeitfenster der Detailplanungsphase nicht zur Besteuerung von Kursgewinnen kommt. Dieser Untersuchung widmen sich die Ausführungen des folgenden Abschnitts.

---

460 Die Annahme einer Haltedauer von fünf Jahren bei einer Wiederanlagerendite in Höhe von 14,51% und der damit implizierten Kurswachstumsrate von 6,18% führt zur periodendurchschnittlichen, effektiven Kursgewinnsteuerbelastung von 22,85%.

461 Zur Typisierung des Kursgewinnsteuersatzes bedarf es Informationen über die Haltedauer sowie die Kursentwicklung der Wertpapiere einer zu berücksichtigenden Alternativanlage, vgl. Wiese, WPG 2007, S. 375.

462 Siehe dazu Tabelle (6), Abschnitt I. 2.4.4.3.1. dieses Kapitels.

2.4.5.3 Differenzierte Ermittlung zweier Wiederanlagerenditen

2.4.5.3.1 Verwendung des Kapitalisierungszinssatzes nach persönlichen Steuern als Ausgangspunkt zur Herleitung von Kurswachstumsraten für die Detailplanungsphase (Phase I)

In der Detailplanungsphase des Bewertungskalküls ist bei Annahme der Nichtrealisierung von Anteilen und Kursgewinnen auf eine Wachstumsrate im Hinblick auf Thesaurierungen abzustellen, welche ausgehend vom Kapitalisierungszinssatz in Höhe von 8,5% bestimmt werden kann. Hierzu ist zunächst die Ermittlung der entsprechenden Vorsteuerrendite ohne die Berücksichtigung einer Kursgewinnbesteuerung notwendig, um anschließend durch Festlegung der Thesaurierungsquote die Wachstumsrate zu bestimmen. Der Empfehlung des IDW folgend, steigt bei dieser Vorgehensweise die Kurswachstumsrate an, sobald ein effektiver Steuersatz in die Formel eingesetzt wird, welcher größer als 0,00% ist, wie folgendes Beispiel zeigt:

(1) $$r_j^{vSt} = \frac{r_j^{nSt}}{\left(1 - q * s_a - (1-q) * est_k^{eff}\right)}$$

$$\Leftrightarrow \quad \frac{8{,}5\%}{(1 - 0{,}4 * 25\% - (1 - 0{,}4) * 12{,}5\%} = 10{,}30\%$$

(3) $$w_{th} = r_j^{vSt} * (1 - q)$$

$$\Leftrightarrow \quad 10{,}30\% * 0{,}6 = 6{,}18\%$$

w_{th} = Wachstumsrate aus Thesaurierung

Entsprechend führt die Verwendung des Abgeltungsteuersatzes in Höhe von 25% anstelle von 12,5% beim gegebenen Kapitalisierungszinssatz nach persönlichen Steuern in Höhe von 8,5% zur Obergrenze einer Kurswachstumsrate in Höhe von 6,80%. Damit kann bei dieser Vorgehensweise der Korridor möglicher Kurswachstumsraten ausgehend vom konstanten Kapitalisierungszinssatz nach persönlichen Steuern genau abgegrenzt werden.

Tabelle 8: Entwicklung der Kurswachstumsrate bei Annahme eines konstanten Kapitalisierungszinssatzes und variabler (effektiver) Kursgewinnbesteuerung

r_j^{nSt}	s_{eff}^{k}	w_{th}
8,5%	0,00%	5,67%
8,5%	12,50%	6,18%
8,5%	25,00%	6,80%

$$(1) \quad r_j^{vSt} = \frac{8,5\%}{(1-0,4*25\%-(1-0,4)*0,00\%}$$

$$\Leftrightarrow \quad r_j^{vSt} = 9,44\%$$

$$(3) \quad w_{th} = 9,44\% * 0,6$$

$$\Leftrightarrow \quad w_{th} = 5,67\%$$

Bezugnehmend auf die Annahme der Nichtrealisierung ist für die Detailplanungsphase eine Kurswachstumsrate in Höhe von 5,67% relevant. Damit geht, auf Basis des Kapitalisierungszinssatzes nach persönlichen Steuern gerechnet, eine entsprechend verminderte Vorsteuerrendite in Höhe von 9,44% einher.

2.4.5.3.2 Ermittlung der effektiven Steuerbelastung auf Basis der Kurswachstumsrate aus Phase I und deren Auswirkungen auf die Haltedauer

Haltedauern von Unternehmensanteilen werden üblicherweise in der Unternehmensbewertungspraxis annahmegemäß mit deutlich höheren Zeiträumen als nur denen von Detailplanungsphasen geplant. Der Detailplanungszeitraum von fünf Jahren spiegelt daher im obigen Bewertungskalkül in realitätsgerechter Weise nur die Zuflüsse aus Ausschüttungen an die Anteilseigner wider, wobei Thesaurierungen die Gewinne in den Folgeperioden anwachsen lassen. Sollte eine Realisierung der Kursgewinne nach Ablauf des Detailplanungszeitraumes beabsichtigt sein, geht damit eine niedrigere periodendurchschnittliche, effektive Steuerbelastung gegenüber einer jährlichen vollen Abgeltungsteuerbelastung aufgrund der Steuerstundung einher. In Abhängigkeit von der Kurswachstumsrate und der Haltedauer kann die effektive Steuerbelastung nach folgender Formel bestimmt werden[463]:

$$(4) \quad est_k^{eff} = \frac{\left((1-s_A)\left((1+w_{th})^H - 1\right)+1\right)^{\frac{1}{H}} - 1}{w_{th}}$$

H = Haltedauer

Gemäß den entsprechenden Annahmen des obigen Bewertungskalküls mit Bezug auf die Detailplanungsphase resultiert nach Einsetzen der im vorherigen Abschnitt ermittelten Kurswachstumsrate von 5,67% bei einer Haltedauer von fünf Jahren folgendes Ergebnis:

463 Vgl. Wiese, WPg 2007, S. 371.

$$(4) \qquad est_k^{eff} = \frac{\left((1-25\%)\left((1+5{,}67\%)^5-1\right)+1\right)^{\frac{1}{5}}-1}{5{,}67\%} = 23{,}02\%$$

Für die anschließende nachhaltige Phase kann dieses Ergebnis zum Anlass genommen werden, die periodendurchschnittliche effektive Steuerbelastung innerhalb der Bandbreite von 0%–23,02% festzulegen. Das IDW stützt seine Empfehlung auf empirische Untersuchungen bezüglich der Haltedauern von Anteilen, die effektive Steuerbelastung inklusive Solidaritätszuschlag in Höhe von 13,19% anzusetzen.[464] Im vorliegenden Fall beläuft sich die effektive Steuerbelastung auf 11,51%, sollte ein Kompromiss zwischen der Realisierung nach Ablauf von 5 Jahren und Nichtrealisierung in der Form getroffen werden, exakt die Hälfte der maximal anfallenden Belastung von 23,02% als Ansatz zu wählen. Zuzüglich des Solidaritätszuschlags beläuft sich in diesem Fall die Belastung auf insgesamt 12,14%[465], was bei gegebenem Kurswachstum von 5,67% einer Haltedauer von ca. 37,8 Jahren entspricht. Der Berücksichtigung einer Steuerbelastung von 13,19% inklusive Solidaritätszuschlag entspricht dagegen einer Haltedauer von 33,2 Jahren. Die Verwendung der effektiven Steuerbelastung von 11,51% führt, ausgehend vom Kapitalisierungszinssatz nach persönlichen Steuern, rechnerisch zu einer geringeren Wiederanlagerendite in Höhe von 14,41% für die nachhaltige Phase des Bewertungskalküls, womit die entsprechende Kurswachstumsrate in Höhe von 5,67% auf 6,14% ansteigt.

$$(1) \qquad r_j^{vSt} = \frac{8{,}5\%}{(1-0{,}4*25\%-(1-0{,}4)*11{,}51\%}$$

$$\Leftrightarrow \qquad r_j^{vSt} = 10{,}23\%$$

$$(2) \qquad r_w = \frac{10{,}23\%}{(1-14\%-15\%)}$$

$$\Leftrightarrow \qquad r_w = 14{,}41\%$$

$$(3) \qquad w_{th} = 10{,}23\% * 0{,}6$$

$$\Leftrightarrow \qquad w_{th} = 6{,}14\%$$

Bezieht man die effektiven Steuerbelastungssätze inklusive Solidaritätszuschlag auf die nun für Phase II geltende Kurswachstumsrate in Höhe von 6,14%, verringern sich wiederum die Haltedauern, wie folgende Tabelle zeigt:

464 Vgl. Zeidler et al., FB 2008, S. 281.

465 Die effektive Steuerbelastung i.H.v. 12,14% ergibt sich aus: 11,51%*1,055=12,14%.

Tabelle 9: Auswirkungen von Kurswachstumsrate und effektiver Kursgewinnsteuer auf die Haltedauer[466]

Effektive Kursgewinnsteuer ohne Solidaritätszuschlag		
w_{th}	est_k^{eff}	H
5,67%	12,14%	37,8 Jahre
6,14%	12,14%	35,1 Jahre
Effektive Kursgewinnsteuer inklusive Solidaritätszuschlag		
w_{th}	est_k^{eff}	H
5,67%	13,19%	33,2 Jahre
6,14%	13,19%	30,8 Jahre

Da die Kurswachstumsrate in Höhe von 5,67% keine Kursgewinnsteuerbelastungen berücksichtigt, ist ihre Verwendung zur Ermittlung der Kursgewinnsteuerbelastung kritisch zu betrachten. Sofern Steuerbelastungen angenommen werden sollen, hätte dies Auswirkungen auf die Renditeforderungen der Anteilseigner, die in Form von höheren Renditen entsprechende Entschädigungen verlangen würden. Demnach wäre die Kurswachstumsrate in Höhe von 6,8%[467] zur Ermittlung des effektiven Kursgewinnsteuersatzes zu wählen. Dagegen spricht aber wiederum die Tatsache, dass in einem vorliegenden Unternehmensplanungskonzept – speziell in der Detailplanungsphase – keine Realisierungen von Anteilen und thesaurierten Gewinnen vorgesehen waren und somit auch keine Veranlassung dazu bestanden hat, kapitalwertneutrale Wiederanlagerenditen unter Einbezug periodenspezifischer Steuerzahlungen auf Kursgewinne einzukalkulieren. In der Konsequenz kann beim Ansatz einer verminderten, kapitalwertneutralen, Wiederanlagerendite, welche aufgrund der ermittelten Kurswachstumsrate (5,67%) mit einem Wert von 13,30% resultiert[468], nach Ablauf von fünf Jahren im Fall der Veräußerung von Anteilen und der Realisierung von Kursgewinnen nur der oben ermittelte, effektive Kursgewinnsteuersatz in Höhe von 23,02% resultieren.

Dennoch ist die Kurswachstumsrate in Höhe von 5,67% zur Herleitung der effektiven Kursgewinnbesteuerung, welche zur anschließenden Bestimmung der

466 Eigene Erstellung.

467 Die Kurswachstumsrate in Höhe von 6,8% kann bei Annahme der Vollausschüttung abgeleitet werden.

468 Die Wiederanlagerendite ergibt sich wie folgt: $\frac{9,44\%}{(1-14\%-15\%)} = 13,30\%$.

Wiederanlagerendite für Phase II maßgebend ist, nicht geeignet. Für die voraussichtlich in Phase II eintretenden Realisierungsabsichten sind entsprechende Annahmen zur Kursgewinnbesteuerung zu berücksichtigen. Hinzu kommt, dass der kompromisshafte Ansatz einer effektiven Kursgewinnbesteuerung in Höhe von 11,51% reiner Willkür unterliegt und dessen äquivalente Berücksichtigung in einer Alternativanlage äußerst fraglich erscheint. Darüber hinaus dürfte dieser Wert im Hinblick auf Argumentationsgesichtspunkte gegenüber dem in der gängigen Praxis verwendeten Ansatz von 12,5% zzgl. Solidaritätszuschlag noch schwieriger zu vertreten sein.

Weiterhin sind in diesem Zusammenhang einerseits die mit der Kurswachstumsrate und den jeweiligen effektiven Steuersätzen verbundenen Haltedauern zu begutachten, die deutlich über die Zeiträume von 30 Jahren hinausgehen. Sofern Vergleichsrenditen von Alternativanlagen am Kapitalmarkt als Maßstab für abzuleitende Kurswachstumsraten herangezogen werden, die maximale Laufzeiten von 30 Jahren aufweisen, kann in diesem Fall von einer vergleichbaren Alternativanlage hinsichtlich der geforderten Laufzeitäquivalenz nicht die Rede sein. Andererseits steht demgegenüber das Argument, die Lebensdauer eines Unternehmens und damit die Planung über einen deutlich höheren Zeitraum als 30 Jahre zu veranschlagen, was umso geringere effektive Steuersätze rechtfertigt. Letztendlich bleibt auch die in der gängigen Praxis verwendete Kursgewinnsteuer in Höhe von 12,5% nicht frei von Kritik, zumal mit deren Verwendung bei steigenden Kurswachstumsraten umso geringeren Haltedauern resultieren. Damit gewinnt die Fragestellung an Bedeutung, ob Phase II nicht eher ein Endlichkeitskalkül anstatt ein unendliches Kalkül darstellt.

2.4.5.3.3 Kritische Beurteilung zur Verwendung des Kapitalisierungszinssatzes nach persönlichen Steuern zur Herleitung von Kurswachstumsraten

Die Methodik zur Ermittlung der Kurswachstumsrate auf der Grundlage des Kapitalisierungszinssatzes nach persönlichen Steuern ist aus zweierlei Gründen nicht sachgerecht. Ein Grund zur Ablehnung dieser Methodik liegt in der Berücksichtigung des Abgeltungsteuersatzes im Rahmen des Rechenschrittes vom Kapitalisierungszinssatz nach persönlichen Steuern hin zum Vorsteuerzinssatz. Eine daraus resultierende (höhere) Vorsteuerrenditeforderung ist mit der Tatsache einer Realisierung von Kursgewinnen und der damit einhergehenden Abgeltungsteuerbelastung verbunden, was bei gleichzeitiger Annahme der Wiederanlage nicht ausgeschütteter Gewinnanteile zur Doppelzählung im Bewertungskalkül führt. Gerade die Annahme der Abgeltungsteuerbelastung in voller Höhe (25%) führt im Ergebnis unweigerlich zu einer Vorsteuerrenditeforderung, welche im Fall einer Vollausschüttung der Unternehmensgewinne gilt. In der Konsequenz kann entweder eine Thesaurierung oder eine Realisierung, jedoch nicht beides, angenommen werden. Die Berücksichtigung der effektiven Abgeltungsteuerbelastung in der Formel (1)[469] zur Ermittlung

469 Siehe dazu Abschnitt I. 2.4.5.1. dieses Kapitels.

der Vorsteuerrendite, ausgehend vom Kapitalisierungszinssatz nach persönlichen Steuern, ist damit nicht sachgerecht.

Der zweite Grund hinsichtlich einer ablehnenden Haltung ist darin zu sehen, dass die Formel (1) zur Bestimmung der Vorsteuerrendite bereits einen effektiven Steuersatz auf Kursgewinne enthält, obwohl gerade das Ziel in der Berechnung dieser Steuerbelastung liegt.

2.4.5.3.4 Ermittlung der Wiederanlagerenditen für die Detailplanungs- und Nachhaltigkeitsphase

Zur Lösung des Problems einer in der Detailplanungsphase aufgrund von Kursgewinnsteuerbelastungsannahmen zu hoch angesetzten Wiederanlagerenditen bietet sich eine differenzierte Ermittlung von Wiederanlagerenditen für den Zeitraum der Detailplanungsphase sowie für die zweite nachhaltige Phase an. Für die Detailplanungsphase kommt demnach eine Wiederanlagerendite in Betracht, bei deren Ermittlung keine Steuerbelastungen berücksichtigt werden, welche sich auf nicht ausgeschüttete Gewinne beziehen. Dieser Schritt lässt sich insbesondere mit der Annahme begründen, dass Unternehmensanteile über die Detailplanungsphase hinaus über einen längerfristigen Zeitraum gehalten werden. Ausgehend vom Kapitalisierungszinssatz nach persönlichen Steuern aus obigem Beispiel[470] kann die Wiederanlagerendite nach folgender Formel direkt ermittelt werden:

(5) $$r_w = \frac{r_j^{nSt}}{\left(1 - q * s_a - (1-q) * est_k^{eff}\right) * (1 - s_{gew} - s_{ks})}$$

$$\Leftrightarrow \quad r_w = \frac{8{,}5\%}{\left(1 - 0{,}4 * 25\% - (1-0{,}4) * 0{,}00\%\right) * \left(1 - 14\% - 15\%\right)}$$

$$\Leftrightarrow \quad r_w = 13{,}30\%$$

Das Ergebnis beträgt ohne die Annahme effektiver Steuerbelastungen von Kursgewinnen 13,30%.[471]

Im zweiten Schritt ist für den Zeitraum der nachhaltigen Phase (ewige Rente) ebenfalls eine Wiederanlagerendite zu ermitteln, die im Gegensatz zur Detailplanungsphase die Annahme einer periodendurchschnittlichen, effektiven Kursgewinnbesteuerung beinhaltet. Bei Annahme des hälftigen Abgeltungsteuersatzes entspricht die Wiederanlagerendite dem Wert aus Tabelle (6).[472] Das Bewertungskalkül zeigt nun folgendes Bild:

---

470 Siehe dazu Tabelle (6), Abschnitt I. 2.4.4.3.1. dieses Kapitels.

471 Ausgehend von der geforderten Rendite nach persönlichen Steuern in Höhe von 8,5% weicht durch die Annahme der fehlenden Kursgewinnbesteuerung auch die resultierende Vorsteuerrendite in Höhe von 9,44% von der ursprünglichen Vorsteuerrendite in Höhe von 10,30% ab.

472 Der Wert der Wiederanlagerendite entspricht 14,51%.

Tabelle 10: Teilausschüttung mit Wiederanlage der Thesaurierungen bei differenzierten Wiederanlagerenditen (nach Steuerreform 2008)[473]

Teilausschüttung mit Wiederanlage der Thesaurierungen (nach Steuerreform 2008)							
Jahr		**1**	**2**	**3**	**4**	**5**	**Rente**
Gewinn v. St.		100,00	100,00	100,00	100,00	100,00	100,00
Wiederanlagerendite	13,30%	0,00	5,67	11,65	17,98	24,67	34,62
Gewinn gesamt		100,00	105,67	111,65	117,98	124,67	134,62
GewSt	14,00%	14,00	14,79	15,63	16,52	17,45	18,85
KSt	15,00%	15,00	15,85	16,75	17,70	18,70	20,19
Gewinn nach Steuern		71,00	75,02	79,27	83,77	88,51	95,58
Thesaurierung lfd. Jahr	60,00%	42,60	45,01	47,56	50,26	53,11	57,35
Thesaurierung kumuliert			87,61	135,18	185,44	238,55	295,89
Ausschüttung vor Est	40,00%	28,40	30,01	31,71	33,51	35,41	38,23
Est typisiert	25,00%	7,10	7,50	7,93	8,38	8,85	9,56
Zu diskontierende Größe Ausschüttung nach ESt		21,30	22,51	23,78	25,13	26,55	28,67
Wachstum aus Thesaurierung	5,67%						
Wachstum aus Thesaurierung ew. Rente	5,41%						
Kalkulationszinssatz nach Est	8,50%	8,50%	8,50%	8,50%	8,50%	8,50%	3,09%
Barwert		19,63	19,12	18,62	18,13	17,66	616,94
Unternehmenswert	**710,10**						

Im Vergleich zum Bewertungskalkül von *Wollny* ergibt sich aufgrund einer niedrigeren Wiederanlagerendite in der Detailplanungsphase ein geringerer Unternehmenswert. Die Wachstumsrate aus Thesaurierung vor persönlichen Steuern liegt in der Detailplanungsphase bei 5,67%, für die nachhaltige Phase beträgt sie wegen der Annahme einer periodendurchschnittlichen, effektiven Steuerbelastung von 12,5% nach persönlichen Steuern 5,41%.[474] Allein der Ansatz der geringeren

473 Vgl. in Anlehnung an Wollny, Der objektivierte Unternehmenswert, 2010, S. 260.
474 Ausgehend von einem Kapitalisierungszinssatz in Höhe von 8,50% nach persönlichen Steuern ergibt sich bei Annahme eines effektiven Kursgewinnsteuersatzes in

Wiederanlagerendite in der Detailplanungsphase führt im Ergebnis noch nicht dazu, die werterhöhenden Steuerstundungseffekte im Detailplanungszeitraum aufgrund der Nichtrealisierung vollständig auszuräumen. Konsequenterweise hat daher nicht nur eine Anpassung der Unternehmensgewinne um die effektiven Kursgewinnsteueranteile zu erfolgen. Ebenso ist eine entsprechende Korrektur des Kapitalisierungszinssatzes nach persönlichen Steuern geboten. Aufgrund der Tatsache, dass der Kapitalisierungszinssatz nach persönlichen Steuern auch periodische Steuerzahlungen auf Kursgewinne berücksichtigt, sofern die im Vorfeld auf Basis des CAPM ermittelte Vorsteuerrendite mit 10,30% beziffert wurde, kann der Anteilseigner bei Annahme der Nichtrealisierung von Kursgewinnen eine höhere Nachsteuerrendite in Höhe von 9,27% anstelle von 8,5% erwarten.

(6) $r_j^{nSt} = r_j^{vSt} * \left(1 - \left(q * s_a\right)\right)$

$\Leftrightarrow \quad r_j^{nSt} = 10{,}30 * 0{,}9$

$\Leftrightarrow \quad r_j^{nSt} = 9{,}27\%$

Bei entsprechender Anpassung des Kapitalisierungszinssatzes nach persönlichen Steuern resultiert nun folgender Unternehmenswert:

Höhe von 12,5% eine Wiederanlagerendite in Höhe von 14,51%. Die entsprechende Wachstumsrate aus Thesaurierung vor persönlichen Steuern beträgt 6,18%, bereinigt um die effektive Kursgewinnbesteuerung i.H.v. 12,5% resultiert der Wert i.H.v. 5,41%, siehe dazu Tabelle (6), Abschnitt 2.4.4.3.1. dieses Kapitels.

Tabelle 11: Teilausschüttung mit Wiederanlage der Thesaurierungen unter Anpassung des Kapitalisierungszinssatzes nach persönlichen Steuern (nach Steuerreform 2008)

Teilausschüttung mit Wiederanlage der Thesaurierungen (nach Steuerreform 2008)							
Jahr		**1**	**2**	**3**	**4**	**5**	**Rente**
Gewinn v. St.		100,00	100,00	100,00	100,00	100,00	100,00
Wiederanlagerendite	14,51%	0,00	6,18	12,75	19,72	27,12	34,97
Gewinn gesamt		100,00	106,18	112,75	119,72	127,12	134,97
GewSt	14,00%	14,00	14,87	15,78	16,76	17,80	18,90
KSt	15,00%	15,00	15,93	16,91	17,96	19,07	20,25
Gewinn nach Steuern		71,00	75,39	80,05	85,00	90,25	95,83
Thesaurierung lfd. Jahr	60,00%	42,60	45,23	48,03	51,00	54,15	57,50
Thesaurierung kumuliert			87,83	135,86	186,86	241,01	298,51
Ausschüttung vor Est	40,00%	28,40	30,16	32,02	34,00	36,10	38,33
Est typisiert	25,00%	7,10	7,54	8,00	8,50	9,03	9,58
Zu diskontierende Größe Ausschüttung nach ESt		21,30	22,62	24,01	25,50	27,08	28,75
Wachstum aus Thesaurierung	6,18%						
Wachstum aus Thesaurierung ew. Rente	5,41%						
Kalkulationszinssatz nach Est	9,27%	9,27%	9,27%	9,27%	9,27%	9,27%	3,09%
Barwert		19,49	18,94	18,41	17,88	17,38	597,01
Unternehmenswert	**689,12**						

Das Ergebnis entspricht nun dem im Modell bei fiktiver Zurechnung der Wertbeiträge aus Thesaurierungen[475], womit der werterhöhende Effekt aus der Nichtrealisierung von Thesaurierungen vollständig beseitigt wird. Die Wiederanlagerendite nimmt sowohl für Phase I als auch für Phase II einen konstanten Wert ein. Für die nachhaltige Phase II ist wiederum wegen der Berücksichtigung der effektiven Kursgewinnbesteuerung von einem Kapitalisierungszinssatz nach persönlichen Steuern in Höhe von 8,5% auszugehen.

475 Siehe dazu Tabelle (7), Abschnitt I. 2.4.4.3.2. dieses Kapitels.

2.4.5.3.5 Würdigung

Die Überlegung, den Ansatz einer geminderten Wiederanlagerendite auf Grundlage einer Renditeforderung exklusive der effektiven Kursgewinnbesteuerung für den Zeitraum der Detailplanungsphase zu wählen, erschien wegen der Nichtrealisierung von Kursgewinnen zunächst sachgerecht. Vor dem Hintergrund des unbestimmten Zeitpunktes der Kursgewinnrealisierung wurden zwei Möglichkeiten in Bezug auf den Ansatz einer Wiederanlagerendite für die anschließende nachhaltige Phase andiskutiert. Zum einen lag eine mögliche Lösung darin, von vornherein die Vorsteuerrendite gem. CAPM als Ausgangspunkt zu wählen. Andererseits konnten neben der Verwendung einer Kurswachstumsrate in Höhe von 5,67% exklusive der Kursgewinnbesteuerung auch höhere Renditeforderungen inklusive der Berücksichtigung einer voraussichtlichen zukünftigen Besteuerung von Kursgewinnen in Frage kommen. Hierzu ergaben sich ausgehend vom Kapitalisierungszinssatz nach persönlichen Steuern entsprechende Kurswachstumsraten innerhalb einer Bandbreite von 5,67%–6,80%, sofern effektive Steuerbelastungen entweder gar nicht, oder bis zu 25% im Fall der jährlichen Vollausschüttung angenommen wurden. Im Ergebnis hatte die Nichtberücksichtigung der Kursgewinnbesteuerung in der Detailplanungsphase zur Folge, dass mit entsprechender Berücksichtigung im Nenner des Bewertungskalküls ein höherer Kapitalisierungszinssatz nach persönlichen Steuern resultierte (9,27%) und somit auch der Ansatz der Wiederanlagerendite von einheitlich 14,51% vertreten werden konnte. Damit konnte der werterhöhende Steuerstundungseffekt in der Detailplanungsphase eliminiert werden und eine vollständige Angleichung des Unternehmenswertergebnisses an das Bewertungsmodell mit fiktiver Zurechnung der Weitbeiträge aus Thesaurierung erreicht werden.

2.4.6 Berücksichtigung des thesaurierungsbedingten Unternehmenswachstums im Bewertungskalkül einer österreichischen Kapitalgesellschaft

2.4.6.1 Besteuerung von Zinsen, Dividenden und Veräußerungsgewinnen

Auf Ebene der Anteilseigner einer österreichischen Kapitalgesellschaft sieht § 93 Abs. 1 i.V.m. § 95 Abs. 1 öEStG die Erhebung einer Kapitalertragsteuer (KESt) auf Einkünfte aus Kapitalvermögen vor. Zu den betroffenen Einkünften aus Kapitalvermögen zählen gem. § 27 Abs. 2 u. Abs. 3 öEStG unter anderem Zinsen, Dividenden und Veräußerungsgewinne, welche einem besonderen Steuersatz in Höhe von 25% gem. § 27a öEStG unterliegen. Die österreichische Kapitalertragsteuer wird damit ähnlich der in Deutschland fälligen Abgeltungsteuer durch Abzug vom Kapitalertrag als vorweggenommene Einkommensteuer erhoben.[476] Für Einkünfte aus Kapitalvermögen gilt die Einkommensteuer durch die Kapitalertragsteuer, für

476 Vgl. Doralt/Ruppe, Steuerrecht, 2007, Tz. 749ff. Im Rahmen der sog. Endbesteuerung ist die öESt mit der KESt grundsätzlich abgegolten.

die der besondere Steuersatz in Höhe von 25% gem. § 27a Abs. 1 öEStG in Betracht kommt, als abgegolten[477], falls nicht zur Regelbesteuerung gem. § 27a Abs. 5 öEStg optiert wurde oder ein Antrag auf Verlustausgleich gem. § 97 Abs. 2 gestellt wurde. Ein Antrag auf Regelbesteuerung macht folglich in den Fällen Sinn, in denen die persönliche Tarifsteuer des Steuerpflichtigen unterhalb von 25% liegt und dies zu einer Erstattung des Mehrbetrages an gezahlter Steuer führt.

Gewinne aus der Veräußerung einer Beteiligung in Form von Aktien oder GmbH-Anteilen unterlagen bislang nur dann der Kapitalertragsteuer, wenn entweder die Spekulationsfrist von einem Jahr nicht eingehalten wurde[478] oder der Anteilsinhaber in den letzten fünf Jahren zu mindestens 1% am Rechtsträger beteiligt war. Ab dem 01.04.2012 sind Veräußerungsgewinne aus Finanzvermögen generell steuerpflichtig. Jedoch unterliegen Veräußerungsgewinne aus Aktien und GmbH-Anteilen bereits zu Erwerbszeitpunkten vor dem 01.04.2012 der Kapitalertragsteuer, wenn sie im Zeitraum zwischen dem 31.12.2010 bis 31.03.2012 entgeltlich erworben wurden und nach diesem Zeitraum realisiert werden. Bei Erwerb von Aktien und GmbH-Anteilen bis zum 31.12.2010 führt die Veräußerung nach dem 31.03.2012 nicht zur Besteuerung etwaiger Veräußerungsgewinne, es sei denn, die Beteiligungshöhe beträgt zum 31.03.2012 noch mindestens 1%. Außerdem kommt es nicht zur Besteuerung, sofern gem. § 31 Abs. 3 öEStG die Einkünfte aus Spekulationsgeschäften die Freigrenze von insgesamt 440 Euro je Kalenderjahr nicht übersteigen. Durch die ab 01.04.2012 geltende Steuerpflicht für Veräußerungsgewinne aus Finanzvermögen spielt die Haltedauer in Bezug auf eine Nichtbesteuerung von Anteilen jedoch keine Rolle mehr. Der Abzug einer Kapitalertragsteuer in Höhe von 25% hat für den steuerpflichtigen Anleger Endbesteuerungswirkung, womit das Beteiligungsausmaß ebenfalls nicht mehr entscheidend ist. Die Endbesteuerung gilt im Bereich der Einkommensteuer für natürliche Personen unabhängig davon, ob der Anteilseigner seine Anteile im Privatvermögen oder Betriebsvermögen hält.[479] Gegenüber Deutschland ist diese Unterscheidung bei unmittelbarer Typisierung der steuerlichen Verhältnisse der Anteilseigner nach österreichischem Recht nicht notwendig. In der folgenden Darstellung wird die Gesamtsteuerbelastung auf Unternehmens- und Anteilseignerebene bei der Ermittlung objektivierter Unternehmenswerte synoptisch gegenübergestellt. In den Berechnungen wird der für deutsche Kapitalgesellschaften zu berücksichtigende Solidaritätszuschlag mit einbezogen:

477 Die Einkünfte aus Kapitalvermögen sind bei der Berechnung der Einkommensteuer weder beim Gesamtbetrag der Einkünfte, noch beim Einkommen gem. § 2 Abs. 2 öEStG zu berücksichtigen, vgl. § 27a Abs. 1 öEStG.

478 Vgl. § 30 öEStG 1988 i.d.F. vor dem StabG 2012.

479 Vgl. Kirchmayr, IWB 2011, S. 185.

Tabelle 12: Ertragsteuerbelastung von Kapitalgesellschaften in Deutschland und Österreich

Natürliche Personen mit Anteilen im	**Kapitalgesellschaft**		
	Deutschland		**Österreich**
	Privatvermögen	**Betriebsvermögen**	**Privat-/ Betriebsvermögen**
Ergebnis vor Steuern	100,00	100,00	100,00
GewSt 14%	14,00	14,00	n/v
KSt / öKSt 15% / 25%	15,00	15,00	25,00
SolZ 5,5%	0,83	0,83	n/v
Ergebnis nach Unternehmenssteuern	70,17	70,17	75,00
Est / öESt	17,54	18,95	18,75
SolZ 5,5%	0,96	1,04	n/v
Dividende / Ergebnis nach Steuern	51,67	50,18	56,25
Gesamtsteuerbelastung (%)	***48,30***	***49,80***	***43,75***

Den in der Tabelle dargestellten Berechnungen liegt die Annahme der Vollausschüttung der Unternehmensgewinne nach Unternehmenssteuern an die Anteilseigner zugrunde. Zur Berechnung der Gewerbesteuer wurde ein Hebesatz von 400% und für das nach dem Teileinkünfteverfahren zu besteuernde Ergebnis ein Grenzsteuersatz von 45% angewendet. Die jeweiligen Ergebnisse zeigen, unabhängig davon, ob die Anteile im Privat- oder im Betriebsvermögen gehalten werden, dass die Gesamtsteuerbelastung bei einer Kapitalgesellschaft in Österreich einen geringeren Wert aufweisen. Die höhere Körperschaftsteuerbelastung auf Unternehmensebene wird durch die Gewerbesteuerbelastung auf deutscher Seite vollständig und sogar darüber hinaus kompensiert.

2.4.6.2 Abbildung des thesaurierungsbedingten Wachstums im Bewertungskalkül

2.4.6.2.1 Teilausschüttung mit Wiederanlage der Thesaurierungen

Hinsichtlich der zu berücksichtigenden Ertragsteuern im Rahmen der Prognose finanzieller Überschüsse sieht das österreichische Fachgutachten KFS BW 1 i.d.F. 2006 im Vergleich zum IDW S 1 i.d.F. 2008 keine Standardtypisierungen vor.[480]

480 Vgl. Rabel, RWZ 2009, S. 303. Die Entwurfsfassung des KFS BW 1 vom 01.10.2013 sieht ebenfalls keine Standardtypisierungen vor. Der Hinweis, dass sich die

Vielmehr stellt das Fachgutachten diesbezüglich auf die Rechtsform des Bewertungsobjekts in Verbindung mit der Rechtsform des Bewertungssubjekts zum Zeitpunkt des Bewertungsstichtages ab.[481] Durch die Ausweitung der Kapitalertragsteuerpflicht auf realisierte Kursgewinne gewinnt die Berücksichtigung des thesaurierungsbedingten Wachstums im Unternehmensbewertungskalkül einer österreichischen Kapitalgesellschaft jedoch eine höhere Aufmerksamkeit, da fortan – wie auch in der deutschen Bewertungspraxis – aufgrund des unbestimmten Zeitpunktes der Realisierung von Unternehmensanteilen Annahmen zur Haltedauer erforderlich werden, um die effektive Steuerbelastung auf Kursgewinne zu ermitteln. Im Folgenden soll nun gezeigt werden, wie sich die Unternehmenswertermittlung unter Integration der Besteuerung auf Kursgewinne für eine österreichische Kapitalgesellschaft gestaltet. Dabei wird zunächst ebenso wie im Bewertungsmodell einer deutschen Kapitalgesellschaft davon ausgegangen, dass der österreichische Anteilseigner seine Anteile an der Kapitalgesellschaft im Privatvermögen hält und seine Alternativrendite nach persönlichen Steuern auf 8,5% beziffert wird. Auf Grundlage des Kapitalisierungszinssatzes und der weiteren Annahme einer hälftigen effektiven Kapitalertragsbesteuerung ergeben sich die übrigen Parameter wie folgt:

Tabelle 13: Ermittlung der Kurswachstumsrate, Vorsteuerrendite und Wiederanlagerendite für die Detailplanungsphase des österreichischen Bewertungskalküls

Laufzeit Phase I	r_j^{nSt}	est_k^{eff}	r_j^{vSt}	w_{th}	r_w
5 Jahre	8,5%	12,50%	10,30%	6,18%	13,74%

Während die Vorsteuerrendite sowie die Kurswachstumsrate im Vergleich zur Unternehmenswertermittlung aus Sicht eines deutschen Anteilseigners wegen der Ausblendung des Solidaritätszuschlags identisch sind, ergibt sich nun eine etwas niedrigere Wiederanlagerendite, da die Unternehmensbesteuerung auf österreichischer Seite geringer ausfällt. Unter Verwendung der Parameter liefert das Unternehmensbewertungskalkül bei einer Teilausschüttung der Gewinne in Höhe von 40% und einer entsprechenden Thesaurierungsquote von 60% folgendes Ergebnis:

erforderlichen Typisierungen nach dem Zweck der für die Ermittlung des objektivierten Unternehmenswertes relevanten rechtlichen Regelungen ergeben, wird beibehalten. Vgl. KFS BW 1 i.d.F. 2006, Tz. 14b; KFS BW 1, Entwurf vom 01.10.2013, Tz. 16.

481 Vgl. KFS BW 1 i.d.F. 2006, Tz. 40; KFS BW 1, Entwurf vom 01.10.2013, Tz. 91.

Tabelle 14: Teilausschüttung mit Wiederanlage der Thesaurierungen nach persönlichen Steuern (Österreich)

Teilausschüttung mit Wiederanlage der Thesaurierungen (österreichische KapGes)							
Jahr		**1**	**2**	**3**	**4**	**5**	**Rente**
Gewinn v. St.		100,00	100,00	100,00	100,00	100,00	100,00
Wiederanlagerendite	13,74%	0,00	6,18	12,75	19,72	27,12	34,97
Gewinn gesamt		100,00	106,18	112,75	119,72	127,12	134,97
KSt	25,00%	25,00	26,55	28,19	29,93	31,78	33,74
Gewinn nach Steuern		75,00	79,64	84,56	89,79	95,34	101,23
Thesaurierung lfd. Jahr	60,00%	45,00	47,78	50,74	53,87	57,20	60,74
Thesaurierung kumuliert			92,78	143,52	197,39	254,59	315,33
Ausschüttung vor Est	40,00%	30,00	31,85	33,82	35,91	38,13	40,49
Est typisiert	25,00%	7,50	7,96	8,46	8,98	9,53	10,12
Zu diskontierende Größe Ausschüttung nach ESt		22,50	23,89	25,37	26,94	28,60	30,37
Wachstum aus Thesaurierung	6,18%						
Wachstum aus Thesaurierung ew. Rente	5,41%						
Kalkulationszinssatz nach Est	8,50%	8,50%	8,50%	8,50%	8,50%	8,50%	3,09%
Barwert		20,74	20,29	19,86	19,44	19,02	653,43
Unternehmenswert	**752,78**						

Bei der Bewertung von Kapitalgesellschaften ist die Körperschaftsteuer in Höhe von 25% gem. § 22 Abs. 1 öKStG als Ertragsteuer auf Unternehmensebene zu berücksichtigen.[482] Im Vergleich zu Deutschland wurde mit Wirkung ab 01.01.1994 die Gewerbesteuer abgeschafft mit der Folge, dass für Bewertungsstichtage ab diesem Zeitpunkt die Gewerbesteuer nicht mehr relevant ist.[483] Für Zwecke der Bewertung ist somit nur die Körperschaftsteuer auf Unternehmensebene zu berücksichtigen. Trotz eines höheren Körperschaftsteuertarifs ist die Steuerbelastung

482 Vgl. KFS BW 1 i.d.F. 2006, Tz. 28; KFS BW 1, Entwurf vom 01.10.2013, Tz. 92. Der Körperschaftsteuertarif gilt, wie auch in Deutschland, unabhängig vom Ausschüttungsverhalten der Kapitalgesellschaft (§ 8 Abs. 2 öKStG).

483 Vgl. Mandl/Rabel, Unternehmensbewertung, 2002, S. 169.

auf Unternehmensebene insgesamt niedriger, womit höhere ausschüttungsfähige Gewinne einhergehen und bei Annahme gleicher Eigenkapitalkosten ein höheres Unternehmenswertergebnis erzielt wird.

2.4.6.2.2 Teilausschüttung mit Zurechnung von Wertbeiträgen aus Thesaurierungen

Wie bereits im Unternehmensbewertungskalkül einer deutschen Kapitalgesellschaft dargelegt, kann auch im Bewertungsmodell einer österreichischen Kapitalgesellschaft anstelle einer kapitalwertneutralen Wiederanlage nicht ausgeschütteter Teile des Unternehmensgewinns deren unmittelbare Zurechnung an die Anteilseigner erfolgen.

Tabelle 15: Teilausschüttung mit Zurechnung von Wertbeiträgen aus Thesaurierungen nach persönlichen Steuern (Österreich)

Teilausschüttung mit Zurechnung von Wertbeiträgen aus Thesaurierungen (österreichische KapGes)							
Jahr		**1**	**2**	**3**	**4**	**5**	**Rente**
Gewinn v. St.		100,00	100,00	100,00	100,00	100,00	100,00
Wiederanlagerendite	0,00%	0,00	0,00	0,00	0,00	0,00	0,00
Gewinn gesamt		100,00	100,00	100,00	100,00	100,00	100,00
KSt	25,00%	25,00	25,00	25,00	25,00	25,00	25,00
Gewinn nach Steuern		75,00	75,00	75,00	75,00	75,00	75,00
Fiktive Zurechung Wertbeitrag aus Thesaurierung	60,00%	45,00	45,00	45,00	45,00	45,00	45,00
Eff. Veräußerungsgewinnsteuer	12,50%	5,63	5,63	5,63	5,63	5,63	5,63
Zu diskontierende Größe 1		39,38	39,38	39,38	39,38	39,38	39,38
Ausschüttung vor Est	40,00%	30,00	30,00	30,00	30,00	30,00	30,00
Est typisiert	25,00%	7,50	7,50	7,50	7,50	7,50	7,50
Zu diskontierende Größe 2		22,50	22,50	22,50	22,50	22,50	22,50
Zu diskontierende Größe Wachstum aus Thesaurierung n.St. und Ausschüttung n.St.	5,41%	61,88	61,88	61,88	61,88	61,88	61,88
Kalkulationszinssatz nach Est	8,50%	8,50%	8,50%	8,50%	8,50%	8,50%	8,50%
Barwert		57,03	52,56	48,44	44,65	41,15	484,11
Unternehmenswert	**727,94**						

Die unmittelbare Zurechnung thesaurierbarer Anteile des Unternehmensgewinns führt im Vergleich zur Wiederanlage zu einem abweichenden Unternehmenswertergebnis aufgrund der Besteuerung von Kursgewinnen. Die Ergebnisabweichung zwischen beiden Modellen ist vergleichsweise zu den Modellen einer deutschen Kapitalgesellschaft ebenfalls auf den Barwert der Steuerbelastungen aus der Detailplanungsphase zurückzuführen. Da die ausschüttungsfähigen Gewinne nach Unternehmenssteuern im österreichischen Modell etwas höher ausfallen, steigt dementsprechend die Steuerbelastung für Dividenden und Kursgewinne auf Anteilseignerebene, womit auch die höhere Differenz zwischen den Unternehmenswerten bei Wiederanlage von Thesaurierungen und der Zurechnung von Wertbeiträgen aus Thesaurierungen zu erklären ist.[484]

2.4.6.2.3 Unternehmenswertermittlung nach persönlichen Steuern vs. vor persönlichen Steuern

Mit Einführung der Kapitalertragsteuerpflicht auf Kursgewinne führt die Berechnung des Terminal Value auf Vor- sowie Nachsteuerbasis nach wie vor zum gleichen Ergebnis, sofern die zusätzliche Annahme einer äquivalenten Realisationsfrequenz zwischen Bewertungsobjekt und Alternativanlage Berücksichtigung findet.[485] Die Empfehlung gemäß KFS BW 1 i.d.F. 2006, vereinfachend auf die Berücksichtigung persönlicher Steuern zu verzichten, soweit Ausschüttungsäquivalenz zwischen dem zu bewertenden Unternehmen und der Alternativanlage unterstellt wird[486], wird damit um ein weiteres Kriterium ergänzt. Ein identischer Unternehmenswert sowohl vor als auch nach Berücksichtigung persönlicher Steuern kann nur noch im Bewertungsmodell mit Zurechnung fiktiver Wertbeiträge aus Thesaurierungen erzielt werden, was im Grunde eine einschränkende Betrachtung der nachhaltigen Phase bewirkt. In Bezug auf die Vereinfachung der Kapitalisierung ausschüttbarer Gewinne zum Kapitalisierungszinssatz vor persönlichen Steuern bezieht sich das Fachgutachten auf die Nachhaltigkeitsphase, weitet diese Empfehlung aber auch auf die Detailplanungsphase aus, während die Entwurfsfassung vom 01.10.2013 nicht mehr nach Phasen unterscheidet.[487] Der auf Vorsteuerbasis zu ermittelnde Unternehmenswert führt bei Annahme der kapitalwertneutralen Wiederanlage thesaurierbarer Gewinnanteile im Zwei-Phasen-Modell zu einem insgesamt deutlich höheren Ergebnis als in der Modellrechnung

---

484 Bei Annahme eines effektiven Steuersatzes in Höhe von 12,5% beläuft sich der Barwert der fälligen Steuerzahlungen auf (gerundet) 24,84 GE.

485 Vgl. Wiese, WPG 2007, S. 372f.

486 Vgl. KFS BW 1 i.d.F. 2006, Tz. 41 u. 80. Die Entwurfsfassung des KFS BW 1 vom 01.10.2013 enthält die Empfehlung zum Verzicht der Berücksichtigung persönlicher Steuern ebenso, da von annähernd übereinstimmenden Unternehmenswertergebnissen vor bzw. nach persönlichen Steuern ausgegangen werden kann, vgl. KFS BW 1, Entwurf vom 01.10.2013, Tz. 92.

487 Vgl. KFS BW 1 i.d.F. 2006, Tz. 80; KFS BW 1, Entwurf vom 01.10.2013, Tz. 92.

nach persönlichen Steuern. Gegenüber der Modellrechnung nach persönlichen Steuern (Tabelle (14)) resultiert auf Vorsteuerbasis gerechnet ein Unternehmenswert in Höhe von 917,24.

Tabelle 16: Teilausschüttung mit Wiederanlage der Thesaurierungen vor persönlichen Steuern (Österreich)

Teilausschüttung mit Wiederanlage der Thesaurierungen vor pers. Steuern (österreichische KapGes)							
Jahr		**1**	**2**	**3**	**4**	**5**	**Rente**
Gewinn v. St.		100,00	100,00	100,00	100,00	100,00	100,00
Wiederanlagerendite	13,74%	0,00	6,18	12,75	19,72	27,12	34,97
Gewinn gesamt		100,00	106,18	112,75	119,72	127,12	134,97
KSt	25,00%	25,00	26,55	28,19	29,93	31,78	33,74
Gewinn nach Steuern		75,00	79,64	84,56	89,79	95,34	101,23
Thesaurierung lfd. Jahr	60,00%	45,00	47,78	50,74	53,87	57,20	60,74
Thesaurierung kumuliert			92,78	143,52	197,39	254,59	315,33
Ausschüttung vor Est	40,00%	30,00	31,85	33,82	35,91	38,13	40,49
Zu diskontierende Größe Ausschüttung nach ESt		75,00	79,64	84,56	89,79	95,34	101,23
Kalkulationszinssatz vor Est	10,30%	10,30%	10,30%	10,30%	10,30%	10,30%	10,30%
Barwert		67,99	65,45	63,01	60,65	58,39	601,74
Unternehmenswert	**917,24**						

Der Berechnung des Kalkulationszinssatzes vor persönlichen Steuern liegt ausgehend vom Kapitalisierungszinssatz nach persönlichen Steuern die Annahme einer effektiven Kursgewinnbesteuerung von 12,5% zugrunde. Der auf Vorsteuerbasis ermittelte Unternehmenswert weicht deutlich vom Ergebnis unter Berücksichtigung persönlicher Steuern aus Tabelle (14) ab. Der Anteil des Terminal Value am Gesamtunternehmenswert nimmt ein deutlich stärkeres Gewicht ein, sodass der Unternehmenswert vor persönlichen Steuern im Vergleich zum Unternehmenswert nach persönlichen Steuern auf Basis der unmittelbaren Zurechnung von Wertbeiträgen aus Thesaurierungen (Tabelle (15)) sogar um rund 21% abweicht. Mit der Gegenüberstellung der Ergebnisse aus den Unternehmensbewertungskalkülen vor und nach persönlichen Steuern konnte eindeutig gezeigt werden, dass die Unternehmenswertermittlung auf Vorsteuerbasis nur im Zuge der Wertbestimmung des Terminal Value zum gleichen Nachsteuerergebnis führt. Ein identisches

Ergebnis kann ggf. auch im Zweiphasenmodell erreicht werden, sofern die unmittelbare Zurechnung fiktiver Wertbeiträge aus Thesaurierungen erfolgt. Gegebenenfalls kann die Vernachlässigung persönlicher Steuern im Zwei-Phasen-Modell trotzdem vor dem Hintergrund einer äquivalenten Alternativanlage am Kapitalmarkt befürwortet werden, da mit der Alternativanlage aus Sicht der Anteilseigner dieselben Besteuerungsfolgen verbunden sind.[488]

2.4.6.2.4 Ermittlung der Wiederanlagerenditen für die Detailplanungs- und Nachhaltigkeitsphase

Zur Bewertung einer österreichischen Kapitalgesellschaft kann die Empfehlung der Ermittlung zweier Wiederanlagerenditen analog umgesetzt werden. Da in der Detailplanungsphase noch keine Kursgewinne realisiert werden, empfiehlt es sich, die kapitalwertneutrale Wiederanlagerendite für diesen Zeitraum exklusive einer Besteuerung auf Kursgewinne herzuleiten. Die Annahme des effektiven Kursgewinnsteuersatzes in Höhe von 12,5% dient anschließend zur Ermittlung der Wiederanlagerendite in Phase II, ausgehend vom Kapitalisierungszinssatz nach Steuern. Die entsprechenden Parameter zur Bewertung der österreichischen Kapitalgesellschaft ergeben sich analog zur deutschen Kapitalgesellschaft wie folgt:

Tabelle 17: Ermittlung der differenzierten Wiederanlagerenditen für Phase I und Phase II

Laufzeit Phase I	w_{th} **Phase I**	est_k^{eff} **Phase I**	r_w **Phase I**	w_{th} **Phase II**	est_k^{eff} **Phase II**	r_w **Phase II**
5 Jahre	6,18%	–	13,74%	6,18%	12,50%	13,74%

Die Verwendung der Parameter im Unternehmensbewertungskalkül liefert schließlich folgendes Ergebnis:

488 In den Fällen, in denen der objektivierte Unternehmenswert als Informationsgrundlage im Rahmen unternehmerischer Initiativen dient, kann auf die Berücksichtigung der persönlichen Ertragsteuerbelastung verzichtet werden, da annahmegemäß die Ertragsteuerbelastung der Nettozuflüsse aus dem zu bewertenden Unternehmen der persönlichen Ertragsteuerbelastung der Alternativinvestition in ein Aktienportfolio entspricht, vgl. Diedrich, BFuP 2013, S. 56; IDW S 1 i.d.F. 2008, Tz. 45.

Tabelle 18: Teilausschüttung mit Wiederanlage der Thesaurierungen unter Anpassung des Kapitalisierungszinssatzes nach persönlichen Steuern (Österreich)

Teilausschüttung mit Wiederanlage der Thesaurierungen (österreichische KapGes)							
Jahr		**1**	**2**	**3**	**4**	**5**	**Rente**
Gewinn v. St.		100,00	100,00	100,00	100,00	100,00	100,00
Wiederanlagerendite	13,74%	0,00	6,18	12,75	19,72	27,12	34,97
Gewinn gesamt		100,00	106,18	112,75	119,72	127,12	134,97
KSt	25,00%	25,00	26,55	28,19	29,93	31,78	33,74
Gewinn nach Steuern		75,00	79,64	84,56	89,79	95,34	101,23
Thesaurierung lfd. Jahr	60,00%	45,00	47,78	50,74	53,87	57,20	60,74
Thesaurierung kumuliert			92,78	143,52	197,39	254,59	315,33
Ausschüttung vor Est	40,00%	30,00	31,85	33,82	35,91	38,13	40,49
Est typisiert	25,00%	7,50	7,96	8,46	8,98	9,53	10,12
Zu diskontierende Größe Ausschüttung nach ESt		22,50	23,89	25,37	26,94	28,60	30,37
Wachstum aus Thesaurierung	6,18%						
Wachstum aus Thesaurierung ew. Rente	5,41%						
Kalkulationszinssatz nach Est	9,27%	9,27%	9,27%	9,27%	9,27%	9,27%	3,09%
Barwert		20,59	20,01	19,44	18,89	18,36	630,65
Unternehmenswert	**727,94**						

Analog zu den Bewertungsmodellen der deutschen Bewertungspraxis führen auch die österreichischen Bewertungsmodelle, sowohl bei fiktiver Zurechnung der Wertbeiträge aus Thesaurierung als auch deren Wiederanlage, zum identischen Unternehmenswert.

2.4.7 Zusammenfassender Vergleich der Unternehmenswertergebnisse

Zusammenfassend werden die Unternehmenswertergebnisse der Kapitalgesellschaften mit Sitz in Deutschland sowie mit Sitz in Österreich noch einmal vergleichend gegenübergestellt. Konkret werden die objektivierten Unternehmenswerte nach persönlichen Steuern betrachtet, wie sie aktuell gem. IDW S 1 i.d.F. 2008 bzw. KFS BW 1 i.d.F. 2006 ermittelt wurden. Diese Ergebnisse werden wiederum mit den Unternehmenswerten verglichen, die sich bei entsprechender

Anpassung der Bewertungskalküle aufgrund der, für den Zeitraum der Detailplanungsphase, angenommenen Nichtrealisierung von Kursgewinnen ergeben haben. Für beide Kapitalgesellschaften werden jeweils die aktuellen steuerlichen Verhältnisse zugrunde gelegt, womit sich die Betrachtung auf die Bewertungsstichtage ab 01.01.2009 für die Kapitalgesellschaft mit Sitz in Deutschland sowie auf die Bewertungsstichtage ab 01.04.2012 für die Kapitalgesellschaft mit Sitz in Österreich beschränkt.

Tabelle 19: Vergleich der Unternehmenswertergebnisse

Deutschland			
Unternehmensbewertungspraxis (IDW S 1 i.d.F. 2008)		Vorschlag bei Nichtrealisierung von Kursgewinnen in der Detailplanungsphase	
Bewertungsstichtage ab 01.01.2009		Bewertungsstichtage ab 01.01.2009	
(Teil-)Ausschüttung mit Wiederanlage Thesaurierungen	(Teil-)Ausschüttung mit fiktiver Zurechnung Wertbeiträge Thesaurierungen	(Teil)-Ausschüttung mit Wiederanlage Thesaurierungen	(Teil-)Ausschüttung mit fiktiver Zurechnung Wertbeiträge Thesaurierungen
UW_{nSt} [489]	UW_{nSt}	UW_{nSt}	UW_{nSt}
712,63	689,12	689,12	689,12
Barwert Steuerstundungseffekt:		Barwert Steuerstundungseffekt:	
23,51		–	
Österreich			
Unternehmensbewertungspraxis (KFS BW 1 i.d.F. 2006)		Vorschlag bei Nichtrealisierung von Kursgewinnen in der Detailplanungsphase	
Bewertungsstichtage ab 01.04.2012		Bewertungsstichtage ab 01.04.2012	
(Teil-)Ausschüttung mit Wiederanlage Thesaurierungen	(Teil-)Ausschüttung mit fiktiver Zurechnung Wertbeiträge Thesaurierungen	(Teil)-Ausschüttung mit Wiederanlage Thesaurierungen	(Teil-)Ausschüttung mit fiktiver Zurechnung Wertbeiträge Thesaurierungen
UW_{nSt}	UW_{nSt}	UW_{nSt}	UW_{nSt}
752,78	727,94	727,94	727,94
Barwert Steuerstundungseffekt:		Barwert Steuerstundungseffekt:	
24,84		–	

489 UW_{nSt} = Unternehmenswert nach persönlichen Steuern.

Im Vergleich zum Bewertungsmodell bei Annahme von Teilausschüttungen mit Wiederanlage von Thesaurierungen führt die unmittelbare Zurechnung thesaurierbarer Anteile des Unternehmensgewinns zu einem abweichenden Unternehmenswertergebnis aufgrund der Besteuerung von Kursgewinnen. Die Ergebnisabweichung zwischen beiden Modellen ist auf beiden Seiten – in der deutschen wie auch in der österreichischen Unternehmensbewertungspraxis – zu beobachten und auf den Barwert der Steuerbelastungen aus der Detailplanungsphase zurückzuführen. Die höhere Differenz (24,84) zwischen den österreichischen Bewertungsmodellen ist dadurch zu erklären, dass die ausschüttungsfähigen Gewinne nach Unternehmenssteuern etwas höher ausfallen und folglich die Steuerbelastung für Dividenden und Kursgewinne auf Anteilseignerebene steigt. Nach entsprechender Bereinigung um die persönlichen Steuern führt die Kapitalisierung der (Nachsteuer-)gewinne zu einem, vergleichsweise zur deutschen Kapitalgesellschaft, höheren Unternehmenswert, sofern für beide Seiten von einer einheitlichen Vorsteuerrendite gem. CAPM in Höhe von 10,30% ausgegangen wird, welche ebenfalls um die persönlichen Steuern zu bereinigen ist und auf beiden Seiten zu einer Nachsteuerrendite in Höhe von 8,5% führt. In diesem Zusammenhang ist auch ein geringfügig höherer Steuerstundungseffekt auf österreichischer Seite zu beobachten.

Im Vergleich dazu kann durch das Bewertungsmodell, welches die Annahme der Nichtrealisierung von Kursgewinnen in der Detailplanungsphase einbezieht, der Steuerstundungseffekt vollständig ausgeräumt werden. Die Nichtberücksichtigung der Kursgewinnbesteuerung in der Detailplanungsphase hat zur Folge, dass mit entsprechender Berücksichtigung im Nenner des Bewertungskalküls ein höherer Kapitalisierungszinssatz nach persönlichen Steuern resultiert (9,27%) und somit auch der Ansatz der Wiederanlagerendite von einheitlich 14,51% für die deutsche Kapitalgesellschaft sowie der Ansatz der Wiederanlagerendite von einheitlich 13,74% für die österreichische Kapitalgesellschaft vertreten werden kann. Damit kann nicht nur der werterhöhende Steuerstundungseffekt in der Detailplanungsphase eliminiert werden, sondern auch auf beiden Seiten eine vollständige Angleichung des Unternehmenswertergebnisses bei (Teil-)Ausschüttung mit Wiederanlage von Thesaurierungen an das Bewertungsmodell bei (Teil-)Ausschüttung mit fiktiver Zurechnung der Wertbeiträge aus Thesaurierungen erreicht werden.[490]

490 Es resultierte für die deutsche Kapitalgesellschaft in beiden Bewertungsmodellen ein Unternehmenswert in Höhe von 689,12, für die österreichische Kapitalgesellschaft ein entsprechender Unternehmenswert in Höhe von 727,94.

II. Relevante Bewertungsverfahren zur Unternehmenswertermittlung

1. Gesamtbewertungsverfahren

Gesamtbewertungsverfahren stellen gegenüber Einzelbewertungs- und Mischverfahren rein auf die zukünftige Ertragskraft des zu bewertenden Unternehmens ab. Für die Anwendung von Gesamtbewertungsverfahren gilt daher die Annahme der Unternehmensfortführung.[491] Das Ergebnis stellt den Gesamtwert einer Unternehmung dar, der sich durch Diskontierung zukünftiger Erträge bzw. finanzieller Überschüsse ergibt, die aus dem Zusammenwirken aller realen Bestandteile des Unternehmens resultieren. Im Gegensatz zu Einzelbewertungsverfahren ist nicht der Saldo aus Werten einzelner Aktiva und Passiva des Unternehmens, sondern die aus der Nutzung aller Aktiva und Passiva resultierenden finanziellen Vorteile aus Sicht der Anteilseigner zu bewerten.[492] Zur Gruppe der Gesamtbewertungsverfahren zählen das Discounted-Cashflow-Verfahren (DCF-Verfahren) sowie das Ertragswertverfahren.[493]

Die Ermittlung des Unternehmenswertes kann zum einen direkt durch Nettokapitalisierung erfolgen, wobei die um Fremdkapitalkosten gekürzten finanziellen Überschüsse diskontiert werden, was der Vorgehensweise des Ertragswertverfahrens bzw. dem Equity-Ansatz im Rahmen der DCF-Verfahren entspricht.[494] Zum anderen kann der Unternehmenswert aber auch indirekt durch Bruttokapitalisierung ermittelt werden. In diesem Fall sind nur die finanziellen Überschüsse aus der Geschäftstätigkeit (Free Cashflows) zu diskontieren und anschließend um den Marktwert des Fremdkapitals zu kürzen. Diesem Konzept liegt der APV-Ansatz zugrunde.[495] Weiterhin kommt aber auch der WACC-Ansatz in Frage, der die Diskontierung der Free Cashflows mit den gewogenen Kapitalkosten vorsieht und neben dem APV-Ansatz eine weitere Variante der DCF-Verfahren darstellt.[496]

2. Ertragswertverfahren

Beim Ertragswertverfahren wird der Unternehmenswert durch Diskontierung von zukünftigen Erträgen ermittelt, die das Unternehmen planungsgemäß erwartet. Das Ergebnis stellt einen Barwert künftiger Erträge dar, der um die voraussichtlichen Liquidationserlöse aus der Veräußerung von nicht betriebsnotwendigem Vermögen, welche ebenfalls diskontiert werden bzw. zu einem Barwert verdichtet

491 Vgl. Ballwieser/Hachmeister, Unternehmensbewertung, 2013, S. 10.
492 Vgl. Moxter, in: Goetzke/Sieben, Unternehmensbewertung, 1977, S. 254.
493 Vgl. Mandl/Rabl, in: Peemöller, Praxishandbuch UB, 2012, S. 53.
494 Vgl. Ballwieser/Hachmeister, Unternehmensbewertung, 2013, S. 195.
495 Vgl. Ernst et al., Unternehmensbewertungen, 2012, S. 29.
496 Vgl. Matschke/Brösel, Unternehmensbewertung, 2013, S. 125.

werden, zu ergänzen ist.[497] Grundlage des Ertragswertverfahrens bildet die Kapitalwertmethode der Investitionsrechnung, womit der Unternehmenswert nach dieser Bewertungsmethode bestimmt werden kann:

$$(7) \quad UW = \sum_{t=1}^{\infty} \frac{E_t}{(1+i)^t} + N_0$$

UW = Unternehmenswert,
E_t = erwarteter Unternehmensertrag in Periode t,
i: = Kalkulationszinssatz,
N_0: = Barwert der erwarteten Liquidationserlöse aus der Veräußerung des nicht betriebsnotwendigen Vermögens.[498]

Die obige Formel (7) zielt auf eine unendliche Lebensdauer des zu bewertenden Unternehmens ab. Für den Fall der Annahme einer begrenzten Lebensdauer bzw. einer absehbaren Haltedauer der Unternehmensanteile, womit der in Zukunft liegende Verkaufszeitpunkt bestimmt werden kann, ist die Formel entsprechend auf die begrenzte Lebensdauer anzupassen. Erweitert werden muss die Formel dann allerdings um den Barwert des zum Veräußerungszeitpunkt voraussichtlich zu erzielenden Verkaufspreises. Die Schwierigkeit liegt dabei unter anderem darin, im Voraus verlässliche Annahmen bezüglich der Restwerte einzelner Aktiva und Passiva zum Zeitpunkt des Verkaufs zu treffen. Der erwartete Unternehmensertrag wird gem. obiger Formel mit dem Kapitalisierungszinssatz diskontiert, der aus der besten alternativen Kapitalanlage des Anteilseigners abzuleiten ist. In diesem Zusammenhang ist zu beachten, dass die Rendite aus der Alternativanlage hinsichtlich Fristigkeit, Risiko und Besteuerung gegenüber dem zu kapitalisierenden Zahlungsstrom des Bewertungsobjektes äquivalent ist.[499]

Im Zähler der Formel wird als Unternehmensertrag die Summe aller Vorteile verstanden, die der Anteilseigner aus dem Unternehmen in Zukunft erwarten darf.[500] An dieser allgemeinen Definition lehnt sich die Definition des Standards IDW S 1 i.d.F. 2008 an, welche von Nettoeinnahmen der Unternehmenseigner ausgeht, die sich vorrangig aufgrund der Ansprüche auf Ausschüttung bzw. Entnahmen der erwirtschafteten finanziellen Überschüsse abzüglich der von den Anteilseignern zu erbringenden Einlagen ergeben und externe Synergieeffekte mit einbezieht.[501] Davon abweichend wird im Standard für den im Rahmen dieser Arbeit betrachteten Fall der Ermittlung eines objektivierten Unternehmenswerts ein Ertragsbegriff

497 Vgl. Mandl/Rabel, in: Peemöller, Praxishandbuch UB, 2012, S. 54.
498 Vgl. ebenda.
499 Vgl. IDW S 1 i.d.F. 2008, Tz. 114; KFS BW 1 i.d.F. 2006, Tz. 41, 65 u. 68; KFS BW 1, Entwurf vom 01.10.2013, Tz. 107, 111 u. 115; Wegener, DStR 2008, S. 937f. Ausführlich zu den Äquivalenzprinzipien, vgl. Ballwieser/Hachmeister, Unternehmensbewertung, 2013, S. 86ff.
500 Vgl. Moxter, Unternehmensbewertung, 1983, S. 9.
501 Vgl. IDW S 1 i.d.F. 2008, Tz. 24.

definiert, der nur unechte Synergieeffekte einbezieht, die sich aus einem Unternehmensverbund ohne den konkreten Bewertungsanlass realisieren lassen.[502] Vereinfachend kann der Wert des Unternehmens auf Basis zukünftiger Periodenerfolge (Jahresüberschüsse) ermittelt werden. Um jedoch die Voraussetzungen einer ordnungsgemäßen Unternehmensbewertung zu erfüllen, sind zusätzlich aufeinander abgestimmte Plan-Bilanzen, Plan-Gewinn- und Verlustrechnungen sowie Finanzplanungen notwendig, um etwaige Ergebnisverzerrungen zu vermeiden.[503]

Als Ausgangspunkt zur Ermittlung zukünftiger Periodenerfolge dient die Heranziehung von Vergangenheitsergebnissen. Bei entsprechender Verwendung von Gewinn- und Verlustrechnungen aus den Vorjahren sind Bereinigungsschritte sachgerecht, um zukünftige Zahlungsströme mit einer höheren Genauigkeit prognostizieren zu können. Wichtig ist dabei die Abgrenzung von betriebsnotwendigem und nichtbetriebsnotwendigem Vermögen, da die zukünftige Ertragskraft aus dem betriebsnotwendigen Vermögen generiert wird. Außerdem sind Bereinigungen hinsichtlich periodenfremder Aufwendungen und Erträge vorzunehmen, um einen periodengerechten Erfolgsausweis zu erreichen, sowie Bereinigungsmaßnahmen zum Ausgleich von Bilanzierungswahlrechten und gegebenenfalls zum Ausgleich von personenbezogenen Erfolgsfaktoren durchzuführen.[504] Da mit umso höherem Zeithorizont die Schätzgenauigkeit abnimmt, hat sich in der Bewertungspraxis die Zerlegung des Prognosezeitraums in zwei Phasen (Detailplanungs- und Nachhaltigkeitsphase) durchgesetzt.[505] Die Formel zur Ermittlung des Unternehmenswertes nach dem Ertragswertverfahren wird daher wie folgt angepasst:[506]

$$(8) \qquad UW = \sum_{t=1}^{T} \frac{E_t}{(1+i)^t} + \frac{E_{T+1}}{(1+i)^T * i} + N_0$$

Für die Nachhaltigkeitsphase wird von einem konstanten Unternehmensertrag E_{T+1} ausgegangen, womit der Wert der ewigen Rente (Terminal Value) berechnet werden kann, der wiederum auf den Bewertungsstichtag zu diskontieren ist.

3. DCF-Verfahren

3.1 Überblick

Bei den Discounted Cashflow-Verfahren (DCF-Verfahren) wird der Unternehmenswert ebenfalls aus der zukünftigen Ertragskraft des Unternehmens abgeleitet.

502 Vgl. Castedello, in: WP-Handbuch, Band II, 2014, Die Unternehmensbewertung, Tz. 91; IDW S 1 i.d.F. 2008, Tz. 34.

503 Siehe dazu Abschnitt I. 1.4.1. dieses Kapitels.

504 Vgl. Castedello, in: WP-Handbuch, Band II, 2014, Die Unternehmensbewertung, Tz. 230.

505 Vgl. Castedello, in: WP-Handbuch, Band II, 2014, Die Unternehmensbewertung, Tz. 230.; IDW S 1 i.d.F. 2008, Tz. 76f.

506 Vgl. in Anlehnung an Mandl/Rabl, in: Peemöller, Praxishandbuch UB, 2012, S. 60.

Analog zur Ermittlung des Wertes einer Investition gemäß der Kapitalwertmethode, die bereits für das Ertragswertverfahren maßgeblich ist, werden zukünftig zu erwartende Cashflows mit den durchschnittlichen Kapitalkosten (Weighted Average Cost of Capital, WACC) auf einen Bewertungszeitpunkt diskontiert und nichtbetriebsnotwendiges Vermögen separat hinzugerechnet. Discounted-Cashflow-Verfahren sind mit 76,3% international betrachtet die am weitesten verbreitete Bewertungsmethode.[507] Die folgende Abbildung zeigt unterschiedliche DCF-Verfahren, welche in insgesamt drei Verfahrenstypen klassifiziert werden können:

Abbildung 1: DCF-Varianten[508]

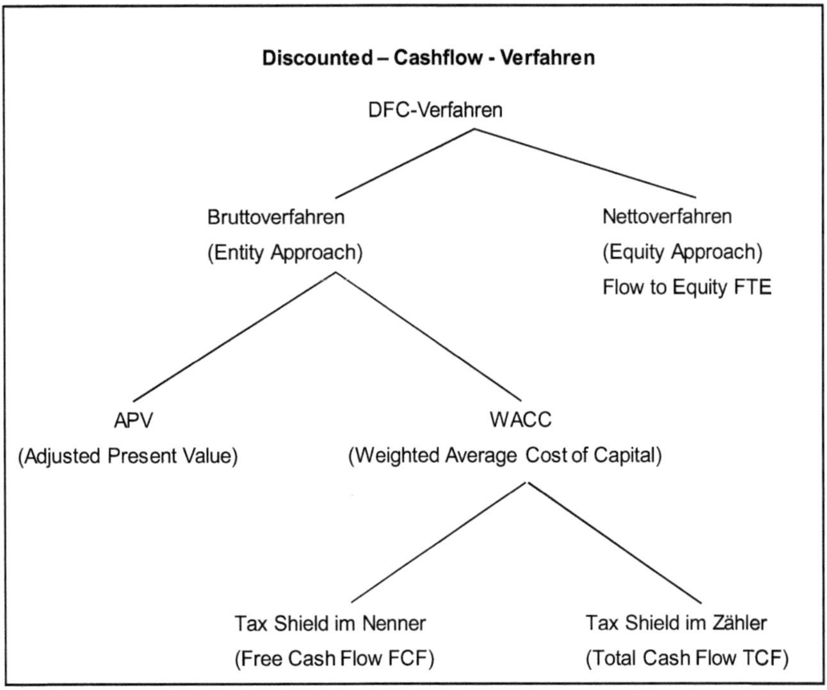

Je nach Definition der für die einzelnen DCF-Verfahren relevanten Cashflows und der jeweiligen Kapitalisierungszinssätze können Bruttoverfahren von Nettoverfahren unterschieden werden. Anders als nach dem Ertragswertverfahren wird der Unternehmenswert bei Anwendung eines Bruttoverfahrens zweistufig ermittelt. In der ersten Stufe wird zunächst der Gesamtkapitalwert ermittelt, bevor in der

507 Vgl. Fischl/Haßauer, NWB-BB 2013, S. 23.

508 Vgl. Ballwieser/Hachmeister, Unternehmensbewertung, 2013, S. 140.

zweiten Stufe von diesem Wert der Marktwert des verzinslichen Fremdkapitals abgezogen wird, woraus letztendlich der Unternehmenswert als Marktwert des Eigenkapitals resultiert.[509]

Nach dem Nettoverfahren (Equity-Ansatz) wird dagegen der Unternehmenswert direkt durch Abzinsung der Cashflows ermittelt. Relevant für dieses Verfahren sind die um Fremdkapitalkosten verminderten Cashflows, welche im Ergebnis nur noch den Eigenkapitalgebern und nicht mehr den Fremdkapitalgebern zustehen.[510] Nach entsprechender Diskontierung mit Eigenkapitalkosten führt dieses Verfahren direkt zum gesuchten Unternehmenswert und gleicht damit dem Ergebnis der Ertragswertmethode.[511] Sofern identische Annahmen über das künftige Finanzierungsverhalten getroffen werden, führen Bruttoverfahren zum gleichen Ergebnis wie Nettoverfahren.

3.2 Free Cashflow-Ansatz

3.2.1 Konzept

Beim Free Cashflow-Ansatz wird der Unternehmenswert durch Diskontierung jener finanzieller Überschüsse ermittelt, die nach Abzug aller liquiditätswirksamen Zahlungen als Auszahlungsgrößen allen Kapitalgebern zur Verfügung stehen.[512] Da die zukünftig zu erwartenden Free Cashflows Überschussgrößen vor Bedienung von Eigen- und Fremdkapitalgebern darstellen[513], sind sie entsprechend mit gewichteten Kapitalkosten auf den Zeitpunkt des Bewertungsstichtages zu diskontieren. Im Einklang mit der Vorgehensweise im Rahmen des Ertragswertverfahrens steht beim Free Cashflow-Ansatz die Abgrenzung zukünftiger Zahlungsüberschüsse in eine Detailplanungs- und eine Nachhaltigkeitsphase.

$$(9) \qquad UW = \sum_{t=1}^{T} \frac{FCF_t}{(1+WACC)^t} + \frac{FCF_{T+1}}{(1+WACC)^T * WACC} + N_0 - FK$$

FCF_t = erwarteter Free Cashflow in Periode t

$WACC$ = durchschnittliche, gewichtete Kapitalkosten

FK = Marktwert des Fremdkapitals

509 Vgl. ebenda.

510 Vgl. Ernst et al., Unternehmensbewertungen, 2012, S. 30.

511 Vgl. Drukarczyk/Schüler, Unternehmensbewertung, 2009, S. 198f.

512 Für Kapitalgeber stehen die Auszahlungsgrößen (Free Cashflow) frei zur Verfügung und gefährden nicht mehr die Substanz des Unternehmens, vgl. Exler, BBB 2007, S. 87.

513 Als Indikator für die Innenfinanzierungskraft repräsentiert der Free Cashflow den Betrag, der für Dividenden- oder Zinszahlungen und zur Schuldentilgung zur Verfügung steht, vgl. Copeland/Koller/Murrin, Unternehmenswert, 1993, S. 123.

Die Summe der jeweiligen Barwerte aus Phase I und II ergibt den Marktwert des Gesamtkapitals, von dem der Marktwert des Fremdkapitals anschließend abgezogen werden muss, um zum Marktwert des Eigenkapitals – den Unternehmenswert – zu gelangen. Auch hierbei ist das nichtbetriebsnotwendige Vermögen gesondert zu bewerten und dem Ergebnis separat hinzuzufügen.

3.2.2 Möglichkeiten zur Ermittlung des Free Cashflow

Die Ermittlung der für den FCF-Ansatz relevanten Free Cashflows kann auf unterschiedlichem Wege direkt oder indirekt erfolgen. Die direkte Ermittlung zeigt sich im Vergleich zur indirekten als zu aufwendig, da in diesem Zuge sämtliche Einzahlungen aus dem Betriebsbereich mit den Auszahlungen aus dem Betriebsbereich zu verrechnen sind, um anschließend auf Basis des daraus resultierenden operativen Ergebnisses vor Zinsen, Steuern und Abschreibungen (EBITDA) weitere Rechenschritte bis hin zum gesuchten Ergebnis des Free Cashflows folgen zu lassen. Bei der indirekten Methode bildet dagegen der Jahresüberschuss nach Abzug von Unternehmenssteuern die Ausgangsgröße, die nach vergleichsweise wenigen Korrekturen zum Free Cashflow führt.[514]

Konkret handelt es sich bei den Free Cashflows um finanzielle Überschüsse vor Zinszahlungen an Fremdkapitalgeber, jedoch nach Investitionen, Unternehmenssteuern sowie nach Veränderungen des Nettoumlaufvermögens.[515] Ihre Berechnung erfolgt ausgehend vom operativen Ergebnis vor Zinsen und Steuern nach folgendem Schema:[516]

Operatives Ergebnis vor Zinsen und Steuern (EBIT)
– Adaptierte Steuern auf das EBIT
= Operatives Ergebnis vor Zinsen u. Steuern u. nach adaptierten Steuern (NOPLAT)
+ Abschreibungen
+ Erhöhung (- Verminderung) der Rückstellungen
= (operativer) Brutto-Cashflow
– Investitionen in das Anlagevermögen
– Erhöhung (+ Verminderung) des Working Capital
= Operativer Free Cashflow (oFCF)

Das operative Ergebnis vor Zinsen und Steuern bildet den Ausgangspunkt zur Berechnung des Free Cashflows. Auf Basis dieses Ergebnisses wird eine fiktive

514 Vgl. Ballwieser, WPG 1998, S. 85f.
515 Vgl. Baetge et al., in: Peemöller, Praxishandbuch UB, 2012, S. 368f.
516 Vgl. Ernst et al., Unternehmensbewertungen, 2012, S. 32.

Unternehmensteuer (adaptive Steuer) berechnet, die sich bei Kapitalgesellschaften neben sonstigen Steuern aus Gewerbesteuer und Körperschaftsteuer zusammensetzt.[517] Sowohl für die Gewerbesteuer als auch für die Körperschaftsteuer stellt das Ergebnis (EBIT) die Bemessungsgrundlage unter der Annahme der vollständigen Eigenfinanzierung des Unternehmens dar, womit die Hinzurechnung von Zinsaufwendungen hinsichtlich der zu bemessenden Gewerbesteuerbelastung sowie Regelungen zur Zinsschranke entfallen. Insbesondere in den USA stellt die Ableitung von Free Cashflows auf Grundlage der Annahme eines unverschuldeten Unternehmens die am weitesten verbreitete Methode dar.[518] Die adaptierten Steuern fallen daher insgesamt im Vergleich zur tatsächlichen Steuerbelastung grundsätzlich höher aus, zumal die adaptierten Unternehmenssteuern auf das um die Zinsaufwendungen erhöhte Jahresergebnis berechnet werden. Da aber das operative Ergebnis vor Zinsen und Steuern das außerordentliche Ergebnis nicht beinhaltet, könnte die tatsächliche Steuerbelastung die adaptierte Steuerbelastungshöhe in den Fällen übersteigen, in denen das Unternehmen bspw. in einer Geschäftsperiode hohe außerordentliche Erträge oder Zinserträge vereinnahmt hat, die sich ergebniserhöhend und folglich steuererhöhend auswirken. Ein solches Szenario ist aber nicht gegeben, da die operativen Ergebnisse vor Zinsen und Steuern als Eingangsgrößen zur Berechnung von Free Cashflows zukünftige Plangrößen repräsentieren, welche i.d.R. außerordentliche Ergebnisse ausblenden.[519]

Nach Abzug der adaptierten Steuern erhält man das operative Ergebnis (NOPLAT), wie es das Unternehmen ohne Fremdfinanzierung und ohne die Berücksichtigung des außerordentlichen Ergebnisses erreicht hätte. Ausgehend von diesem Ergebnis sind weiterhin zahlungsunwirksame Posten wie Abschreibungen sowie Erhöhungen von Rückstellungen hinzuzurechnen, zahlungsunwirksame Erträge und Verminderungen von Rückstellungen dagegen abzuziehen. Der resultierende operative Brutto Cashflow ist letztlich um Auszahlungen (Einzahlungen) für Investitionen (Desinvestitionen) in das Anlagevermögen zu vermindern (zu erhöhen), da diese Auszahlungen (Einzahlungen) in der Ausgangsgröße des operativen Ergebnisses vor Zinsen und Steuern nicht enthalten sind. Ebenso sind Erhöhungen des Working Capital mindernd (Verminderungen entsprechend erhöhend) zu berücksichtigen, um zum Ergebnis des operativen Cashflow zu gelangen.[520]

---

517 Zusätzlich ist noch der Solidaritätszuschlag zu berücksichtigen, der auf Basis des Körperschaftsteuersatzes berechnet wird.

518 Vgl. Peemöller, BBB 2006, S. 287.

519 Zur Prognose zukünftiger Jahresergebnisse werden im Regelfall die Jahresüberschüsse der letzten drei bis fünf Jahre grundlegend herangezogen, die unter anderem um die außerordentlichen Ergebnisse bereinigt werden. Aufgrund der Nichtabsehbarkeit des Anfallens außerordentlicher Aufwendungen und Erträge spielen solche GuV-Posten in der Planung zukünftiger Jahresergebnisse ohnehin keine Rolle, vgl. Ballwieser/Hachmeister, Unternehmensbewertung, 2013, S. 30–31.

520 Vgl. Peemöller, BBB 2006, S. 287.

Alternativ kann bei Vorliegen einer integrierten Planungsrechnung, aus der explizite Annahmen über die Entwicklung des verzinslichen Fremdkapitals hervorgehen, der operative Free Cashflow auch ausgehend vom Jahresergebnis nach Unternehmenssteuern (EBT) ermittelt werden:

Jahresergebnis nach tatsächlichen Unternehmenssteuern
\+ Fremdkapitalzinsen
– Unternehmensteuer-Ersparnis infolge der Abzugsfähikeit der Fremdkapitalzinsen (tax shield)
\+ Abschreibungen und andere zahlungsunwirksame Aufwendungen
– zahlungsunwirksame Erträge
– Investitionsauszahlungen abzüglich Einzahlungen aus Desinvestitionen
– Investitionen in das Anlagevermögen
– Erhöhung (+ Verminderung) des Working Capital

= Operativer Free Cashflow (oFCF)

Ausgehend vom Jahresergebnis kann man nun umgekehrt die adaptierten Steuern berechnen, indem die Steuervorteile aus den Aufwendungen für Fremdkapitalzinsen vom Jahresergebnis abgezogen werden. Weitere Steuervorteile aus außerordentlichen Aufwendungen, Steuern auf Zinserträge sowie nicht-operative Erträge kommen hier wegen ihrer Nichtberücksichtigung nicht in Betracht.[522] Mit Einrechnung der Fremdkapitalzinsen gelangt man wieder zum operativen Ergebnis vor Zinsen und nach adaptierten Steuern (NOPLAT).

3.2.3 Ermittlung der gewichteten Kapitalkosten (WACC)

Grundlage für die Abzinsung der geplanten zukünftigen Free Cashflows bilden die aus Eigen- und Fremdkapitalkosten gewichteten, durchschnittlichen Kapitalkosten (WACC). Dem Grundmodell des DCF-Entity-Ansatzes liegt hierfür die Annahme eines über die gesamte Lebensdauer des Unternehmens konstanten Kapitalkostensatzes zugrunde, womit die Vorlage konstanter Eigen- und Fremdkapitalkostensätze sowie eine konstante, marktgewichtete Kapitalstruktur impliziert werden.[523] Nach folgender Formel werden die gewichteten Kapitalkosten berechnet:

---

521 Vgl. in Anlehnung an Castedello, in: WP-Handbuch, Band II, 2014, Die Unternehmensbewertung, Tz. 297.

522 Zu den nicht-operativen Erträgen zählen bspw. Mieterträge aus der Vermietung nichtbetriebsnotwendiger Immobilien und Erträge aus der Veräußerung nichtbetriebsnotwendiger Anlagen.

523 Vgl. Mandl/Rabel, in: Peemöller, Praxishandbuch UB, 2012, S. 66; Koller et al., Valuation, 2010, S. 101ff.; Ernst et al., Unternehmensbewertungen, 2012, S. 47.

$$(10) \quad WACC = r_{EK} * \frac{EK}{GK} + r_{FK} * (1-s) * \frac{FK}{GK}$$

r_{EK} = Renditeforderung der Eigenkapitalgeber
r_{FK} = Renditeforderung der Fremdkapitalgeber
s = Steuersatz zur Vorteilhaftigkeit von Fremdfinanzierungen
EK = Marktwert des Eigenkapitals
GK = Marktwert des Gesamtkapitals

Wie bereits erwähnt, gehen nur die zu verzinsenden Verbindlichkeiten in obige Berechnung der Kapitalkosten ein. Unverzinsliche Verbindlichkeiten, die ebenfalls mit Kapitalkosten verbunden sind, werden dem Leistungsbereich zugerechnet und führen zu einer Verminderung der Ausgangsgröße EBIT, womit diese Finanzierungskosten folglich im operativen Free Cashflow berücksichtigt werden und nicht mehr den Einbezug in den gewichteten Kapitalkosten finden.[524] Dagegen sieht IDW S1 i.d.F. 2008 insbesondere bei Pensionsrückstellungen, die als nicht explizit verzinsliche Posten des Fremdkapitals charakterisiert sind, die Heranziehung eines Marktzinses für fristenadäquate Kredite vor. Als Bestandteil des Fremdkapitals werden die mit Pensionsrückstellungen verbundenen Fremdkapitalkosten folglich in den gewogenen Kapitalkosten erfasst.[525] In der Praxis wird jedoch dieser Posten vereinfachend dem Leistungsbereich zugeordnet und damit nicht in den gewogenen Kapitalkosten berücksichtigt.[526]

Der Steuersatz *s* wurde in der Formel (10) nicht als Ertragsteuersatz des Unternehmens, sondern im Hinblick auf die Bemessungsgrundlage zur Gewerbesteuer und der damit verbundenen Hinzurechnung von einem Viertel der Zinsaufwendungen entsprechend als Steuersatz zur Vorteilhaftigkeit von Fremdfinanzierungen definiert. Für Kapitalgesellschaften resultiert in Deutschland bei Annahme eines Gewerbesteuersatzes von 14%, eines Körperschaftsteuersatzes von 15% und eines Solidaritätszuschlags von 5,5% ein Steuervorteil von 26,325% gemäß folgender Formel:[527]

$$(11) \quad s = 0,75 * s_{gew} + s_{ks,s}$$

s_{gew} = Gewerbesteuer
$s_{ks,s}$ = Körperschaftsteuer zzgl. Solidaritätszuschlag

524 Beispielhaft dazu sind Wareneinkäufe auf Ziel zu nennen. Hierbei entstehen Finanzierungskosten, sofern auf den Skontoabzug innerhalb einer eingeräumten Frist verzichtet wird. Ebenso können mit längeren Zahlungszielen schlechtere Einkaufskonditionen verbunden sein, was c.p. den Materialaufwand erhöht und zum geringeren Ergebnis (EBIT) führt.
525 Vgl. IDW S 1 i.d.F. 2008, Tz. 134 i.V.m. Tz. 128.
526 Vgl. Schwetzler, Kapitalgeberansprüche, 2003, S. 409ff.
527 Vgl. Hommel et al., FB 2008, S. 415.

Bei österreichischen Kapitalgesellschaften entspricht dagegen der Steuersatz *s* dem vollen Ertragsteuersatz, der generell 25% beträgt, da keine Gewerbesteuer berechnet wird und unternehmensseitig nur Körperschaftsteuer anfällt, deren Berechnungsgrundlage das um die in voller Höhe der Zinsaufwendungen verminderte Jahresergebnis einer Kapitalgesellschaft darstellt.

Gemäß der WACC-Formel werden zur Ermittlung der Kapitalkosten Marktwerte für Eigen- und Fremdkapital unterstellt. Der Marktwert des Fremdkapitals kann durch Diskontierung von Zinsaufwendungen bzw. Free Cashflows an die Fremdkapitalgeber mit dem entsprechenden – das Risiko dieser Zahlungen widerspiegelnden – Zinssatz bestimmt werden.[528] In der Regel wird davon ausgegangen, dass der Marktwert des verzinslichen Fremdkapitals dem Buchwert des Fremdkapitals entspricht. Das österreichische Fachgutachten enthält hierzu die zusätzliche Empfehlung, im Rahmen der Diskontierung von Fremdfinanzierungszahlungen von einem marktüblichen Zinssatz auszugehen, falls das Fremdkapital höher oder niedriger verzinst wird.[529] Schwieriger ist die Bestimmung des Eigenkapitalmarktwertes, dessen Ansatz bereits zur Ermittlung der gewogenen Kapitalkosten notwendig ist, obwohl das Ziel der Unternehmenswertermittlung gerade in der Ermittlung dieser Größe liegt. Zur Lösung dieses Zirkularitätsproblems kann der Marktwert des Eigenkapitals durch mathematische Iteration ermittelt werden.[530] Alternativ kann vereinfachend, wie bereits angeführt, ein in Zukunft konstanter Verschuldungsgrad auf Basis von Marktwerten unterstellt werden, was durch die Festlegung einer periodenunabhängigen Zielkapitalstruktur erfolgt und im Ergebnis zu einem konstanten Kapitalkostensatz führt. Als Ausgangspunkt dient hierzu bspw. die zum Bewertungszeitpunkt vorliegende Kapitalstruktur des Unternehmens, zumal es naheliegend ist, dass diese über die gesamte Lebensdauer des Unternehmens beibehalten wird, sofern keine wesentlichen Änderungen der Kapitalstruktur geplant werden. Dennoch sollte bei der Festlegung der Zielkapitalstruktur die zukünftige Finanzierungspolitik berücksichtigt werden.[531]

Falls aber eine integrierte Planungsrechnung vorliegt, können daraus die zukünftig geplanten Fremdkapitalbestände entnommen werden. Mit dieser autonomen Planung der Fremdkapitalbestände sind periodenspezifisch schwankende Verschuldungsgrade verbunden, die wiederum eine periodenweise Anpassung der gewogenen Kapitalkostensätze erforderlich macht. Die Unternehmenswertermittlung erfolgt in diesem Fall durch rekursive Berechnung periodenspezifischer Kapitalkostensätze.[532] Für die nachhaltige Phase wird dagegen i.d.R. von konstanten

528 Vgl. IDW S 1 i.d.F. 2008, Tz. 126.

529 Vgl. KFS BW 1 i.d.F. 2006, Tz. 94; KFS BW 1, Entwurf vom 01.10.2013, Tz. 46.

530 Vgl. Ernst et al., Unternehmensbewertungen, 2012, S. 48f.

531 Sollten keine Informationen zur zukünftigen Finanzierungspolitik des Unternehmens vorliegen, kann sich die Analyse von Kapitalstrukturen vergleichbarer Unternehmen als hilfreich herausstellen, vgl. Ernst et al., Unternehmensbewertungen, 2012, S. 49f.

532 Vgl. Kuhner/Maltry, Unternehmensbewertung, 2012, S. 202ff.

gewogenen Kapitalkosten ausgegangen.[533] Im Hinblick auf die beiden Möglichkeiten, entweder eine periodenunabhängige Zielkapitalstruktur festzulegen oder auf Basis einer integrierten Planungsrechnung die autonome Planung der Fremdkapitalbestände in Erwägung zu ziehen, gehen beide Fachgutachten konform, wobei das österreichische Fachgutachten für den Fall, dass die autonome Planung aufwendigere Berechnungen nach sich zieht, ergänzend auf die Anwendung des APV-Ansatzes oder Equity-Ansatzes verweist.[534] Die Entwurfsfassung des KFS BW 1 vom 01.10.2013 enthält diesen ergänzenden Hinweis allerdings nicht mehr. Stattdessen ergeht nun der Hinweis, dass bei autonomer Finanzierungspolitik periodische Anpassungen der Eigenkapitalkosten bzw. des Betafaktors erforderlich werden.[535]

III. Ermittlung von Eigenkapitalkosten

1. Kapitalisierungszinssatz als Vergleichsgröße

Bei Verschmelzung zweier oder mehrerer Unternehmen zu einem neuen Unternehmen sind die Ermittlungen der jeweiligen Unternehmenswerte erforderlich. Die Unternehmenswerte stellen die Basis für die anschließende Aufgabe der Berechnung von angemessenen Umtauschverhältnissen dar, welche als Grundlage für die Wertermittlung von Abfindungszahlungen an die Anteilseigner der beteiligten Rechtsträger dienen.[536]

Wie bereits ausgeführt wurde, erfolgt die Bewertung von Unternehmen regelmäßig durch die Abzinsung zukünftiger Erträge auf einen bestimmten Bewertungsstichtag, um die Vergleichbarkeit mit einer dem Investor zur Verfügung stehenden Alternativanlage herzustellen.[537] Da der Preis der besten Handlungsalternative bekannt sein muss, wird auf den Kapitalisierungszinssatz – abgeleitet aus dem Kapitalmarkt – als Vergleichsgröße zurückgegriffen.[538] Interpretiert werden kann der Kapitalisierungszinssatz als Opportunitätskosten des Investors, da er die interne Verzinsung des Vergleichsobjekts zugunsten einer Anlage in dem zu bewertenden Unternehmen aufgibt.[539] Im Ergebnis muss zumindest die Gleichwertigkeit (Äquivalenz) zwischen einer Investition in ein Unternehmen und einer

533 Vgl. IDW S 1 i.d.F. 2008, Tz. 130; KFS BW 1 i.d.F. 2006, Tz. 99–100; KFS BW 1, Entwurf vom 01.10.2013, Tz. 42 i.V.m. Tz. 71. Mit der Annahme konstanter Free Cashflows in der nachhaltigen Phase geht i.d.R. ein konstanter, gewogener Kapitalkostensatz einher.

534 Vgl. IDW S 1 i.d.F. 2008, Tz. 133; KFS BW 1 i.d.F. 2006, Tz. 102–103.

535 Vgl. KFS BW 1, Entwurf vom 01.10.2013, Tz. 49.

536 Vgl. Heurung, DB 1999, S. 1225.

537 Vgl. IDW S 1 i.d.F. 2008, Tz. 85; KFS BW 1 i.d.F. 2006, Tz. 59; KFS BW 1, Entwurf vom 01.10.2013, Tz. 102.

538 Vgl. Ballwieser/Hachmeister, Unternehmensbewertung, 2013, S. 94.

539 Vgl. Münstermann, Wert, 1966, S. 74.

vergleichbaren Geldanlage auf dem Kapitalmarkt herbeigeführt werden, damit der Investor keine finanziellen Nachteile durch den Erwerb eines Unternehmens in Kauf nehmen muss.

2. Ableitung des Eigenkapitalkostensatzes

2.1 Komponenten

Führt man die Bewertung eines Unternehmens nach der in Deutschland überwiegend gängigen Ertragswertmethode durch, welche weitgehend auf der Kapitalwertmethode aufbaut, ist zum einen notwendig, die in Zukunft erwarteten Zahlungsströme des Unternehmens zu schätzen und zum anderen, den relevanten Kapitalisierungszinssatz zu bestimmen. Die für die Zukunft geschätzten Zahlungsströme sind i.d.R. mit Unsicherheit behaftet, so dass auch im Kapitalisierungszinssatz diese Unsicherheit reflektiert wird. Allgemein setzt sich der Kapitalisierungszinssatz aus dem Zinssatz einer risikofreien Anlage und einer Risikoprämie zusammen. Weitere Bestandteile bilden der persönliche Steuersatz[540], sofern von natürlichen Personen als Anteilseigner ausgegangen werden kann, sowie ein Wachstumsabschlag.[541]

2.2 Marktzinsorientierte Bestimmung des Basiszinssatzes

2.2.1 Rolle des Basiszinssatzes

Die Aufgabe des Basiszinssatzes ist es, die zum Bewertungsstichtag (Stichtagsprinzip) erzielbare Rendite einer sicheren und damit risikolosen zum zu bewertenden Unternehmen alternativen Kapitalmarktanlage abzubilden.[542] Neben dem Stichtagsprinzip, womit die Realisierbarkeit der vergleichbaren Kapitalmarktanlage einhergeht, müssen noch weitere Äquivalenzprinzipien eingehalten werden.[543] So müssen die Höhe des Kapitaleinsatzes und die zeitliche Struktur der Zahlungen mit dem Bewertungsobjekt identisch sein (Laufzeitäquivalenz). Zur Einhaltung der Risikolosigkeit (Risikoäquivalenz) wird davon ausgegangen, dass hin-

---

540 Vgl. IDW ES 1 i.d.F. 1999, Tz. 113. Der Arbeitskreis Unternehmensbewertung (AKU) des IDW gelangte zur Neuorientierung, dass die Berücksichtigung der persönlichen Ertragsteuern der maßgeblichen Entscheidungsträger zur Ermittlung des Ertragswertes erforderlich sei. Der Standard ersetzt damit die Stellungnahme HFA 2/1983: Grundsätze zur Durchführung von Unternehmensbewertungen und HFA 6/1997: Bewertung kleiner und mittlerer Unternehmen.

541 Vgl. Ballwieser, WPG 2002, S. 737.

542 Vgl. Drukarczyk/Schüler, Unternehmensbewertung, 2009, S. 209. Im Rahmen der grenzüberschreitenden Verschmelzung unterliegt die Festlegung eines risikolosen Zinssatzes einer besonderen Herausforderung, da davon auszugehen ist, dass die Zinssätze in Deutschland sich von den Zinssätzen in anderen Nationen unterscheiden, vgl. Kruschwitz/Löffler, WPg 2008, S. 805.

543 Vgl. Ballwieser/Hachmeister, Unternehmensbewertung, 2013, S. 86ff.

sichtlich Währung, Zeitpunkt und Höhe keine Unsicherheit der Zinszahlungen bestehen. Auf eine Betrachtung der Geldwertäquivalenz kann verzichtet werden, weil sowohl der Kapitalisierungszinssatz als auch die geschätzten Erträge auf Nominalgrößen beruhen und nominal wie auch real gerechnet identische Unternehmenswerte erzielt werden.[544] Mit Bezug auf die Laufzeitäquivalenz wird weiterhin unterstellt, dass die Kapitalmarktanlage wie auch die Anteile am Unternehmen bis zur Endfälligkeit gehalten werden und für diesen Zeitraum die Zahlungsströme keinen Zinsänderungsrisiken unterliegen.[545]

Ausgangspunkt für die Bestimmung des Basiszinssatzes ist der landesübliche Zinssatz für eine (quasi-)risikofreie Kapitalmarktanlage. Als (quasi-)risikofrei gelten Renditen von langfristigen festverzinslichen Anleihen der öffentlichen Hand, da die Insolvenzfähigkeit der Emittenten nicht gegeben ist.[546] Im Rahmen der Unternehmensbewertung kommt nun die Frage auf, ob ein am Bewertungsstichtag geltender Zinssatz, ein zukünftig zu erwartender Zinssatz oder ein in der Vergangenheit durchschnittlich realisierter Zinssatz als Basiszinssatz gewählt werden soll.[547] Abgesehen von der Liquidation eines Unternehmens stellt das Ergebnis einer Unternehmensbewertung im Regelfall einen Fortführungswert dar, der den Unternehmenserfolg der Zukunft abbildet, indem zukünftige Zahlungsströme auf einen Bewertungsstichtag abgezinst werden. Vor diesem Hintergrund liegt die Orientierung i.d.R. an einem zukünftig zu erwartenden Zinssatz im Fokus der Herleitung eines Basiszinssatzes.

2.2.2 Ableitung des Basiszinssatzes anhand der Zinsstrukturkurve

2.2.2.1 Zinsstruktur als Orientierungshilfe

Das Institut der Wirtschaftsprüfer hat mit der Überarbeitung des *IDW Standard: Grundsätze zur Durchführung von Unternehmensbewertungen (IDW S 1)*, welcher im Oktober 2005 verabschiedet wurde, die Empfehlung zur Verwendung von zukünftig zu erwartenden Zinssätzen verankert. Nunmehr kann zur Ableitung von Basiszinssätzen die aktuelle Zinsstruktur als Orientierungshilfe genutzt werden.[548] Zur Ableitung von kontinuierlichen Zinsstrukturkurven eignen sich die Renditen von Staatsanleihen am besten, zumal sie die o.g. einzuhaltenden Äquivalenzprinzipien sehr weitreichend erfüllen.[549] Im Hinblick auf die Laufzeitäquivalenz entstehen jedoch dann Prognoseprobleme, sofern der Zeitraum der zu

---

544 Vgl. ebenda.

545 Vgl. Obermaier, FB 2006, S. 472.

546 Vgl. Castedello, in: WP-Handbuch, Band II, 2014, Die Unternehmensbewertung, Tz. 351.

547 Zur vergangenheitsorientierten und marktzinsorientierten Ableitung eines Basiszinssatzes, vgl. Jonas et al., FB 2005, S. 647–649.

548 Vgl. IDW S1 i.d.F. 2005, Tz. 127; Ebenso sieht KFS BW 1 i.d.F. 2006 die Ableitung des Basiszinssatzes aus der zum Bewertungsstichtag gültigen Zinsstrukturkurve vor, vgl. KFS BW 1 i.d.F. 2006, Tz. 68; KFS BW 1, Entwurf vom 01.10.2013, Tz. 111.

549 Vgl. Gebhardt/Daske, WPg 2005, S. 650ff.

bewertenden Zahlungsüberschüsse eines Unternehmens die Laufzeiten der zur Verfügung stehenden Staatsanleihen übersteigt[550]. Der zu schätzende Zeitraum im Rahmen von Unternehmensbewertungen erstreckt sich meist bis zu 249 Jahre[551], während alternative Anleihen mit Restlaufzeiten zwischen 10 und 30 Jahren zur Verfügung stehen.[552] Damit ergibt sich das Problem einer Anschlussverzinsung, da keine Anleihen mit unendlicher Laufzeit vorliegen. Vorzugsweise sollten in einer ersten Phase die Renditen von verfügbaren Bundeswertpapieren mit den längsten Restlaufzeiten gewählt werden, zumal dadurch der Zeitraum länger ist, für den eine zum Bewertungsstichtag objektivierte Rendite erzielbar ist, die durch Marktdaten gestützt wird. Für den daran anschließenden unendlichen Zeitraum besteht die Möglichkeit, aufgrund fehlender Anleihen mit unendlichen Laufzeiten entweder die Stichtagsverzinsung der Anleihe mit der längsten Laufzeit fortzuschreiben oder die Anschlussverzinsung explizit zu prognostizieren.[553]

2.2.2.2 Ermittlung der Zinsstruktur

2.2.2.2.1 Erforderlichkeit laufzeitäquivalenter Zerobonds

Die Zinsstruktur stellt das Verhältnis verschiedener Zinssätze und Laufzeiten von ausfallrisikofreien Kapitalanlagen zueinander dar. Im Regelfall liegen steigende Zinsstrukturen vor, da mit längerfristigen Laufzeiten größerer Zinssätze und mit geringeren Laufzeiten kleinere Zinssätze einhergehen. Mit zunehmender Entfernung vom Bewertungsstichtag flachen empirische Zinsstrukturkurven immer mehr ab.[554] Im Rahmen von Unternehmensbewertungen werden aus Gründen der Komplexitätsreduktion regelmäßig einheitliche, konstante Basiszinssätze abgeleitet, die über alle Laufzeiten hinweg gelten. Der Bewerter unterstellt dabei einen flachen Verlauf der Zinsstruktur, welcher in der Realität nicht vorliegt. In der Folge führt dies je nach Zinsstruktur zu mehr oder weniger großen Bewertungsfehlern. Würden die zu bewertenden Zahlungsströme mit den Zinssätzen laufzeitäquivalenter Nullkuponanleihen (Zerobondraten) diskontiert, könnten diese Bewertungsfehler vermieden werden. Bei der Ermittlung von Zinsstrukturen kommt es darauf an, für jede Laufzeit einer ausfallrisikofreien Nullkuponanleihe die entsprechende Verzinsung zu ermitteln. Zur Ableitung von Basiszinssätzen aus

550 Vgl. Obermaier, FB 2008, S. 494.

551 Jahresergebnisse des zu bewertenden Unternehmens können in einer Zahlungsreihe im Umfang von 249 Jahren mit Hilfe der EDV-Software MS-Excel modelliert werden, sofern von maximal 255 Spalten sechs Spalten für die Parameter zur Bestimmung von Spot Rates anhand der Svensson-Methode zur Verfügung stehen. Zur Modellierung von Jahresergebnissen, vgl. Wiese/Gampenrieder, BB 2008, S. 1724; Jonas et al., FB 2005, S. 647–648; Reese/Wiese, ZBB 2007, S. 45–48.

552 Vgl. Drukarczyk/Schüler, Unternehmensbewertung, 2009, S. 209.

553 Vgl. Obermaier, FB 2006, S. 475.

554 Sollte jedoch der Fall eintreten, dass Zinssätze für kürzere Laufzeiten höher sind als für längere Laufzeiten, spricht man von inversen bzw. fallenden Zinsstrukturen, vgl. Perridon et al., Finanzwirtschaft der Unternehmung, 2012, S. 190ff.

Marktdaten steht mit den Renditen börsennotierter deutscher Staatsanleihen eine breite Datenbasis zur Verfügung[555], da davon ausgegangen werden kann, dass die Bundesrepublik Deutschland als sicherer Schuldner gilt und somit kein Ausfallrisiko vorliegt. Staatsanleihen sind jedoch i.d.R. als Kuponanleihen vorzufinden, die durch einen fixen endlichen Zahlungsstrom gekennzeichnet sind.[556] Da aber Zahlungsströme aus Unternehmen schwankend und vor allem zeitlich nicht begrenzt sind, sind Renditen aus Kuponanleihen nicht unmittelbar für Unternehmensbewertungszwecke geeignet.[557]

Bei der Bestimmung der Zinsstruktur auf Basis von Zerobondraten wird dagegen jeder Zahlungsstrom mit dem laufzeitspezifischen Zinssatz diskontiert. Von der Zinsstruktur ist die Renditestruktur zu unterscheiden, welche die Effektivverzinsung aller umlaufenden Staatsanleihen mit ihrer Restlaufzeit abbildet.[558] Bei der Effektivzinsberechnung werden sämtliche Zahlungsströme mit derselben Rate auf Barwerte diskontiert, was nur in dem Fall zu exakten Unternehmenswerten führt, wenn ein konstanter Zinssatz für sämtliche Laufzeiten gilt und damit eine flache Zinsstruktur vorliegt. Deshalb ist es aufgrund schwankender Zahlungsströme aus Unternehmen für die Praxis der Unternehmensbewertung erforderlich, eine Zinsstruktur zu nutzen, die für jede Laufzeit eine entsprechende Zerobondrate preisgibt.[559]

2.2.2.2.2 Problem der Begrenztheit von Nullkuponanleihen

Nullkuponanleihen liegen in Bezug auf den deutschen Kapitalmarkt nur in begrenzter Anzahl vor und liefern folglich im Vergleich zu Kuponanleihen nur wenige Datenpunkte einer zu bestimmenden Zinsstrukturkurve. Anstelle von Nullkuponanleihen dominieren Kuponanleihen, bei deren Verwendung lediglich eine Renditestrukturkurve direkt ermittelt werden kann.[560] Dazu müssten allerdings mindestens so viele Kuponanleihen wie erforderliche Laufzeiten vorliegen, was die Bedingung eines vollständigen Kapitalmarktes voraussetzt. Die maximalen Laufzeiten von Bundesanleihen sind jedoch auf maximal 30 Jahre begrenzt. Dazu kommt das Problem, dass 30-jährige Bundesanleihen im Vergleich zu zehnjährigen Anleihen eine geringere Ausgabefrequenz aufweisen, woraus fehlende Renditeinformationen resultieren, wenn die Restlaufzeiten von derzeit laufenden Bundesanleihen größer als zehn Jahre sind.[561] Dadurch kann zunächst keine lückenlose Renditestruktur bestimmt

---

555 Vgl. Gebhardt/Daske, WPG 2005, S. 650f.

556 Vgl. Jonas et al., FB 2005, S. 647.

557 Vgl. Castedello, in: WP-Handbuch, Band II, 2014, Die Unternehmensbewertung, Tz. 353.

558 Die Effektivverzinsung stellt den internen Zinsfuß einer Kuponanleihe dar, bei der während der Laufzeit mehrere Zahlungen anfallen.

559 Vgl. Obermaier, FB 2006, S. 473.

560 Vgl. Wiese/Gampenrieder, BB 2008, S. 1723.

561 Der Kapitalmarkt bietet mehr Informationen zu Kupon-Anleihen als zu Nullkuponanleihen, vgl. Perridon et al., Finanzwirtschaft der Unternehmung, 2012, S. 193.

werden. Mit Hilfe von Verfahren wie lineare Interpolation oder aufwendige explizite Modellierung der Renditestruktur kann diesem Problem jedoch begegnet werden, um anschließend eine Zinsstruktur ableiten zu können.

2.2.2.2.3 Svensson-Verfahren

Eine alternative Vorgehensweise zur Ableitung kontinuierlicher Zinsstrukturen, welche in Wissenschaft und Praxis anerkannt ist, stellt die von Nelson und Siegel[562] entwickelte und von Svensson[563] erweiterte Schätzmethode dar, mit der aus den für alle Kuponanleihen beobachteten Renditen laufzeitspezifische Zerobond-Renditen (sogenannte Spot Rates) ermittelt werden.[564] Die Deutsche Bundesbank verwendet das NSS-Modell zur Schätzung von Zinsstrukturkurven.[565] Gleiches gilt für die Österreichische Nationalbank, die ebenfalls das NSS-Modell zur Ableitung der Zinsstruktur verwendet.[566] Grundlage für die tägliche Schätzung und Veröffentlichung der Parameter β_0, β_1, β_2, β_3, τ_1 und τ_2 sind die Kurse von Bundesanleihen, Bundesobligationen und Bundesschatzanweisungen mit (Rest-) Laufzeiten von mindestens drei Monaten, womit nicht nur die Kurse von originären Nullkuponanleihen herangezogen werden. Bei Verwendung der Restlaufzeiten von 1 bis 249 Jahre können somit die täglichen Zinsstrukturkurven dargestellt werden.[567]

Die Verwendung einer Zinsstrukturkurve für Spot Rates mit Bezug auf die von der Bundesbank geschätzten Parameter wird von Wirtschaftsprüfern für Bewertungsstichtage ab 2005 empfohlen, wenn auch nur zur Ableitung der Anschlussverzinsung an die längste Anleihelaufzeit, die beobachtet werden konnte und zur Ableitung der Zinsstrukturkurve herangezogen wurde.[568] Erst im WP-Handbuch, Band II 2008, wurde ausschließlich die Verwendung des Svensson-Verfahrens und die damit verbundene Ableitung von Spot Rates empfohlen.[569] Gegenüber IDW S 1 i.d.F. 2005 wurde die neue Fassung des IDW S 1 in 2008 entsprechend angepasst.[570] Nach dieser Empfehlung werden aus den täglichen Zinsstrukturkurven der dem Bewertungsstichtag vorangehenden drei Monate Durchschnittsrenditen für jedes Laufzeitjahr ermittelt. Dahinter steckt die Zielsetzung, kurzfristige Marktschwankungen zu glätten und Schätzfehler zu reduzieren.[571]

562 Vgl. Nelson/Siegel, JoB 1987, S. 473ff.
563 Vgl. Svensson 1994.
564 Die laufzeitabhängigen Spot Rates ($z(T, \beta, \tau)$) werden dabei als Funktion in Abhängigkeit von insgesamt sechs Parametern (β_0, β_1, β_2, β_3, τ_1, τ_2) definiert.
565 Vgl. Deutsche Bundesbank, Monatsbericht, 10/1997, S. 64.
566 Vgl. Mandl/Rabl, Wirtschaft und Management 2006, S. 9.
567 Vgl. Jonas et al. FB 2005, S. 648.
568 Vgl. IDW S 1 i.d.F. 2005, Tz. 127.
569 Vgl. Wagner, in: WP-Handbuch, Band II 2008, Die Unternehmensbewertung, Tz. 288.
570 Vgl. IDW S 1 i.d.F. 2008, Tz. 117.
571 Vgl. Jonas et al., FB 2005, S. 648; Ballwieser, Unternehmensbewertung, 2013, S. 91.

2.2.2.3 *Empfehlungen des KFS BW 1 2006*

Im Vergleich zum Standard IDW S 1 i.d.F. 2008 sieht das österreichische Fachgutachten ebenfalls die Ableitung der Zinsstrukturkurve zur Bestimmung des Basiszinssatzes unter Berücksichtigung der Laufzeitäquivalenz der Kapitalmarktanlage zum zu bewertenden Unternehmen vor. Ausgangspunkt bilden auch hier landesübliche Zinssätze für (quasi-)risikofreie Kapitalmarktanlagen, aus deren Renditen sich rechnerisch eine Zinsstrukturkurve für Nullkuponanleihen (Zerobonds) bestimmen lassen.[572] Während das Fachgutachten KFS BW 1 i.d.F. 2006 zur Bestimmung des Basiszinssatzes die am Bewertungsstichtag bestehende Effektivrendite einer Staatsanleihe mit einer Laufzeit von 10 bis 30 Jahren noch vorsieht, was für den Wirtschaftstreuhänder sowohl eine Vereinfachung als auch eine Ausweitung des Ermessensspielraumes darstellt, enthält die Entwurfsfassung des KFS BW 1 vom 01. Oktober 2013 dagegen keine solche alternative Empfehlung mehr.[573] Das Problem der Wiederanlage über den zeitlich befristeten Anlagezeitraum hinaus stellt sich jedoch auch in diesem Fall.[574] Im Gegensatz zu IDW S 1 i.d.F. 2008 beschränkt sich das Fachgutachten auf das Argument der Berücksichtigung der Laufzeitäquivalenz zum zu bewertenden Unternehmen im Zuge der Ableitung eines Basiszinssatzes anhand der Zinsstrukturkurve, wohingegen IDW S 1 i.d.F. 2008 konkret die zeitlich unbegrenzte Lebensdauer des zu bewertenden Unternehmens als Rechtfertigung anführt, den Basiszinssatz ausgehend von aktuellen Zinsstrukturkurven und zeitlich darüber hinausgehenden Prognosen abzuleiten.[575]

Bei der Auswahl der verwendeten Staatsanleihen stellt sich für den Wirtschaftstreuhänder ebenfalls das Problem der Auswahl von Anleihen mit 10-jähriger oder 30-jähriger Laufzeit. Grundsätzlich werden den Bewertungsobjekten in der österreichischen Bewertungspraxis entsprechend der deutschen Praxis unbegrenzte Lebensdauern unterstellt, sodass Bundesanleihen mit 30-jähriger Laufzeit vorzuziehen sind und eine Fortschreibung der Zinsstrukturkurve über diesen Zeitraum hinaus geboten ist, um dem Grundsatz der Laufzeitäquivalenz gerecht zu werden. Zwar erfüllen Bundesanleihen mit 30-jähriger Laufzeit das Prinzip der geforderten Laufzeitäquivalenz weitreichender gegenüber 10-jährigen Bundesanleihen, dafür weisen sie aber eine geringere Liquidität auf und sind anfälliger bzgl. der Änderungen von Inflationsraten. Auch wenn im Fachgutachten die Verwendung von Bundesanleihen alternativ empfohlen wird, bleibt dennoch das Problem hinsichtlich der zu erfüllenden Laufzeitäquivalenz bestehen.[576]

Auf Grundlage der gleichermaßen vom IDW und der KWT präferierten Methode der Ableitung von Basiszinssätzen aus Zinsstrukturkurven werden von der

572 Vgl. KFS BW 1 i.d.F. 2006, Tz. 68; KFS BW 1, Entwurf vom 01.10.2013, Tz. 111; Gebhardt/Daske, WPg 2005, S. 650ff.

573 Vgl. KFS BW 1 i.d.F. 2006, Tz. 68; KFS BW 1, Entwurf vom 01.10.2013, Tz. 111.

574 Vgl. Egger, RWZ 2006, S. 98.

575 Vgl. IDW S 1 i.d.F. 2008, Tz. 117.

576 Vgl. Knoll/Deininger, ZBB 2004, S. 371f.

Österreichischen Kontrollbank und der Deutschen Bundesbank Zinsstrukturen aus den jeweiligen nationalen Bundesanleihen geschätzt.[577] Die für das Svensson-Verfahren relevanten Parameter werden zwar börsentäglich von der Deutschen Bundesbank, nicht dagegen von der Österreichischen Kontrollbank veröffentlicht. Für die österreichische Bewertungspraxis empfiehlt die Arbeitsgruppe Unternehmensbewertung der KWT die Verwendung der von der Deutschen Bundesbank veröffentlichten Parameter und die anschließende Ableitung des Basiszinssatzes anhand des Svensson-Verfahrens. Begründet wird diese Empfehlung damit, dass deutsche Bundesanleihen ebenso kein Währungsrisiko und auch kein höheres Ausfall- oder Terminrisiko aufweisen, wohl aber über eine vergleichsweise höhere Liquidität verfügen.[578]

2.2.2.4 Möglichkeiten zur Ermittlung der Anschlussverzinsung

2.2.2.4.1 Extrapolation der Zinsstrukturkurve auf Basis des NSS-Modells

Zinsstrukturschätzungen der Deutschen Bundesbank können auf der Basis eines Zinsstrukturmodells für Laufzeiten von bis zu 30 Jahren für den deutschen Kapitalmarkt verwendet werden, da Bundesanleihen mit noch höheren Laufzeiten am Kapitalmarkt nicht zu beobachten sind.[579] Dies gilt ebenso für die österreichische Unternehmensbewertungspraxis, sollten deutsche Bundesanleihen auch für österreichische Unternehmensbewertungsfälle herangezogen werden. Folglich können für die erste Phase des Planungskalküls bis maximal 30 Jahre die Zinsstrukturdaten verwendet werden. Die Herausforderung liegt nun in der Schätzung der Anschlussverzinsung für die zweite Phase jenseits von 30 Jahren. Regelmäßig sind Zinsstrukturkurven mit normalem Verlauf zu beobachten, die durch eine Rechtskrümmung und einem mit zunehmender Laufzeit immer flacheren Verlauf gekennzeichnet sind. Davon ausgehend, dass die langfristige Extrapolation einer solchen Zinsstrukturkurve jenseits der Laufzeit von 30 Jahren gegen den Wert des Schätzparameters β_0 konvergiert, stellt dieser Parameterwert die Obergrenze für den langfristigen Zinssatz auf Basis des NSS-Modells dar und kann daher explizit als langfristiger Zinssatz prognostiziert werden.[580]

2.2.2.4.2 Fortschreibung des Anleihezinssatzes mit der längsten Laufzeit

Eine zweite Möglichkeit zur impliziten Prognose der Anschlussverzinsung, die auch häufig in der Praxis zur Anwendung kommt, stellt die Fortschreibung des

577 Vgl. Österreichische Kontrollbank, 2013.; Kapitalmarktstatistik der Deutschen Bundesbank, 2013.

578 Vgl. Empfehlung der Arbeitsgruppe Unternehmensbewertung vom 30.10.2006.

579 Vgl. Obermaier, FB 2006, S. 476.

580 Der Parameterwert nähert sich erst bei gegen unendlich gehender Laufzeit asymptotisch an, womit die Gefahr der Überschätzung des langfristigen Zinssatzes besteht und eine Erhöhung des Unternehmenswertes zur Folge hätte. Vgl. Obermaier, FB 2006, S. 476.

Zinssatzes der am längsten laufenden Anleihe dar. Allerdings wird dabei unterstellt, dass bei längeren Laufzeiten als 30 Jahre kein Anstieg der Zerobondraten zu verzeichnen ist und die Zinsstrukturkurve einen flachen Verlauf annimmt.[581] Das Ausklammern eines zunehmenden Anstiegs bei den Zerobondraten jenseits der Laufzeit von 30 Jahren und der damit verbundene konsequente Ansatz des Zinssatzes dieser am längsten laufenden Anleihe zieht jedoch eine Unternehmenswertminderung nach sich. Die Annahme eines normalen Verlaufs der Zinsstrukturkurve, die jenseits von 30 Jahren weiterhin einen steigenden, aber dennoch zunehmend flacheren Verlauf annimmt, wird leider nicht auf grundlegende Daten aus tatsächlich zu beobachtenden Anleihen gestützt. Ein unterstützendes Argument für die Fortschreibung des Zinssatzes liefert demnach die Nichtexistenz von Anleihen mit unendlichen Laufzeiten. Anstelle von Bundesanleihen mit maximalen Laufzeiten von 30 Jahren können immerhin Staatsanleihen aus anderen Ländern des Euroraums als Anhaltspunkt gewählt werden, welche noch längere Laufzeiten, wie z.B. 50-jährige französische Staatsanleihen, aufweisen. Solche Anleihen innerhalb des Euroraums kommen insofern in Frage, als dass sie auf gleiche Währung lauten und keinem Ausfallrisiko unterliegen.[582]

2.2.2.4.3 Extrapolation der Zinsstrukturkurve vs. Fortschreibung

Die Verwendung des Wertparameters β_0 vermag als langfristige Anschlussverzinsung für die Phase II in Betracht kommen. Befürwortet werden kann diese Vorgehensweise damit, dass die Zinsstruktur auf Basis des NSS-Modells nicht sofort nach Ablauf von 30 Jahren (Phase I) den Wert β_0 erreicht, sondern sich diesem Wert bei gegen unendlich gehender Laufzeit asymptotisch annähert.[583] Die Annäherung an diesen Wertparameter β_0 liefert jedoch gleichzeitig wiederum ein Argument gegen seine Verwendung, da der Wert β_0 zum einen niemals exakt erreicht wird und zum anderen seine Prognose, die ausgehend von einer tatsächlich vorhandenen Datenbasis von Bundesanleihen mit vergleichsweise geringer Laufzeit eine Extrapolation in einen unendlichen Zeitraum darstellt, kaum noch als plausibel eingestuft werden kann.[584]

Im Ergebnis gelangt man weder bei Verwendung von β_0, noch bei Fortschreibung der Zerobondrate für die längste Laufzeit einer Anleihe am Ende von Phase I zu vertretbaren Ergebnissen. Vielmehr liegt der richtige Zinssatz für die Anschlussverzinsung in einem Intervall, welches durch den Zinssatz einer 30-jährigen Anleihe i_{30} und dem Schätzwert β_0 eingegrenzt wird. Der Zinssatz i_{30} bildet dabei die Untergrenze und β_0 die Obergrenze des Intervalls, soweit von einem

581 Hierzu kritisch, vgl. Metz, Kapitalisierungszinssatz, 2007, S. 56ff.

582 Je nach Länderwahl sind aber Renditedifferenzen (spreads), die durch Risikounterschiede bedingt sind, nicht auszuschließen, vgl. Obermaier, FB 2008, S. 499.

583 Vgl. Rausch, Unternehmensbewertung, 2008, S. 95.

584 Auf diesem Wertniveau von β_0 wird entgegen der Annahme eines normalen Verlaufs eine Zinsstruktur mit flachem Verlauf beschrieben, da die übrigen Parameter β_1 β_2 und β_3, in diesem Fall ausgeklammert werden und den Wert „Null“ betragen.

normalen und mit zunehmendem Zeithorizont flacheren Verlauf der Zinsstrukturkurve auszugehen ist. Ein solcher Verlauf dient der impliziten Prognose der Anschlussverzinsung.[585] Insbesondere kann hierzu die Anwendung des auf *Vasicek* zurückgehenden Regressionsansatzes erwähnt werden, wobei mithilfe von periodischen Zinsdifferenzen aus Phase I der Versuch unternommen wird, ein langfristiges Zinsniveau abzuleiten.[586]

2.2.2.4.4 Vorschlag des IDW

Nach dem Vorschlag des IDW werden als Datenbasis die Zinsstrukturschätzungen der Deutschen Bundesbank herangezogen. Eine explizite Prognose der Anschlussverzinsung am Ende der Laufzeit von Phase I, die noch durch tatsächlich beobachtbare Anleihelaufzeiten abgegrenzt werden kann, wird aufgrund der vom IDW empfohlenen Ausdehnung des Laufzeitspektrums auf bis zu 249 Jahre als nicht erforderlich eingestuft. Entgegen der Verwendung der am Bewertungsstichtag geltenden Zinsstrukturschätzung wird empfohlen, die mit Hilfe des NSS-Modells über einen unmittelbar vor dem Bewertungsstichtag liegenden Zeitraum von insgesamt drei Monaten erzeugten täglichen Spot Rates für Laufzeiten von einem bis 249 Jahren zu verwenden und diese wiederum zu laufzeitspezifischen Durchschnittszinssätzen zu verdichten.[587] Mit dieser Vorgehensweise wird die Fortschreibung des Zinssatzes der am längsten zu beobachtenden Anleihe mit einer Laufzeit von 30 Jahren einerseits vermieden. Andererseits wird aber auch nicht der Wert β_0 erreicht. Das Ergebnis bewegt sich also bei unterstelltem normalen rechtsgekrümmten Verlauf der Zinsstrukturkurve im Intervall zwischen i_{30} und β_0. Mit diesem Ergebnis wird zwar die Genauigkeit der gesuchten langfristigen Anschlussverzinsung sicherlich erhöht, jedoch wird bei dieser Vorgehensweise eine implizite Annahme über den weiteren Kurvenverlauf jenseits des empirisch validierbaren Bereiches getroffen.

Eine, die Empfehlung des IDW stützende Argumentation hinsichtlich der Nichterforderlichkeit einer expliziten Prognose über die Anschlussverzinsung liefern *Jonas et al.*, indem sie das Konzept der Duration anführen. Den Ausführungen folgend, müssen unendliche Zahlungsströme nicht zwingend Renditen für unendliche Laufzeiten gegenübergestellt werden, da unter bestimmten Prämissen endliche, dennoch mit sehr langer Laufzeit verbundene Zahlungsströme eine Duration aufweisen, die noch im Laufzeitspektrum von tatsächlich gehandelten Anleihen liegen.[588] Jedoch bleibt auch letztlich bei dieser Überlegung die

---

585 Vgl. Obermaier, FB 2008, S. 502.

586 Vgl. Vasicek, JoFE 1977, S. 184ff. Auf das Verfahren wird im Folgenden nicht näher eingegangen, zumal das Verfahren nicht für jede Verlaufsform der Zinsstrukturkurve gleichermaßen geeignet ist und damit die resultierenden Ergebnisse nicht in jedem Fall ökonomisch plausibel sind.

587 Vgl. Bericht der 86. Sitzung des AKU.

588 Vgl. Jonas et al., FB 2005, S. 650; ähnlicher Auffassung vgl. Widmann et al., FB 2003, S. 801ff.

Frage offen, welchen Verlauf die Zinsstrukturkurve jenseits des beobachtbaren Zeitraums weiterhin annimmt.[589]

2.2.2.5 *Ableitung eines laufzeitkonstanten Basiszinssatzes aus der Zinsstrukturkurve*

Um die aufwendige Vorgehensweise zu umgehen, nach der bei Verwendung der Zinsstrukturkurve die jeweiligen Überschüsse der einzelnen Planjahre allesamt abgebildet und jeweils mit den laufzeitspezifischen Zinssätzen abgezinst werden, wird aus Vereinfachungsgründen in der Praxis der Unternehmensbewertung regelmäßig versucht, für eine gegebene Zahlungsreihe aus der ermittelten Zinsstrukturkurve eine einheitliche, risikofreie Rendite abzuleiten, die zum gleichen Unternehmenswert führt wie bei Verwendung periodenspezifischer Spot Rates.[590] Sowohl für konstante als auch für wachsende Zahlungsreihen kann aus der Zinsstrukturkurve ein einheitlicher Basiszinssatz abgeleitet werden. Hierzu bietet sich bspw. die Möglichkeit an, eine Zahlungsreihe über einen Zeitraum von 249 Jahren abzubilden, die mit einem Startwert E_0 beginnt und mit einer konstanten Rate w jährlich anwächst. Anschließend können die jährlich wachsenden Überschüsse mit laufzeitspezifischen Spot Rates auf den Bewertungszeitpunkt t_0 diskontiert werden. Der daraus resultierende Ertragswert kann einem Bewertungsmodell gegenübergestellt werden, welches das konstante, unendliche Wachstum im Nenner der Formel kapitalkostenmindernd berücksichtigt:

$$(12) \qquad EW_0 = \sum_{t=1}^{\infty} \frac{E_0(1+w)^t}{\left(1+i_{d,t}\right)^t} = \frac{E_0(1+w)}{i_e - w} \quad i_e > w$$

i_e = barwertäquivalente, risikofreie Rendite

$i_{d,t}$ = diskrete Spot Rate

Bei unendlicher Laufzeit entspricht das Ergebnis des rechten Ausdrucks, welcher das vereinfachte Bewertungsmodell der unendlichen Rente repräsentiert. Mit der Beschränkung des Zeitraums auf insgesamt 249 Jahre im linken Ausdruck der Formel wird der als äquivalent einzustufende Wert der ewigen Rente ebenfalls auf diesen Zeitraum begrenzt, sodass nun der rechte Ausdruck nach i_e aufgelöst werden kann.[591]

Konkret wird mit Hilfe der obigen Formel eine stichtagsbezogene Schätzung der Zinsstruktur angenommen, aus der ein einheitlicher Basiszinssatz berechnet wird. Mit der bereits erwähnten Empfehlung des IDW einer Durchschnittsbildung über den Zeitraum von drei Monaten wird zum einen vom Stichtagsprinzip

---

589 Vgl. Jonas et al., FB 2005, S. 650; kritisch dazu: Obermaier, FB 2006, S. 476. Nach Auffassung von Obermaier überzeugt das Konzept der Duration nicht, da es auf die gewichtete durchschnittliche Laufzeit eines Zahlungsstroms abstellt, dagegen aber die tatsächliche Laufzeit relevant ist.

590 Vgl. Ernst et al., Unternehmensbewertungen, 2012, S. 54.

591 Vgl. Wiese/Gampenrieder, BB 2008, S. 1724.

abgewichen. Zum anderen wird außerdem zur Vermeidung von Scheingenauigkeit einzelner Komponenten des Prognosekalküls sowie zur Komplexitätsreduktion in der Bewertungspraxis vom IDW die Rundung des ermittelten einheitlichen Basiszinssatzes auf 0,25 Prozentpunkte empfohlen, obwohl die Ableitung eines einheitlichen Basiszinssatzes auf Grundlage des NSS-Modells zum exakten Ergebnis führt.[592] In der Rechtsprechung wird die Durchschnittsbildung befürwortet, die Rundung dagegen zumindest in den Fällen abgelehnt, in denen bspw. abzufindende Minderheitsaktionäre einen finanziellen Nachteil erleiden.[593]

2.2.2.6 Zinsstrukturdaten der Europäischen Zentralbank vs. Zinsstrukturdaten der Deutschen Bundesbank

Neben der Möglichkeit, auf die täglich veröffentlichten Schätzparameter der Deutschen Bundesbank zurückzugreifen, können auch Schätzparameter der Europäischen Zentralbank verwendet werden, die sich auf den Euro-Raum beziehen. Grundlage zur Schätzung der Zinsstruktur stellt dabei die Auswahl von 160 auf Euro lautende Staatsanleihen der Zentralstaaten des Euro-Raums mit AAA-Rating und einem Laufzeitspektrum von 3 Monaten bis zu 30 Jahren dar. Ebenso kann auch durch Einsetzen dieser Parameter in die Gleichung die Zinsstrukturkurve ermittelt werden.[594] Allerdings ist zu beachten, dass die durch das NSS-Modell geschätzten Spotrates zeitstetige Zinssätze darstellen. Für Zwecke der Unternehmensbewertungspraxis werden jedoch diskrete jährliche Zinssätze verwendet, woraus sich die Notwendigkeit ergibt, die stetigen Spotrates i_s in diskrete Werte i_d umzurechnen. Mit folgender Gleichung lassen sich die nach NSS-Modell ermittelten stetigen Zinsen i_s in diskrete Zinsen i_d umrechnen:

$$(13) \qquad i_d = e^{i_s} - 1$$

Im Unterschied zur Europäischen Zentralbank schätzt die Deutsche Bundesbank bereits diskrete Zinssätze, sodass nach Einsetzen in die NSS-Gleichung keine weitere Umrechnung notwendig ist. Wenn auch tendenziell gleichmäßige Verläufe zwischen diskreten und stetigen Zinssätzen zu beobachten sind, können dennoch Abweichungen zwischen den Zinsstrukturschätzungen der Bundesbank und Europäischen Zentralbank vor allem im – auf beobachtbaren Marktdaten gestützten – Zeitraum nachgewiesen werden. Mit zunehmendem Zeithorizont fallen diese Abweichungen allerdings geringer aus, was letztlich zu einer Angleichung beider Zinsstrukturkurven führt.[595] Im Vergleich zur Deutschen Bundesbank basiert die

---

592 Vgl. Bericht der 86. Sitzung des AKU.

593 Vgl. LG Frankfurt a.M., Urteil vom 02.05.2006 – 3-05 O 153/04, AG 2007, S. 42ff.

594 Die EZB stellt im Vergleich zur Deutschen Bundesbank die Schätzparameter erst seit 29.12.2006 zum Abruf bereit, vgl. Wiese/Gampenrieder, BB 2008, S. 1725.

595 Der Grund für die Abweichungen zwischen den Zinsstrukturkurven der Deutschen Bundesbank und der Europäischen Zentralbank kann trotz der Auswahl von AAA-Anleihen in möglichen Bonitätsrisiken einzelner europäischer Länder

Ermittlung der Zinsstrukturkurve auf einer wesentlich breiteren Datenbasis in Bezug auf die Auswahl von Staatsanleihen unterschiedlicher Zentralstaaten des Euro-Raums. Zur Plausibilisierung der Zinsstrukturschätzung der Deutschen Bundesbank eignet sich einerseits die Ableitung des Basiszinssatzes auf EZB-Datenbasis. Andererseits ist bei Heranziehung von EZB-Zinsstrukturdaten wiederum ein Rückgriff auf Zinsstrukturdaten der Deutschen Bundesbank gerechtfertigt, falls die Zinsstrukturschätzungen der EZB höher ausfallen, was durch höhere Bonitätsrisiken anderer Euro-Länder im Vergleich zu Deutschland bedingt sein kann, die in zusätzlichen Risikoprämien ihre Berücksichtigung finden.[596]

2.2.3 Empfehlung zur Ableitung des Basiszinssatzes im Rahmen von Unternehmensbewertungen bei grenzüberschreitenden Verschmelzungen

Mit den Bewertungen zweier zu verschmelzender Unternehmen anlässlich einer Hereinverschmelzung einer österreichischen Kapitalgesellschaft auf eine in Deutschland ansässige Kapitalgesellschaft sind zwei wesentliche Herausforderungen verbunden. Zum einen liegt in der ersten Herausforderung die Bestimmung zukünftiger Zahlungsstromgrößen beider Rechtsträger. Zum anderen liegt die zweite Herausforderung in der Ermittlung eines Kapitalisierungszinssatzes, mit dem die ermittelten Zahlungsstromgrößen beider Rechtsträger auf den Bewertungsstichtag diskontiert werden.

Zur Festlegung eines angemessenen Umtauschverhältnisses sind im Vorfeld die zu verschmelzenden Unternehmen auf stand-alone-Basis zu bewerten, wobei zukünftige Zahlungsstromgrößen durch die jeweils eingeschlagene Geschäftspolitik der Unternehmensleitung sowie die durch sie nicht beeinflussbare Umweltentwicklung beeinflusst werden und im Regelfall unterschiedlich hoch ausfallen.[597] Während bspw. in Österreich auf Unternehmensebene die geplanten Überschüsse selbst bei Annahme identischer Ausgangsgrößen schon bereits aufgrund abweichender steuerlicher Regelungen von den Überschüssen des deutschen Rechtsträgers abweichen, münden auch auf unterschiedlicher nationaler Ebene nicht zuletzt die jeweiligen Vorstellungen der Anteilseigner in Bezug auf Renditeforderungen i.d.R. in unterschiedlichen Kapitalisierungszinssätzen. Idealerweise erfolgt die Diskontierung zu einem, für beide Parteien zugrunde gelegten, einheitlichen Kapitalisierungszinssatz, da beim Ansatz unterschiedlicher Kapitalisierungszinssätze solche

gesehen werden, da Währungsrisiken aufgrund der gleichlautenden Währung ausgeschlossen sind. Dies widerspricht jedoch der Annahme eines vollständig risikofreien Schuldners, was den Ausgangspunkt zur Bestimmung des Basiszinssatzes bildet, vgl. Wiese/Gampenrieder, BB 2008, S. 1726.

596 Vgl. Wiese/Gampenrieder, BB 2008, S. 1726.

597 Zur Einschätzung zukünftiger Erträge als Kombination aus Geschäftspolitik und Umweltentwicklung, vgl. Ballwieser/Hachmeister, Unternehmensbewertung, 2013, S. 47f.

Unternehmenswerte resultieren, welche zu einem für die eine Partei vorteilhaften und für die andere Partei entsprechend nachteilhaften Umtauschverhältnis führen, sofern doch eigentlich das Verhältnis der zukünftigen Ertragskraft beider Rechtsträger als Grundlage zur Berechnung eines angemessenen Umtauschverhältnisses maßgeblich gewesen wäre. Insofern würde die Bestimmung eines angemessenen Umtauschverhältnisses nur noch auf die Ertragswerte der beiden beteiligten Rechtsträger reduziert, um Ergebnisverzerrungen zu umgehen, die sich durch die Kapitalisierung mit unterschiedlichen Zinssätzen ergäben.[598]

Wie bereits festgestellt wurde, ist auch seitens der österreichischen Unternehmensbewertungspraxis nichts gegen den Rückgriff auf die Zinsstrukturdaten der Deutschen Bundesbank einzuwenden, da die Arbeitsgruppe Unternehmensbewertung der KWT die Verwendung der Zinsstrukturschätzungen der Deutschen Bundesbank aufgrund ihrer höheren Liquidität empfiehlt. Folglich ist der Ansatz eines für beide beteiligten Parteien geltenden, einheitlichen Basiszinssatzes möglich, womit auch die Bedingungen fehlender Währungs-, Ausfall- und Terminrisiken erfüllt sind. Der hier betrachtete Fall einer grenzüberschreitenden Verschmelzung zwischen zwei EU-Mitgliedstaaten liefert sogar die Befürwortung des Rückgriffs auf EZB-Daten, welche auf einer breiteren Basis europäischer Staatsanleihen basieren.

Wenn auch mit dem Ansatz eines, für beide Parteien geltenden, einheitlichen Basiszinssatzes ein akzeptabler Lösungsweg zur Diskontierung zukünftiger Zahlungsstromgrößen gefunden scheint und damit eine Ableitung eines angemessenen Umtauschverhältnisses dem Gerechtigkeitspostulat genügt, wird allerdings im Zuge des ausschließlichen Ansatzes des Basiszinssatzes als Eigenkapitalkostengröße die Berücksichtigung eines Risikozuschlags vernachlässigt. Das aus den mit Unsicherheit behafteten zukünftigen Überschüssen resultierende Risiko ist bei dieser Verfahrensweise im Zähler zu berücksichtigen, indem die Überschüsse um einen Risikoabschlag gekürzt werden.[599] Der Versuch, unter Zugrundelegung identischer Risikomaßstäbe für beide Parteien zu exakten Abschlägen zu gelangen, ist angesichts vieler Faktoren, die Einfluss auf das Erreichen zukünftiger Überschüsse ausüben[600], schwierig und vor allem mit deutlichem Mehraufwand verbunden als die alternative Berücksichtigung eines Risikozuschlags im Kapitalisierungszinssatz. Im Sinne der Risikoabschlagsmethode Sicherheitsäquivalente zu ermitteln, stellt zwar im Hinblick auf die Risikoeliminierung eine theoretisch zielführende Option dar, jedoch ist diese Methode in der Praxis nicht umsetzbar. Gerade der Bewertungsanlass einer Verschmelzung fordert die Ermittlung von mindestens zwei objektivierten Unternehmenswerten, womit angesichts einer Vielzahl an Anteilseignern die

598 Vgl. Gmeling, in: Deutsche Gesellschaft für Betriebswirtschaft, Verschmelzung, 1970, S. 52; Elmendorff, WPG 1966, S. 554; Bitzer, Probleme der Prüfung des Umtauschverhältnisses, 1987, S. 65f.

599 Vgl. Obermaier, FB 2004, S. 2761.

600 Darunter fallen z.B. der Marktauftritt des Unternehmens oder deren Kapitalstruktur.

Herleitung einzelner Risikonutzenfunktionen und deren anschließende Verdichtung auf ein einheitliches Risikoniveau erst recht einen viel zu großen Aufwand darstellen würde, selbst wenn überhaupt das Risikoverhalten einzelner Anteilseigner in Form einer Risikonutzenfunktion gem. der *Bernoulli*-Theorie formulierbar wäre.[601]

Bezieht man ergänzend zur Anteilseignerbetrachtung die Interessensgruppe der Fremdkapitalgeber und damit die Einflüsse der Fremdfinanzierung auf die Kapitalisierungszinssätze der beteiligten Rechtsträger mit ein, entzieht sich die Festlegung eines, für beide Parteien geltenden, einheitlichen Kapitalisierungszinssatzes umso mehr einer gemeinsamen Basis. Mit der Auswahl einer Bruttomethode im Rahmen der DCF-Verfahren, bei der Risikozuschläge sowohl für Eigen- als auch Fremdkapitalgeber ausschließlich im Kapitalisierungszinssatz berücksichtigt werden, nimmt das Problem in Bezug auf die Festlegung eines einheitlichen Kapitalisierungszinssatzes noch größere Ausmaße an. Bei Anwendung des Ertragswertverfahrens stellt dagegen die Ableitung eines einheitlichen Basiszinssatzes gem. der Zinsstrukturschätzungen der EZB einen anscheinend für beide Seiten gangbaren Weg dar, wobei dennoch die Risikoberücksichtigung an dieser Stelle ausgeblendet wird. Die Ertragswertmethode reduziert zumindest den Blickwinkel auf den Anteilseigner und beinhaltet bereits Zahlungen an Fremdkapitalgeber in Form von Zinsaufwendungen und bildet Veränderungen des Fremdkapitals durch Saldierung von Fremdkapitalaufnahme und -tilgung ab, sodass der gesuchte Kapitalisierungszinssatz nur noch die Eigenkapitalkosten darstellt.[602] Obwohl die mit der Fremdfinanzierung in Zusammenhang stehenden Zahlungen bereits berücksichtigt werden, bedeutet dies jedoch nicht die gleichzeitige Eliminierung des Kapitalstrukturrisikos, welches hauptsächlich von der Entwicklung des Verschuldungsgrades abhängig ist und sich als Bestandteil eines Risikozuschlags ausdrückt.[603]

Im wahrsten Sinne des Wortes stellt der aus EZB-Daten abgeleitete Basiszinssatz den kleinsten gemeinsamen Nenner in den Kalkülen beider zu bewertender Unternehmen dar. Die Diskontierung zukünftiger Zahlungsströme zum einheitlichen Basiszinssatz ist aber nur in dem Fall gerechtfertigt, wenn die Schätzung sicherer zukünftiger Erfolge unter Zugrundelegung von Risikomaßstäben erfolgt, welche durch jede beteiligte Partei in identischer Form im Rahmen der jeweiligen Unternehmensbewertung wahrgenommen werden. Das bloße Ausweichen vom DCF- auf das Ertragswertverfahren und der damit verbundenen Beschränkung auf Eigenkapitalkosten im Nenner führt allerdings nicht zur automatischen Eliminierung des Kapitalstrukturrisikos und trägt insofern nicht zur Eingrenzung der insgesamt zu berücksichtigenden Risiken bei.

---

601 Vgl. Ballwieser/Hachmeister, Unternehmensbewertung, 2013, S. 70f.

602 Diese Vorgehensweise wird bspw. dem Flow-To-Equity-Verfahren zugrunde gelegt.

603 Vgl. Metz, Kapitalisierungszinssatz, 2007, S. 114f.; die explizite Berücksichtigung des Kapitalstrukturrisikos fordernd, vgl. Heurung et al., WPG 1999, S. 799.

2.3 *Risikozuschlag*

2.3.1 Grundlagen

Die Ungewissheit darüber, in welchem Maße die prognostizierten finanziellen Überschüsse tatsächlich eintreffen werden, erfordert eine gesonderte Berücksichtigung dieses Risikos im Bewertungskalkül, da das Verhalten des Investors grundsätzlich als risikoscheu einzustufen ist.[604] Entweder kann hierzu das Risiko durch Abschläge in den geplanten finanziellen Überschüssen eliminiert werden oder alternativ der Basiszinssatz um einen Risikozuschlag erhöht werden.[605] Eine Anwendung der Risikoabschlagsmethode kommt im Fall eines subjektiv zu ermittelnden Unternehmenswerts in Betracht, um ein – die Risikoeinschätzung des einzelnen Investors beinhaltendes – Ergebnis zu erzielen, das folglich nur aus Sicht des einzelnen Investors den richtigen Unternehmenswert repräsentiert. Wie bereits festgestellt, steht im Zuge der objektivierten Unternehmensbewertung im Rahmen der grenzüberschreitenden Verschmelzung und des dahinter stehenden breiten Publikums eine Vereinheitlichung des Risikoverhaltens aller Anteilseigner einem hohen Aufwand gegenüber. Zur Darstellung des Risikos im Bewertungskalkül bietet sich daher die Risikozuschlagsmethode an, die im Einklang mit den Empfehlungen der Fachgutachten des IDW sowie KWT steht.[606]

Für die Bestimmung von Alternativrenditen werden anstelle von risikolosen festverzinslichen Wertpapieren nun Aktienportfolios herangezogen[607], da die Annahme der Alternativinvestition in risikolose festverzinsliche Wertpapiere eine vereinfachende Annahme darstellte und aus risikotheoretischer Sicht zurecht kritisiert worden ist.[608] Im Vergleich zum Kauf von festverzinslichen risikofreien Wertpapieren werden Investitionen in Unternehmen mit vergleichbaren Risikostrukturen hohe Risiken beigemessen, was den Ansatz einer Risikoprämie im Kapitalisierungszinssatz rechtfertigt.[609] Obwohl der als risikolos geltende Basiszinssatz immerhin auch einen Zuschlag in Form einer Geldentwertungsprämie enthält, sind weitere Risiken zu berücksichtigen, die für die Schwankungen der

604 Vgl. Drukarczyk/Schüler, Unternehmensbewertung, 2009, S. 39.

605 Vgl. Baetge et al., Peemöller, Praxishandbuch UB, 2012, S. 380.

606 Beide Standards verweisen darauf, dass die Risikozuschlagsmethode in der nationalen und internationalen Bewertungspraxis erheblich mehr Zuspruch findet. Vgl. IDW S 1 i.d.F. 2008, Tz. 88ff.; KFS BW 1 i.d.F. 2006, Tz. 65f; KFS BW 1, Entwurf vom 01.10.2013, Tz. 107.

607 Vgl. IDW S 1 i.d.F. 2008, Tz. 115.

608 Vgl. Laitenberger/Bahr, FB 2002, S. 703; Tschöpel, Risikoberücksichtigung, 2004, S. 245.

609 Umgekehrt sind auch Risikoabschläge im Zähler des Kalküls anhand empirischer Daten des Aktienmarktes bestimmbar, da Aktienrenditen einen Risikozuschlag enthalten. Dies stellt aber einen indirekten Weg zur Risikoabschlagsbestimmung dar, da zunächst im ersten Schritt Risikozuschläge vom Kapitalmarkt her abgeleitet werden, die dann im zweiten Schritt den Maßstab für die Minderung geplanter Erträge des zu bewertenden Unternehmens bilden.

Zahlungsströme verantwortlich sind. Das gesamte Risiko, bestehend aus operativem Risiko und Finanzierungsrisiko, kann wiederum in das systematische und unsystematische Risiko untergliedert werden. Während unsystematische Risiken durch den Investor durch entsprechende Streuung seines zur Verfügung stehenden Geldkapitals auf Beteiligungen in unterschiedliche Unternehmen gemildert oder sogar gänzlich eliminiert werden können, umfassen systematische Risiken solche Einflussfaktoren, die jedes Unternehmen in einer Volkswirtschaft betrifft, also in das gesamtwirtschaftliche und politische Umfeld eingeordnet werden können und weder durch Unternehmensleitungen noch durch Anleger mittels Diversifizierung zu beseitigen sind.[610] Dem systematischen Risiko ist das Investitionsrisiko zuzuordnen und, sofern nicht von reiner Eigenfinanzierung des Unternehmens ausgegangen wird, auch das Kapitalstrukturrisiko.[611]

Für den Ansatz eines Risikozuschlags im Kapitalisierungszinssatz verbleibt das systematische Risiko als zentraler Bestandteil.[612] Unabhängig von der Rechtsform des Unternehmens verweisen beide Fachgutachten auf die Verwendung von Renditen des Kapitalmarktes, die anhand von Aktienportfolios abgeleitet werden können.[613] Mit Hilfe des CAPM-Modells kann aus diesen Renditen bei Gegenüberstellung des Basiszinssatzes die Höhe des Risikozuschlags bestimmt werden, der das gesamte (allgemeine und spezielle) Unternehmensrisiko berücksichtigt.[614]

2.3.2 Ermittlung des systematischen Risikos anhand des CAPM

Die Risikoprämie als wesentlicher Bestandteil des Risikozuschlages[615] wird üblicherweise mit Hilfe des national und international anerkannten kapitalmarkttheoretischen Capital Asset Pricing Model (CAPM) ermittelt.[616] Das CAPM-Modell

---

610 Vgl. Wollny, Der objektivierte Unternehmenswert, 2010, S. 342.

611 Der Ergänzung um das Kapitalstrukturrisiko liegt die Tatsache zugrunde, dass die Risiken nur von Eigenkapitalgebern getragen werden, da Zahlungen an Fremdkapitalgeber fix sind. Bei gegebenem operativen Risiko steigt das auf jede Eigenkapital-Einheit entfallende Risiko bei zunehmendem Verschuldungsgrad an, vgl. Metz, Kapitalisierungszinssatz, 2007, S. 114.

612 Der Risikozuschlag kann auch Bestandteile des unsystematischen Risikos beinhalten, da bspw. beim Erwerb großer Beteiligungen möglicherweise keine perfekte Diversifikation erreicht wird. In solchen Fällen ist allerdings zu prüfen, inwieweit diese Risiken bereits in Form von Abschlägen in den Erträgen berücksichtigt wurden, um Doppelzählungen zu verhindern.

613 Vgl. Stehle, WPG 2004, S. 919ff.

614 Vgl. IDW S 1 i.d.F. 2008, Tz. 90 / 114f.; KFS BW 1 i.d.F. 2006, Tz. 65 / 73 / 87; KFS BW 1, Entwurf vom 01.10.2013, Tz. 107 / 109.

615 Die Marktrisikoprämie ist mit dem unternehmensspezifischen Betafaktor zu gewichten, was im Ergebnis zum unternehmensindividuellen Risikozuschlag führt.

616 Eine alternative Methode zur Ermittlung von Kapitalkosten – insbesondere Risikozuschläge – wie z.B. der Ansatz von *Gleißner* zur Bewertung nicht börsennotierter Unternehmen ist zwar ebenfalls anwendbar, jedoch in der Praxis gegenüber dem CAPM-Modell kaum ausgeprägt, vgl. Gleißner/Wolfrum, FB 2008, S. 602ff.

basiert auf der ursprünglich von *Markowitz* abgeleiteten Portfoliotheorie, nach der ein Anleger durch die Auswahl verschiedener risikobehafteter Wertpapiere (Diversifikation) eine Risikoreduktion erreichen kann. Ziel des Anlegers ist es hauptsächlich, durch die Aufteilung seines Anfangsvermögens auf das sichere Wertpapier und das Marktportfolio die bestmögliche Rendite-Risikokombination zu realisieren. Folgende Annahmen werden mit dem CAPM-Modell vorausgesetzt:

- Existenz eines vollkommenen Kapitalmarktes,
- einzelne Anleger haben keinen Einfluss auf die Marktpreise,
- alle Anlagen sind marktfähig und beliebig teilbar,
- Anleger haben homogene Erwartungen und
- es sind risikofreie Anlagen verfügbar und es besteht die Möglichkeit, Geld in unbeschränkter Höhe zum sicheren Zinssatz aufzunehmen bzw. anzulegen.[617]

Aus den Voraussetzungen für das CAPM-Modell resultiert, dass alle am Markt gehandelten Finanztitel in das Marktportfolio eingehen. Entgegen der Realität werden identische und unsichere Erwartungen aller Investoren unterstellt und Transaktionskosten, Steuern und Gebühren ignoriert. Einer marktorientierten Bestimmung des Risikozuschlags kommt das Modell schon deshalb nicht entgegen, weil Investoren keine identischen Erwartungen haben. Außerdem handelt es sich um ein einperiodiges Modell, welches dennoch im Rahmen von Unternehmensbewertungen für mehrere zukünftige Perioden angewendet wird.[618] Im Vordergrund von Unternehmensbewertungen stehen die Einschätzungen zukünftiger Erträge, die mit einem Diskontierungszinssatz abgezinst werden müssen. Daher kann das CAPM auch als ein ex-ante-Modell betrachtet werden, da der zu bestimmende Diskontierungszinssatz folglich die in Zukunft zu erwartende Rendite reflektieren muss. Anhaltspunkte zur Schätzung der zukünftigen Marktrisikoprämie liefern jedoch historische Schätzwerte, auf deren Basis eine Extrapolation vorgenommen werden kann. Dabei kann es aber je nach gewähltem Zeithorizont zu erheblichen Schwankungen der Marktrisikoprämie kommen. Ein umso längerer Zeithorizont liefert aufgrund der Berücksichtigung von Boomphasen und Rezessionen im Gegensatz zu kürzeren, gegenwartsnäheren Zeithorizonten bessere Schätzwerte für die Zukunft. Gegen die Verwendung von weit in der Vergangenheit zurückliegenden Daten spricht aber die Herausforderung, den Zukunftserfolg und damit den Fortführungswert des zu bewertenden Unternehmens gerade nicht auf Basis von Vergangenheitswerten zum Bewertungsstichtag abzubilden. Dazu kommt das Problem, dass die zukünftige Marktrisikoprämie durch Änderungen der Besteuerung

617 Vgl. Metz, Kapitalisierungszinssatz, 2007, S. 184–185.

618 Unter bestimmten Bedingungen kann das CAPM-Modell auf den Mehrperiodenfall übertragen werden, vgl. Drukarczyk/Schüler, Unternehmensbewertung, 2009, S. 59ff.

von Dividendenerträgen und Kursgewinnen bei natürlichen Personen beeinflusst wird.[619]

Die Marktrisikoprämie ergibt sich nach dem CAPM-Modell rechnerisch aus der langfristigen, durchschnittlichen Differenz zwischen der Rendite eines Aktienindexes wie den DAX, MDAX, CDAX, EuroStoxx oder REX und der Rendite des risikolosen Basiszinssatzes[620], was in der folgenden Formel zum Ausdruck gebracht wird:

$$(14) \qquad r_{EK} = r_f + (r_M - r_f) * \beta$$

r_{EK} = Eigenkapitalkosten

r_f = Rendite des risikofreien Wertpapieres

r_M = Rendite des Marktportfolios

β = unternehmensspezifischer Betafaktor[621]

Entgegen der Grundannahme des CAPM beinhalten die jeweiligen Indices nicht alle gehandelten Finanztitel. Die anhand dieser Indices zu bestimmende Aktienrendite stellt daher nicht die exakte Rendite, sondern nur eine Annäherung an die Rendite des Marktportfolios dar. In diesem Zusammenhang stammen die aktuellsten Untersuchungen von *Stehle*, der die Ermittlung der Marktrisikoprämie auf Basis des CDAX-Portfeuilles empfiehlt,[622] wonach ein Ansatz für die Marktrisikoprämie in Höhe von 5,51% vor persönlichen Steuern resultiert. Die zu berücksichtigende Rendite langfristiger Bundeswertpapiere entspricht dabei der risikofreien Rendite im CAPM-Modell, welche dem Basiszinssatz entspricht. Die Marktrisikoprämie, welche noch mit dem unternehmensspezifischen Betafaktor zu gewichten ist, stellt insoweit die erwartete Überrendite bei Anlage in risikobehaftete statt in risikolose Wertpapiere dar, d.h. durch die Marktrisikoprämie wird das höhere Risiko abgegolten, das sich mit der Investition in Aktien, anstelle der Anlage zum Basiszinssatz, ergibt.[623]

---

619 Die Umstellung der Besteuerung von Dividendenerträgen bei natürlichen Personen auf das Halbeinkünfteverfahren in 2001/2002 sowie die Aufhebung des Halbeinkünfteverfahrens zu Gunsten einer einheitlichen Abgeltungsteuer für Dividendenerträge und Zinserträge sowie Kursgewinne im Rahmen der Steuerreform 2008 sind hier zu nennen.

620 Vgl. Stehle, WPG 2004, S. 921.

621 Der Betafaktor ist definiert als Bruch aus Kovarianz der Rendite der Wertpapiere des zu bewertenden Unternehmens mit der Rendite des Marktportfolios und Varianz der Rendite des Marktportfolios, vgl. Rausch, Unternehmensbewertung, 2008, S. 104.

622 Vgl. Stehle, WPg 2004, S. 921.

623 Die Marktrisikoprämie beinhaltet nur das systematische Risiko, da das Marktportfolio im Gegensatz zum risikofreien Wertpapier nur diesem Risiko unterliegt, das der Anleger nicht ausräumen kann und daher eine entsprechende Prämie erhält.

Das CAPM-Modell stellt daher insofern ein abgeschlossenes theoretisches Modell dar und sieht keine weiteren Zuschläge, wie etwa Zuschläge für geringe Unternehmensgrößen, fehlende Börsennotierung und die daraus resultierenden Mobilitäts-, Fungibilitäts- oder Illiquiditätszuschläge, vor. Während das Fachgutachten KFS BW 1 i.d.F. 2006 die Würdigung der Angemessenheit der auf Basis des CAPM ermittelten Risikoprämie durch den Wirtschaftstreuhänder vorsieht und dem Bewerter die Möglichkeit eröffnet, Anpassungen in Form weiterer möglicher Zuschläge vorzunehmen,[624] enthält der Entwurf vom 01.10.2013 die ergänzende Empfehlung, dass eine vom CAPM abweichende Bestimmung der Eigenkapitalkosten nach anderen üblichen und anerkannten Verfahren vorzuziehen ist, falls die Umstände des konkreten Bewertungsanlasses dies rechtfertigen.[625]

2.3.3 Empfehlungen zur Höhe der Marktrisikoprämie

2.3.3.1 Empfehlungen des IDW

Ausgehend von empirischen Untersuchungen von *Stehle* in Bezug auf die langfristigen Untersuchungen zur Schätzung von Marktrisikoprämien für den deutschen Kapitalmarkt wurde vor Verabschiedung der Unternehmensteuerreform 2008 unter Berücksichtigung des damals geltenden Halbeinkünfteverfahrens vom Fachausschuss für Unternehmensbewertung (FAUB) der Ansatz einer Marktrisikoprämie in Höhe von 4,5% vor persönlichen Steuern sowie in Höhe von 5,5% nach persönlichen Steuern empfohlen.[626]

Mit Einführung der Abgeltungsteuer im Rahmen der Unternehmensteuerreform 2008 wurde diese Empfehlung zur Marktrisikoprämie auf einen Ansatz von 5% sowohl vor als auch nach persönlichen Steuern korrigiert. Hintergrund war die für Bewertungsstichtage ab 07.07.2007 bereits zu beachtende Besteuerung von Dividenden mit Abgeltungsteuer zzgl. Solidaritätszuschlag anstelle des hälftigen typisierten persönlichen Steuersatzes. Die Überlegungen des FAUB basierten auf der Vorstellung, dass im Zuge der Erhöhung von persönlichen Steuern inländische, unbeschränkt steuerpflichtige natürliche Personen bestrebt sein werden, höhere Renditeforderungen am Kapitalmarkt durchsetzen zu wollen, um ihre Rendite nach Abzug persönlicher Steuern konstant zu halten.[627] Soweit ein Großteil der Marktteilnehmer nicht

---

624 Vgl. KFS BW 1 i.d.F. 2006, Tz. 72.

625 Vgl. KFS BW 1, Entwurf vom 01.10.2013, Tz. 117. Darüber hinaus wurde die Empfehlung zur Berücksichtigung des Mobilitätsrisikos in den Fällen, in denen von einer begrenzten Haltedauer ausgegangen wird (KFS BW 1 i.d.F. 2006, Tz. 62), in der Entwurfsfassung vom 01.10.2013 nicht mehr aufgenommen. IDW S 1 i.d.F. 2008 enthält keine Aussagen zum Mobilitätsrisiko, dennoch wird die generelle Ablehnung des österreichischen Fachgutachtens auch im deutschsprachigen Schrifttum vertreten, vgl. Bachl, Unternehmensbewertung, 2013, S. 44; Mandl/Rabel, Unternehmensbewertung, 2002, S. 233f.; Kruschwitz et al., Unternehmensbewertung, 2009, S. 140f.

626 Vgl. Bericht der 95. Sitzung des FAUB, S. 4.

627 Vgl. Bericht der 95. Sitzung des FAUB, S. 3.

betroffen ist, so die damalige Annahme des FAUB, ist im Hinblick auf die wahrscheinliche (Nicht-)Durchsetzbarkeit der betroffenen Minderheit nur von geringfügigen Erhöhungen der Kapitalmarktrenditen auszugehen, womit im Gegenzug aufgrund der höheren persönlichen Steuerbelastung die Absenkung der bisherigen empfohlenen Marktrisikoprämie nach persönlichen Steuern anzunehmen ist.[628]

Die bis zum 31.12.2008 noch zu vernachlässigende effektive Veräußerungsgewinnbesteuerung auf Kursgewinne und dem gleichzeitigen Wegfall der Annahme langer Haltedauern fand schließlich für Bewertungsstichtage ab 01.01.2009 entsprechende Berücksichtigung im Zähler des Bewertungskalküls, indem fortan entsprechende Werte in Höhe von 5% vor persönlichen Steuern und 4,5% nach persönlichen Steuern vorgeschlagen wurden.[629] Die aktuelle Empfehlung des FAUB zur Marktrisikoprämie beläuft sich auf die Orientierung einer Bandbreite von 5,5%–7% vor persönlichen Steuern sowie entsprechend 5%–6% nach persönlichen Steuern. Zur Begründung führt das IDW die Berücksichtigung von veränderten Einflussparametern im Zuge der Finanzmarktkrise an. Darunter fällt insbesondere die erwartete gestiegene Risikotoleranz, welche die angenommenen mindernden Trendentwicklungen von *Stehle* überlagert.[630] Nach wie vor beruhen diese Empfehlungen jedoch auf Grundlage historisch messbarer Marktrisikoprämien.[631]

2.3.3.2 Empfehlungen der KWT

Aufgrund mehrerer vorliegender empirischer Untersuchungen zu verschiedenen Kapitalmärkten und der Abweichungen zwischen geometrisch und arithmetisch berechneter, durchschnittlicher Marktrisikoprämien, welche gleichermaßen auf wissenschaftlich fundierte Zustimmung stoßen[632], schlug die Arbeitsgruppe Unternehmensbewertung der KWT für die österreichische Unternehmensbewertungspraxis in ihrer Empfehlung vom 11.12.2006 den Ansatz einer Marktrisikoprämie vor persönlichen Steuern i.H.v. 4,5% bis 5,0% mit Bezug auf das Standard CAPM vor.[633]

---

628 Für eine in Zukunft zu erwartende geringere Marktrisikoprämie liefert Stehle weitere Argumente wie sinkende Transaktionskosten, bessere Diversifikationsmöglichkeiten und ein niedrigeres Risiko von Kursschwankungen, vgl. Stehle, WPG 2004, S. 921.

629 Vgl. Wagner et al., WPG 2008, S. 747; Dörschell et al., Kapitalisierungszinssatz, 2009, S. 116f.

630 Am 19.09.2012 hat der FAUB u.a. aktualisierte Hinweise zur Berücksichtigung der Finanzmarktkrise bei der Ermittlung der Marktrisikoprämie auf Grundlage des CAPM/TAX-CAPM im schriftlichen Verfahren verabschiedet, vgl. Bericht der 108. Sitzung des FAUB, S. 2.

631 Zur Plausibilisierung wurden lediglich ergänzende ex ante-Analysen von Finanzanalysten und Ratingagenturen zur Prognose implizit ermittelter Marktrisikoprämien herangezogen, vgl. Bericht der 109. Sitzung des FAUB, S. 2.

632 Vgl. Trentini, Quo usque tandem...?, 2010, S. 629.

633 Vgl. Empfehlung der Arbeitsgruppe Unternehmensbewertung vom 11.12.2006. Für Österreich existieren derartige Erhebungen wie die von *Stehle* nicht.

Für die Marktrisikoprämie nach persönlichen Steuern wurde ein Wert von 5,0% empfohlen. Hierbei orientierte man sich in der österreichischen Literatur an den Empfehlungen des FAUB, der in Deutschland für Bewertungsstichtage ab 07.07.2007 bis zum 31.12.2008 einen Wert von 5% vorsah. Aufgrund der Belastung von Zins- und Zinseinkünften mit Kapitalertragsteuer in Höhe von 25% sowie der Steuerfreiheit auf Kursgewinne ist für den Zeitraum vom 07.07.2007 bis 31.12.2008 das deutsche Steuersystem mit dem österreichischen Steuersystem – abgesehen vom in Deutschland noch zu berücksichtigenden Solidaritätszuschlag in Höhe von 5,5% – gut vergleichbar. Vor diesem Hintergrund erschien es für den österreichischen Markt als Näherung vertretbar, eine Marktrisikoprämie nach Steuern i.H.v. ungefähr 5% bei der Bewertung zugrunde zu legen.[634]

Die beschlossene Änderung des österreichischen Steuersystems in Bezug auf die Besteuerung von Kursgewinnen für Bewertungsstichtage ab dem 01.04.2012 hat die Arbeitsgruppe Unternehmensbewertung der KWT veranlasst, eine höhere Marktrisikoprämie zu empfehlen. Statt wie bisher von einer Marktrisikoprämie in Höhe vor persönlichen Steuern in Höhe von 4,5% bis 5% auszugehen, wurde nun eine Bandbreite von 4,5% bis 5,5% empfohlen mit dem Hinweis, dem „oberen Rand der empfohlenen Bandbreite Rechnung zu tragen".[635] Schließlich wurde diese Empfehlung durch die Arbeitsgruppe letztmals am 04.10.2012 erneut korrigiert und eine noch höhere Bandbreite zur Marktrisikoprämie von 5,5% bis 7,0% empfohlen. Begründet wurde dieser Schritt damit, dass die Wirtschafts- und Finanzkrise der Jahre 2008/2009 sowie die in 2011 einsetzende Staatsschuldenkrise Extremsituationen darstellen, die durch den historischen Durchschnittswert eines langfristigen Vergangenheitszeitraumes nicht hinreichend abgebildet werden und somit die Vergleichbarkeit mit üblichen Konjunktur- und Kapitalmarktschwankungen nicht mehr zu rechtfertigen ist.[636]

2.3.3.3 Zur Höhe der Marktrisikoprämie vor und nach persönlichen Steuern

2.3.3.3.1 Analyse der Empfehlungen des IDW

Während die Umstellung der Besteuerung auf das Halbeinkünfteverfahren Auswirkungen auf die Marktrisikoprämie hatte, wirkt sich die Besteuerung mit der Abgeltungsteuer erneut auf die Marktrisikoprämie aus, womit Anpassungen im CAPM-Modell abermals erforderlich werden.[637] Die folgende Übersicht zeigt den Einfluss der Marktanpassungen auf die Höhe der Eigenkapitalkosten, sowohl vor als auch nach persönlichen Steuern gerechnet. Den Ausgangspunkt stellen jeweils die Empfehlungen des FAUB dar.

---

634 Vgl. Rabel, RWZ 2009, S. 305f.

635 Empfehlung der Arbeitsgruppe Unternehmensbewertung vom 17.01.2012.

636 Vgl. Empfehlung der Arbeitsgruppe Unternehmensbewertung vom 04.10.2012.

637 Darüber hinaus schlagen sich die durch die Finanzmarktkrise bedingten Einflussparameter in höheren Marktrisikoprämien nieder. Die daraus folgenden Marktanpassungen finden ebenfalls Berücksichtigung im CAPM-Modell.

Abbildung 2: Empfehlungen des FAUB zur Vor- und Nachsteuerrendite auf Basis des CAPM-Modells (Deutschland)

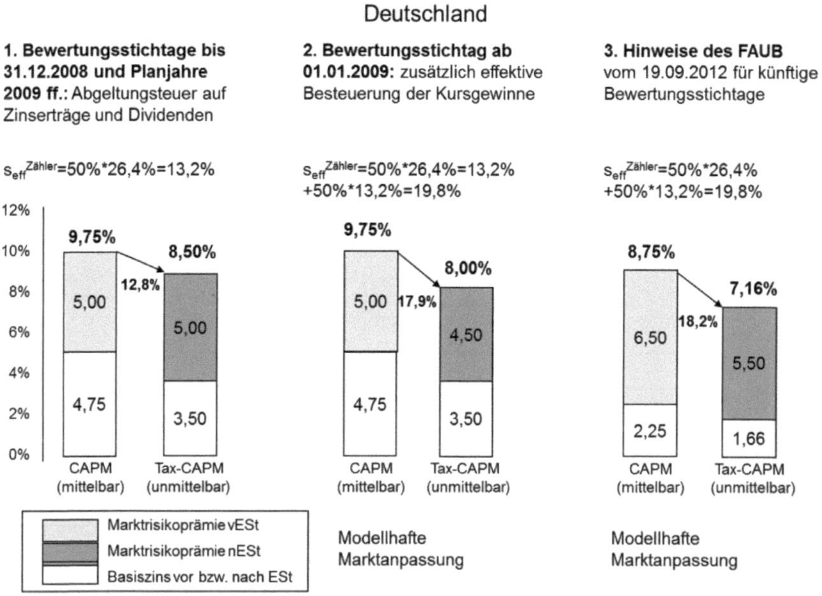

Dem Rechenschritt von der Vorsteuerrendite gem. CAPM zur Rendite nach persönlichen Steuern wird die Annahme einer Ausschüttungsquote in Höhe von 50% zugrunde gelegt. Daraus ergibt sich – wie in der Abbildung dargestellt, eine Steuerbelastung aus Sicht des Anteilseigners in Höhe von gerundet 13,2%, die zu Bewertungsstichtagen vor dem 31.12.2008 ausschließlich für Zinserträge und Dividenden zu berücksichtigen ist. Damit ist der Ansatz einer entsprechenden (empfohlenen) Marktrisikoprämie von 5% zu rechtfertigen, sodass in Summe eine entsprechende Nachsteuerrendite von 8,5% resultiert. Mit Berücksichtigung der Abgeltungsteuer zu Bewertungsstichtagen ab 01.01.2009 kann folglich von einer höheren Steuerbelastung aufgrund der zusätzlich zu besteuernden Kursgewinne in Höhe der hälftigen Abgeltungsteuer zuzüglich Solidaritätszuschlag ausgegangen werden. Dies führt zur sachgerechten Annahme einer fortan geringeren Marktrisikoprämie, was eine geringere Nachsteuerrendite zur Folge hat. Die nachstehende Tabelle zeigt überblicksartig die Entwicklung der Marktrisikoprämie nach persönlichen Steuern in Abhängigkeit unterschiedlicher Marktrisikoprämien vor persönlichen Steuern innerhalb der Bandbreite der Empfehlungen des FAUB vom 29. November 2007[638] sowie steigenden Basiszinssätzen, wobei die Annahmen einer Ausschüttungsquote

638 Vgl. Bericht der 95. Sitzung des FAUB.

von 50% sowie eine effektive Steuerbelastung in Höhe von insgesamt 19,78% als konstant angenommen werden.

Tabelle 20: Entwicklung der Marktrisikoprämie nach persönlichen Steuern in Deutschland (I)

Ausschüttungsquote: 50,00%		Bewertungsstichtage ab 01.01.2009		
eff. Steuerbelastung: 19,78%				
Wertbeitrag aus Thes.: 50,00%		**Marktrisikoprämie v. St.**	**Marktrisikoprämie v. St.**	**Marktrisikoprämie v. St.**
		4,50%	5,00%	5,50%
Basiszinssatz v.St.	**Basiszinssatz n.St.**	**Marktrisikoprämie n.St.**	**Marktrisikoprämie n.St.**	**Marktrisikoprämie n.St.**
1,00%	0,74%	3,68%	4,08%	4,48%
1,25%	0,92%	3,69%	4,09%	4,49%
1,50%	1,10%	3,71%	4,11%	4,51%
2,00%	1,47%	3,74%	4,14%	4,54%
2,25%	1,66%	3,76%	4,16%	4,56%
2,50%	1,84%	3,77%	4,18%	4,58%
2,75%	2,02%	3,79%	4,19%	4,59%
3,00%	2,21%	3,81%	4,21%	4,61%
3,25%	2,39%	3,82%	4,23%	4,63%
3,50%	2,58%	3,84%	4,24%	4,64%
3,75%	2,76%	3,86%	4,26%	4,66%
4,00%	2,95%	3,87%	4,27%	4,68%
4,25%	3,13%	3,89%	4,29%	4,69%
4,50%	3,31%	3,91%	4,31%	4,71%
4,75%	3,50%	3,92%	4,32%	4,73%
5,00%	3,68%	3,94%	4,34%	4,74%

Die in der Tabelle grau markierte Zeile enthält die maßgeblichen Größen zur Zusammensetzung des in Abbildung (2) dargestellten Kapitalisierungszinssatzes für Bewertungsstichtage ab 01.01.2009. Kommt der Mittelwert der vom FAUB empfohlenen Bandbreite zur Marktrisikoprämie vor persönlichen Steuern zum Ansatz (5,0%), liegt der exakte Wert einer Marktrisikoprämie nach persönlichen Steuern bei 4,32%, womit der steuerlich bedingte Renditeabstand von 19,78% vollständig abgebildet wird. Eine von 4,32% auf 4,5% aufgerundete Marktrisikoprämie nach persönlichen Steuern liefert bei einem, zum Zeitpunkt des 01.01.2009, beobachtbaren Basiszinssatz von 4,75% in der Konsequenz ein hinreichendes Argument zur Erklärung des steuerlich bedingten Renditeabstands in Höhe des gerundeten Wertes von 17,9%, der die maximale Steuerbelastung zumindest noch annähernd erreicht.[639] Eine Erhöhung der Marktrisikoprämie vor persönlichen Steuern auf 5,5% führt dagegen zu einer Marktrisikoprämie nach persönlichen Steuern in Höhe von 4,73%, womit ein aufgerundeter Wert von 4,75% einer effektiven Steuerbelastung von 19,5% entspricht und den Maximalwert nahezu vollständig erreicht. Die Empfehlung vom 19.09.2012, die Markrisikoprämie innerhalb einer Bandbreite zwischen 5,5% und 7% festzulegen, führt – der Darstellung in Abbildung (2) folgend – bei Annahme einer Marktrisikoprämie vor persönlichen Steuern von 6,5% zum Mittelwert der empfohlenen Bandbreite von 5% bis 6%, die für den Ansatz der Marktrisikoprämie nach persönlichen Steuern vorgesehen ist.[640] Das Ergebnis lässt sich auch durch die folgende tabellarische Übersicht hinreichend belegen.

Tabelle 21: Entwicklung der Marktrisikoprämie nach persönlichen Steuern in Deutschland (II)

Ausschüttungsquote: 50,00%		**Bewertungsstichtage ab 19.09.2012**		
eff. Steuerbelastung: 19,78%				
Wertbeitrag aus Thes.: 50,00%		**Marktrisikoprämie v. St.**	**Marktrisikoprämie v. St.**	**Marktrisikoprämie v. St.**
		6,00%	6,50%	7,00%
Basiszinssatz v.St.	**Basiszinssatz n.St.**	**Marktrisikoprämie n.St.**	**Marktrisikoprämie n.St.**	**Marktrisikoprämie n.St.**
1,00%	0,74%	4,88%	5,28%	5,68%
1,25%	0,92%	4,90%	5,30%	5,70%
1,50%	1,10%	4,91%	5,31%	5,71%
2,00%	1,47%	4,95%	5,35%	5,75%
2,25%	1,66%	4,96%	5,36%	5,76%
2,50%	1,84%	4,98%	5,38%	5,78%
2,75%	2,02%	4,99%	5,40%	5,80%
3,00%	2,21%	5,01%	5,41%	5,81%
3,25%	2,39%	5,03%	5,43%	5,83%
3,50%	2,58%	5,04%	5,45%	5,85%
3,75%	2,76%	5,06%	5,46%	5,86%
4,00%	2,95%	5,08%	5,48%	5,88%
4,25%	3,13%	5,09%	5,49%	5,90%
4,50%	3,31%	5,11%	5,51%	5,91%
4,75%	3,50%	5,13%	5,53%	5,93%
5,00%	3,68%	5,14%	5,54%	5,95%

639 Die Aufrundung auf 25 Prozentpunkte dient zum einen der plausibleren Darstellung. Zum anderen stellt diese Marktrisikoprämie den Mittelwert der empfohlenen Bandbreite auf Basis nach persönlicher Besteuerung dar. Bei Abrundung der exakten Marktrisikoprämien wird die effektive Steuerbelastung von 19,78% überschritten, was nicht sachgerecht ist.

640 Vgl. Bericht der 108. Sitzung des FAUB.

Den Empfehlungen des FAUB folgend, liegt der Mittelwert der Bandbreite zur Marktrisikoprämie vor Steuern, gemessen am Intervall von 5,5%–7%, strenggenommen bei 6,25%. Jedoch stellt sich, bezugnehmend auf den Mittelwert in Höhe von 5,5% nach persönlichen Steuern, bei angenommener Ausschüttungsquote im Hinblick auf die persönliche Steuerbelastung in Höhe von 19,78% eine Marktrisikoprämie vor Steuern in Höhe von 6,5% zur Erklärung des steuerlich bedingten Renditeabstandes als sinnvollster Ansatz heraus. Demnach ergibt sich gemäß Abbildung (2) ein Abstand von 18,2%, womit die maximale persönliche Steuerbelastung von 19,8% zu 91,86% abgedeckt wird. Die exaktere Lösung kann bei diesem Basiszinsniveau allerdings mit der Wahl der Marktrisikoprämie vor Steuern in Höhe von 6% erreicht werden. Hierbei ergibt sich ein aufgerundeter Wert nach persönlichen Steuern von 5%, womit ein Renditeabstand von 19,3% einhergeht. Sollte der Basiszinssatz vor persönlichen Steuern allerdings in einem Bereich zwischen 4%–4,5% liegen, ist eine Schätzung der Marktrisikoprämie nach persönlichen Steuern von 5,5% zutreffend, wie aus Tabelle (21) hervorgeht. Dieser Wert kann dagegen bei Orientierung am oberen Rand der empfohlenen Bandbreite des IDW in Bezug auf die Vorsteuergrößen nicht eingehalten werden, da in diesem Fall die effektive Steuerbelastung überschritten wird.[641]

2.3.3.3.2 Analyse der Empfehlungen der KWT

Im Folgenden werden die Empfehlungen der KWT für die österreichische Unternehmensbewertungspraxis denen des IDW vergleichsweise gegenübergestellt.

641 So führt beispielsweise die Annahme einer Marktrisikoprämie vor persönlichen Steuern in Höhe von 7% bereits bei einem Basiszinssatz vor persönlichen Steuern in Höhe von 1% zu einer effektiven Steuerbelastung von 22%, sofern die Marktrisikoprämie nach persönlichen Steuern mit 5,5% angenommen wird.

Abbildung 3: Empfehlungen zur Vor- und Nachsteuerrendite auf Basis des CAPM-Modells (Österreich)

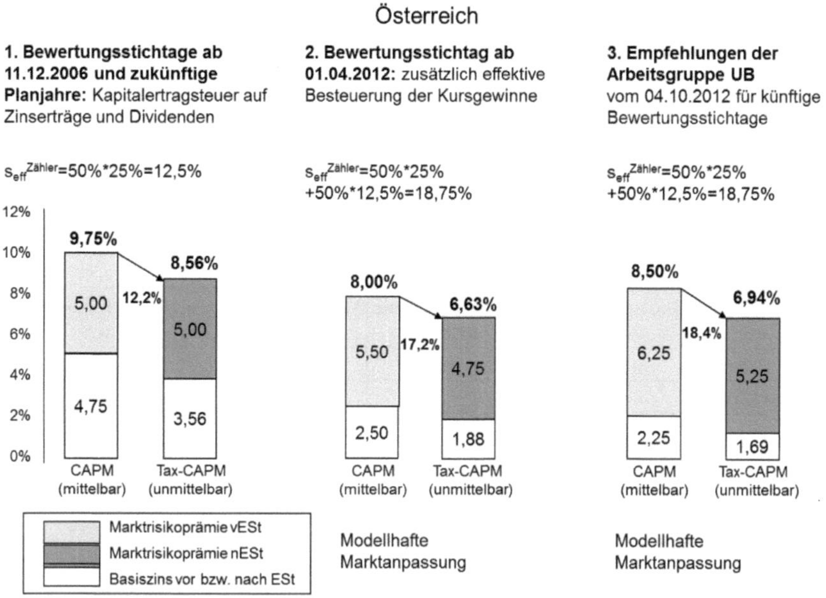

In Bezug auf die Ermittlung der Nachsteuerrenditen führt die Besteuerung von Zinsen, Dividenden und Kursgewinnen mittels Kapitalertragsteuer vergleichsweise zu den IDW-Empfehlungen nur zu leicht abweichenden Ergebnissen. Bei Betrachtung der Empfehlungen für Bewertungsstichtage ab 11.12.2006 stimmen die Empfehlungen zur Marktrisikoprämie vor bzw. nach persönlichen Steuern mit den IDW-Empfehlungen überein. Ebenfalls ist eine Übereinstimmung für Bewertungsstichtage ab 01.04.2012 gegeben, da das Modell um die zusätzlich zu berücksichtigende Kursgewinnbesteuerung angepasst wird und mit Ausnahme des Solidaritätszuschlags dem deutschen Modell für Bewertungsstichtage ab 01.01.2009 entspricht. Für das österreichische Modell resultieren demnach die gleichen gerundeten Marktrisikoprämien (5% vor persönlichen Steuern / 4,5% nach persönlichen Steuern). In obiger Abbildung wird der Empfehlung der Arbeitsgruppe Unternehmensbewertung vom 17.01.2012 gefolgt, eher eine Orientierung am oberen Rand der Bandbreite der Marktrisikoprämie (5,5%) vorzunehmen, wodurch eine von 4,625% auf 4,75% aufgerundete Marktrisikoprämie nach persönlichen Steuern bei einem, zu diesem Zeitpunkt beobachtbaren, Basiszinssatz von 2,5% vor persönlichen Steuern in Betracht kommt. Das Ergebnis kann auch anhand der nachstehenden Tabelle nachvollzogen werden, welche analog zu den IDW-Empfehlungen die Entwicklung der Marktrisikoprämie nach persönlichen Steuern in Abhängigkeit unterschiedlicher Marktrisikoprämien vor persönlichen Steuern in der Bandbreite der Empfehlungen des Arbeitskreises

Unternehmensbewertung vom 17.01.2012 sowie steigenden Basiszinssätzen aufzeigt. Die Ausschüttungsquote in Höhe von 50% wird darin ebenfalls konstant angenommen. Die effektive Steuerbelastung ergibt sich nun ohne die Berücksichtigung des Solidaritätszuschlags in Höhe von insgesamt 18,75%.

Tabelle 22: Entwicklung der Marktrisikoprämie nach persönlichen Steuern in Österreich (I)

Ausschüttungsquote: 50,00%		**Bewertungsstichtage ab 01.04.2012**		
eff. Steuerbelastung: 18,75%				
Wertbeitrag aus Thes.: 50,00%		**Marktrisikoprämie v. St.**	**Marktrisikoprämie v. St.**	**Marktrisikoprämie v. St.**
		4,50%	5,00%	5,50%
Basiszinssatz v.St.	**Basiszinssatz n.St.**	**Marktrisikoprämie n.St.**	**Marktrisikoprämie n.St.**	**Marktrisikoprämie n.St.**
1,00%	0,75%	3,72%	4,13%	4,53%
1,25%	0,94%	3,73%	4,14%	4,55%
1,50%	1,13%	3,75%	4,16%	4,56%
2,00%	1,50%	3,78%	4,19%	4,59%
2,25%	1,69%	3,80%	4,20%	4,61%
2,50%	1,88%	3,81%	4,22%	4,63%
2,75%	2,06%	3,83%	4,23%	4,64%
3,00%	2,25%	3,84%	4,25%	4,66%
3,25%	2,44%	3,86%	4,27%	4,67%
3,50%	2,63%	3,88%	4,28%	4,69%
3,75%	2,81%	3,89%	4,30%	4,70%
4,00%	3,00%	3,91%	4,31%	4,72%
4,25%	3,19%	3,92%	4,33%	4,73%
4,50%	3,38%	3,94%	4,34%	4,75%
4,75%	3,56%	3,95%	4,36%	4,77%
5,00%	3,75%	3,97%	4,38%	4,78%

In der Konsequenz liefert der Ansatz einer Marktrisikoprämie nach persönlichen Steuern ein hinreichendes Argument zur Erklärung des steuerlich bedingten Renditeabstands in Höhe des gerundeten Wertes von 17,1%, der den maximalen Wert der Steuerbelastung von 18,75% zumindest noch annähernd erreicht. Da in Österreich zur Besteuerung von o.g. Einkünften kein Solidaritätszuschlag in Höhe von 5,5% zu berücksichtigen ist, fällt der Basiszinssatz nach persönlichen Steuern geringfügig höher aus. Im Ergebnis erscheint die Verwendung gleicher Marktrisikoprämien nach persönlichen Steuern sowohl in der deutschen als auch in der österreichischen Bewertungspraxis sachgerecht, zumal der Renditeabstand von Vor- zu Nachsteuerrendite nahezu vollständig durch die Höhe der Steuerbelastung des Anteilseigners reflektiert wird, sofern auch hier Ausschüttungsquoten von 50% unterstellt werden.

Sollte ein Basiszinssatz von 4,5% zu beobachten sein, wird durch die in obiger Tabelle exakt ermittelte Marktrisikoprämie von 4,75% nach persönlichen Steuern der steuerlich bedingte Renditeabstand von 18,75% vollständig abgebildet. Die Annahme der Marktrisikoprämie von 5% vor persönlichen Steuern, die den Mittelwert der empfohlenen Bandbreite darstellt, führt dagegen beim beobachtbaren Basiszinssatz von 2,5% zu einer Marktrisikoprämie nach persönlichen Steuern in Höhe von 4,22%, womit ein aufgerundeter Wert von 4,25% einer effektiven Steuerbelastung von 18,3% entspricht und den Maximalwert der Steuerbelastung nahezu vollständig erreicht. Mit steigenden Basiszinssätzen oberhalb von 3,0% ist jedoch der Empfehlung des IDW zu folgen, die Marktrisikoprämie in Höhe von 4,5% nach persönlichen Steuern festzulegen. Mit der Empfehlung der Arbeitsgruppe Unternehmensbewertung vom 04.10.2012 zum Ansatz einer Marktrisikoprämie vor persönlichen Steuern innerhalb einer Bandbreite von 5,5%–7,0% bedarf es einer erneuten Anpassung der entsprechenden Nachsteuergröße. Zum Zeitpunkt der Empfehlung war ein weiteres Absinken des Basiszinssatzes zu beobachten, sodass in Abbildung (3) ein Wert von 2,25% angesetzt wurde. In Erweiterung zu Tabelle (22) können für die empfohlene Bandbreite nun die entsprechenden Nachsteuergrößen ermittelt werden.

Tabelle 23: Entwicklung der Marktrisikoprämie nach persönlichen Steuern in Österreich (II)

Ausschüttungsquote: 50,00%		**Bewertungsstichtage ab 04.10.2012**		
eff. Steuerbelastung: 18,75%				
Wertbeitrag aus Thes.: 50,00%		**Marktrisikoprämie v. St.**	**Marktrisikoprämie v. St.**	**Marktrisikoprämie v. St.**
		6,00%	6,25%	7,00%
Basiszinssatz v.St.	**Basiszinssatz n.St.**	**Marktrisikoprämie n.St.**	**Marktrisikoprämie n.St.**	**Marktrisikoprämie n.St.**
1,00%	0,75%	4,94%	5,14%	5,75%
1,25%	0,94%	4,95%	5,16%	5,77%
1,50%	1,13%	4,97%	5,17%	5,78%
1,75%	1,31%	4,98%	5,19%	5,80%
2,00%	1,50%	5,00%	5,20%	5,81%
2,25%	1,69%	5,02%	5,22%	5,83%
2,50%	1,88%	5,03%	5,23%	5,84%
2,75%	2,06%	5,05%	5,25%	5,86%
3,00%	2,25%	5,06%	5,27%	5,88%
3,25%	2,44%	5,08%	5,28%	5,89%
3,50%	2,63%	5,09%	5,30%	5,91%
3,75%	2,81%	5,11%	5,31%	5,92%
4,00%	3,00%	5,13%	5,33%	5,94%
4,25%	3,19%	5,14%	5,34%	5,95%
4,50%	3,38%	5,16%	5,36%	5,97%
4,75%	3,56%	5,17%	5,38%	5,98%
5,00%	3,75%	5,19%	5,39%	6,00%

Ableitend aus der grau markierten Zeile in Tabelle (23) kann nun bei angenommenen Mittelwert der Bandbreite vor persönlichen Steuern (6,25%) eine Marktrisikoprämie nach persönlichen Steuern von gerundet 5,25% als sachgerecht eingestuft werden. Der Renditeabstand beträgt bei diesem Ansatz 18,4%, womit die effektive Steuerbelastung fast vollständig abgebildet wird. Die gänzliche Abdeckung der effektiven Steuerbelastung wird bei gegebenen Annahmen bei einem Basiszinssatz von 2,75% erreicht. Im Vergleich zu den IDW-Empfehlungen hat die Arbeitsgruppe Unternehmensbewertung im Zuge der für Bewertungsstichtage ab 01.04.2012 zu berücksichtigenden Kapitalertragsteuer auf Kursgewinne keine Empfehlungen für den Ansatz von Marktrisikoprämien nach persönlichen Steuern bekanntgegeben. Sofern eine vergleichsweise identische Marktrisikoprämie als Mittelwert der empfohlenen Bandbreite zwischen 5,0%–6,0% (nach persönlichen Steuern) zum Ansatz gebracht wird, resultiert bei einem Vorsteuerwert von 6,5% ein Renditeabstand von 17,9%, welcher die maximale Steuerbelastung von 18,75% zu 95,47% abdeckt. Gegenüber der IDW-Empfehlung fällt dieser Abstand zur maximalen Steuerbelastung sogar noch geringer aus.[642] So erscheint der Ansatz einer Nachsteuergröße von 5,5% bei gegebenen Annahmen einer Ausschüttungsquote von 50% und einer effektiven Steuerbelastung von 18,75% sachgerecht, solange der Basiszinssatz das Niveau von 3,5% nicht überschreitet.[643]

2.3.3.4 Würdigung

Zusammenfassend kann festgehalten werden, dass sich hinsichtlich der Zusammensetzung der Kapitalkosten mittels CAPM-Modell die Empfehlungen der KWT für die österreichische Unternehmensbewertungspraxis an denen des IDW orientieren. Da bereits der Ableitung des einheitlichen Basiszinssatzes die gleiche Bezugsbasis in Form von Zinsstrukturdaten der Bundesbank oder EZB auf beiden Seiten zugrunde liegt und die Empfehlungen der KWT zur Höhe der Marktrisikoprämie vor persönlichen Steuern denen des IDW entsprechen, kann zumindest von identischen Vorsteuerrenditen ausgegangen werden. Die in Österreich geltende Kapitalertragsteuer entspricht zwar in ihrer Höhe der Abgeltungsteuer, dennoch fällt durch die zusätzliche Solidaritätszuschlagsbelastung der Basiszinssatz auf deutscher Seite etwas niedriger aus, wodurch selbst bei Annahme gleicher Marktrisikoprämien nach persönlichen Steuern die Ergebnisse der Nachsteuerrenditen voneinander abweichen. Während vom Fachausschuss für Unternehmensbewertung und Betriebswirtschaft

642 Der Empfehlung des IDW folgend, die Marktrisikoprämie nach persönlichen Steuern für Bewertungsstichtage ab 19.09.2012 innerhalb einer Bandbreite von 5%–6% auf genau 5,5% festzulegen, führt die Annahme der entsprechenden Vorsteuergröße von 6,5% zu einer Abdeckung der maximalen Steuerbelastung in Höhe von nur 91,86%, siehe dazu Abschnitt III. 2.3.3.3.1. dieses Kapitels.

643 Der Wert eines Basiszinssatzes oberhalb von 3,5% erfordert bei Annahme einer Marktrisikoprämie von 5,5% nach persönlichen Steuern eine Korrektur der entsprechenden Vorsteuergröße auf 6,25%.

des IDW auch Empfehlungen zur Marktrisikoprämie nach persönlichen Steuern preisgegeben werden, finden sich entsprechende Hinweise der Arbeitsgruppe Unternehmensbewertung der KWT zuletzt in der Empfehlung vom 11.12.2006 wieder. Die aktuelleren Empfehlungen vom 01.04.2012 sowie 04.10.2012 enthalten solche Empfehlungen nur für die Vorsteuergrößen einer Marktrisikoprämie. Unter Berücksichtigung der getroffenen Annahmen einer Ausschüttungsquote von 50% und einer effektiven Steuerbelastung, die sich aus der Besteuerung des Basiszinssatzes und einer Besteuerung der Kursgewinne zusammensetzt[644], können für Österreich Marktrisikoprämien nach persönlichen Steuern im Vergleich zur deutschen Unternehmensbewertungspraxis in ähnlicher Höhe abgeleitet werden, was die Rundung auf identische Werte rechtfertigt. Allerdings kann eine einheitliche Empfehlung zu den Marktrisikoprämien je nach Entwicklung des Basiszinsniveaus nicht uneingeschränkt gelten.

Abbildung 4: Grenzen des Basiszinssatzniveaus zur Erklärung der Renditeabstände

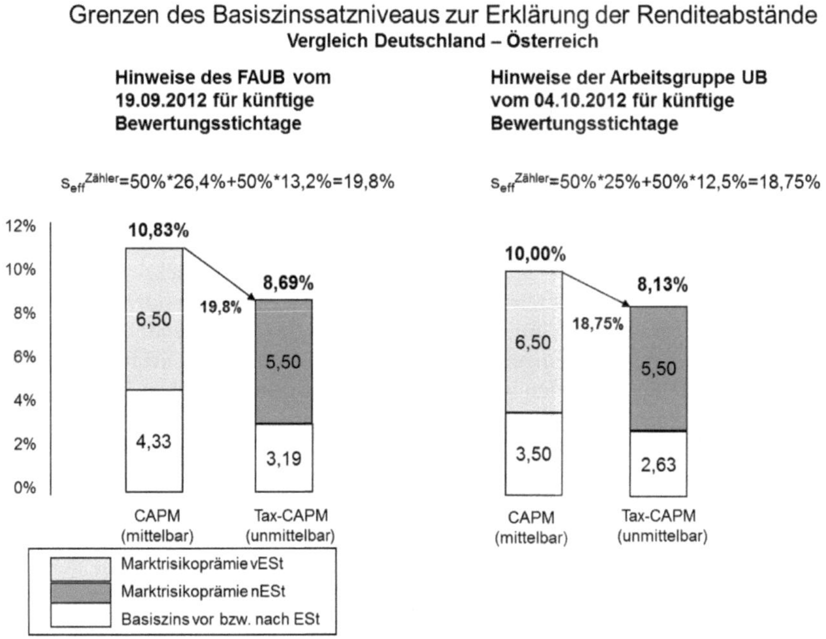

644 Zur Besteuerung der österreichischen Kursgewinne wurde analog zur Besteuerung in Deutschland von der hälftigen Kapitalertragsteuer ohne Berücksichtigung des Solidaritätszuschlags ausgegangen.

Nach den aktuellsten Empfehlungen des IDW und der KWT, die sich auf Bewertungsstichtage ab 19.09.2012 bzw. 04.10.2012 beziehen, werden die maximalen (effektiven) Steuerbelastungen im Rahmen der Ableitung von Nachsteuerrenditen spätestens bei den in der Abbildung angegebenen Basiszinssatzniveaus exakt abgedeckt, sofern die Empfehlungen zu den abgebildeten Marktrisikoprämien für beide Länder gelten und auf beiden Seiten identische Annahmen zu Ausschüttungsquoten und Haltedauern getroffen werden. Das Ergebnis der Marktrisikoprämie nach persönlichen Steuern wird im Grunde von den Eingangsparametern wie Ausschüttungsquote, Marktrisikoprämie vor persönlichen Steuern sowie von der Höhe des Basiszinssatzes beeinflusst. Je nach Variation dieser Parameterwerte resultieren effektive Steuerbelastungen in unterschiedlicher Höhe, woraus dann entsprechend unterschiedliche Marktrisikoprämien nach persönlichen Steuern abgeleitet werden können. Den wesentlichen Werttreiber innerhalb dieser Parameter stellt die Ausschüttungsquote dar. Die effektive Steuerbelastung steigt bei Annahme einer höheren Ausschüttungsquote aufgrund der, im Gegensatz zur effektiven Kursgewinnbesteuerung, höheren Dividendenbesteuerung stärker an, womit das Ergebnis einer sinkenden Marktrisikoprämie nach persönlichen Steuern am stärksten beeinflusst wird.

2.3.4 Einfluss der Marktrisikoprämie auf die (implizite) Ausschüttungsquote

2.3.4.1 Einfluss der Empfehlungen des IDW

In den vorherigen Untergliederungspunkten zu 2.3.3. wurden die Empfehlungen zur Höhe der Marktrisikoprämie seitens IDW und KWT aufgezeigt und in Abhängigkeit entsprechender Vorsteuergrößen sowie unter Berücksichtigung des Basiszinssatzniveaus vor persönlichen Steuern zu Nachsteuer-Marktrisikoprämien transformiert. Maßgeblich für die Ermittlung dieser Größen waren festgelegte Annahmen zur Ausschüttungsquote und zur Besteuerung von Dividenden sowie Kursgewinnen. Im Folgenden wird dagegen nun dargelegt, welchen Einfluss festgelegte Annahmen zur Höhe von Marktrisikoprämien auf die (implizite) Ausschüttungsquote haben.

Hintergrund dieser Betrachtung ist die Tatsache, dass die Höhe der Aktienrendite, wie die folgende Tabelle (24) zeigt, von zwei Seiten erklärt werden. So setzt sich die Aktienrendite einerseits gemäß CAPM-Methode aus dem Basiszinssatz und der Marktrisikoprämie zusammen. Andererseits lässt sich die Höhe der Aktienrendite ebenso aus der Zusammensetzung aus Dividenden- und Kursgewinnrendite erklären.[645]

---

645 Für das Beispiel wurden die Daten aus Tabelle (20) verwendet, deren Verwendung für Bewertungsstichtage ab 19.09.2012 in Frage kommt, siehe dazu Abschnitt III. 2.3.3.3.1. dieses Kapitels.

Tabelle 24: Implizite Ausschüttungsquote in der deutschen Bewertungspraxis

Abgeltungsteuer	**vor Steuern**	**nach Steuern**
Marktrisikoprämie	6,50%	5,36%
Basiszinssatz	2,25%	1,66%
Aktienrendite	**8,75%**	**7,02%**
Dividendenrendite	4,38%	3,22%
Kursgewinnrendite	4,38%	3,80%
Aktienrendite	**8,75%**	**7,02%**
Ausschüttungsquote, implizit		50,00000%

Beide Rechenwege führen im Ergebnis zur gleichen Rendite nach Abzug persönlicher Steuern, sofern die Marktrisikoprämie nach persönlichen Steuern mit exakt 5,36% angenommen wird. Weicht man von diesem Wert ab, wird eine Veränderung der Ausschüttungsquote impliziert, um mittels Zusammensetzung von Dividenden- und Kursgewinnrendite zur identischen Nachsteuergröße zu gelangen wie im CAPM-Modell. In der folgenden Untersuchung sollen auf Grundlage der Empfehlungen des IDW zur Höhe der Marktrisikoprämie die impliziten Ausschüttungsquoten ermittelt werden.

Wurde noch beim Halbeinkünfteverfahren zur Ermittlung der Marktrisikoprämie davon ausgegangen, dass aufgrund der Annahme längerer Haltedauern von Unternehmensanteilen die Kursgewinne keiner Besteuerung unterliegen und für Dividenden der hälftige Einkommensteuersatz (17,5%) anzusetzen ist[646], so sind unter dem Regime der Abgeltungsteuer die Dividenden einer Besteuerung in Höhe von 25% Abgeltungsteuer zzgl. Solidaritätszuschlag, die Kursgewinne dagegen einer effektiven Besteuerung in Höhe von 13,2% (gerundet) zu unterwerfen.[647]

646 Im Halbeinkünfteverfahren waren bereits ebenfalls ein Solidaritätszuschlag sowie gegebenenfalls die Kirchensteuer im Rahmen der persönlichen Besteuerung zu berücksichtigen. Jedoch gilt die Annahme, dass mit einem typisierten Einkommensteuersatz von 35% beim objektivierten Unternehmenswert alle Steuer- und Abgabearten erfasst sein sollen, vgl. Ballwieser, Unternehmensbewertung, 2004, S. 120.

647 Nach § 20 Abs. 2 S. 1 Nr. 1 i.V.m. § 32d Abs. 1 EStG ergibt sich eine Steuerbelastung auf Kursgewinne in Höhe von gerundet 26,4%. Typisierend wird der hälftige Steuersatz für die Bewertung verwendet.

Grundlage für die im Halbeinkünfteverfahren berücksichtigte Marktrisikoprämie war eine Untersuchung von Marktrisikoprämien auf dem deutschen Kapitalmarkt von *Stehle.* Auf Basis seiner Ergebnisse wurde zur Ermittlung von Abfindungen für außenstehende Aktionäre eine Marktrisikoprämie von 4% bis 5% vor Steuern verwendet. Bei gesellschaftsrechtlichen Bewertungsanlässen war es üblich[648], eine Marktrisikoprämie von 4,5% vor Steuern zu verwenden, was bei einem damaligen Basiszinssatz vor Steuern von 5,0% und einer impliziten Ausschüttungsquote von rd. 45% einer Marktrisikoprämie von 5,5% nach Steuern entsprach.

Tabelle 25: Implizite Ausschüttungsquote in der deutschen Bewertungspraxis (Halbeinkünfteverfahren)

Halbeinkünfteverfahren	**vor Steuern**	**nach Steuern**
Marktrisikoprämie	4,50%	5,50%
Basiszinssatz	5,00%	3,25%
Aktienrendite	**9,50%**	**8,75%**

Dividendenrendite	4,29%	3,54%
Kursgewinnrendite	5,21%	5,21%
Aktienrendite	**9,50%**	**8,75%**

Ausschüttungsquote, implizit	45,11%

Die Höhe der Marktrisikoprämie vor Steuern basiert auf den Ergebnissen der Untersuchungen von *Stehle* für den deutschen Kapitalmarkt[649] und die Höhe des Basiszinssatzes entspricht der damaligen Empfehlung des Arbeitskreises Unternehmensbewertung unter Berücksichtigung des damaligen Zinsniveaus.[650] Um die steuerlichen Belastungen auf die Vorsteuer-Aktienrendite ermitteln zu können, war der Ansatz einer impliziten Ausschüttungsquote notwendig. In der Literatur wird mit Rückgriff auf Kapitalmarktdaten eine Ausschüttungsquote von 40%–70%[651] als angemessen erachtet. Der Ansatz einer impliziten Ausschüttungsquote von rd. 45% war in Übereinstimmung mit der in der Literatur genannten Spanne. Unter Berücksichtigung der Besteuerung der Dividendenrendite in

648 Vgl. Jonas, WPg 2008, S. 831.
649 Vgl. Stehle, WPg 2004, S. 919ff.; Bericht der 84. Sitzung des AKU, S. 2.
650 Vgl. Bericht der 84. Sitzung des AKU, S. 1.
651 Vgl. Wagner et al., WPg 2004, S. 894. Für eine angemessene Ausschüttungshöhe von 40%–60% vgl. Wagner et al., WPg 2008, S. 733.

Höhe von 17,5% resultierte die Nachsteuer-Dividendenrendite von 3,54%, woraus im Ergebnis eine Aktienrendite in Höhe von 8,75% resultierte, da die Kursgewinnrendite keiner Besteuerung unterlag. Die Marktrisikoprämie wurde danach als Resultante von Nachsteuer-Aktienrendite[652] und dem mit einem typisierten Steuersatz von 35% besteuerten Basiszinssatz berechnet. Die Vorgehensweise zur Bestimmung der Marktrisikoprämie nach Steuern im Halbeinkünfteverfahren wurde auch unter dem Regime der Abgeltungsteuer beibehalten. Wie bereits erwähnt, hat sich die typisierte Steuerbelastung im Rahmen der Abgeltungsteuer im Gegensatz zum Halbeinkünfteverfahren erhöht. In der Konsequenz wurde in der Literatur vorschlagen, die Marktrisikoprämie vor persönlichen Steuern um 0,5%-Punkte zu erhöhen.[653] Daraus leitete das IDW sowie der KWT entsprechende Empfehlungen für die Praxis ab, die bereits in Abschnitt 2.3.3.1. dargelegt wurden. Geht man nun von diesen, auf jeweils 0,25 Prozentpunkte gerundeten, Empfehlungen zur Höhe der Marktrisikoprämie aus und berücksichtigt darüber hinaus die aktuellen Empfehlungen, können folgende (implizite) Ausschüttungsquoten ermittelt werden.

652 Definiert durch die Dividenden- und Kursgewinnrendite.

653 Vgl. Wagner et al., WPg 2008, S. 736; vgl. Jonas, WPg 2008, S. 832. Darüber hinaus wird argumentiert, dass die Anteilseigner aufgrund höherer Steuerbelastungen bestrebt sein werden, ihre Aktienrendite nach Steuern konstant zu halten und sich am Kapitalmarkt eine veränderte Preisbildung aufgrund gestiegener Bruttorenditeanforderungen an den börsennotierten Unternehmen ergeben wird.

Tabelle 26: Entwicklung der impliziten Ausschüttungsquote unter Berücksichtigung der Empfehlungen des IDW

Empfehlung des IDW				
Bewertungsstichtag: 01. Januar 2009				
Aktienrendite v. St.:	9,75%			
Aktienrendite n. St.:	8,00%			
CAPM				
Basiszinssatz v.St.	**Basiszinssatz n.St.**	**Marktrisikoprämie v.St.**	**Marktrisikoprämie n.St.**	**Ausschüttungsquote**
4,75%	3,50%	5,00%	4,50%	**36,32%**
Kapitalmarkt				
Dividendenrendite v.St.	**Dividendenrendite n.St.**	**Kursgewinnrendite v.St.**	**Kursgewinnrendite n.St.**	**Ausschüttungsquote**
3,54%	2,61%	6,21%	5,39%	**36,32%**
Bewertungsstichtag: 19. September 2012				
Aktienrendite v. St.:	8,75%			
Aktienrendite n. St.:	7,16%			
CAPM				
Basiszinssatz v.St.	**Basiszinssatz n.St.**	**Marktrisikoprämie v.St.**	**Marktrisikoprämie n.St.**	**Ausschüttungsquote**
2,25%	1,66%	6,50%	5,50%	**38,09%**
Kapitalmarkt				
Dividendenrendite v.St.	**Dividendenrendite n.St.**	**Kursgewinnrendite v.St.**	**Kursgewinnrendite n.St.**	**Ausschüttungsquote**
3,33%	2,45%	5,42%	4,70%	**38,09%**

Um zu einer Vorsteuer-Marktrisikoprämie bei Abgeltungsteuer zu gelangen, wird analog vorgegangen. Annahmegemäß wird im Vergleich zum Halbeinkünfteverfahren von einer um 0,5%-Punkte erhöhten Marktrisikoprämie und einem veränderten Basiszinssatz ausgegangen, damit die in der Literatur vorgeschlagene Aktienrendite in Höhe von 8,0% nach Steuern erreicht wird. Wie in der Tabelle ersichtlich wird, hat sich die implizite Ausschüttungsquote gegenüber der bisherigen Annahme von rd. 45% auf 36% reduziert. Damit befindet sich die Ausschüttungsquote nicht mehr in der Spanne, die seitens der Literatur angegeben wird. Die Reduzierung des Basiszinssatzes und die Aufrundung auf 0,25%-Punkte tragen zum Teil zu dieser Entwicklung bei. Darüber hinaus wird der Zeitpunkt für die Bestimmung der Marktrisikoprämie nach Steuern relevant, da sich die Marktrisikoprämie nach Steuern als Resultante von Aktienrendite nach Steuern und Basiszinssatz nach Steuern ermitteln lässt. Beispielsweise hätte eine Reduzierung des Basiszinssatzes auf 4,5% vor Steuern zur Folge, dass sich eine Marktrisikoprämie nach Steuern von gerundet 4,25% ergibt.[654] Außerdem wird bei einem Ansatz einer Marktrisikoprämie von 4,5% nach persönlichen Steuern in der Nachhaltigkeitsphase nur dann eine Ausschüttungsäquivalenz erreicht, wenn sowohl im Zähler als auch im Nenner von der gleichen Ausschüttungsquote ausgegangen wird. Mit Bezug auf die jüngsten Empfehlungen zur Marktrisikoprämie lässt sich unter den gegebenen Annahmen zum Bewertungszeitpunkt des 19.09.2012 eine etwas höhere implizite Ausschüttungsquote mit rd. 38% erreichen.

2.3.4.2 Einfluss der Empfehlungen der KWT

Gegenüber den impliziten Ausschüttungsquoten, die aus den Empfehlungen des IDW zu den Marktrisikoprämien abgeleitet wurden, können nun die entsprechenden Ergebnisse mit Bezug auf die Empfehlungen der KWT dargestellt werden.

654 Ohne Rundung beträgt die Marktrisikoprämie 4,37%. Um zu einer Abrundung auf 4,25% zu gelangen, hätte eine Ausschüttungsquote von 54,6% unterstellt werden müssen.

Tabelle 27: Entwicklung der impliziten Ausschüttungsquote unter Berücksichtigung der Empfehlungen der KWT

Empfehlung der KWT				
Bewertungsstichtag: 01. April 2012				
Aktienrendite v. St.:	8,00%			
Aktienrendite n. St.:	6,63%			
CAPM				
Basiszinssatz v.St.	**Basiszinssatz n.St.**	**Marktrisikoprämie v.St.**	**Marktrisikoprämie n.St.**	**Ausschüttungsquote**
2,50%	1,88%	5,50%	4,75%	**37,50%**
Kapitalmarkt				
Dividendenrendite v.St.	**Dividendenrendite n.St.**	**Kursgewinnrendite v.St.**	**Kursgewinnrendite n.St.**	**Ausschüttungsquote**
3,00%	2,25%	5,00%	4,38%	**37,50%**
Bewertungsstichtag: 04. Oktober 2012				
Aktienrendite v. St.:	8,50%			
Aktienrendite n. St.:	6,94%			
CAPM				
Basiszinssatz v.St.	**Basiszinssatz n.St.**	**Marktrisikoprämie v.St.**	**Marktrisikoprämie n.St.**	**Ausschüttungsquote**
2,25%	1,69%	6,25%	5,25%	**47,06%**
Kapitalmarkt				
Dividendenrendite v.St.	**Dividendenrendite n.St.**	**Kursgewinnrendite v.St.**	**Kursgewinnrendite n.St.**	**Ausschüttungsquote**
4,00%	3,00%	4,50%	3,94%	**47,06%**

Während unter den gegebenen Annahmen bei Berücksichtigung der Besteuerung von Kursgewinnen ab 01.04.2012 noch eine Ausschüttungsquote von rd. 37,5% resultiert, bewegt sich die Ausschüttungsquote ab 04.10.2012 mit rd. 47% innerhalb der in der Literatur genannten Spanne. Steuerlich gesehen ist hier allerdings noch die Vernachlässigung eines in Deutschland geltenden Solidaritätszuschlags zu berücksichtigen. An dieser Stelle sei nochmals erwähnt, dass die Annahmen zur Höhe der Marktrisikoprämien mit dem Ziel getroffen wurden, möglichst den gesamten steuerlichen Renditeabstand von der Vorsteuer- zur Nachsteuerrendite zu erreichen. Seitens der KWT werden ebenso wie durch das IDW Intervalle empfohlen, innerhalb denen die Höhe der Marktrisikoprämie bestimmt werden soll, womit je nach Ansatzhöhe die impliziten Ausschüttungsquoten beeinflusst werden.

2.3.4.3 Würdigung

Für die Detailplanungsphase wird gem. Literatur[655] und KWT sowie IDW keine Ausschüttungsäquivalenz zwischen Alternativrendite und Bewertungsobjekt gefordert, wohl aber soll für die Phase der ewigen Rente unterstellt werden, dass das Ausschüttungsverhalten der Alternativinvestition äquivalent zum Bewertungsobjekt ist. Da die Ausschüttungsquote im Rahmen der Bestimmung der Marktrisikoprämie nach Steuern auf der Grundlage durchschnittlicher Ausschüttungen des Kapitalmarktes basiert, ist die Ausschüttungsäquivalenz in den Fällen nicht gegeben, in denen die Ausschüttungsquote anhand einer Peer Group ermittelt wird. Dies führt zur Abweichung von der Ausschüttungsäquivalenz, womit in der Folge steuerlich bedingte Werteinflüsse resultieren.[656] Das Ziel der Vergleichbarkeit zwischen der Ausschüttungspolitik des zu bewertenden Unternehmens und der Alternativrendite wird damit nur dann erreicht, wenn sowohl im Zähler als auch im Nenner die gleiche Ausschüttungsquote unterstellt wird.

Die in der Literatur vorgeschlagene Abbildung des Risikozuschlags nach Steuern erreicht in Bewertungskalkülen das Ziel einer Ausschüttungsäquivalenz im Zähler und Nenner nur rein zufällig. Je nach Ausschüttungsquote des Bewertungsobjektes, unterstelltem Wachstum und Betafaktor resultieren bedeutsame Bewertungsunterschiede. Basierend auf den gerundeten Ergebnissen zur Höhe der Marktrisikoprämien, welche als zielführende Größen zur Erklärung der steuerlich bedingten Renditeabstände beitragen, werden durch ihre Verwendung als Bestandteil von Kapitalisierungszinssätzen unter dem Regime der Abgeltungsteuer bzw. der Kapitalertragsteuer solche Ausschüttungsquoten impliziert, die sogar unterhalb der auf Kapitalmarktdaten gestützten und von der Literatur als angemessen erachteten Bandbreite von 40%–70% liegen.

In Bezug auf die Vorsteuergröße der Marktrisikoprämie ist eine Auf- oder Abrundung zu 0,25 Prozentpunkten nach den dargestellten Erkenntnissen unbedenklich. Der Versuch, die aufgrund der typisierten Steuerbelastung resultierende

655 Vgl. Wagner et al., WPg 2004, S. 895.
656 Vgl. Wagner et al., WPg 2004, S. 895.

Nachsteuergröße zu runden, mag zwar dem Wunsch eines plausibel wirkenden Ergebnisses entgegenkommen, er führt jedoch zu dem Resultat einer abweichenden impliziten Ausschüttungsquote, sofern die Zusammensetzung des Kapitalisierungszinssatzes nach persönlichen Steuern neben dem CAPM-Modell auch über die Elemente Dividenden- und Kursgewinnrendite erklärt werden soll. Um diesem Problem zu entgehen, bietet sich die Verwendung der exakt ermittelten Marktrisikoprämien nach persönlichen Steuern an, wie sie beispielhaft in Abschnitt 2.3.3.3. ermittelt wurden. Damit wird zum einen die typisierte Steuerbelastung vollständig abgebildet. Zum anderen wird eine Abweichung zwischen der angenommenen Ausschüttungsquote und der sich implizit ergebenden Ausschüttungsquote vermieden, da mit Hilfe der angenommenen Ausschüttungsquote bei Verwendung der exakten Marktrisikoprämie sowohl im CAPM-Modell als auch aus dem Blickwinkel der Zusammensetzung von Dividenden- und Kursgewinnrenditen identische Eigenkapitalkosten erzielt werden.

2.4 Möglichkeiten und Grenzen der Verwendung von einheitlichen Eigenkapitalkosten im Rahmen der grenzüberschreitenden Verschmelzung

2.4.1 Zur Eignung der Eigenkapitalkosten vor persönlichen Steuern als gemeinsame Basis

Zur Festlegung eines Umtauschverhältnisses sind, wie bereits dargelegt, Unternehmensbewertungen der einzelnen an der Verschmelzung beteiligten Rechtsträger notwendig. Um eine Ergebnisverzerrung mit Blick auf das Umtauschverhältnis zu vermeiden, wird im Rahmen der Unternehmensbewertungen die Verwendung einheitlicher Bewertungsmaßstäbe gefordert, welche sich auf die Zahlungsstromgrößen im Zähler sowie auf die anzusetzenden Eigenkapitalkosten im Nenner der jeweiligen Bewertungsformeln beziehen. Eine Möglichkeit, das Ziel von identischen Größen im Nenner der Formel zu erreichen, wurde bereits in Abschnitt 2.2.3. aufgezeigt, mit der die Verwendung eines einheitlichen Basiszinssatzes in Frage kommt. Unter der Voraussetzung, das Risiko im Zähler in Form von Abschlägen vollständig eliminieren zu können, ist der Ansatz des einheitlichen Basiszinssatzes gerechtfertigt. Da die Risikoabschlagsmethode bzw. Sicherheitsäquivalenzmethode zwar in der Theorie anwendbar, nicht aber in der Praxis umsetzbar ist, wird durch das IDW sowie von der KWT zur Vereinfachung der Ansatz eines Risikozuschlags als zusätzliche Komponente zum Basiszinssatz empfohlen.[657]

Wie bereits erörtert, wird durch die KWT ebenso wie vom IDW die Verwendung der Zinsstrukturkurve der Deutschen Bundesbank zur Ableitung des Basiszinssatzes nahegelegt. Ausgehend davon, dass für österreichische Anleger keine Einschränkungen bezüglich des Zugangs zum Kapitalmarkt bestehen und gegenüber einem deutschen Anleger vergleichbare Anlagemöglichkeiten innerhalb des

657 Siehe dazu die Ausführungen in Abschnitt II. 2.3. dieses Kapitels eingegangen.

europäischen Wirtschaftsraumes gegeben sind, können bezugnehmend auf die empfohlenen Bandbreiten zu den Marktrisikoprämien unter Vernachlässigung des noch zu berücksichtigenden Betafaktors und der persönlichen Besteuerung zunächst einheitliche Eigenkapitalkosten für die an der grenzüberschreitenden Verschmelzung beteiligten Rechtsträger mit Sitz in Deutschland sowie Österreich festgelegt werden. Insofern führt die Eigenkapitalkostenberechnung nach CAPM zu einem einheitlichen Ergebnis, da für die österreichische Unternehmensbewertungspraxis vergleichsweise zum IDW ähnliche Empfehlungen zur Marktrisikoprämie durch die KWT bekanntgegeben wurden.

Tabelle 28: Eigenkapitalkostenvergleich zwischen Deutschland und Österreich

Vergleich der Eigenkapitalkosten		
Annahmen:	**Deutschland**	**Österreich**
Basiszinssatz vor pers. Steuern:	2,25%	2,25%
Marktrisikoprämie vor pers. Steuern:	6,25%	6,25%
Marktrisikoprämie nach pers. Steuern:	5,25%	5,25%
Betafaktor:	1,0	1,0
Ausschüttungsquote:	50%	50%
	Deutschland	**Österreich**
Wiederanlagerendite	**12,11%**	**11,33%**
Eigenkapitalkosten v. pers. Steuern (CAPM)	**8,50%**	**8,50%**
Eigenkapitalkosten n. pers. Steuern (TAX-CAPM)	**6,91%**	**6,94%**

Aus den Empfehlungen der KWT und des IDW zur Marktrisikoprämie lassen sich für beide Länder die gleichen Eigenkapitalkosten vor persönlichen Steuern bestimmen. Begünstigt wird das Ziel der Herleitung identischer Eigenkapitalkosten für beide Länder dadurch, dass in den Empfehlungen inhaltlich die Rundungen der Marktrisikoprämien zu 0,25 Prozentpunkten mit eingeschlossen sind. Sieht man von der persönlichen Besteuerung in typisierter Form ab, vermag unter dieser Voraussetzung für beide an der grenzüberschreitenden Verschmelzung beteiligten Rechtsträger der Ansatz eines jeweils gleich hohen Eigenkapitalkostensatzes vor persönlichen Steuern gelingen. Die Verwendung der Eigenkapitalkosten vor persönlicher Besteuerung steht auch im Einklang mit den Empfehlungen des IDW und der KWT, im Rahmen unternehmerischer Initiativen auf die unmittelbare Typisierung zu verzichten.[658]

658 Vgl. IDW S 1 i.d.F. 2008, Tz. 30 i.V.m. Tz. 45; KFS BW 1 i.d.F. 2006, Tz. 27 i.V.m. Tz. 78ff.; KFS BW 1, Entwurf vom 01.10.2013, Tz. 92.

Dagegen verhilft die Rundung der Marktrisikoprämie nach persönlichen Steuern nicht dazu, das gewünschte Ergebnis eines gleich hohen Eigenkapitalkostensatzes für beide Seiten zu erreichen. Wenn auch die Annahme der typisierten Besteuerung in Höhe von 25% in Form der Abgeltungsteuer bzw. Kapitalertragsteuer in beiden Ländern gleichwertig ausfällt, trägt der für den Anteilseigner des deutschen Rechtsträgers[659] mindestens noch zu berücksichtigende Solidaritätszuschlag[660] zu einem geringeren Eigenkapitalkostensatz bei. Die Vernachlässigung der persönlichen Besteuerung kann auch deswegen nicht als Patentlösung eingestuft werden, da aufgrund der Unterschiede der Unternehmensbesteuerungen von Kapitalgesellschaften zwischen Deutschland und Österreich wiederum unterschiedliche Renditeforderungen abzuleiten sind, welche aus Sicht der Anteilseigner die Steuerzahlungen auf Unternehmensebene einschließen. In der Tabelle wird dies durch die Abweichungen der jeweiligen Wiederanlagerenditen verdeutlicht.

Um unter diesen Umständen eine gemeinsame Eigenkapitalkostenbasis zu erhalten, stellt sich die Eliminierung aller Steuerbelastungen, die sich auf persönlicher Ebene sowie auf Unternehmensebene ergeben, als naheliegend heraus. Auch wenn diese Betrachtung fernab von steuerlichen Komponenten auf den ersten Blick plausibel erscheinen mag, ist diese Lösungsstrategie nicht haltbar. Sowohl für den deutschen als auch den österreichischen Anteilseigner gelten zwar bei dieser Vorgehensweise die gleichen Renditeforderungen, jedoch befinden sich bereits nach Berücksichtigung der zu entrichtenden Unternehmenssteuern die Eigenkapitalkosten vor persönlichen Steuern auf unterschiedlichem Niveau, was angesichts der Bezugsbasis eines gemeinsamen Basiszinssatzes und einer gemeinsamen Marktrisikoprämie nicht zu vertreten ist.

Selbst wenn anstelle eines gemeinsamen Basiszinssatzes als Eigenkapitalkostengröße mit der damit verbundenen Risikoabbildung im Zähler der Unternehmenswertformel die Möglichkeit des Bezugs auf Eigenkapitalkosten vor persönlichen Steuern gem. CAPM-Formel in Erwägung gezogen wird, weichen die sich implizit ergebenden Ausschüttungsquoten von den eingangs getroffenen Annahmen zur Ausschüttungsquote ab, sofern man die Eigenkapitalkostenberechnung gem. CAPM-Modell der entsprechenden Zusammensetzung aus Dividenden- und Kursgewinn gegenüberstellt.[661]

659 Es wird davon ausgegangen, dass der Anteilseigner des deutschen Rechtsträgers auch seinen Wohnsitz in Deutschland hält.

660 Abgesehen wird von evtl. anfallender Kirchensteuer.

661 Aus Sicht des deutschen Rechtsträgers ergibt sich eine implizite Ausschüttungsquote von 42%, für den österreichischen Rechtsträger ergibt sich eine Quote von 47,06%. Ursächlich dafür ist die Verwendung von gerundeten anstelle von exakten Marktrisikoprämien nach persönlichen Steuern.

2.4.2 Einfluss der Gewichtung der Marktrisikoprämie mit dem Betafaktor

2.4.2.1 Bestimmung des Betafaktors

Die zutreffende Abbildung des Risikozuschlags als Bestandteil der Eigenkapitalkosten der zu bewertenden Rechtsträger ergibt sich aus dem Produkt der Marktrisikoprämie und dem Betafaktor, der als Maß für das bewertungsrelevante unternehmensindividuelle Risiko gilt. Das Hauptaugenmerk liegt beim Betafaktor auf der Untersuchung, wie sich die Rendite der Anlage in das betrachtete Unternehmen im Vergleich zur Rendite des Marktportfolios entwickelt. Im Ergebnis soll also der Risikobeitrag der Anlage des betrachteten Unternehmens zum Risiko des Marktportfolios festgestellt werden, wobei es sich konkret um das systematische Risiko handelt, welches nicht durch Diversifikation beseitigt werden kann. Der Betafaktor wird als Quotient der Kovarianz der Rendite der Anlage *j* mit der Rendite des Marktportfolios $Cov(r_j, r_m)$ und der Varianz der Rendite des Marktportfolios $Var(r_m)$ ermittelt:

$$(15) \qquad \beta = \frac{\rho_{i\,M} \quad \sigma_i}{M} \text{ bzw. } \beta = \frac{Cov\left(r_j\ r_M\right)}{Var\left(r_M\right)}$$

Wie in der Formel zu erkennen ist, wird der systematische Anteil der Schwankungsbreite der Kurse der Anlage des betrachteten Unternehmens ($\rho_{i,M} * \sigma_i$) ins Verhältnis zur Schwankungsbreite der Rendite des Marktportfolios (σ_M) gesetzt, wobei der Beta-Wert alternativ auch über die Kovarianz zwischen Unternehmens- und Marktrendite im Verhältnis zur Varianz der Rendite des Marktportfolios ermittelt werden kann.[662] Sofern der systematische Anteil des Risikos der Unternehmensrendite dem Risiko des Marktportfolios entspricht, verhält sich die Unternehmensrendite exakt proportional zur Rendite des Marktportfolios und der Wert des Betafaktors beträgt genau 1. Bei Werten von $\beta > 1$ schwankt die Unternehmensrendite stärker, bei Werten von $\beta < 1$ schwächer als die Rendite des Marktportfolios. Dagegen würde eine risikolose Anlage überhaupt keine Renditeschwankung aufweisen, folglich einen Betafaktor 0 annehmen.

Vereinfachend wurde für das Beispiel in Tabelle (28) davon ausgegangen, dass beide Betafaktoren den Wert 1 annehmen, um damit den Ansatz identischer Risikozuschläge zu rechtfertigen. Für beide Rechtsträger galt daher die Annahme gleicher Geschäfts- und Kapitalstrukturrisiken.[663] Sofern beide Rechtsträger der-

---

662 Der Betafaktor kann auch als Volatilitätsmaß interpretiert werden. Er drückt aus, in welchem Ausmaß die Rendite eines einzelnen Wertpapiers auf Veränderungen der Rendite des Marktportfolios reagiert.

663 Als Maß für das systematische Risiko drückt der Betafaktor zum einen das Geschäftsrisiko aus (Operating Beta), bei Annahme teilweiser Fremdfinanzierung eines Unternehmens zusätzlich das Kapitalstrukturrisiko (Financial Beta). Das Kapitalstrukturrisiko wird maßgeblich durch den Verschuldungsgrad beeinflusst,

selben Branche angehören, ein ähnliches Geschäftsmodell aufweisen, hinsichtlich Kapitalstruktur und Unternehmensgröße kaum zu unterscheiden sind und auch mit Blick auf die Zukunft keine abweichenden Planungen aufweisen, ist ein solcher Fall durchaus möglich. Für börsennotierte Aktien werden Betafaktoren regelmäßig bestimmt und veröffentlicht, insbesondere werden für die DAX-Unternehmen die entsprechenden Betas im Handelsblatt, für die MDAX-, SDAX- und TecDAX-Unternehmen in der Börsenzeitung veröffentlicht.[664] Für nicht börsennotierte Unternehmen liegen jedoch keine Kapitalmarktdaten vor, so dass für diese Unternehmen die Möglichkeit besteht, näherungsweise die Eigenkapitalkosten mittels Analogieansatz zu bestimmen. Bei diesem Ansatz werden Ersatzgrößen herangezogen, wie z.B. Marktdaten oder Betawerte aus börsennotierten Unternehmen, um einen Ersatzbetafaktor zu bestimmen, der das systematische Risiko des Unternehmens zutreffend abbilden soll. Maßgebend für die Ableitung solcher Ersatzbetafaktoren ist im ersten Schritt die Suche nach geeigneten börsennotierten Unternehmen, die vergleichsweise ähnliche Risikostrukturen aufweisen, mithin also im gleichen Markt operieren, somit den gleichen Markteinflüssen ausgesetzt sind und ausschließlich das Geschäft des zu bewertenden Unternehmens betreiben.[665]

2.4.2.2 Gründe gegen die Verwendbarkeit einheitlicher Betafaktoren

2.4.2.2.1 Auswirkungen abweichender Unternehmensplanungen der beteiligten Rechtsträger

Selbst wenn an der grenzüberschreitenden Verschmelzung Aktiengesellschaften beteiligt sind, denen anhand von Veröffentlichungen gleichwertige Betafaktoren zugeordnet werden können oder es sich um zwei nicht börsennotierte Kapitalgesellschaften in der Rechtsform der GmbH handelt, für die jeweils ein identischer Betafaktor hergeleitet werden kann, stößt der Ansatz eines einheitlichen Betafaktors im Rahmen der Bewertung beider Rechtsträger aus mehreren Gründen an seine Grenzen. Da der Betafaktor die Vergangenheit repräsentiert und die Unternehmensbewertung im Fokus zukünftiger Planungen steht, ist bspw. zu prüfen, ob das damalige Geschäftsmodell des jeweiligen Unternehmens gegenwärtig noch Bestand hat und auch in absehbarer Zukunft keinen wesentlichen Veränderungen unterliegt.

---

indem ein umso höherer Verschuldungsgrad ein entsprechend höheres Kapitalstrukturrisiko hervorruft und der Wert des Betafaktors dadurch insgesamt ansteigt.

664 Sollte jedoch das zu bewertende Unternehmen selbst im jeweiligen betrachteten Index gelistet sein, so würde das Ergebnis des Betafaktors möglicherweise verfälscht, sofern das Unternehmen aufgrund seiner Größe einen maßgeblichen Einfluss auf die Renditeentwicklung des Index nimmt.

665 Je nach Anzahl vorliegender Vergleichsunternehmen können Ersatz-Betas in Form von Branchen-Betawerte (Industry Betas) oder Durchschnitts-Betawerte mehrerer Vergleichsunternehmen (Peer Group Betas) in Frage kommen.

Die grenzüberschreitende Verschmelzung erfordert die Bewertung der beteiligten Rechtsträger auf stand-alone-Basis und somit werden die jeweiligen Bilanz- und GuV-Planungen unabhängig voneinander vorgenommen. Dabei ist grundsätzlich davon auszugehen, dass die Ergebnisse der Planungen nicht deckungsgleich sind und sich insbesondere die Kapitalstrukturen nicht auf einheitlichem Niveau bewegen. Was die Kapitalstrukturen betrifft, so wird bei Verwendung des Zwei-Phasen-Modells in der nachhaltigen Phase regelmäßig davon ausgegangen, dass die zukünftigen Abschreibungen betragsmäßig den Investitionen entsprechen und sich das Unternehmen folglich in einem eingeschwungenen Zustand befinden wird. Insofern spricht die ausschließliche Betrachtung der zweiten, nachhaltigen Phase des Unternehmensbewertungskalküls noch für den Ansatz eines einheitlichen Betafaktors, da für diese Phase eine konstante Kapitalstruktur unterstellt wird. Dies setzt allerdings voraus, dass die Kapitalstrukturen der beteiligten Rechtsträger nicht voneinander abweichen bzw. für beide Rechtsträger im Vorfeld gleichwertige (verschuldete) Betafaktoren ermittelt werden konnten. Wenn auch das Ergebnis des Terminal Value relativ betrachtet einen Großteil des Unternehmenswertes einnimmt, kann die Annahme einer konstanten Kapitalstruktur grundsätzlich nicht automatisch für die detaillierte Planung innerhalb der ersten Phase übernommen werden. In seltenen Fällen mag vom Bewertungsstichtag an eine konstante Kapitalstruktur gelten. Gleichbleibende Gewinne, deren dauerhafte Erzielung plausibel erscheint und Reinvestitionen in Höhe der Abschreibungen geplant werden, können bspw. als Argument für die Annahme einer in Zukunft unveränderten Kapitalstruktur dienen.[666] Da aber für den Zeitraum der ersten Phase des Bewertungskalküls die wirtschaftliche Entwicklung der kommenden drei bis fünf Jahre gegenüber des ewigen Zeithorizonts ab Phase II noch relativ gut eingeschätzt werden kann, stehen womöglich den geplanten Abschreibungen keine entsprechenden Reinvestitionen gegenüber oder es werden Investitionen geplant, die aufgrund einer Fremdfinanzierung zunächst den Verschuldungsgrad ansteigen lassen. Darin sind Anhaltspunkte für jährlich schwankende Kapitalstrukturen zu sehen, deren Auswirkungen sich in variierenden Betafaktoren bemerkbar machen, die wiederum im Ergebnis für jede Geschäftsperiode der Detailplanungsphase unterschiedlich hohe Eigenkapitalkosten hervorrufen. Die Herleitung einheitlicher Eigenkapitalkosten ist damit kaum möglich. Das Problem kann auch nicht durch den ausschließlichen Fokus auf die nachhaltige Phase des Bewertungskalküls ausgeräumt werden.

2.4.2.2.2 Einfluss der Fremdfinanzierung

Das Ergebnis eines Betafaktors wird nicht nur allein durch den Verschuldungsgrad auf Marktwertbasis geprägt, sondern auch durch den unternehmenssteuermindernden Einfluss der Fremdfinanzierung, welcher zwischen Deutschland und

---

666 Im Fall eines unverschuldeten Unternehmens kann gleichfalls von einem konstanten (unverschuldeten) Betafaktor ausgegangen werden.

Österreich unterschiedlich hoch ausfällt. Zur Verdeutlichung dieses Einflusses wird im Folgenden die Berechnung des Betafaktors dargestellt:

$$(16) \qquad \beta_v = \beta_u * \left[1 + (1-s) * \frac{FK}{EK}\right] \quad \text{bzw.} \quad \beta_u = \frac{\beta_v}{1 + (1-s) * \frac{FK}{EK}}$$

β_v = Betafaktor des verschuldeten Unternehmens
β_u = Betafaktor des unverschuldeten Unternehmens
s = Steuersatz zur Vorteilhaftigkeit von Fremdfinanzierungen
EK = Marktwert des Eigenkapitals
FK = Marktwert des Fremdkapitals

Für den Marktwert des Fremdkapitals darf der Buchwert des zinstragenden Fremdkapitals, der sich aus der Bilanz des zu bewertenden Unternehmens ergibt, angesetzt werden. Der Marktwert des Eigenkapitals entspricht dagegen i.d.R. nicht dem Buchwert des Eigenkapitals in der Bilanz. Er stellt den zu ermittelnden Unternehmenswert dar, der an dieser Stelle jedoch noch unbekannt ist.[667] Der Unternehmenssteuersatz *s* bezieht sich auf die Abzugsfähigkeit von Fremdkapitalzinsen vom Jahresergebnis vor Steuern, aus der ein Steuervorteil aufgrund der Fremdfinanzierung resultiert. Die Höhe des Steuervorteils setzt sich aus der Gewerbesteuerersparnis aufgrund der Abzugsfähigkeit von Zinsaufwendungen für Dauerschulden in Höhe von 75%[668], sowie der auf Zinsaufwendungen entfallenden Körperschaftsteuer zzgl. Solidaritätszuschlag zusammen.

Bei Annahme eines Gewerbeertragsteuersatzes von 14% ergibt sich ein Steuervorteil aus Fremdfinanzierung in Höhe von 26,325%.[669] In der Konsequenz ist ein gegenläufiger Effekt zwischen der Höhe der Verschuldung des Unternehmens auf der einen Seite und der Steuerersparnis auf der anderen Seite zu erkennen. Das mit zunehmender Verschuldung steigende Kapitalstrukturrisiko wird durch den Steuerspareffekt zum Teil gemildert.

Für die österreichische Kapitalgesellschaft wird dagegen der Steuervorteil vollständig durch die Körperschaftsteuer abgebildet, da keine Gewerbesteuer anfällt und das österreichische Steuerrecht eine Hinzurechnungsregelung von Zinsaufwendungen auf das Jahresergebnis nicht vorsieht. Die Formel zur Ermittlung des Steuervorteils kann daher wie folgt angepasst werden:

---

667 Diesem Problem kann mittels eines Iterationsverfahrens begegnet werden.

668 Im Zuge der Unternehmenssteuerreform 2008 wurde die Hinzurechnung auf Dauerschuldzinsen von 50% auf 25% abgesenkt.

669 Bei Annahme eines Hebesatzes von 400% und der Messzahl von 3,5% errechnet sich der Gewerbeertragsteuersatz in Höhe von 14%; der im Zuge der Unternehmenssteuerreform 2008 gesenkte Körperschaftsteuersatz (15%) zzgl. SolZ von 5,5% wird im Rechenbeispiel unterstellt.

(17) $s = s_k^{Ö}$

$s_k^{Ö}$ = österreichische KSt (25%)

Damit zeigt sich, dass aufgrund der unterschiedlichen Unternehmensbesteuerung von Kapitalgesellschaften zwischen Deutschland und Österreich kein einheitlicher Steuerspareffekt durch den Einfluss der Fremdfinanzierung erreicht werden kann. Bezugnehmend auf die Beziehung zwischen β_u und β_v kann festgehalten werden, dass zwar die Ableitung eines einheitlichen unverschuldeten Betafaktors möglich ist, sofern sich die Auswahl der Vergleichsgruppe für beide beteiligten Rechtsträger als geeignet herausstellt. Und zwar können über den Prozess des Delevern aus den i.d.R. verschuldeten Vergleichsbetas zunächst unverschuldete Betafaktoren ermittelt werden, um sie dann auf einen einheitlichen Wert zu aggregieren. Beim anschließenden Prozess des Relevern geht es darum, den unverschuldeten Betafaktor wiederum unternehmensindividuell in einen verschuldeten Betafaktor umzuwandeln, was folglich zu abweichenden Ergebnissen führt.[670]

Tabelle 29: Einfluss der Unternehmenssteuern auf den verschuldeten Betafaktor

Verschuldete Betafaktoren im Ländervergleich		
Annahmen zum Verschuldungsgrad: Kapitalgesellschaft in Deutschland: 0,75 Kapitalgesellschaft in Österreich: 0,75		
	Deutschland	**Österreich**
unverschuldeter Betafaktor	**0,8**	**0,8**
Steuervorteil aus Fremdfinanzierung	**26,325%**	**25,00%**
verschuldeter Betafaktor	**1,2**	**1,3**

670 Es sind Äquivalenzprinzipien zugrunde zu legen, womit bei Betrachtung eines vergleichbaren Unternehmens auch eine vergleichbare Kapitalstruktur einhergeht. Unter dieser Voraussetzung könnte der Prozess des „Deleverns" und anschließenden „Releverns" vernachlässigt werden. Zur Ermittlung der Verschuldungsgrade vergleichbarer Unternehmen werden dennoch Marktwerte des Eigen- und Fremdkapitals herangezogen. In der Konsequenz müssten nicht nur ähnliche Kapitalstrukturen vorliegen, sondern auch das Verhältnis zwischen Marktwerten des Eigen- und Fremdkapitals zumindest relativ mit dem des zu bewertenden Unternehmens übereinstimmen.

Das tabellarische Beispiel zeigt verschuldete Betafaktoren, deren Abweichungen allein durch die jeweiligen Steuervorteile aus Fremdfinanzierungen verursacht werden.[671] Selbst bei Verwendung eines für beide Rechtsträger geltenden unverschuldeten Betafaktors und der Annahme eines identischen Verschuldungsgrades kann aufgrund abweichender steuerlicher Rahmenbedingungen kein einheitlicher (verschuldeter) Betafaktor erzielt werden.

Im Ergebnis scheitert der Ableitungsversuch eines einheitlichen Risikozuschlags trotz identischer Annahmen bzgl. der Kapitalstrukturen, die als Rechtfertigungsgrund zur Verwendung eines gleich hohen verschuldeten Betafaktors für beide beteiligten Unternehmen dienen, an der differenzierten Unternehmensbesteuerung. Ein für beide Unternehmen geltender Eigenkapitalkostensatz kann im Hinblick auf die Ermittlung des unternehmensspezifischen, verschuldeten Betafaktors, deren Ausgangspunkt ein für beide Rechtsträger identischer, aus der Vergleichsgruppe aggregierter, unverschuldeter Betafaktor darstellt, nicht gewonnen werden. Sollte umgekehrt für beide fremdfinanzierten Unternehmen in Deutschland sowie in Österreich derselbe unternehmensindividuelle Betafaktor ermittelt werden können, kann bei gleichlautender Annahme eines Basiszinssatzes sowie Marktrisikoprämie vor persönlichen Steuern ein gemeinsamer Eigenkapitalkostensatz gefunden werden. In diesem Fall gilt es aber zu bedenken, dass aufgrund der differenzierten steuerlichen Annahmen auf Unternehmensebene ungleiche Kapitalstrukturen vorliegen müssen. Die Erklärung dafür liegt in der Verwendung verschiedener Vergleichsgruppen, die zur Herleitung eines unverschuldeten Betafaktors herangezogen wurden. Im Rahmen des unternehmensindividuellen Anpassungsprozesses (Relevern) könnten demnach aus den gewonnenen, unverschuldeten Betafaktoren rein zufällig die gleichen verschuldeten Betafaktoren erzielt werden.

671 Für das Beispiel wurde bezogen auf die deutsche Kapitalgesellschaft ein Gewerbesteuersatz in Höhe von 14%, ein Körperschaftsteuersatz in Höhe von 15% und ein Solidaritätszuschlag von 5,5% unterstellt. Für Österreich gilt entsprechend der Körperschaftsteuersatz in Höhe von 25%.

D. Ermittlung von Umtauschverhältnissen im Rahmen der Hineinverschmelzung einer österreichischen Kapitalgesellschaft auf eine deutsche Kapitalgesellschaft

I. Ausgangslage und Rahmenbedingungen

1. Hereinverschmelzung und anschließende Gründung einer Betriebsstätte in Österreich

Als Ausgangslage für die nachfolgenden Untersuchungen gilt die Betrachtung der Hereinverschmelzung einer österreichischen Kapitalgesellschaft auf eine deutsche Kapitalgesellschaft und der anschließenden Gründung einer Betriebsstätte in Österreich. Möchte ein Unternehmer bspw. aus Gründen des Markttauftritts oder Ausnutzung des internationalen Steuergefälles eine intensivere Präsenz in Österreich haben, kann er anstelle von grenzüberschreitenden Direktgeschäften entweder die Gründung einer rechtlich selbständigen Tochtergesellschaft (GmbH oder AG) oder rechtlich unselbständigen Betriebsstätte in Erwägung ziehen.[672] Im steuerlichen Sinne wird von einem Direktgeschäft gesprochen, wenn keine Betriebsstätte vorliegt und folglich das Besteuerungsrecht dem Ansässigkeitsstaat des Unternehmens zugewiesen wird.[673] Der Begriff der Betriebsstätte wird im nationalen Recht[674] sowie im Abkommensrecht[675] geregelt. Die Betriebsstätte vereint eine Vielzahl an unternehmerischen Betätigungsformen mit dem gemeinsamen Merkmal eines

---

672 Neben den genannten Gründen wie Marktauftritt und Ausnutzung des internationalen Steuergefälles können weitere Beweggründe für eine grenzüberschreitende Verschmelzung relevant sein. Darunter fällt bspw. das wirtschaftliche Wachstum, die Unternehmenskonzentration zur Bewältigung von Kostennachteilen kleinerer Organisationsformen, der Ausbau der Machtstellung zur Sicherung des Absatz- oder Beschaffungsmarktes, die gemeinsame Verwertung von Patenten, die Vereinheitlichung und somit leichtere Durchführung des Produktionsprogrammes oder die leichtere Durchführung von Rationalisierungsmaßnahmen, vgl. Sagasser, in: Sagasser/Bula/Brünger, Umwandlungen, 2011, § 8 Rn. 1; Lutter, in: Lutter, UmwG, 2014, Einleitung I, Rz. 1–4.

673 Vgl. Jacobs, in: Jacobs/Endres/Spengel, Internationale Unternehmensbesteuerung, 2011, S. 71ff.

674 Vgl. § 12 AO i.V.m. § 49 EStG;

675 Vgl. Art. 5 OECD-MA 2010. Der abkommensrechtliche Begriff erfüllt hinsichtlich der Aufteilung des Steueraufkommens zwischen den Vertragsstaaten auch eine Liberalisierungsfunktion der zwischenstaatlichen Wirtschaftsbeziehungen, vgl. Görl, in: Vogel/Lehner, DBA, 2008, Art. 5 OECD-MA Rz. 4; Wassermeyer, in: Wassermeyer/Kaeser/Schwenke, DBA, 2013, Art. 5 OECD-MA Rz. 1.

rechtlich unselbständigen Teils eines Gesamtunternehmens, in dem sich ein Bereich der Unternehmenstätigkeit zuordnen lässt.[676] Das OECD-MA beschreibt die Betriebsstätte als eine „feste Geschäftseinrichtung, durch die die Geschäftstätigkeit eines Unternehmens ganz oder teilweise ausgeübt wird"[677], womit es sich weder um ein von dem Unternehmen unabhängiges Steuersubjekt, noch um ein selbständiges Rechtssubjekt handelt.[678]

Im hier betrachteten Fall der grenzüberschreitenden Verschmelzung gilt die beabsichtigte Gründung bzw. das Bestehen einer Betriebsstätte in Österreich als Tatbestandsvoraussetzung für die Besteuerung des der Betriebsstätte zurechenbaren Unternehmensgewinns in Österreich, um im Rahmen der grenzüberschreitenden Steuerplanung die Steuerlast gezielt optimieren zu können.[679] Neben dem dahinter stehenden Motiv der Ausnutzung einer Steuervorteilhaftigkeit sollte jedoch die Planungsunsicherheit bei der Einkünfteabgrenzung zwischen Stammhaus und Betriebsstätte nicht außer Acht gelassen werden.[680] Weiterhin können Kostenfaktoren bei der Betriebsstättenbegründung im Quellenstaat zu berücksichtigen sein, darunter bspw. mögliche Rechtsgebühren oder Kosten im Zusammenhang mit Registrierungspflichten.[681] Im Hinblick auf das dieser Arbeit zugrunde liegende Fallbeispiel werden die mit der Betriebsstättenbegründung in Zusammenhang stehenden Kostenfaktoren nicht weiter behandelt. Annahmegemäß basieren die folgenden Betrachtungen zur Betriebsstättenbegründung in Österreich nach vollzogener Hereinverschmelzung nach Deutschland rein auf dem Motiv der Steuerbelastungsoptimierung.[682]

676 Vgl. Birk, in Hübschmann/Hepp/Spitaler, AO und FGO, 2013, § 12 AO Rn. 4; Heinsen, in: Löwenstein/Looks/Heinsen, Betriebsstättenbesteuerung, 2011, Rn. 1; Wassermeyer, in: Wassermeyer/Kaeser/Schwenke, DBA, 2013, Art. 5 OECD-MA Rn. 1.

677 Art. 5 Abs. 1 OECD-MA 2010. Durch die eigenständige Regelung des Begriffs im Abkommensrecht ist ein Rückgriff auf innerstaatliches Recht (§ 12 AO) nur insoweit möglich, als die verwendeten Begriffe identisch oder vergleichbar sind bzw. nicht aus dem Abkommen heraus erklärt werden können.

678 Vgl. Birk, in: Hübschmann/Hepp/Spitaler, AO und FGO, 2013, § 12 AO Rn. 4.

679 Vgl. Art. 7 OECD-MA 2010; Art. 5 OECD-MK 2010 Nr. 1.

680 Eine Betriebsstättenbegründung kann sich negativ auswirken, falls z.B. steuererhöhende Gewinnkorrekturen in dem einen Staat nicht durch korrespondierende Kürzungen in dem anderen Staat ausgeglichen werden, vgl. Heinsen, in: Löwenstein/Looks/Heinsen, Betriebsstättenbesteuerung, 2011, Rn. 50ff.

681 Vergleichbar mit nationalen Pflichten: Eintragung ins Handelsregister, Anmeldung des Gewerbes bei der Kommune, IHK und Handwerkskammer, vgl. Baldamus, IStR 2012, S. 320ff.; Bendlinger/Görl/Paaßen/Remberg, IStR 2004, S. 148.

682 Wenn in Österreich keine Betriebsstätte zurückbleiben würde, käme es zu einer Entstrickungsbesteuerung in Österreich und zu einer Verstrickungsbesteuerung in Deutschland.

2. Bewertungsperspektiven

2.1 Maßgeblichkeit des Sitzlandprinzips

Der Fall einer grenzüberschreitenden Hereinverschmelzung erfordert die Bewertung der beteiligten Kapitalgesellschaften zur Ermittlung des Umtauschverhältnisses. Es stellt sich nun bei dieser Verschmelzungsform die Frage, aus welcher Sicht die jeweiligen Ertragswerte ermittelt werden sollen. Dem Sitzlandprinzip folgend, hat die Entscheidung zur Sichtweise nicht nur einen Einfluss auf die zu berücksichtigende Steuerbelastung, die sich aus den Gegebenheiten des jeweiligen Sitzlandes der Gesellschaft bestimmen lässt, sondern auch auf die Rahmenbedingungen hinsichtlich Zins,- Risiko- und Wachstumsniveaus, welche die Höhe der Alternativanlage determinieren.[683] Im vorliegenden Fall ergeben sich zur Bewertung grundsätzlich folgende Perspektiven:

1. Die jeweiligen Ertragswerte werden aus Sicht eines im Sitzland der übernehmenden deutschen Kapitalgesellschaft unbeschränkt steuerpflichtigen Anteilseigners ermittelt,
2. die jeweiligen Ertragswerte werden aus Sicht eines im Sitzland der übertragenden österreichischen Kapitalgesellschaft unbeschränkt steuerpflichtigen Anteilseigners ermittelt oder
3. die Bewertung der übernehmenden deutschen Kapitalgesellschaft erfolgt aus Sicht eines in Deutschland ansässigen, unbeschränkt steuerpflichtigen Anteilseigners und die Bewertung der übertragenden österreichischen Kapitalgesellschaft erfolgt aus Sicht eines in Österreich ansässigen, unbeschränkt steuerpflichtigen Anteilseigners.

Im Rahmen von Konzernverschmelzungen ist je nach Fallkonstellation eine Vorgehensweise nach (1.) oder (2.) vorstellbar. Für eine Verschmelzung auf das Mutterunternehmen (upstream-merger), welches bspw. die Mehrzahl der Anteile hält, erscheint Perspektive (1.) angemessen, für den umgekehrten Fall des downstream-mergers entsprechend Perspektive (2.). Auch vor dem Hintergrund einer erfolgreichen Verschmelzung und der damit verbundenen Folge eines künftigen Unternehmenssitzes in Deutschland, vermag die Befürwortung von Perspektive (1.) plausibel erscheinen. Gestützt wird diese Argumentation dadurch, dass die Vorteilhaftigkeit zukünftiger Zahlungsströme aus Sicht eines in Deutschland ansässigen Investors zu analysieren ist, der den Zahlungsstrom des zu verschmelzenden ausländischen Unternehmens kaufen möchte.[684] Die Diskontierung des ausländischen Zahlungsstroms kann – allein bezogen auf den Basiszinssatz – ebenfalls aus Sicht des in Deutschland ansässigen Investors erfolgen, da Staatsanleihen innerhalb der Eurozone keinen Währungsrisiken ausgesetzt

683 Vgl. Castedello, in: WP-Handbuch, Band II, 2014, Die Unternehmensbewertung Tz. 118; Siepe/Dörschell/Schulte, WPg 2000, S. 946ff.

684 Vgl. Kengelbach, Unternehmensbewertung, 2000, S. 176.

sind und zudem die niedrigsten Zinssätze bzw. die geringsten Risikozuschläge aufweisen.[685] Demnach ist nicht das Sitzland des Investors oder des zu bewertenden Unternehmens in der Frage der Bewertungsperspektive entscheidend, sondern die Identität der Währung der Alternativanlage mit der Währung der zu diskontierenden Ausschüttungen[686], dessen Voraussetzungen im betrachteten Fall erfüllt wären. Unter Bezugnahme von Daten der EZB bzw. Bundesbank entspricht die risikofreie Rendite des Auslands der inländischen. Andernfalls stünde einem Investor bei Beachtung etwaiger Währungsrisiken auch nur die inländische Rendite als quasi-risikofreie Alternative zur Verfügung.[687]

Leider kann den befürwortenden Argumenten zu Perspektive (1.) dennoch aus zweierlei Gründen nicht gefolgt werden. Die Annahme eines zukünftig in Deutschland ansässigen Unternehmens steht dem Grundsatz der Bewertung der wirtschaftlichen Unternehmenseinheit entgegen[688], den es bei der jeweiligen Bewertung der beteiligten Unternehmen zu beachten gilt. Als Ausgangspunkt für die Bewertung der zu verschmelzenden Unternehmen kann nicht bereits im Vorfeld von einem einheitlichen, in Deutschland ansässigen Unternehmen ausgegangen werden. Folglich sind beide Unternehmen getrennt voneinander zu bewerten. Die Definition des objektivierten Unternehmenswerts untermauert den intersubjektiv nachprüfbaren Zukunftserfolgswert aus Sicht der Anteilseigner, wie er sich bei Unternehmensfortführung auf Basis des bestehenden Unternehmenskonzepts ergibt.[689]

Der zweite Grund liegt in der postulierten Berücksichtigung eines, aus Sicht des in Deutschland ansässigen und unbeschränkt steuerpflichtigen Investors, empirisch ermittelten Betafaktors, der nun auch bei der Bewertung der österreichischen Kapitalgesellschaft Verwendung findet. Aufgrund des abweichenden Steuerregimes, einer eventuell völlig veränderten Kapitalstruktur sowie anderen Einschätzungen der österreichischen Marktteilnehmer liegt eine andere Risikosituation in Österreich vor, womit der Ansatz des aus deutscher Sicht ermittelten Betafaktors für die Bewertung der österreichischen Kapitalgesellschaft nicht gerechtfertigt werden kann. Selbst übereinstimmende Risikoeinschätzungen, die sich in identischen Risikonutzenfunktionen widerspiegeln, können keinen Beitrag zur Lösung des Problems darstellen, da allein durch abweichende, absolute Steuerzahlungen zwischen in- und ausländischen Investoren unterschiedliche Positionen im Bereich der Risikonutzenfunktion eingenommen werden.[690]

685 Vgl. Munkert, Kapitalisierungszinssatz, 2005, S. 122.

686 Vgl. Obermaier, Bewertung, 2004, S. 176.

687 Vgl. Kengelbach, Unternehmensbewertung, 2000, S. 176.

688 Vgl. Castedello, WP-Handbuch, Band II, 2014, Die Unternehmensbewertung, Tz. 46ff.; IDW S 1 i.d.F. 2008, Tz. 19.

689 Vgl. IDW S 1 i.d.F. 2008, Tz. 29; KFS BW 1 i.d.F. 2006, Tz. 14; KFS BW 1, Entwurf vom 01.10.2013, Tz. 16.

690 Vgl. Kengelbach, Unternehmensbewertung, 2000, S. 176f.

Die dritte Perspektive steht im Einklang mit dem bereits in IDW S 1 i.d.F. 2000 verankerten Sitzlandprinzip, dass bei der Ermittlung von Umtauschverhältnissen bei grenzüberschreitenden Fusionen für den Wert des inländischen Unternehmens typisiert von einem im Inland ansässigen – und damit dort unbeschränkt steuerpflichtigen – Anteilseigner, hingegen für den Wert des ausländischen Unternehmens von einem im Ausland ansässigen Anteilseigner auszugehen ist.[691] Im aktuellen Standard IDW S 1 i.d.F. 2008 wurde hierzu kein gesonderter Gliederungspunkt aufgenommen, was durch die Öffnung dieses Bewertungskonzepts für unternehmerische Initiativen insbesondere im Zusammenhang mit internationalen Transaktionen zu begründen ist. Dennoch gilt das Sitzlandprinzip auch nach aktueller Fassung im Rahmen von vertraglichen und gesetzlichen Bewertungsanlässen, in denen der objektivierte Unternehmenswert „aus der Perspektive einer inländischen unbeschränkt steuerpflichtigen natürlichen Person als Anteilseigner“[692] ermittelt wird.

Das Fachgutachten KFS BW 1 i.d.F. 2006 enthält dagegen keine entsprechenden Ausführungen, die auf die Gültigkeit des Sitzlandprinzips schließen lassen. Abweichend zum IDW S 1 i.d.F. 2008 stellt das Fachgutachten in Bezug auf die Definition eines Bewertungssubjekts klar, dass Unternehmen „immer aus der Sicht einer Partei oder mehrerer Parteien“[693] zu bewerten sind. Weiterhin sind Ertragsteuern auf Unternehmens- und Anteilseignerebene zu berücksichtigen[694] sowie typisierte steuerliche Verhältnisse bei objektivierten Unternehmensbewertungen einheitlich für mehrere Anteilseigner zu unterstellen.[695] Ein Hinweis auf den Inlandsbezug ist im Fachgutachten nicht enthalten. Die Maßgeblichkeit des Sitzlandprinzips ergibt sich jedoch im betrachteten Fall bereits daraus, dass das Umwandlungsgesetz nur Wirkung für das im Inland ansässige Unternehmen entfalten kann. In der Konsequenz kann der Gegenstand einer objektivierten Unternehmensbewertung daher nur ein inländisches Unternehmen sein, woraus das Bewertungssubjekt eines typisierten Inländers abzuleiten ist.[696]

2.2 Erforderlichkeit steuerlicher Typisierungen

In der betriebswirtschaftlichen Literatur ist unbestritten, dass aus theoretischer Sicht persönliche Steuern bei der Ermittlung einer Entschädigung für außenstehende Aktionäre berücksichtigt werden müssen.[697] Da außerdem eine regelmäßig heterogene Darstellung der Aktionärsstrukturen bei Publikumsgesellschaften zu

691 Vgl. IDW S 1 i.d.F. 2000, Tz. 52; IDW S 1 i.d.F. 2005, Tz. 55.
692 IDW S 1 i.d.F. 2008, Tz. 31.
693 KFS BW 1 i.d.F. 2006, Tz. 8; so auch KFS BW 1, Entwurf vom 01.10.2013, Tz. 9.
694 Vgl KFS BW 1 i.d.F. 2006, Tz. 27.
695 Vgl. KFS BW 1 i.d.F. 2006, Tz. 41.
696 Vgl. Wollny, Der objektivierte Unternehmenswert, 2010, S. 166.
697 Vgl. Ballwieser et al., WPg 2007, S. 765f.; Jonas, FB 2006, S. 479ff.; Wiese, WPg 2007, S. 368.

beobachten ist, wurde insbesondere bei aktienrechtlichen Abfindungsfällen eine Typisierung erforderlich. Auf die in IDW S 1 i.d.F. 2000 enthaltene Klarstellung wurde diesbezüglich bereits in den obigen Ausführungen eingegangen. Ausgehend von Perspektive (3.), woraus eine getrennte Typisierung im Rahmen der Bewertung der beteiligten Kapitalgesellschaften folgt, liegt das Problem in der Berücksichtigung der jeweils national unterschiedlichen Besteuerungen auf Unternehmens- und Anteilseignerebene zwischen Deutschland und Österreich. Dem Anspruch der Maßgeblichkeit des Sitzlandprinzips wird bei dieser Perspektive zwar Genüge getan, dennoch kann letztlich die Zweckadäquanz dieser Vorgehensweise im Hinblick auf das Primärziel der Ermittlung eines Umtauschverhältnisses angezweifelt werden.[698]

Während die Berücksichtigung von Unternehmenssteuern in der modernen Unternehmensbewertung als unverzichtbare Forderung gilt und ein angemessenes Bewertungsverfahren in der Konsequenz die Ertragsteuerbelastung auf Unternehmensebene einbezieht[699], stellt sich die Berücksichtigung von persönlichen Steuern auf Anteilseignerebene als die größere Herausforderung dar. Speziell für die Ebene der Anteilseigner gilt es, einen geeigneten Maßstab zur Festlegung einer typisierten, durchschnittlichen Steuerbelastung zu finden, wobei sich in diesem Zusammenhang die Frage stellt, ob persönliche Steuern überhaupt berücksichtigt werden sollten. Deutsche Literatur[700] und Praxis[701] gehen übereinstimmend davon aus, dass bei der Unternehmensbewertung grundsätzlich die persönlichen Steuern der Anteilseigner im Zähler und Nenner des Bewertungskalküls zu berücksichtigen sind, was einer unmittelbaren Typisierung entspricht. Ebenso wird diese Ansicht auch von der österreichischen Bewertungspraxis vertreten.[702] Entgegen der unmittelbaren Typisierung kann auch die mittelbare Typisierung durch Nicht-Einbeziehung persönlicher Steuern aus Vereinfachungsgründen gerechtfertigt sein.[703] Inwiefern für den konkreten Verschmelzungsfall die steuerlichen Rahmenbedingungen befürwortende Argumente zur vereinfachenden Darstellung in Form einer mittelbaren Typisierung liefern, wird auf die Ausführungen in Gliederungspunkt (4.) verwiesen.

---

698 Vgl. Großfeld, NZG 2002, S. 358.

699 Vgl. Wagner/Rümmele, WPG 1995, S. 433.

700 Vgl. Ballwieser / Hachmeister 2013, Unternehmensbewertung, S. 125f.

701 Vgl. IDW S 1 i.d.F. 2008, Tz. 28.

702 Vgl. KFS BW 1 2006, Tz. 27; KFS BW 1, Entwurf vom 01.10.2013, Tz. 91.

703 Vgl. Castedello, in: WP-Handbuch, Band II, 2014, Die Unternehmensbewertung, Tz. 83; IDW S 1 i.d.F. 2008, Tz. 30.

3. Ermittlung der Ertragskraft der beteiligten Kapitalgesellschaften

3.1 Zur Vergleichbarkeit der Unternehmenswerte der zu verschmelzenden Kapitalgesellschaften

Für den konkreten Anlass der grenzüberschreitenden Verschmelzung zweier Kapitalgesellschaften bestehen weder in der deutschen noch in der österreichischen Bewertungspraxis rechtlich verbindliche Vorgaben zur Verwendung einer Bewertungsmethode, etwa im Rahmen der zur Verfügung stehenden Einzel- oder Gesamtbewertungsverfahren, Multiplikator- oder Mischverfahren.[704] Die vom IDW sowie KWT standardisierten und zukunftsorientierten Ertragswert- und DCF-Verfahren, welche sich neben dem Multiplikatorverfahren gegenüber den Einzelbewertungsverfahren durchgesetzt haben, sollen zur Ermittlung der jeweils objektivierten Unternehmenswerte im betrachteten Verschmelzungsfall verwendet werden. Im Vorfeld einer Unternehmensbewertung auf Grundlage des Gesamtbewertungsverfahrens kommt es zunächst darauf an, geeignete Maßstäbe zur Beurteilung der Ertragskraft der beteiligten Kapitalgesellschaften festzulegen. Neben der Ermittlung der Eigenkapitalkosten auf Basis der CAPM-Methode, die gegebenenfalls bei Verwendung des FCF-Verfahrens noch durch die Ergänzung um Fremdkapitalkosten zu einer gewichteten Gesamtkapitalkostengröße zu erweitern sind, liegt die zweite wesentliche Herausforderung in der Schätzung zukünftiger Zahlungsstromgrößen der Bewertungsobjekte, welche im Zähler der Bewertungsformel abgebildet werden.[705] Da bereits ausführlich auf die Bestimmung des Kapitalisierungszinssatzes eingegangen wurde, widmen sich nun die folgenden Ausführungen zunächst losgelöst von Bewertungsmethoden den verschiedenen Zahlungsstromgrößen.

Im Kern geht es bei der Verschmelzung zweier Kapitalgesellschaften um die Ermittlung eines Umtauschverhältnisses, das aus der Gegenüberstellung der jeweiligen Unternehmenswerte resultiert. Fraglich ist in diesem Zusammenhang, ob zur Ermittlung des Umtauschverhältnisses beide Bewertungsobjekte nach einheitlichen Maßstäben bewertet werden, damit die Ergebnisse überhaupt vergleichbar sind bzw. zur Herleitung eines angemessenen Umtauschverhältnisses geeignet sind. Sofern in beiden Fällen von einheitlichen Kapitalkosten ausgegangen wird, verbleibt noch die Forderung der Festlegung einheitlicher Maßstäbe im Zusammenhang mit der Planung zukünftiger Erfolgsstromgrößen, um dem Ziel eines angemessenen Umtauschverhältnisses näher zu kommen. Wie bereits festgestellt wurde, führt im

704 Von dem Fall einer Erbauseinandersetzung, die eine Bewertung des Unternehmens nach dem vereinfachten Ertragswertverfahren nach § 200 BewG vorsieht, wird abgesehen.

705 In ihrer Eigenschaft als finanzieller Unternehmensertrag sind Zahlungsstromgrößen (Cashflows) den DCF-Verfahren zuzuordnen, der Periodenerfolg dagegen dem Ertragswertverfahren, vgl. Peemöller, BBB 2006, S. 286.

grenzüberschreitenden Fall der Hereinverschmelzung einer Kapitalgesellschaft von Österreich nach Deutschland der Ansatz eines einheitlichen Eigenkapitalkostensatzes gem. CAPM-Methode zu abweichenden Unternehmenswerten, dessen Ursache im Wesentlichen in der differierenden Unternehmensbesteuerung liegt.[706] Obwohl möglicherweise beiden Unternehmen die exakt gleiche Ertragskraft bescheinigt werden kann, resultieren daraufhin trotz Diskontierung der Überschussgrößen zum selbigen Eigenkapitalkostensatz abweichende Unternehmenswerte. Diese Feststellung bekräftigt den Hinweis von *Gmelin*, das Umtauschverhältnis rein aus der Gegenüberstellung der jeweiligen zukünftigen Ertragskraft abzuleiten.[707]

3.2 Ableitung des angemessenen Umtauschverhältnisses aus zukünftigen Zahlungsstromgrößen

3.2.1 Voraussetzungen und Grenzen

Anstelle des Unternehmenswertes nur die Roherträge in Form zukünftiger Zahlungsstromgrößen als Maßstab zur Ableitung eines angemessenen Umtauschverhältnisses anzulegen, vermag als sachgerechte Vorgehensweise einzustufen sein. Der Unternehmenswert an sich stellt bereits die Ertragskraft dar, indem zukünftige Zahlungsstromgrößen auf einen Zeitpunkt diskontiert werden. Darin liegt aber auch zugleich die Problematik, da die Diskontierung mit jeweils unternehmensspezifisch angepassten Kapitalkosten erfolgt und durch die anschließende Relation der ermittelten Unternehmenswerte eine Verschiebung des Umtauschverhältnisses bzw. der Beteiligungsquoten hervorgerufen wird. Damit ein reines Abstellen auf zukünftige Erfolgsgrößen den Anforderungen eines zu ermittelnden Umtauschverhältnisses gerecht werden kann, wird zunächst die Vereinheitlichung der Kapitalkosten vorausgesetzt, um die Vergleichbarkeit diskontierter Erträge überhaupt zu gewährleisten. Dies setzt wiederum voraus, dass den Anteilseignern beider beteiligter Kapitalgesellschaften die gleiche Alternativanlage zur Verfügung steht. Eine identische Alternativrendite ist bezugnehmend auf die Erörterungen in Kapitel C[708] vor dem Hintergrund des uneingeschränkten Zugangs zu Alternativanlagen innerhalb der EU für beiden Seiten annehmbar. Wird das Bewertungskalkül zusätzlich auf das ewige Rentenmodell reduziert, kann bei der Relation beider Unternehmenswerte die Alternativrendite problemlos herausgekürzt werden und die Betrachtung stützt sich dann ausschließlich auf die nachhaltig zu erwartenden Zahlungsstromgrößen beider Kapitalgesellschaften. Damit

---

706 Da Unternehmen i.d.R. unterschiedlich sind, üben auch weitere Faktoren wie Verlustvorträge, Abschreibungspolitik und Rückstellungsbildungen Einflüsse auf die Jahresergebnisse aus. Dadurch wird ebenso die Unternehmensbesteuerung und folglich der Unternehmenswert beeinflusst, vgl. Jonas, FB 2006, S. 481.

707 Vgl. Gmelin, Deutsche Gesellschaft für Betriebswirtschaft, Verschmelzung, 1970, S. 52.

708 Siehe Kapitel C, Abschnitt III. 2.4.

scheint ein gangbarer Weg zur Ableitung eines Umtauschverhältnisses rein aus der Relation von Zahlungsstromgrößen gefunden zu sein, wenn von der Einbeziehung einer Detailplanungsphase abgesehen wird, für dessen Vernachlässigung möglicherweise das Argument des hohen Anteils des Terminal Value am Unternehmenswert greift.

Im Hinblick auf die Bestimmung von Beteiligungsquoten kann eine Beschränkung auf die nachhaltige Phase II unter der Voraussetzung, dass mit ihr der Unternehmenswert fast vollständig abgebildet wird, nur als Näherungslösung charakterisiert werden. Ein Herauskürzen von Kapitalkosten wird gegebenenfalls nur in den Fällen möglich sein, in denen Alternativrenditen einander entsprechen. Bei Ableitung von Eigenkapitalkosten mittels CAPM-Modell wäre dies gegeben, sofern von gleichen Basiszinssätzen und Risikoprämien ausgegangen wird. Hinzu tritt die Bedingung, dass auch die jeweiligen Betafaktoren identisch sein müssen, damit letztlich keine abweichenden Ergebnisse erzeugt werden. Umso seltener kann dagegen die Herleitung von gewichteten Kapitalkosten auf einem einheitlichen Niveau gelingen, zumal dann noch Fremdkapitalkosten einzubeziehen sind, die im Regelfall voneinander abweichen dürften.

Wird ergänzend zur vollständigen Abbildung des Unternehmenswertes noch die Detailplanungsphase (Phase I) mit in Betracht gezogen, ist selbst eine gemeinsame Basis von Eigenkapitalkosten noch umso unwahrscheinlicher, da je nach Investitionsvorhaben der Unternehmensleitung Veränderungen der Kapitalstruktur im Rahmen der unternehmensspezifischen Planungsrechnung von Jahr zu Jahr klar abgebildet werden. Diese Veränderungen finden wiederum ihre Berücksichtigung im Betafaktor, womit die periodischen Eigenkapitalkosten innerhalb der Detailplanungsphase zumindest geringfügig beeinflusst werden. Es wird jedenfalls im Gegensatz zur nachhaltigen Phase nicht davon auszugehen sein, dass bereits in der Detailplanungsphase ein eingeschwungener Zustand vorliegt, indem die jährlichen Investitionen nur in Höhe der jährlichen Abschreibungen vorgenommen werden.

Im Ergebnis kommt ein vereinfachendes Abstellen auf einheitliche Kapitalkosten über beide Phasen I und II hinweg einer Vergleichbarkeit zukünftiger Erfolgsströme deutlich entgegen. Es kann sich dabei jedoch im Regelfall nur um eine Näherungslösung handeln, die erste Anhaltspunkte für ein angemessenes Umtauschverhältnis liefert. Mit der Vereinheitlichung von Kapitalkosten geht schließlich auch die Annahme gleicher Risiken einher, sodass Wertdifferenzen, die sich aus der unternehmensspezifischen Anpassung des Risikozuschlags ergeben, zwischen den beteiligten Kapitalgesellschaften ausgeblendet werden und folglich das Umtauschverhältnis verfälscht wird.

3.2.2 Beurteilung relevanter Zahlungsstromgrößen

Folgt man der Überlegung von *Gmelin* und reduziert die Ableitung eines angemessenen Umtauschverhältnisses auf die Gegenüberstellung der zukünftigen Roherträge der beteiligten Kapitalgesellschaften, können hierzu bspw. folgende Cashflow- bzw. Ertragsgrößen in Betracht gezogen werden:

Abbildung 5: Zahlungsstromgrößen zur Beurteilung der Ertragskraft eines Unternehmens

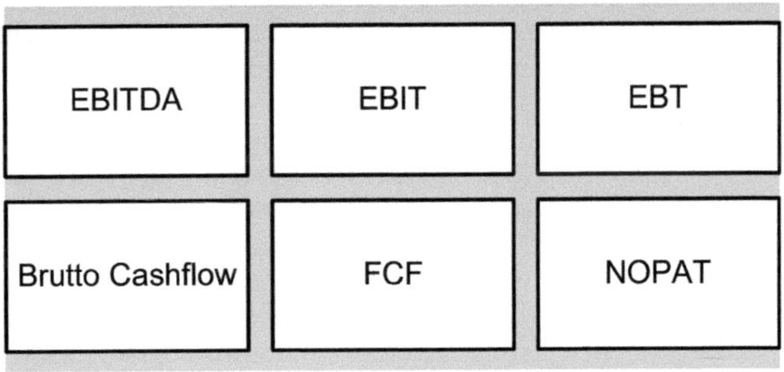

Sollen Roherträge der beteiligten Unternehmen auf einen Nenner gebracht werden, um daraus ein angemessenes Umtauschverhältnis zu bestimmen, erscheint auf den ersten Blick die Zahlungsstromgröße *EBITDA* als geeignet, zumal diese Größe nur zahlungswirksame Posten aus dem Betriebsbereich beinhaltet und die Problematik einer differierenden Unternehmensbesteuerung ausblendet, indem es sich um eine Cashflow-Größe vor Zahlung von Unternehmenssteuern handelt. Außerdem sind noch die fälligen Zinsaufwendungen zur Bedienung der Fremdkapitalgeber enthalten, sodass die Zahlungsstromgröße auch nicht durch gegebenenfalls vorhandene Kapitalstrukturunterschiede und damit verbundene Finanzierungskosten, die je nach Ausgestaltung von Darlehensverträgen ebenfalls in unterschiedlicher Höhe ausfallen können, beeinflusst werden kann und in der Folge eine Vergleichbarkeit erschwert wird. Es handelt sich bei der Zahlungsstromgröße *EBITDA* um ein Ergebnis, das bezugnehmend auf die Aspekte der unterschiedlichen Unternehmensbesteuerung und Kapitalstruktur gerade für internationale Vergleichszwecke und somit auch im betrachteten Fall als geeignet eingestuft werden kann, um Roherträge der beiden Kapitalgesellschaften einem Vergleich zu unterziehen. Insbesondere kommt das *EBITDA* als Vergleichsgröße in Betracht, sofern bei einem der beiden Unternehmen außerordentlich hohe Abschreibungen vorgenommen wurden, welche nicht berücksichtigt werden sollen.[709] Das Ergebnis *EBITDA* entspricht prinzipiell dem Cashflow vor Zinsen und Steuern, welcher wiederum dem *EBIT* gleichkommt, sollten ausschließlich zahlungswirksame Posten in die Earnings eingegangen sein.

Wenn nun anstelle des *EBITDA* alternative Zahlungsstromgrößen – wie in Abbildung (5) dargestellt – als Grundlage zur Beurteilung der Ertragskraft verwendet werden, kann mit jeder Kürzung des *EBITDA* um einen weiteren Bestandteil die Vergleichbarkeit umso mehr in Frage gestellt werden. Womöglich führt der Abzug von Abschreibungen zu abweichenden *EBIT*-Größen zwischen den zu bewertenden Unternehmen, deren Relation nicht mehr mit der Ausgangsrelation, bezogen

709 Vgl. Peemöller, BBB 2006, S. 291.

auf *EBITDA's*, übereinstimmt. Diese Verschiebung wird evtl. noch durch den Abzug der Zinsaufwendungen verstärkt, sollten die Jahresergebnisse vor Unternehmenssteuern *(EBT)* in Relation zueinander stehen.

Werden ausgehend von der Zahlungsstromgröße *EBITDA* etwa nur Ertragsteuern der beteiligten Unternehmen als zahlungswirksame Aufwendungen abgezogen, resultieren sog. *Brutto Cashflows*. Die Verwendung von *Brutto Cashflows* kann zur vergleichenden Beurteilung der Ertragskraft zwar für nationale, nicht dagegen im internationalen Kontext grenzüberschreitender Verschmelzungen empfohlen werden, zumal die beteiligten EU-Mitgliedstaaten die Besteuerung von Unternehmen innerhalb ihres nationalen Steuerrechts unterschiedlich regeln. Eine weitere Bereinigung des *Brutto Cashflows* um die Abschreibungen führt zur Einnahmen-Ausgaben-Größe *NOPAT*, die das bereinigte Betriebsergebnis nach Steuern darstellt und nicht nur zur Erfüllung von Renditeansprüchen der Eigenkapitalgeber, sondern auch denen der Fremdkapitalgeber dient. Ausgehend vom *Brutto Cashflow* werden dabei Abschreibungen als einziger nichtfinanzwirksamer Posten abgezogen, was im Hinblick auf die Annahme, dass zur Substanzerhaltung zukünftige Ersatzinvestitionen in Höhe der Abschreibungen vorgenommen werden, als durchaus sachgerecht eingestuft werden kann.[710] Jedoch stellt die Einnahmen-Überschussgröße *NOPAT* ebenso wie der *Brutto Cashflow* bereits ein um die Unternehmenssteuern bereinigtes Betriebsergebnis dar, womit auch diese Größe nicht zur vergleichenden Beurteilung im internationalen Kontext geeignet ist.

Der *Free Cashflow* (FCF) stellt klassischerweise die relevante Bezugsgröße der Bruttomethode im Rahmen von DCF-Verfahren dar. Vom *EBIT* ausgehend wird bei direkter Ermittlung dieser Größe die Unternehmenssteuerbelastung aus Sicht eines rein eigenfinanzierten Unternehmens ermittelt und in Abzug gebracht.[711] Anschließend sind noch Auszahlungen für Investitionen mindernd zu berücksichtigen, Einzahlungen aus Desinvestitionen dagegen hinzuzurechnen. Abweichend vom *Brutto Cashflow* spiegelt der *Free Cashflow* den zur Erfüllung von Renditeansprüchen von Eigen- und Fremdkapitalgebern frei zur Verfügung stehenden Einzahlungsüberschuss wider, indem nicht nur eine einschränkende Betrachtung des Zahlungsüberschusses aus dem Betriebsbereich erfolgt, sondern auch das Ergebnis der Investitionstätigkeit einbezogen wird. Der *FCF* repräsentiert damit ebenfalls eine um die (fiktiven) Unternehmenssteuern bereinigte Ergebnisgröße. Der Fokus auf die Eigenfinanzierung liefert insofern keinen Lösungsbeitrag im Hinblick auf

---

710 Begründet werden kann der Abzug von Abschreibungen damit, dass es sich um wahre ökonomische Aufwendungen in Bezug auf den substanzerhaltenden Ersatz abgenutzter Anlagen handelt. Darüber hinaus sind Abschreibungen in ihrer Eigenschaft als periodisierte Aufwendungen zur besseren Vergleichbarkeit mit geleasten Vermögensgegenständen zu berücksichtigen, wobei die Struktur der Zahlungsströme im Vergleich von Kauf versus Leasing unterschiedlich sein wird, vgl. Günther, Controlling, 2013, S. 234f.

711 Sofern in die Earnings nur zahlungswirksame Posten eingehen, können die Unternehmenssteuern direkt vom EBIT abgezogen werden.

die Problematik einer differenzierten Berücksichtigung der Unternehmenssteuern zwischen Unternehmen mit Sitz in Deutschland und Österreich, womit auch die Eignung des *FCF* für internationale Vergleichszwecke in Frage gestellt werden kann.

3.2.3 EBITDA versus EBT

Nach Abwägung der Argumente in Bezug auf die Eignung der angesprochenen Zahlungsstromgrößen vermag die Relevanz des *EBITDA* zur Bestimmung eines angemessenen Umtauschverhältnisses herausragen. Wie eingangs erwähnt, entgeht man bei dieser Zahlungsstromgröße dem Problem der Berücksichtigung einer differierenden Unternehmensbesteuerung. Außerdem bleibt die Einbeziehung von Fremdfinanzierungs-, Abschreibungs- und Investitionsaspekten außen vor. Insofern bietet das *EBITDA* als Rohertrag eine gute Basisgröße im Hinblick auf die Qualität eines Vergleichsergebnisses. Mit der Beschränkung auf das *EBITDA* wird aber im Umkehrschluss wiederum die Frage aufgeworfen, ob denn mit den Kapitalisierungen von *EBITDA* bei vereinfachter Unterstellung einheitlicher Kapitalkosten Ergebnisse erzeugt werden können, die in Relation zueinander zum angemessenen Umtauschverhältnis führen. Das *EBITDA* gibt zunächst keinen Aufschluss darüber, wie hoch der Verschuldungsgrad des Unternehmens ausfällt. So kann das Ergebnis sowohl unter erhöhtem Risiko durch den Einsatz von hohem Fremdkapital, als auch umgekehrt mit geringer Fremdkapitalquote und hohem Eigenkapitalbestand erwirtschaftet worden sein. Ebenso gibt das *EBITDA* noch keinen Aufschluss über die geplanten Abschreibungen und Investitionen. Die Argumentation, dass der erwartete Eintritt zukünftiger Unternehmenserträge ohnehin mit Unsicherheit behaftet ist, kann von diesem Standpunkt aus betrachtet nicht als Rechtfertigungsgrund zur vergleichenden Gegenüberstellung von *EBITDA* gelten. Spätestens im Zuge der Kapitalisierung dieser Zahlungsstromgrößen würden die Auswirkungen von Investitions- und Kapitalstrukturrisiken verdeutlicht, da eine unternehmensindividuelle Risikoberücksichtigung in Form eines Zuschlags im Nenner des Bewertungskalküls erfolgt.[712] Ein erhöhtes Risiko schlägt sich in höheren Kapitalkosten nieder, zumal sich ein Investor für die Inkaufnahme eines erhöhten Risikos in Form der Durchsetzung einer höheren Renditeforderung entschädigen lässt, womit c.p. ein geringerer Unternehmenswert einhergeht. Da das angemessene Umtauschverhältnis regelmäßig aus der Relation ermittelter Unternehmenswerte abgeleitet wird, kann aus diesem Blickwinkel betrachtet die Kapitalisierung von *EBITDA* zu vereinheitlichten Kapitalkosten nicht zum selben Umtauschverhältnis führen, zumal sich die unternehmensindividuellen Kapitalkosten mit hoher Wahrscheinlichkeit auf unterschiedlichem Niveau bewegen werden.

---

712 Das Marktrisiko wird jeweils mit dem unternehmensindividuellen Betafaktor angepasst.

Werden gegenüber dem *EBITDA* die angesprochenen Komponenten wie Abschreibungen und Fremdfinanzierung bei der Ermittlung zukünftiger Jahresüberschüsse bereits berücksichtigt, steht der Jahresüberschuss vor Unternehmenssteuern *(EBT)* als Vergleichsgröße im Vordergrund. Zwar wird – unter Zugrundelegung vereinheitlichter Kapitalkosten – ein auf dieser Basis ermitteltes Umtauschverhältnis wegen der Berücksichtigung unterschiedlich hoher Abschreibungen und Zinsaufwendungen gegenüber dem auf *EBITDA*-Basis ermittelten Umtauschverhältnis regelmäßig eine Verschiebung hervorrufen, jedoch bietet dieses Ergebnis den Vorteil, aufgrund der bereits berücksichtigten Bedienung der Fremdkapitalgeber durch Abzug von Zinsaufwendungen nur noch das aus Sicht der Anteilseigner Herausholbare darzustellen, wenn auch letztlich dieses Ergebnis noch um die Unternehmenssteuern zu bereinigen ist.[713] Die für den Zeitraum der Detailplanungsphase noch absehbaren Investitions- und Abschreibungsvolumina unterliegen einer hohen Planungsgenauigkeit, womit angesichts der zusätzlichen Annahme, dass sich Investitionen und Abschreibungen in der nachhaltigen Phase II stets ausgleichen, die Verwendung des um diese zahlungswirksamen sowie zahlungsunwirksamen Positionen bereinigten *EBT* befürwortet werden kann. Das Problem dieses – im Zuge der Verwendung des *EBITDA* – fehlenden Informationsgehalts ist bei der Bezugsgröße des bereinigten Jahresüberschusses vor Unternehmenssteuern nicht mehr gegeben. Dennoch ist auch bei Gegenüberstellung der jeweils kapitalisierten *EBT* eine Abweichung zum Umtauschverhältnis, das auf Basis der Unternehmenswerte ermittelt wurde, zu erwarten. Zumindest wird im Regelfall nicht davon auszugehen sein, dass die zukünftigen Erträge beider Kapitalgesellschaften einem gleich hohen Risiko unterliegen. Vergleichsweise zu *EBITDA* dürfte aber bei Fokussierung auf *EBT* die Abweichung minimiert werden, da nur noch Zahlungsströme an die Anteilseigner mit Eigenkapitalkosten zu kapitalisieren sind.

3.2.4 Bezugsgröße EBT – Problem der Vereinheitlichung von Eigenkapitalkosten

Obwohl im Hinblick auf die Qualität einer Vergleichbarkeit die Relation der Jahresüberschüsse vor Unternehmenssteuern vorzugswürdig erscheint, stellt sich demgegenüber bei entsprechender Kapitalisierung die Vereinheitlichung der jeweiligen Kapitalisierungszinssätze als problematisch heraus. Da der Jahresüberschuss nur noch die Anspruchsgrundlage für Eigenkapitalgeber darstellt, lässt sich der Kapitalkostensatz auf die Betrachtung der Eigenkapitalkosten beschränken. Basierend auf dem Jahresüberschuss vor Abzug von Unternehmenssteuern (*EBT)* erfolgt die Ermittlung des Unternehmenswertes in beiden Fällen durch Kapitalisierung mit Hilfe der Wiederanlagerendite. Wenngleich im betrachteten Fall bei mittelbarer Typisierung die Eigenkapitalkostenbestimmung auf Grundlage des CAPM

713 In den Verfügungsbereich des Anteilseigners gelangt maximal der um die Unternehmenssteuern geminderte Jahresüberschuss.

sowohl beim übernehmenden als auch beim übertragenden Unternehmen schon beinahe zu identischen Ergebnissen führt[714], resultieren nach der Einbeziehung der jeweiligen Unternehmenssteuern deutlich voneinander abweichende Wiederanlagerenditen.

Im Ergebnis führt die Kapitalisierung mit unterschiedlichen Wiederanlagerenditen zu einer Verschiebung der Beteiligungsquote, wenn die Jahresüberschüsse vor Abzug von Unternehmenssteuern (*EBT*) zur Beurteilung der zukünftigen Ertragskraft der zu verschmelzenden Unternehmen und zur anschließenden Ableitung eines Umtauschverhältnisses herangezogen werden sollten. Ein Erklärungsgrund dafür, dass mit der Kapitalisierung von *EBT* zu unterschiedlichen Wiederanlagerenditen dennoch ein (nahezu) angemessenes Umtauschverhältnis erzielt werden kann, liefert die Betrachtung, dass das Umtauschverhältnis rein durch finanzielle Überschüsse zu bestimmen ist, welche nach Abzug von Unternehmenssteuern in den Verfügungsbereich der Anteilseigner fallen. Die unterschiedlich hohen Unternehmenssteuerlasten, die jeweils in den Wiederanlagerenditen berücksichtigt werden, haben folglich entsprechende Auswirkungen auf die Beteiligungsquote. Umgekehrt können auch die Jahresüberschüsse zunächst um die Unternehmenssteuern bereinigt und anschließend mit Eigenkapitalkosten kapitalisiert werden. In diesem Fall wird zwar (nahezu) die Vereinheitlichung der Kapitalkosten erreicht, wenn auch durch die jeweiligen Betafaktoren noch Abweichungen im Rahmen der Gewichtung einheitlicher Marktrisikoprämien hervorgerufen werden. Dagegen weichen aber dann die unternehmenssteuerbereinigten Jahresüberschüsse im Zähler der Bewertungsformel relativ gesehen umso deutlicher von ihren Vorsteuergrößen ab. Auch aus diesem Blickwinkel kann ein Umtauschverhältnis als angemessen einzustufen sein, sollte deren Ableitung maßgeblich auf finanziellen Überschüssen beruhen, die den Anteilseignern vor Abzug persönlicher Steuern zur Verfügung stehen.

Unter Zugrundelegung der *EBT* kann der Ansatz einer, für beide beteiligten Unternehmen geltende, Wiederanlagerendite dennoch aus einer anderen Sichtweise realistisch erscheinen. Vor dem Hintergrund der Frage, ob Anteilseigner beider Unternehmen dieselbe Alternativanlage erwerben können, kann sich der Ansatz einer identischen Wiederanlagerendite als plausibel erweisen. Besteht bspw. für den Anteilseigner des übernehmenden deutschen Unternehmens die Möglichkeit, alternativ in das zu übernehmende österreichische Unternehmen zu investieren, spricht nichts gegen die Zugrundelegung der auf das österreichische Unternehmen bezogenen Wiederanlagerendite. Umgekehrt gilt dies auch für den österreichischen Anteilseigner, der möglicherweise seine Alternativanlage in das deutsche

---

714 Da für den vorliegenden Fall ein gemeinsames Basiszinssatzniveau und ein einheitlicher Risikozuschlag unterstellt werden kann, können Ergebnisabweichungen nur noch durch die unterschiedliche Gewichtung einheitlich angenommener Marktrisikoprämien mittels unternehmensspezifischer Betafaktoren verursacht werden.

Unternehmen zu tätigen beabsichtigt. Jedoch stellt der Ansatz einer gemeinsamen Wiederanlagerendite zur Bestimmung des Umtauschverhältnisses unter Bezugnahme der *EBT* nicht mehr als einen Kompromiss dar, der auch als Näherungslösung interpretiert werden kann, zumal die unternehmensindividuelle Anpassung der sich daraus ergebenden Eigenkapitalkosten gleichermaßen für beide zu bewertende Unternehmen unterstellt werden würde.

4. Steuerliche Rahmenbedingungen

4.1 Rechtliche Grundlagen zum Doppelbesteuerungsabkommen

Ein Doppelbesteuerungsabkommen stellt einen völkerrechtlichen Vertrag zwischen zwei souveränen Staaten dar, in dem beide ihre durch nationales Recht bestehenden Ansprüche zur Besteuerung beschränken.[715] Genau betrachtet handelt es sich dabei um ein Instrument zur Vermeidung bzw. Milderung der Doppelbesteuerung, die wegen persönlicher oder sachlicher (wirtschaftlicher) Anknüpfungspunkte zu zwei oder mehr Staaten von beiden oder allen beteiligten Staaten steuerlich erfasst werden und damit die Besteuerungsrechte zweier oder mehrerer Staaten zueinander in Konkurrenz stehen.[716] Ebenso dienen DBA der Kompromissfindung zwischen Wettbewerbsneutralität der Besteuerung für die Steuerpflichtigen sowie der Sicherung des Steueraufkommens der beteiligten Länder.[717] Nach h.M. begründen DBA keine eigenständigen Besteuerungsrechte, sondern durch die Einschränkung der Besteuerungsrechte wird lediglich die Zuteilung der Ansprüche an die beteiligten Vertragsstaaten erreicht.[718] Der Umfang nationaler Vorschriften kann aber einen Einfluss auf die Besteuerung haben. So darf ein Vertragsstaat nur innerhalb der DBA-Regelungen besteuern, sollten die innerstaatlichen Vorschriften weiter gefasst sein als die Vorschriften des DBA. Dagegen besteht ein Besteuerungsrecht nur im Rahmen innerstaatlicher Vorschriften, sollten die rechtlichen Regelungen des DBA weiter gefasst sein:

- Innerstaatliche Vorschriften > DBA => DBA
- Innerstaatliche Vorschriften < DBA => innerstaatliche Vorschriften.[719]

---

715 Vgl. BFH, Urteil vom 28.06.1972, I R 35/70, BStBl. II 1972, S. 789; RFH, Urteil vom 03.10.1935, III A 267/34, RStBl. 1935, S. 1400; RFH, Urteil vom 14.07.1938, III 78/38, RStBl. 1938, S. 937; BFH, Urteil vom 15.01.1971, III R 125/69, BStBl. II 1971, S. 380; Art. 13 Nr. 3 OECD-MK. Das Zustandekommen richtet sich nach den Regeln des Wiener Übereinkommens über das Recht der Verträge (WÜRV) vom 23. Mai 1969, vgl. BGBl. II 1985, S. 926.

716 Vgl. Brähler, Internationales Steuerrecht, 2012, S. 16ff.

717 Vgl. Strunk/Kaminski, in: Strunk/Kaminski/Köhler, AStG/DBA, 2012, Einl. OECD-MA, Rz. 5.

718 Herrschende Meinung; vgl. Debatin, DStR-Beihefter Heft 23/1992, S. 2ff.

719 Vgl. Brähler, Internationales Steuerrecht, 2012, S. 104; Wassermeyer, in: Wassermeyer/Kaeser/Schwenke, DBA, 2013, Art. 1 MA, Rz. 9.

Da es sich bei einem DBA um einen auf die Bundesgesetzgebung beziehenden völkerrechtlichen Vertrag handelt, ist laut Art. 59 Abs. 2 Satz 1 GG die parlamentarische Zustimmung mit Hilfe eines Zustimmungsgesetzes erforderlich.[720] Die in nationales Recht überführten DBA-Normen stehen auf gleicher Stufe wie innerstaatliche Steuergesetze.[721]

Zur Vereinbarung solcher bilateralen Verträge empfiehlt sich die Orientierung an Vertragsmustern internationaler Organisationen. Hierzu entwickelte der Steuerausschuss der OEEC (Organsisation for European Cooperation) und deren Nachfolgeorganisation, die OECD 1963 aus vorherigen inkohärenten bilateralen Abkommen ein Musterabkommen (OECD-MA) zur Vermeidung der Doppelbesteuerung[722], welches den Vertragsparteien als Grundlage dienen soll und aufgrund von einheitlichen Begriffsdefinitionen und Systematiken zur Harmonisierung der zweiseitigen Abkommen beiträgt.[723] Zur Erläuterung der einzelnen Artikel des Musterabkommens entwickelte die OECD ein Musterkommentar (OECD-MK), um den dynamischen Entwicklungen der Steuersysteme Rechnung zu tragen und Rechtsunsicherheiten zu vermeiden. Damit soll auch den Vertragsstaaten die Möglichkeit eröffnet werden, bei Auslegungsschwierigkeiten von DBA einheitlich agieren zu können.[724] Der Kommentar sowie das Abkommen werden fortlaufend und zeitnah angepasst.[725] Sowohl OECD-MA als auch OECD-MK stellen aber keine völkerrechtlichen Verträge dar und haben folglich lediglich empfehlenden Charakter und keine bindende Wirkung.[726]

4.2 Abgrenzung des Betriebsstättengewinns nach dem Authorized Approach der OECD

Die analoge Anwendung des Fremdvergleichsgrundsatzes in den Mitgliedstaaten spielte im Rahmen des Bestrebens der OECD, die Betriebsstättengewinnermittlung zu vereinheitlichen, eine bedeutende Rolle. So wurde durch die Änderungen an Musterabkommen und Kommentar in 2010 der sog. „Authorized OECD Approach"

720 Bezüglich der Umsetzung von DBA in nationales Recht folgt die h.M. der Vollzugstheorie, womit ein DBA mitsamt seinem völkerrechtlichen Inhalt umzusetzen ist. Mit dem Zustimmungsgesetz wird das DBA nach nationalem Recht für verbindlich erklärt. A.A. ist die Transformationstheorie, vgl. Drüen, in: Tipke/Kruse, AO/FGO, 2012, § 2 AO, Tz. 28.

721 Vgl. BVerG, Urteil vom 26.03.1957, BvG 1/55, BVerGE 6, S. 363.

722 Vgl. OECD-MK, Einl. Nr. 6.

723 Vgl. Brähler, Internationales Steuerrecht, 2012, S. 96ff; Wilke, LB Internationales Steuerrecht, 2012, S. 102ff.

724 Vgl. Wassermeyer, in: Wassermeyer/Kaeser/Schwenke, DBA, 2013, Art. 3 MA, Rz. 76.

725 Die vorerst letzte Anpassung erfolgte im Juli 2010, vgl. OECD-MK, Vor Art. 1, Nr. 6; Brähler, Internationales Steuerrecht, 2012, S. 97.

726 Vgl. Wassermeyer, in: Wassermeyer/Kaeser/Schwenke, DBA, 2013, Vor Art. 1 MA, Rz. 34, 44, 51; Vogel, in: Vogel/Lehner, DBA, 2008, Einl., Rz. 130f.

(AOA) für die Betriebsstättengewinnermittlung eingeführt. Danach gilt für Zwecke der Gewinnermittlung die uneingeschränkte rechtliche Selbständigkeits- und wirtschaftliche Unabhängigkeitsfiktion (Functionally Separate Entity Approach) einer Betriebsstätte mit der Folge, dass Leistungen zwischen in- und ausländischer Betriebsstätte und Stammhaus wie Transaktionen zwischen nahestehenden Unternehmen besteuert werden.[727] Gemäß dem AOA erfolgt die Ergebnisabgrenzung zweistufig, indem zunächst eine Abgrenzung dem Grunde nach mittels Selbständigkeitsfiktion der Betriebsstätte und anschließend eine Abgrenzung der Höhe nach durch die Verwendung der OECD-Verrechnungspreisgrundsätze für verbundene Unternehmen vorgenommen wird.[728] Folglich findet die indirekte Gewinnermittlungsmethode keine Anwendung mehr.[729]

Durch das Amtshilferichtlinie-Umsetzungsgesetz (AmtshilfeRLUmsG) vom 26.06.2013[730] wurde im Bereich des § 1 Außensteuergesetzes (AStG) ein neuer Absatz 5 eingefügt, der den Inhalt des AOA in innerstaatliches Recht umsetzt.[731] Speziell zur Anwendung des Fremdvergleichsgrundsatzes auf Betriebsstätten nach § 1 Absatz 5 AStG hat das Bundesministerium für Finanzen eine sog. Betriebsstättengewinnaufteilungsverordnung (BsGaV) entworfen. Mit der Rechtsverordnung soll das Gesetz konkretisiert werden, um auf Basis international anerkannter Grundsätze für die Einkünfteaufteilung von Betriebsstätten zu wettbewerbsneutralen Lösungen zu gelangen und damit deutsche Besteuerungsrechte zu sichern sowie internationale Besteuerungskonflikte zu vermeiden. Deutschland folgt damit innerstaatlich den internationalen Bemühungen hinsichtlich der Vereinheitlichung der internationalen Betriebsstättenbesteuerung auf der Grundlage eines international anerkannten Standards (Fremdvergleichsgrundsatz).[732]

4.3 Doppelbesteuerungsabkommen zwischen Deutschland und Österreich

4.3.1 Voraussetzung für den DBA-Schutz

Als Grundvoraussetzung für die Inanspruchnahme des DBA-Schutzes ist erforderlich, dass der Steuerpflichtige[733] nach Art. 1 DBA in mindestens einem der beiden

727 Diese fiktiven Innentransaktionen (Dealings, z.B. fiktive Mieterträge) gelten für die Gewinnabgrenzung zwischen Stammhaus und Betriebsstätte, nicht dagegen für quellensteuerliche Zwecke, vgl. Baldamus, IStR 2012, S. 318.

728 Vgl. Wassermeyer, IStR 2012, S. 278f.; Baldamus, IStR 2012, S. 318.

729 Vgl. Wassermeyer, IStR 2012, S. 277.

730 Vgl. Art. 6 AmtshilfeRlUmsG.

731 Zweck des § 1 Abs. 5 AStG ist die einheitliche Regelung der Besteuerung grenzüberschreitender Vorgänge für alle Investitionsalternativen (Kapitalgesellschaften, Personengesellschaften, Betriebsstätten) im Hinblick auf die Einkünfteabgrenzung bzw. Einkünfteaufteilung.

732 Vgl. BsGaV, Entwurf des BMF vom 05.08.2013.

733 Als Steuerpflichtige gelten natürliche Personen (Individuen) und Gesellschaften (juristische Personen oder Rechtsträger, die für die Besteuerung wie juristische Personen behandelt werden) und alle anderen Personenvereinigungen.

Vertragsstaaten steuerlich ansässig ist. Zu unterscheiden sind in diesem Zusammenhang der Quellen- und Ansässigkeitsstaat. Im Ansässigkeitsstaat, wo eine natürliche Person ihren Wohnsitz und den Mittelpunkt der Lebensinteressen hat (Steuerinländer), werden die Einkünfte im Rahmen der Versteuerung des Welteinkommens besteuert. Darüber hinaus wird das Besteuerungsrecht durch den Quellenstaat beansprucht, in dem die Einkunftsquelle liegt, weil die natürliche Person bspw. dort ihre Tätigkeit ausübt (Steuerausländer) und somit einer beschränkten Steuerpflicht unterliegt. Für juristische Personen sind dagegen der Sitz oder der Ort der Geschäftsleitung für die Ansässigkeit entscheidend. Handelt es sich also bei Quellen- und Ansässigkeitsstaat um zwei verschiedene Staaten, tritt das Problem der internationalen Doppelbesteuerung auf. Für natürliche Personen wird bei Doppelansässigkeit die Ansässigkeit gemäß den Entscheidungskriterien nach Art. 4 Abs. 2 DBA bestimmt, wobei der Mittelpunkt der Lebensinteressen vorrangig entscheidend ist. Für juristische Personen gelten die Kriterien nach Art. 4 Abs. 3 DBA. Der Ort der tatsächlichen Geschäftsleitung ist hierbei maßgeblich. Zur Vermeidung der Doppelbesteuerung auf Einkommen und Vermögen haben Deutschland und Österreich am 24.08.2000 ein Abkommen geschlossen[734], welches das bis dahin bestehende Abkommen aus 1954 abgelöst hat.[735]

4.3.2 Vermeidung der Doppelbesteuerung durch die Anrechnungs- oder Befreiungsmethode

Eine Doppelbesteuerung wird, wie bereits oben dargelegt, verursacht, wenn eine steuerpflichtige Person Einkünfte aus einem anderen Staat bezieht und dadurch der unbeschränkten Steuerpflicht im Wohnsitzstaat und zugleich der beschränkten Steuerpflicht im Quellenstaat unterliegt. Neben der Besteuerung der Einkünfte im Wohnsitzstaat nach dem Welteinkommensprinzip können die Einkünfte zusätzlich im Quellenstaat durch Abzug einer Quellensteuer im Rahmen der beschränkten Steuerpflicht erfasst werden. Bezieht ein inländischer Anleger (natürliche Person) mit Wohnsitz in Österreich bspw. ausländische Kapitalerträge aus Deutschland, welche der deutschen Quellenbesteuerung unterliegen, so ist eine Anrechnung der Quellensteuer auf die österreichische KESt möglich. Der Anrechnungsbetrag ist begrenzt und darf 15% der Bruttokapitalerträge nicht übersteigen.[736] Ein darüber hinausgehender Betrag an ausländischen Steuern kann im Rahmen eines Rückerstattungsverfahrens gem. Art. 27 Abs. 1 S. 2 DBA zurückgefordert werden. Maßgeblich für die Anrechnungsmethode ist das jeweils höhere Steuerniveau der beiden beteiligten Staaten. Daraus folgt für den Fall einer höheren Besteuerung im Ansässigkeitsstaat, dass somit eine Heraufstufung auf

734 Vgl. DBA-Österreich, BGBl. 2002 II S. 735.

735 Vgl. Lechner, in: Gassner/Lang/Lechner, DBA Österreich – Deutschland, 1999, S. 83.

736 Vgl. Engel-Kazemi/Hohenblum, in: Thömmes/Lang/Schuch, Investitions- und Steuerstandort Österreich, 2005, S. 204.

das höhere Steuerniveau stattfindet. Fällt dagegen die Besteuerung des Quellenstaates höher aus, ist diese maßgebend. Ein Unternehmer soll damit unabhängig vom Tätigkeitsort der Steuerbelastung des Ansässigkeitsstaats unterliegen und die inländische Steuerbelastung soll durch die ausländische Tätigkeit nicht gemindert werden (Kapitalexportneutralität).[737]

Eine zweite Möglichkeit zur Vermeidung einer Doppelbesteuerung bietet neben der Anrechnungsmethode die Befreiungsmethode. Die Befreiungsmethode stellt ausländische Einkünfte steuerfrei und folgt damit der Kapitalimportneutralität. Ein Unternehmer unterliegt demnach bei einer Tätigkeit im Ausland der gleichen Steuerbelastung wie dortige Unternehmer.[738] Mit der Befreiungsmethode ist ein Progressionsvorbehalt verbunden, wenn entweder Deutschland oder Österreich für DBA-Zwecke der Ansässigkeitsstaat ist. Begründet ein deutscher Unternehmer eine Betriebsstätte in Österreich, so wird gem. Art. 7 DBA das Beteuerungsrecht am Betriebsstättenergebnis zugewiesen. Zur Festsetzung des Steuersatzes des deutschen Unternehmers wird jedoch das Betriebsstättenergebnis berücksichtigt. Das Betriebsstättenergebnis wird also zum deutschen Ergebnis hinzugezählt, der resultierende maßgebliche Steuersatz aber nur auf das deutsche Ergebnis angewendet.[739] Bei Kapitalgesellschaften kann jedoch aufgrund des feststehenden Körperschaft- und Gewerbesteuersatzes keine Steuererhöhung eintreten. Ausländische befreite positive Betriebsstättenergebnisse sind daher unbeachtlich.

4.4 Besteuerung von Betriebsstätten in Österreich aus der Sicht eines in Deutschland ansässigen Unternehmens

Eine Betriebsstätte oder eine Personengesellschaft stellt im Gegensatz zur Kapitalgesellschaft sowohl in Deutschland als auch in Österreich weder ein eigenes Steuersubjekt, noch ein selbständiges Rechtssubjekt dar.[740] Mithin wird die Beteiligung eines deutschen Unternehmers an einer österreichischen Personengesellschaft in steuerlicher Hinsicht wie eine österreichische Betriebsstätte eines deutschen Unternehmers behandelt. Verfügt ein in Deutschland ansässiger Unternehmer über eine österreichische Betriebsstätte, wird er mit den dieser Betriebsstätte zurechenbaren Einkünften gem. § 98 Z 3 öEStG einkommen- bzw. körperschaftsteuerpflichtig.[741] Handelt es sich bei dem in Deutschland ansässigen Unternehmer um eine natürliche Person, so besteht eine beschränkte Einkommensteuerpflicht nach § 102 Abs. 1

737 Vgl. Endfellner, in: Thömmes/Lang/Schuch, Investitions- und Steuerstandort Österreich, 2005, S. 291.

738 Vgl. Endfellner, in: Thömmes/Lang/Schuch, Investitions- und Steuerstandort Österreich, 2005, S. 285f.

739 Vgl. Endfellner, in: Thömmes/Lang/Schuch, Investitions- und Steuerstandort Österreich, 2005, S. 291.

740 Vgl. Birk, in: Hübschmann/Hepp/Spitaler, AO und FGO, 2013, § 12 AO Rn. 4.

741 Abkommensrechtlich kann die Besteuerung der Betriebsstättengewinne in Österreich erfolgen, vgl. Art. 7 Abs. 1 S. 1 OECD-MA.

Z 1 öEStG, im Falle einer juristischen Person beschränkte Körperschaftsteuerpflicht mit den österreichischen Betriebsstätteneinkünften. Entscheidend dafür ist, dass nur jene Gewinne besteuert werden dürfen, die der österreichischen Betriebsstätte zugerechnet werden können.[742] In diesem Sinne hat der Betriebsstättenbegriff die Funktion eines ortsgebundenen Anknüpfungsmerkmals mit der Rechtsfolge, dass Einkünfte im Quellenstaat zu besteuern sind.[743] Die Zurechnung eines sachgerechten Ergebnisses gestaltet sich jedoch umso schwieriger, je unselbstständiger die Betriebsstätte ist.[744] Sofern die Betriebsstätte dagegen selbstständig geführt wird und ein eigenes Rechenwerk installiert hat, bedarf es gegebenenfalls nur einer Bereinigung des daraus resultierenden Ergebnisses um verzerrende Einflüsse, welche durch die Beziehungen mit dem Stammhaus verursacht wurden, unter Beachtung des Fremdvergleichsgrundsatzes.[745]

Wird die österreichische Betriebsstätte von einer deutschen Kapitalgesellschaft geführt, so fällt auf den Betriebsstättengewinn österreichische Körperschaftsteuer in Höhe von 25% an, unabhängig von der Höhe des Gewinns und unabhängig davon, ob Ausschüttungen vom Gewinn oder Thesaurierungen vorgenommen werden. In Deutschland sind die in Österreich versteuerten Gewinne gem. Art. 23 Abs. 1 DBA steuerfrei zu stellen.[746] Neben der österreichischen Einkommen- oder Körperschaftsteuer werden keine weiteren gewinnabhängigen Steuern wie bspw. die Gewerbesteuer erhoben.[747] Im Zuge dessen sind in Deutschland Betriebsstättengewinne gem. § 9 Nr. 3 GewStG sowie Art. 7 i.V.m. Art. 23 DBA von der Gewerbesteuer befreit.

4.5 Beschränkung auf eine mittelbare Typisierung der steuerlichen Verhältnisse der Anteilseigner aufgrund der Berücksichtigung der ertragsteuerlichen Folgen der Verschmelzung

Basierend auf den Erläuterungen zu den steuerlichen Rahmenbedingungen kann festgehalten werden, dass sich die finanziellen Vermögenspositionen der Anteilseigner nach der grenzüberschreitenden Verschmelzung nicht anders darstellen als vor der Verschmelzung. Dies gilt sowohl für die Anteilseigner des deutschen als

742 Vgl. Art. 7 Abs. 1 S. 2 OECD-MA; Görl, in: Vogel/Lehner, DBA, 2008, Art. 5 OECD-MA Rz. 2; Kahle/Mödinger, IStR 2010, S. 758f.

743 Vgl. Wassermeyer, in: Wassermeyer/Kaeser/Schwenke, DBA, 2013, Art. 5 OECD-MA Rz. 1.

744 Falls die entsprechenden Daten nicht direkt durch die Betriebsstätte generiert werden, verbleibt noch die Möglichkeit einer verursachungsgerechten Herausrechnung des zu versteuernden Gewinns aus dem Gesamtgewinn des Unternehmens.

745 Vgl. Endfellner, in: Thömmes/Lang/Schuch, Investitions- und Steuerstandort Österreich, 2005, S. 285f.

746 Es ist dabei nicht entscheidend, ob die Betriebsstätte von einer natürlichen Person oder einer deutschen Kapitalgesellschaft geführt wird.

747 Die österreichische Gewerbesteuer wurde in 1994 abgeschafft.

auch für die des österreichischen Rechtsträgers, da gem. DBA für Dividenden das Wohnsitzstaatsprinzip vereinbart wurde. Demnach ist Deutschland lediglich zu einer Quellenbesteuerung berechtigt, welche jedoch auf die österreichische Steuer angerechnet werden kann, sodass keine Unterschiede zum Inlandsfall auftreten. Die Verschmelzung an sich löst auf Anteilseignerebene des übertragenden Rechtsträgers keine Steuerbelastung aus, da die Verschmelzung gem. Art. 8 Fusionsrichtlinie[748] für den Anteilseigner des übertragenden Rechtsträgers steuerneutral durchgeführt werden kann. Gemäß Art. 4 Abs. 1 Fusionsrichtlinie kann der übertragende Rechtsträger die übergehenden Wirtschaftsgüter in seiner steuerlichen Schlussbilanz mit dem Buchwert ansetzen und damit die Entstehung eines steuerpflichtigen Übertragungsgewinns vermeiden, soweit das österreichische Besteuerungsrecht an den Wirtschaftsgütern unberührt bleibt. Materielle Wirtschaftsgüter des österreichischen Unternehmens werden nach Verschmelzung dem Betriebsvermögen einer österreichischen Betriebsstätte zugeordnet[749], sodass das österreichische Besteuerungsrecht insoweit unberührt bleibt[750], vorausgesetzt, die entsprechenden Einkünfte werden durch das Doppelbesteuerungsabkommen von der Besteuerung ausgenommen.[751]

Sieht man von weiteren steuerlichen Aspekten wie die Berücksichtigung von Freibeträgen oder Zinsschrankenregelungen ab, kann anhand der aufgeführten Argumente im konkret betrachteten Verschmelzungsfall vereinfachend die mittelbare Typisierung der steuerlichen Verhältnisse vertreten werden. Die Empfehlungen des IDW S 1 i.d.F. 2008 sowie KFS BW 1 i.d.F. 2006 zum Verzicht auf die explizite Berücksichtigung persönlicher Ertragsteuern im Rahmen der Ermittlung eines objektivierten Unternehmenswertes werden damit gestützt.

Ein weiteres Argument zur mittelbaren Typisierung kann aus § 30 Abs. 1 S. 1 UmwG abgeleitet werden, wonach bei der Ermittlung einer Barabfindung die Verhältnisse der Gesellschaft und nicht dagegen die des ausscheidenden Gesellschafters maßgebend sind.[752] Dagegen ist wiederum einzuwenden, dass die Unternehmensbewertung ein Anwendungsgebiet der Investitionstheorie darstellt und damit aus Sicht des Anteilseigners zu bewerten ist, woraus die Einbeziehung persönlicher Ertragsteuern folgt. Insofern kann letztlich eine Nichtberücksichtigung persönlicher Steuern nur aus Vereinfachungsgründen gerechtfertigt sein. Die Praxis begründet diese Vereinfachung damit, dass es bei der Bestimmung des Umtauschverhältnisses mehr auf das Verhältnis der Unternehmenswerte zueinander und somit weniger auf den absoluten Unternehmenswert ankommt.[753]

---

748 Vgl. Richtlinie 90/434/EWG des Rates vom 23. Juli 1990, ABl. Nr. L 225 S. 1.

749 Für immaterielle Wirtschaftsgüter ist dies jedoch keinesfalls zwingend, vgl. Rödder in: Kessler/Kröner/Köhler, Konzernsteuerrecht, 2008, § 8 Rz. 584.

750 Vgl. Art. 7 Abs. 1 DBA-Österreich.

751 Vgl. aus deutscher Sicht: Klingenbiel et al., Umwandlungssteuerrecht, 2012, S. 204.

752 Bei der „rechtsgeprägten Unternehmensbewertung" sei aus Sicht der Gesellschaft zu bewerten, vgl. Hennrichs, ZHR 2000, S. 466.

753 Vgl. Pfitzer, in: WP-Handbuch Band II, 2014, Umwandlungsfälle und deren Prüfung, Tz. 241–242.

II. Ermittlung des Umtauschverhältnisses

1. Grundlagen

1.1 Abfindung in Anteilen des übernehmenden Rechtsträgers

Um bei der grenzüberschreitenden Verschmelzung die unterschiedlichen Interessen zwischen den Gesellschaftern des übertragenden und des übernehmenden Rechtsträgers zum Ausgleich zu bringen, werden von den Vorständen der beteiligten Gesellschaften jeweils die Grenz-Umtauschverhältnisse intern ermittelt, welche die relative Höhe des Kapitalanteils der Gesellschafter am übernehmenden Rechtsträger zum Ausdruck bringen.[754] Bei der Ermittlung des Umtauschverhältnisses resultiert seitens des übernehmenden Rechtsträgers ein Mindest-Umtauschverhältnis, seitens des übertragenden Rechtsträgers dagegen ein Höchst-Umtauschverhältnis. Aus der Sicht eines Gesellschafters des übernehmenden Rechtsträgers verkörpern dessen Anteile bei Realisierung des Mindest-Umtauschverhältnisses gerade den Wert, der sich auch ohne die beabsichtigte Verschmelzung ergeben würde. Das Mindest-Umtauschverhältnis legt fest, wieviele Anteile des übertragenden Rechtsträgers mindestens für den Erhalt eines Anteils am übernehmenden Rechtsträger gefordert werden müssen. Umgekehrt ist aus der Sicht eines Gesellschafters des übertragenden Rechtsträgers ein Höchstumtauschverhältnis zu fixieren. Das Ergebnis zeigt an, wieviele Anteile des übertragenden Rechtsträgers höchstens für den Erhalt von Anteilen am übernehmenden Rechtsträger aufgegeben werden dürfen.[755]

1.2 Grenz-Umtauschverhältnisse

1.2.1 Mindest-Umtauschverhältnis

Die Bedeutung der Ermittlung von Grenz-Umtauschverhältnissen liegt darin, die finanzielle Entscheidungssituation der Gesellschafter des übertragenden bzw. übernehmenden Rechtsträgers nicht zu verschlechtern. Die Vermögenssituation eines Gesellschafters muss nach einer Verschmelzung mindestens der Vermögenssituation vor einer Verschmelzung entsprechen.[756] Das Mindest-Umtauschverhältnis aus Sicht der Gesellschafter der übernehmenden Gesellschaft wird ermittelt, indem die Ertragswerte eines Anteils dieser Gesellschaft vor und nach der Verschmelzung gegenübergestellt werden. Für die folgenden Darstellungen wird annahmegemäß von zwei zu verschmelzenden Aktiengesellschaften ausgegangen.

---

754 Vgl. Pfitzer, in: WP-Handbuch Band II, 2014, Umwandlungsfälle und deren Prüfung, Tz. 226ff.

755 Vgl. Nonnenmacher, AG 1982, S. 155.

756 Vgl. Mayer, in: Widmann/Mayer, Umwandlungsrecht, 2013, § 5 Rz. 95.

Das Mindest-Umtauschverhältnis kann wie folgt dargestellt werden:

$$(18) \qquad U_A = \frac{b * E_A}{a * (E_B + V)}$$

U_A = Mindest-Umtauschverhältnis
E_A = Zukunftserfolg der übernehmenden Gesellschaft
E_B = Zukunftserfolg der übertragenden Gesellschaft
a = Anzahl der vor der Fusion von A ausgegebenen Aktien
b = Anzahl der vor der Fusion von B ausgegebenen Aktien
V = Verbundeffekt

Das Mindest-Umtauschverhältnis legt fest, wie viele Aktien der übertragenden Gesellschaft (B) mindestens für die Hergabe von Aktien der übernehmenden Gesellschaft (A) gefordert werden müssen. Somit repräsentiert das Mindest-Umtauschverhältnis bei rationalem Verhalten die Preisuntergrenze der Gesellschafter des übernehmenden Unternehmens. Der Verbundeffekt stellt – bedingt aus der Verschmelzung – einen zusätzlichen Zukunftserfolg dar, der bei Ermittlung des Mindest-Umtauschverhältnisses dem Zukunftserfolg der übertragenden Gesellschaft zugerechnet wird. Den Aktien der übernehmenden Gesellschaft (A) wird somit bei Realisierung des Mindest-Umtauschverhältnisses derselbe Wert beigemessen, den sie auch ohne eine Verschmelzung verkörpern.[757]

1.2.2 Höchst-Umtauschverhältnis

Das Höchst-Umtauschverhältnis wird aus dem Blickwinkel der übertragenden Gesellschaft ermittelt. Es legt fest, wie viele Aktien der übertragenden Gesellschaft (B) höchstens für den Erwerb einer Aktie an der übernehmenden Gesellschaft (A) aufgegeben werden dürfen.[758] Damit repräsentiert das Höchst-Umtauschverhältnis – unterstellt man den Gesellschaftern des übertragenden Unternehmens ebenfalls rationales Verhalten – die Preisobergrenze.

$$(19) \qquad U_B = \frac{b * (E_A + V)}{a * E_B}$$

U_B = Höchst-Umtauschverhältnis

Ein Verbundeffekt wird bei Ermittlung des Höchst-Umtauschverhältnisses dem Zukunftserfolg der übernehmenden Gesellschaft zugerechnet. Bei Annahme eines positiven Verbundeffektes liegt das Höchst-Umtauschverhältnis über dem

757 Vgl. Nonnenmacher, AG 1982, S. 154.
758 Vgl. ebenda.

Mindest-Umtauschverhältnis.[759] Dadurch entsteht ein durch die beiden Grenz-Umtauschverhältnisse determinierter Einigungsbereich, der für den Interessenausgleich zwischen den Gesellschaftern des übernehmenden sowie des übertragenden Unternehmens maßgeblich ist. Sollte der Verbundeffekt dagegen negativ sein, kann kein angemessenes Umtauschverhältnis abgeleitet werden, da in diesem Fall mindestens eine Partei – entweder die Gesellschafter des übernehmenden oder des übertragenden Unternehmens – einen Vermögensverlust erleidet und folglich einer Verschmelzung ablehnend gegenüberstünde.[760]

Das Höchst-Umtauschverhältnis vereinfacht sich jedoch, falls kein Verbundeffekt vorliegt, wie folgt:

$$(19a) \qquad U_B = \frac{b * E_A}{a * E_B}$$

In diesem Fall entspricht das Höchst-Umtauschverhältnis exakt dem Mindest-Umtauschverhältnis.

1.3 Aufteilung von Verbundeffekten

Die Realisierung von Verbundeffekten ist ein wichtiges Motiv für den Zusammenschluss von Unternehmen.[761] Im Gefolge der Identifizierung von Verbundeffekten stellt sich die Frage, wie diese auf die Verschmelzungsparteien aufzuteilen sind. Bei ihrer Zurechnung auf die beteiligten Rechtsträger ist den Geschäftsführungsorganen ein Spielraum zuzubilligen, der in der Praxis durch entsprechende Verhandlungen ausgefüllt wird, wobei die Gesellschafter der beteiligten Rechtsträger nach einer Verschmelzung nicht schlechter gestellt werden dürfen als vor der Verschmelzung.[762]

Zur Aufteilung von Verbundeffekten auf die beteiligten Rechtsträger stehen verschiedene Verfahren zur Verfügung, bei deren Anwendung die Aufteilung nach unterschiedlichen Kriterien erfolgt.[763] Als Aufteilungsverfahren kommen das Mittelwertverfahren, Halbierungsverfahren und das Anteilsverfahren in Betracht.[764] Beim Halbierungsverfahren wird der Verbundeffekt gleichwertig auf die Verbundpartner aufgeteilt. Dieses Verfahren ist zwar in seiner Handhabung einfach anzuwenden, jedoch wird dabei auf eine explizite Quantifizierung des Verbundeffekts verzichtet, da genaue Aussagen über die Zurechnung der Verbundeffekte nicht

759 Vgl. Pfitzer, in: WP-Handbuch Band II, 2014, Umwandlungsfälle und deren Prüfung, Tz. 247.

760 Vgl. Heurung, DB 1997a, S. 841.

761 Vgl. Ossadnik, Synergieeffekte, 1995, S. 1.

762 Vgl. Pfitzer, in: WP-Handbuch, Band II, 2014, Umwandlungsfälle und deren Prüfung, Tz. 227.

763 Vgl. Busse von Colbe, ZGR 1994, S. 604; Ossadnik, DB 1997, S. 886.

764 Vgl. Ossadnik, DB 1985, S. 1956.

möglich sind.[765] Ähnlich verhält es sich auch beim Mittelwertverfahren, dessen Ergebnis das Umtauschverhältnis repräsentiert, welches genau in der Mitte der beiden Grenzumtauschverhältnisse liegt. Die Aufteilung des Verbundeffekts kann sowohl anhand des Halbierungsverfahrens als auch des Mittelwertverfahrens als angemessen erachtet werden, solange sich das resultierende Umtauschverhältnis innerhalb der Grenzumtauschverhältnisse bewegt.

Die Aufteilung des Verbundeffekts mit Hilfe des Anteilsverfahrens im Verhältnis der Ertragswerte führt dazu, dass keine Grenzumtauschverhältnisse bestimmt werden müssen. In diesem Fall entspricht das Ergebnis dem Umtauschverhältnis, wie es ohne die Aufteilung eines Verbundeffekts ermittelt wurde. Der Vorteil dieses Verfahrens liegt darin, dass der Verbundeffekt nicht explizit ermittelt werden muss, sondern die Verteilung in Abhängigkeit von den Ertragswerten der Verbundpartner implizit erfolgt.[766]

1.4 Bestimmung von Barzuzahlungen

Neben der Gewährung von Aktien durch die übernehmende Gesellschaft besteht für die Gesellschafter des übertragenden Rechtsträgers die Möglichkeit, bei einem zu niedrig bemessenen Umtauschverhältnis der Anteile einen Ausgleich durch bare Zuzahlung gem. § 15 Abs. 1 UmwG zu erwirken, wobei das Ergebnis eines daraufhin einzuleitenden Spruchverfahrens dazu führen kann, dass Zuzahlungen 10% des auf die gewährten Aktien entfallenden Betrages des Grund- oder Stammkapitals übersteigen können.[767] Ein zu niedrig bemessenes Umtauschverhältnis liegt vor, wenn der Wert der Anteile nach der Verschmelzung, die den Gesellschaftern des übertragenden Rechtsträgers zustehen, niedriger ist als der Unternehmenswert des übertragenden Rechtsträgers.[768]

Aufgrund der nicht vorhandenen Möglichkeit, Verbundeffekte verursachungsgerecht zuzuordnen, wird in der WP-Praxis davon ausgegangen, dass sämtliche Aufteilungsverfahren konsensfähig sind, welche zu Einigungspreisen führen, die zwischen dem Mindest- und Höchst-Umtauschverhältnis liegen.[769] In der Konsequenz kann daraus aus Sicht der Gesellschafter des übertragenden Rechtsträgers ein Recht auf bare Zuzahlung gem. § 15 UmwG begründet werden, falls das gewährte Umtauschverhältnis oberhalb des Höchst-Umtauschverhältnisses liegt. Ebenso kann damit kein Anspruch auf bare Zuzahlung im Sinne des § 15 UmwG begründet werden, falls Verbundeffekte nur einseitig den Gesellschaftern des übernehmenden Rechtsträgers zugeordnet werden. Es könnte aus Sicht der Gesellschafter des übertragenden Rechtsträgers argumentiert werden, dass es sich bei dem Verbundeffekt um

765 Vgl. Heurung, DB 1997a, S. 841.
766 Vgl. Ossadnik, DB 1997, S. 886.
767 Vgl. § 15 Abs. 1 S. 1 UmwG.
768 Vgl. Heurung, DB 1997a, S. 838.
769 Vgl. Pfitzer, in: WP-Handbuch, Band II, 2014, Umwandlungsfälle und deren Prüfung, Tz. 250.

eine unsichere Ertragsgröße (Erwartungswert) handelt und aus diesem Grund ein zu niedriges Umtauschverhältnis vorliegt und damit ein Anspruch auf bare Zuzahlung besteht. Dagegen muss aber berücksichtigt werden, dass sämtliche Zahlungsgrößen unsichere Werte repräsentieren, sowohl die des übertragenden als auch des übernehmenden Rechtsträgers. Sofern einheitliche Risikomaßstäbe im Rahmen der Ermittlung von Ertragswerten der an der Verschmelzung beteiligten Rechtsträger zugrunde gelegt werden, kommt es annahmegemäß nicht zur Übervorteilung einzelner Parteien. Damit wird die o.g. Feststellung nochmals bestätigt, wonach ein Anspruch auf bare Zuzahlung im Sinne des § 15 UmwG bei Existenz von Verbundeffekten dann begründet ist, wenn aus Sicht der Gesellschafter des übertragenden Rechtsträgers das Höchst-Umtauschverhältnis überschritten wird.

Im Sinne der § 29 und § 30 UmwG muss den Gesellschaftern des übertragenden Rechtsträgers die Zahlung einer angemessenen zusätzlichen Abfindung angeboten werden. Dabei hat die Ermittlung der Höhe der zusätzlichen Abfindung auf Grundlage der Fortführung des Unternehmens zu erfolgen, was wiederum die Heranziehung angemessener Unternehmenswertmethoden erfordert.[770] Folglich können die Gesellschafter des übertragenden Rechtsträgers gegebenenfalls auch dann eine Barzuzahlung einfordern, wenn das Grenzumtauschverhältnis nicht mit Hilfe angemessener Methoden der Unternehmensbewertung ermittelt worden ist.

Denkbar wäre aber auch, dass sich beide Parteien ausgehend vom ermittelten Grenzumtauschverhältnis auf ein davon abweichendes Umtauschverhältnis einigen und die wertmäßige Differenz durch bare Zuzahlungen ausgeglichen wird.[771] Im Rahmen von Barzuzahlungen ist entscheidend, dass aus Sicht der Anteilseigner des übertragenden Rechtsträgers das ungünstigere Umtauschverhältnis ausgeglichen wird. Um dies herbeizuführen, muss der Zukunftserfolg der übernehmenden Gesellschaft, der auf einen Anteil der übertragenden Gesellschaft entfällt, beim Umtauschverhältnis ohne Zuzahlung dem Zukunftserfolg beim ungünstigeren Umtauschverhältnis inklusive der Erträge, die aus der Anlage der Zuzahlung resultieren, entsprechen.772 Die Anlage der Zuzahlung erfolgt zum Kalkulationszinsfuß der Anteilseigner.

Es ist dennoch zu berücksichtigen, dass dem übernehmenden Rechtsträger im Rahmen von Zuzahlungen Vermögen entzogen wird, welches für zukünftige Investitionen nicht mehr zur Verfügung steht. Auf diese Weise wird dem übernehmenden Rechtsträger Finanzkapital entzogen, was sich in einer Schmälerung seiner zukünftigen Erfolge auswirkt. Die Herausforderung bei der Ermittlung von Zuzahlungsbeträgen liegt folglich darin, durch die exakte Bestimmung des dem übernehmenden Rechtsträgers zu entziehenden Finanzkapitals die Vermögensinteressen der Aktionäre auf beiden Seiten auszugleichen.

770 Vgl. Heurung, DB 1997b, S. 888ff.

771 Denkbar wäre bspw. die Einigung auf ein Umtauschverhältnis, welches den Tausch ganzer Anteile und damit keine Bruchstücke von Anteilen berücksichtigt.

772 Vgl. Sieben, AG 1966, S. 88f.

Die Bedingung für die äquivalente Zuzahlung kann durch die folgende Formel formuliert werden:

$$(20) \qquad \frac{E_A + E_B + V}{u\left(a+\frac{b}{u}\right)} = \frac{E_A + E_B + V - k*b*Z}{u'\left(a+\frac{b}{u}\right)} + i*Z$$

u	= ohne Zuzahlung zu vereinbarendes Umtauschverhältnis
u'	= mit Zuzahlung vereinbartes Umtauschverhältnis ($u' > u$)
Z	= bare Zuzahlung pro Anteil des übertragenden Unternehmens
k	= Kapitalkostensatz des übernehmenden Unternehmens
i	= Alternativrendite der Aktionäre des übertragenden Gesellschaft (vor persönlichen Steuern)

Durch Umformen erhält man:

$$(21) \qquad Z = \frac{(E_A + E_B + V)a(u' - u)}{(u*a+b)(i[u'*a+b]-k*b)}$$

Für den Fall, dass der Kapitalkostensatz *k* der Anteilseigner des übernehmenden Unternehmens der Alternativrendite *i* der Anteilseigner des übertragenden Unternehmens entspricht, vereinfacht sich die Formel zu:

$$(21a) \qquad Z = \frac{(E_A + E_B + V)(u' - u)}{(u*a+b)i*u'}$$

Formel (21a) liefert zwar das Ergebnis für die äquivalente Zuzahlung, anzumerken ist in diesem Zusammenhang jedoch, dass um jede Geldeinheit an Zuzahlungen die Ertragswerte der Aktionäre des übernehmenden Rechtsträgers in Höhe der aus den Zuzahlungen resultierenden Kapitalkosten gemindert werden. Schlussfolgernd kann damit festgehalten werden, dass ohne Vorliegen eines Verbundeffekts die Vornahme einer Barzuzahlung nicht in Frage kommt, da sich im Ergebnis die Vermögensposition der Aktionäre des übernehmenden Rechtsträgers nach dem Verschmelzungsvorgang verschlechtern würde und damit nicht mehr der Vermögensposition vor Verschmelzung entsprechen kann. Ein Unternehmenszusammenschluss wäre aus diesem Blickwinkel von vornherein abzulehnen. Selbst bei Berücksichtigung eines Verbundeffekts lösen Barzuzahlungen zugunsten des übertragenden Unternehmens Vermögenseinbußen seitens der Aktionäre des übernehmenden Unternehmens aus. Der Verbundeffekt trägt in diesem Fall jedoch dazu bei, diese Vermögenseinbußen abzufedern, womit die Vermögensposition nach Verschmelzung im Vergleich zu vorher dennoch verbessert werden kann. Eine Besserstellung der Vermögensposition ist insofern möglich, solange die Barzuzahlung noch nicht in der Höhe erfolgt, welche zur Gleichstellung der Vermögensposition vor und nach der Verschmelzung führt.

2. Grenz-Umtauschverhältnis ohne Berücksichtigung von Verbundeffekten

2.1 Ermittlung

Wie bereits erläutert wurde, werden zur Ermittlung des Grenz-Umtauschverhältnisses bei einer grenzüberschreitenden Verschmelzung zwischen einer deutschen und einer österreichischen Kapitalgesellschaft die Unternehmenswerte der jeweiligen Rechtsträger zueinander ins Verhältnis gesetzt. Da davon ausgegangen werden kann, dass Gesellschaftsanteile mit gleicher rechtlicher Ausstattung im Verhältnis der Gesellschafter untereinander den gleichen Wert aufweisen[773], kann aus der Vielfalt individueller Entscheidungsmerkmale einzelner Gesellschafter der beteiligten Rechtsträger hinsichtlich ihrer persönlichen Risikoeinstellung (Grad der Risikoaversion) und Alternativrenditen vereinfachend auf typisierte Entscheidungsmerkmale abgestellt werden, wobei sich die Entscheidungssituationen der Gesellschafter des übertragenden und des übernehmenden Rechtsträgers nicht verschlechtern dürfen.

Ohne die Einbeziehung von Verbundeffekten sind jedoch für die Bestimmung des Grenz-Umtauschverhältnisses, welches neben der Grenzpreissituation zugleich eine Einigungspreissituation repräsentiert, differenzierte Entscheidungsmerkmale zwischen den Gesellschaftern des übertragenden und des übernehmenden Unternehmens nicht zulässig.[774] Das folgende Beispiel zeigt die Bestimmung des Umtauschverhältnisses bei Verschmelzung einer österreichischen Aktiengesellschaft (B) auf eine deutsche Aktiengesellschaft (A). Annahmegemäß wird die österreichische Aktiengesellschaft nach dem Verschmelzungsvorgang als Betriebsstätte fortgeführt.

Tabelle 30: Ausgangsdaten zur Bestimmung des Umtauschverhältnisses bei Verschmelzung einer österreichischen Aktiengesellschaft (B) auf eine deutsche Aktiengesellschaft (A)[775]

Verschmelzende Gesellschaft	**Grundkapital** GK_A, GK_B	**Nennwert der Aktien**	**Periodenkonst., ausschüttungsf. Zukunftserfolge** e_A, e_B	**Kapitalisierungszinssatz (vor pers. Steuern)** i_A, i_B
A-AG (nimmt auf)	100 *Mio.Euro*	100 *Euro*	10 *Mio.Euro*	10%
B-AG (überträgt)	100 *Mio.Euro*	100 *Euro*	10 *Mio.Euro*	10%

Vereinfachend werden für das Beispiel für das jeweilige Grundkapital und den jeweiligen Nennwert der Aktien die gleichen Werte angenommen. Außerdem wird von

773 Vgl. Bitzer, Probleme der Prüfung des Umtauschverhältnisses, 1987, S. 46.
774 Vgl. Bitzer, Probleme der Prüfung des Umtauschverhältnisses, 1987, S. 69ff.
775 Vgl. in Anlehnung an Bitzer, Probleme der Prüfung des Umtauschverhältnisses, 1987, S. 66.

Verbundeffekten abgesehen. Um eine Verschiebung der Beteiligungsquoten durch den Ansatz differenzierter Alternativrenditen zu vermeiden, wird eine einheitliche Alternativanlage vor persönlichen Steuern in Höhe von 10% unterstellt. Werden ausgehend von der Alternativrendite vor persönlichen Steuern (10%) außerdem noch die bereits entrichteten Unternehmenssteuern einbezogen, resultiert demzufolge aus Sicht der Aktionäre eine Wiederanlagerendite, die als Kapitalisierungsgröße vor persönlichen Steuern und vor Unternehmenssteuern interpretiert werden kann. Sofern davon ausgegangen wird, dass die zukünftige Wiederanlagerendite aus Sicht der übernehmenden Aktiengesellschaft mit Sitz in Deutschland zu bestimmen ist, gilt diese Rendite auch für die Aktionäre der übertragenden Aktiengesellschaft.

$$(2a) \qquad r_w^D = \frac{r_j^{vSt}}{\left(1 - s_{gew} - s_{ks,s}\right)}$$

$$\Leftrightarrow \qquad r_w^D = \frac{10\%}{\left(1 - 14\% - 15{,}825\%\right)}$$

$$\Leftrightarrow \qquad r_w^D = 14{,}25\%$$

Die Wiederanlagerendite kann mit 14,25% beziffert werden.[776] Für beide Aktiengesellschaften können demnach die Ertragswerte wie folgt ermittelt werden:

$$(22) \qquad EW(B) = \frac{e_B}{i(B)} = \frac{10.000.000\,Euro}{0{,}1425} = 70.175.438{,}60\,Euro$$

$$(23) \qquad EW(A) = \frac{e_A}{i(A)} = \frac{10.000.000\,Euro}{0{,}1425} = 70.175.438{,}60\,Euro$$

Das Beispiel verdeutlicht, dass bei Verwendung einer einheitlichen Wiederanlagerendite aus dem Verhältnis der Ertragswerte ebenso wie aus dem Verhältnis der zu erwartenden Zukunftserfolge von jeweils 10.000.000 Euro ein Umtauschverhältnis von 1:1 resultiert. Demnach erhalten deutsche wie auch die österreichischen Anteilseigner jeweils 50% am übernehmenden Rechtsträger in Deutschland.

2.2 Auswirkungen der unterschiedlichen Unternehmensbesteuerung zwischen Deutschland und Österreich auf die Vermögenspositionen der Anteilseigner

Unterschiedliche Unternehmensbesteuerungen auf deutscher wie auch auf österreichischer Seite haben entsprechenden Einfluss auf die Nettozuflüsse der jeweiligen Anteilseigner. Zur näheren Untersuchung dieses Problems werden in der folgenden Gegenüberstellung zunächst die unterschiedlichen Nettozuflüsse an die

---

776 Aus Sicht der Aktionäre der übertragenden Aktiengesellschaft mit Sitz in Österreich ergibt sich, bezogen auf die zu entrichtende Körperschaftsteuer in Höhe von 25%, eine Wiederanlagerendite in Höhe von 13,33%.

Anteilseigner (annahmegemäß natürliche Personen) vor der grenzüberschreitenden Verschmelzung aufgezeigt:

Tabelle 31: Nettozuflüsse an Aktionäre (vor persönlichen Steuern) in Deutschland und Österreich

Vermögenspositionen von natürlichen Personen	**Aktiengesellschaft vor Verschmelzung**	
	A-AG Deutschland	**B-AG Österreich**
Ergebnis vor Steuern	10.000.000,00 €	10.000.000,00 €
GewSt 14%	1.400.000,00 €	n/v
KSt / öKSt 15% / 25%	1.500.000,00 €	2.500.000,00 €
SolZ 5,5%	82.500,00 €	n/v
Nettozufluss an Anteilseigner	**7.017.500,00 €**	**7.500.00,00 €**

Die Nettozuflüsse fallen aufgrund der niedrigeren Besteuerung des Unternehmens in Österreich höher aus als in Deutschland. Von einer Einbeziehung der persönlichen Besteuerung kann an dieser Stelle abgesehen werden, da die Anteilseigner wegen des Doppelbesteuerungsabkommens diesbezüglich keinen finanziellen Veränderungen unterliegen. Ausgehend von gleichen jährlichen Zahlungsströmen auf beiden Seiten in Höhe von 10.000.000 Euro wurde bereits ein Grenz-Umtauschverhältnis von 1:1 ermittelt, was einer jeweiligen Beteiligungsquote von 50% entsprach. In Anbetracht der unterschiedlichen Besteuerung der beteiligten Unternehmen führt die grenzüberschreitende Verschmelzung im betrachteten Fall folglich zu finanziellen Nachteilen seitens der österreichischen Anteilseigner:

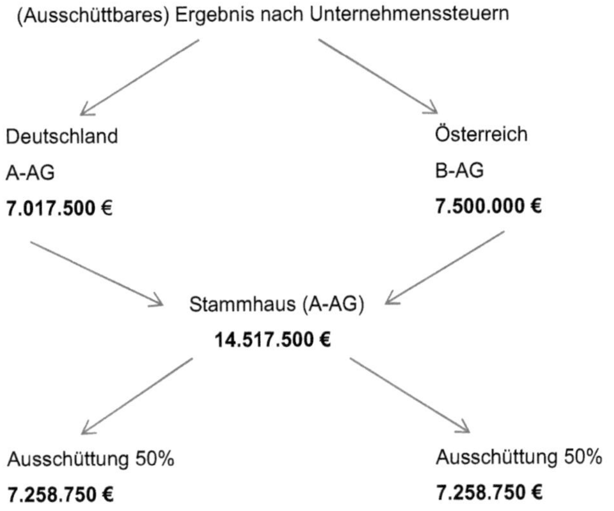

Nach der grenzüberschreitenden Verschmelzung wird annahmegemäß die verschmolzene österreichische B-AG als Betriebsstätte fortgeführt und deren jährliche Betriebsstättengewinne gem. Art. 7 DBA in Österreich versteuert. Die Gewinnausschüttung in Form einer Dividende wird jedoch durch das Stammhaus (A-AG) veranlasst, nachdem der versteuerte Betriebsstättengewinn dem ebenso in Deutschland versteuerten Gewinn des fortgeführten Unternehmens (A-AG) hinzugerechnet wurde. Dies führt dazu, dass die Vermögensposition des österreichischen Anteilseigners nach der grenzüberschreitenden Verschmelzung um – 241.250,-- Euro verschlechtert wird, während die des deutschen Anteilseigners um genau diesen Betrag verbessert wird. Wenngleich auch aus den ermittelten Unternehmenswerten bzw. aus den zukünftigen jährlichen Zahlungsströmen im Ergebnis ein eindeutiges Grenz-Umtauschverhältnis von 1:1 abgeleitet wurde, so ist aus österreichischem Blickwinkel die grenzüberschreitende Verschmelzung wegen der zu erwartenden finanziellen Nachteile abzulehnen. Aus der Sicht eines deutschen Anteilseigners ist ein auf den obigen Fall bezogenes Umtauschverhältnis von 1:1 zu begrüßen, zumal durch die geringere Steuerbelastung des österreichischen Betriebsstättengewinns seine finanzielle Entscheidungssituation verbessert wird.

2.3 Integration der länderspezifischen Ertragsteuerbelastung

Um einer steuerlich bedingten Verschiebung der Beteiligungsquote entgegenzuwirken, bietet sich zur Ermittlung des Grenz-Umtauschverhältnisses die Integration der länderspezifischen Ertragsteuerbelastungen der jeweiligen Rechtsträger in die Formel an. Die Formel ist damit wie folgt anzupassen:

$$(24) \qquad U(D/\ddot{O}) = \frac{b * \frac{e_A\left(1 - s_{gew}^D - s_{ks,s}^D\right)}{i}}{a * \frac{e_B\left(1 - s_{ks}^{\ddot{O}}\right)}{i}} \Leftrightarrow \frac{b * e_A\left(1 - s_{gew}^D - s_{ks,s}^D\right)}{a * e_B\left(1 - s_{ks}^{\ddot{O}}\right)}$$

$U(D/\ddot{O})$ = Grenz-Umtauschverhältnis

s_{gew}^D = Gewerbesteuer in Deutschland

$s_{ks,s}^D$ = Körperschaftsteuer zzgl. Solidaritätszuschlag in Deutschland

$s_{ks}^{\ddot{O}}$ = Körperschaftsteuer in Österreich

Durch die Verwendung einer einheitlichen Alternativrendite können, soweit sich die Betrachtung auf die nachhaltige Phase II des Bewertungskalküls beschränkt, anstelle der Ertragswerte die zukünftigen jährlichen Zahlungsströme der beteiligten Rechtsträger herangezogen werden. Werden die Zahlungsströme des Beispiels in die Formel (24) eingesetzt, resultiert das folgende Grenz-Umtauschverhältnis:

$$(24) \qquad U(D/\ddot{O}) = \frac{b * e_A \left(1 - s_{gew}^D - s_{ks,s}^D\right)}{a * e_B \left(1 - s_{ks}^{\ddot{O}}\right)}$$

$$\Leftrightarrow \qquad U(D/\ddot{O}) = \frac{7.017.500 Euro}{7.500.000 Euro} = 0{,}9356:1$$

Aufgrund der national unterschiedlichen Ertragsteuerbelastungen verschiebt sich nun die Beteiligungsquote zugunsten der österreichischen Aktionäre. Aus dem nun ermittelten Grenz-Umtauschverhältnis von 0,9356:1 erhöht sich deren Beteiligungsquote von 50% auf 51,66%, während sich die Beteiligungsquote der deutschen Anteilseigner auf 48,34% verschlechtert. Unter dieser Voraussetzung können die Vermögenspositionen nach der Verschmelzung auf beiden Seiten eingehalten werden. Dadurch, dass Verbundeffekte nicht einbezogen wurden, repräsentiert das Grenz-Umtauschverhältnis nicht nur die Grenzpreissituation, sondern zugleich auch die Einigungspreissituation, sodass einer Verschmelzung zugestimmt werden kann.

2.4 Berechnung des zusätzlichen Zahlungsstroms aus einer Barzuzahlung

Aus Sicht der Aktionäre der österreichischen Gesellschaft ist eine grenzüberschreitende Verschmelzung zu befürworten, wenn die Unternehmensbesteuerung auf jeweils nationaler Ebene in die Ermittlung des Umtauschverhältnisses mit einbezogen wird. Dies führt jedoch dazu, dass das Umtauschverhältnis von 1:1, welches ursprünglich auf Basis der Relation identischer Zahlungsstromgrößen der deutschen Aktiengesellschaft und der österreichischen Aktiengesellschaft vor Abzug von Unternehmenssteuern hergeleitet wurde, nicht erzielt werden kann. Wie im vorherigen Abschnitt festgestellt wurde, verschiebt sich die Beteiligungsquote im Ergebnis zugunsten der österreichischen Aktionäre, wodurch die Vermögenspositionen, die vor Verschmelzung galten, auf beiden Seiten eingehalten werden. Es wurde anhand des Beispiels verdeutlicht, dass eine Beteiligungsquote von 50% im Nachhinein zu finanziellen Nachteilen führt, welche die österreichischen Anteilseigner, abgesehen von einem Einbezug von Verbundeffekten, nicht in Kauf nehmen werden. Die finanziellen Nachteile können durch Gewährung zusätzlicher Anteile ausgeglichen werden, womit aber eine geringere Beteiligungsquote < 50% für die deutschen Anteilseigner einhergeht.

Um eine Beteiligungsquote von 50% auf beiden Seiten zu erreichen, bietet sich als Lösungsmöglichkeit anstelle der Gewährung zusätzlicher Anteile die Zahlung einer angemessenen Barabfindung an die Aktionäre des übertragenden (österreichischen) Unternehmens an. Da die in Deutschland ansässige Aktiengesellschaft nach der Verschmelzung und der damit verbundenen Auflösung der österreichischen Aktiengesellschaft annahmegemäß die erloschene Gesellschaft als Betriebsstätte fortführt, wird gemäß § 1 Abs. 5 Satz 2 AStG im betrachteten Fall davon ausgegangen, dass zur Anwendung des Fremdvergleichsgrundsatzes die Betriebsstätte wie ein eigenständiges Unternehmen zu behandeln ist. Daraus folgen neben der Zuordnung von Funktionen der Betriebsstätte, die durch Personal ausgeübt werden, weitere folgende Zuordnungen auf Grundlage der Funktions- und Risikoanalyse der Geschäftstätigkeit der Betriebsstätte:

- Vermögenswerte des Unternehmens, welche die Betriebsstätte zur Ausübung der ihr zugeordneten Funktionen benötigt,
- Chancen und Risiken des Unternehmens, die sie auf Grund der ausgeübten Funktionen und zugeordneten Vermögenswerte übernimmt, sowie
- ein angemessenes Eigenkapital (Dotationskapital).[777]

Vor dem Hintergrund der Annahme, dass es sich bei der Betriebsstätte um ein (fiktiv) eigenständiges Unternehmen handelt, wird davon ausgegangen, dass die jährlich zu erwirtschaftenden Gewinne des künftigen Unternehmens mit Sitz in Deutschland zur Hälfte in Österreich erwirtschaftet bzw. der Betriebsstätte zugeordnet und auch demzufolge in Österreich besteuert werden. Diese Annahme soll nun auch in der Bestimmung der Barzuzahlung Berücksichtigung finden. Nachdem das Grenz-Umtauschverhältnis von 0,9356:1 ermittelt wurde und das mit Zuzahlung zu erzielende Umtauschverhältnis in Höhe von 1:1 zu fixieren ist, kann nach entsprechender Modifizierung der Formel (21) die Zuzahlung wie folgt errechnet werden:

$$(21b) \quad Z = \frac{\left(e_A\left(1 - s_{gew}^{D} - s_{ks,s}^{D}\right) + e_B\left(1 - s_{ks}^{Ö}\right)\right)(u' - u)}{(u * a + b)i * u'}$$

$$\Leftrightarrow \quad Z = \frac{\left(7.017.500_A + 7.500.000_B\right)(1 - 0{,}9356)}{(0{,}9356 * 1.000.000 + 1.000.000)0{,}10 * 1}$$

$$\Leftrightarrow \quad Z = 4.825.000\,Euro$$

Da das ursprüngliche Grenz-Umtauschverhältnis aus dem Verhältnis der Unternehmensgewinne nach Abzug der Unternehmenssteuern resultierte, wurde die Formel (21) zur Ermittlung der Barzuzahlung im Zähler entsprechend angepasst. Ebenfalls wurde der Zähler um den Verbundeffekt gekürzt, da annahmegemäß kein Verbundeffekt berücksichtigt wurde. Gleichfalls wurde angenommen, dass die Kapitalkosten des verschmolzenen Unternehmens der Alternativrendite der Anteilseigner des übertragenden Rechtsträgers entsprechen. Somit beträgt im Ergebnis die Zuzahlung pro Aktie des übertragenden Rechtsträgers 4,825 Euro.[778] Grundlage zur Ermittlung dieses Ergebnisses bildeten allerdings die Unternehmensgewinne nach Abzug von Unternehmenssteuern. Insofern handelt es sich im Ergebnis um eine Zahlungsstromgröße, welche auf der gleichen Ebene wie die unternehmenssteuerbereinigten Gewinne einzuordnen ist und daher auch als (Netto-)Barzuzahlung an Anteilseigner oder auch als (Netto-)Kapitalabfluss aus Sicht des verbundenen Unternehmens interpretiert werden kann.

---

777 Vgl. § 1 Abs. 5 Satz 3 Nr. 1–4 AStG; § 1 Abs. 2 BsGaV, Entwurf des BMF vom 05.08.2013.

778 Wert gerundet.

2.5 Erforderliche Höhe des ausschüttbaren Unternehmensergebnisses zwecks Beibehaltung der Vermögenspositionen unter Berücksichtigung der Barzuzahlung an die Anteilseigner

In Summe entspricht die Barzuzahlung unter Berücksichtigung von insgesamt 1 Mio. Aktien des übertragenden Rechtsträgers einem (Netto-)Kapitalabfluss von 4.825.000 Euro. Dieses abfließende Kapital steht damit dem verbundenen Unternehmen nach dem Verschmelzungsvorgang für Investitionszwecke nicht mehr zur Verfügung. Bei einem angenommenen Kapitalisierungszinssatz von 10% werden die finanziellen Nachteile der österreichischen Anteilseigner durch eine entsprechende alternative Finanzanlage ausgeglichen. Die Finanzanlage ist jedoch betragsmäßig oberhalb der (Netto-)Barzuzahlung anzusetzen, um nach Abzug von Unternehmenssteuern exakt den auszugleichenden Zahlungsstrom zu erzielen, damit die Vermögensposition vor der Verschmelzung eingehalten werden kann.

Tabelle 32: Geforderte Vermögensposition der Aktionäre nach Verschmelzung (unter Berücksichtigung der Barzuzahlung)

Vermögenspositionen vor Verschmelzung		**Geforderte Vermögenspositionen nach Verschmelzung (unter Berücksichtigung der Barzuzahlung)**	
Aktionäre Deutschland (A-AG)	Aktionäre Österreich (B-AG)	Aktionäre Deutschland (A-AG)	Aktionäre Österreich (B-AG)
7,0175 Mio. €	7,50 Mio. €	7,0175 Mio. €	7,0175 Mio. € + 0,4825 Mio. € = 7,50 Mio. €

Die jährliche Rendite nach Unternehmenssteuern aus der Finanzanlage des österreichischen Anteilseigners stellt gem. Formel (21b) exakt den auszugleichenden Zahlungsstrom dar, um die Vermögensposition vor Verschmelzung wieder herzustellen. Vorausgesetzt wird dafür ein Mindestgewinn nach Abzug von Unternehmenssteuern MG_{nUst}, um nach hälftiger bzw. anteilsmäßiger Aufteilung der Ausschüttung die in der Tabelle dargelegten Ergebnisse nach Verschmelzung zu erzielen. Nachdem in einem ersten Schritt die (Netto-)Barzuzahlung von 4.825.000,-- Euro ermittelt wurde, kann in einem zweiten Schritt der gesuchte Mindestgewinn nach Unternehmenssteuern errechnet werden:

(25) $$MG_{nUSt} = e_A\left(1 - s_{gew}^{D} - s_{ks,s}^{D}\right) + e_B\left(1 - s_{ks}^{Ö}\right) - Z_{netto,jährlich}$$

$$\Leftrightarrow \quad MG_{nUSt} = 7.017.500 + 7.500.000 - 482.500$$

$$\Leftrightarrow \quad MG_{nUSt} = 14.035.000\,Euro$$

$Z_{netto,\,jährlich}$ = jährlicher Zahlungsstrom aus der Barzuzahlung vor persönlichen Steuern

Der gesuchte Mindestgewinn nach Abzug von Unternehmenssteuern beträgt demnach 14.035.000,-- Euro, womit die Vermögenspositionen der Anteilseigner nach der Verschmelzung eingehalten werden können.

2.6 Auswirkungen der Barzuzahlung auf Unternehmensgewinne und Nettozuflüsse an die Anteilseigner

Wie sich die Barzuzahlung zum einen auf das Unternehmensergebnis und zum anderen auf die Nettozuflüsse der Aktionäre auswirkt, soll im Folgenden untersucht werden. Es wurde bereits festgestellt, dass durch die Barzuzahlung dem verschmolzenen Unternehmen Finanzkapital entzogen wird, welches nicht mehr für Investitionszwecke zur Verfügung steht. In der Folge fallen die zukünftigen jährlichen Gewinne des Unternehmens um den entgangenen Gewinnanteil, der aus der Investition der Barzuzahlung resultiert, entsprechend niedriger aus. Dagegen entfällt zumindest die Unternehmensbesteuerung auf diesen entgangenen Gewinnanteil. Ausgehend von geplanten jährlichen Erträgen von insgesamt 20.000.000 Euro, welche das verschmolzene Unternehmen in Zukunft je zur Hälfte in Deutschland und in Österreich generiert, werden die entgangenen Erträge aus der Barzuzahlung je zur Hälfte ergebnismindernd berücksichtigt. In der Folge sinkt die Unternehmenssteuerlast. Der österreichische Aktionär wird neben den jährlich zufließenden Dividenden des verbundenen Unternehmens auch die erhaltene Barzuzahlung wieder anlegen wollen. In dem Beispiel wurde eine (Netto-)Barzuzahlung ermittelt, die eine Zahlungsstromgröße vor Abzug von persönlichen Steuern darstellt. Es wird fiktiv angenommen, dass der Aktionär diese erhaltene Barzuzahlung wiederum unter Beachtung der Äquivalenzprinzipien in ein Unternehmen investiert, welches Gewinne in derselben Höhe erwirtschaftet, ebenso in Deutschland seinen Firmensitz hat und eine Betriebsstätte in Österreich unterhält. Wird die Barzuzahlung in ein solches Unternehmen investiert, unterliegen die daraus erwirtschafteten Erträge jedoch zunächst der Besteuerung auf Unternehmensebene.

Vor dem Hintergrund der zu berücksichtigenden Unternehmenssteuern stellt sich nun die Frage, in welcher Höhe die Barzuzahlung erfolgen muss, um den aus Formel (21b) errechneten Betrag von 4.825.000,-- Euro vor Abzug von persönlichen Steuern zu erreichen. Ausgehend vom Mindestgewinn nach Unternehmenssteuern MG_{nUst}, in dem bereits der Kapitalabfluss von 4.825.000,-- Euro berücksichtigt wurde, kann nun in einem dritten Schritt der erforderliche Mindestgewinn vor Unternehmenssteuern MG_{vUst} errechnet werden.

Ausgangspunkt dazu ist Formel (25):

$$(25) \qquad MG_{nUSt} = e_A\left(1 - s_{gew}^{D} - s_{ks,s}^{D}\right) + e_B\left(1 - s_{ks}^{Ö}\right) - Z_{netto,\,jährlich}$$

Ausgehend vom Mindestgewinn vor Unternehmenssteuern kann Formel (25) entsprechend umformuliert werden:

$$(25a) \qquad MG_{nUSt} = \left[\frac{e_A}{e_A + e_B}\left(1 - s_{gew}^{D} - s_{ks,s}^{D}\right) + \frac{e_B}{e_A + e_B}\left(1 - s_{ks}^{Ö}\right)\right] MG_{vUst}$$

Der Mindestgewinn vor Unternehmenssteuern ergibt sich demnach aus:

$$(26) \qquad MG_{vUSt} = \frac{e_A\left(1 - s_{gew}^D - s_{ks,s}^D\right) + e_B\left(1 - s_{ks}^Ö\right) - Z_{netto,jährlich}}{\frac{e_A}{e_A + e_B}\left(1 - s_{gew}^D - s_{ks,s}^D\right) + \frac{e_B}{e_A + e_B}\left(1 - s_{ks}^Ö\right)}$$

Durch Umformen erhält man:

$$(26a) \qquad MG_{vUSt} = \frac{\left(e_A + e_B\right)\left[e_A\left(1 - s_{gew}^D - s_{ks,s}^D\right) + e_B\left(1 - s_{ks}^Ö\right) - Z_{netto,jährlich}\right]}{e_A\left(1 - s_{gew}^D - s_{ks,s}^D\right) + e_B\left(1 - s_{ks}^Ö\right)}$$

$$\Leftrightarrow \qquad MG_{vUSt} = \frac{20.000.000(7.017.500 + 7.500.000 - 482.500)}{7.017.500 + 7.500.000}$$

$$\Leftrightarrow \qquad MG_{vUSt} = 19.335.285 Euro$$

Es resultiert ein erforderlicher Mindestgewinn vor Abzug von Unternehmenssteuern in Höhe von 19.335.285,-- Euro. Die dem Unternehmen jährlich entgehenden Erträge aufgrund des Finanzkapitalabflusses belaufen sich somit auf:

$$(27) \qquad Z_{brutto,jährlich} = \left(e_A + e_B\right) - MG_{vUst}$$

$$\Leftrightarrow \qquad Z_{brutto,jährlich} = 20.000.000 - 19.335.285$$

$$\Leftrightarrow \qquad Z_{brutto,jährlich} = 664.715 Euro$$

$Z_{brutto, jährlich}$ = jährlicher Zahlungsstrom aus der Barzuzahlung vor Unternehmenssteuern

Alternativ kann der jährliche (Brutto-)Zahlungsstrom auch direkt ermittelt werden, indem die Unternehmenssteuern in die jährlichen Erträge aus der (Netto-) Barzuzahlung einbezogen werden:

$$(28) \qquad Z_{brutto,jährlich} = \frac{Z_{netto,jährlich}}{\frac{e_A}{e_A + e_B} * \left(1 - s_{gew}^D - s_{ks,s}^D\right) + \frac{e_A}{e_A + e_B} * \left(1 - s_{ks}^Ö\right)}$$

$$\Leftrightarrow \qquad Z_{brutto,jährlich} = \frac{482.500}{0,350875 + 0,375}$$

$$\Leftrightarrow \qquad Z_{brutto,jährlich} = 664.715 Euro$$

Durch die Kapitalisierung der jährlichen Zahlungsströme, die aus der Barzuzahlung resultieren, mit der Wiederanlagerendite in Höhe von 14,25% ergibt sich eine (Brutto-)Barzuzahlung von:

$$(29) \qquad Z_{brutto} = \frac{\left(e_A + e_B\right) - MG_{vUst}}{r_w^D}$$

$$\Leftrightarrow \qquad Z_{brutto} = \frac{20.000.000 - 19.335.285}{0,1425}$$

$$\Leftrightarrow \qquad Z_{brutto} = 4.664.666,67 Euro$$

Zur Veranschaulichung wird die Ermittlung der Nettozuflüsse vor persönlichen Steuern unter Einbeziehung des gem. Formel (27) ermittelten, jährlichen, Zahlungsstroms aus der (Brutto-)Barzuzahlung in der folgenden Tabelle dargestellt:

Tabelle 33: Vermögenspositionen der Aktionäre nach Verschmelzung unter Berücksichtigung der Barzuzahlung (I)

	Vermögenspositionen der Aktionäre	**A-AG Deutschland**	**B-AG Österreich**
	Ergebnis vor Steuern	10.000.000,00 €	10.000.000,00 €
-	Ergebnis aus Barzuzahlung	332.357,50 €	332.357,50 €
=	Vermindertes Ergebnis vor Steuern	9.667.642,50 €	9.667.642,50 €
-	GewSt 14%	1.353.469,95 €	n/v
-	KSt / öKSt 15% / 25%	1.450.146,38 €	2.416.910,63 €
-	SolZ 5,5%	79.758,05 €	n/v
=	Vermindertes Ergebnis nach Steuern	6.784.268,12 €	7.250.731,88 €
	Ausschüttbares Ergebnis (Stammhaus)	**14.035.000,00 €**	
		Aufteilung zu je 50%	
=	Nettozufluss vor persönlichen Steuern	7.017.500,00 €	7.017.500,00 €
+	(Netto-)Barzuzahlung	-	482.500,00 €
=	**Vermögensposition nach Verschmelzung**	**7.017.500,00 €**	**7.500.000,00 €**

Sowohl deutsche als auch österreichische Aktionäre nehmen nun aufgrund der Berücksichtigung der Barzuzahlung nach der Verschmelzung die Vermögenspositionen ein, die auch vor Verschmelzung galten. Die aus dem jährlichen Zahlungsstrom bedingte Steuerersparnis des verbundenen Unternehmens beläuft sich auf insgesamt 182.215,-- Euro:

$$(30) \qquad s = \frac{e_A}{e_A + e_B} * k * Z_{brutto,jährlich} * \left(s_{gew}^{D} + s_{ks,s}^{D}\right) + \frac{e_B}{e_A + e_B} * k * Z_{brutto,jährlich} * s_{ks}^{Ö}$$

$$\Leftrightarrow \qquad s = 182.215 Euro$$

Die jährliche Steuerersparnis stellt damit exakt die Differenz zwischen den jährlichen Erträgen aus der (Brutto-)Barzuzahlung (664.715,-- Euro) und den Erträgen aus der (Netto-)Barzuzahlung (482.500,-- Euro) dar.

2.7 Würdigung

In dem Beispiel wurde verdeutlicht, dass Barzuzahlungen nicht nur zum Ausgleich von Vermögensinteressen im Hinblick auf die unterschiedlichen Vermögenspositionen dienen, sondern auch Steuerentlastungen auf Unternehmensebene auslösen, wodurch eine Einigungssituation ohne die Einbeziehung von Verbundeffekten im Fall einer grenzüberschreitenden Verschmelzung herbeigeführt werden kann. Um die Höhe der Barzuzahlung zu ermitteln, welche die Beibehaltung der Vermögenspositionen der Anteilseigner gewährleistet, kann in drei Schritten vorgegangen werden. In einem ersten Schritt ist zur Ermittlung der (Netto-)Barzuzahlung die Verwendung der jeweiligen Unternehmensgewinne nach Abzug von Unternehmenssteuern relevant. Anschließend kann die ermittelte (Netto-)Barzuzahlung verwendet werden, um in einem zweiten Schritt den Mindestgewinn nach Unternehmenssteuern bzw. das notwendige, ausschüttbare, Ergebnis zu bestimmen. In einem dritten Schritt sind die ermittelten Größen wie (Netto-)Barzuzahlung und Mindestgewinn nach Unternehmenssteuern zu verwenden, um davon ausgehend den Mindestgewinn vor Unternehmenssteuern zu bestimmen. Die Differenz zwischen beiden Größen ergibt letztendlich den gesuchten Betrag der Barzuzahlung, welche in ihrer ausgleichenden Funktion die Beibehaltung der Vermögenspositionen der Aktionäre gewährleistet.

Als nächstes waren jedoch die Auswirkungen der Barzuzahlung auf das (Vorsteuer-)Ergebnis des verschmolzenen Unternehmens zu untersuchen. Bezogen auf die Unternehmensgewinne vor Unternehmenssteuern löste die Barzuzahlung eine nachhaltige Ergebnisminderung aus, woraus geringere Belastungen der Unternehmensgewinne aus Gewerbe- und Körperschaftsteuer zzgl. Solidaritätszuschlag für die deutsche Aktiengesellschaft (A-AG) sowie Körperschaftsteuer für die österreichische Aktiengesellschaft (B-AG) folgten. Der jährliche Zahlungsstrom aus der Barzuzahlung an sich wurde nicht der Unternehmensbesteuerung unterzogen. Insofern stellte sich die Nachsteuerbetrachtung der nachhaltigen Unternehmensgewinne zur Ermittlung der Barzuzahlung als vertretbar heraus, zumal die Aufteilung der Steuerersparnisse in diesem Fall im Verhältnis der Anteile erfolgte.

Weiterhin konnte mit dem Beispiel zur Bestimmung eines Umtauschverhältnisses im Rahmen einer grenzüberschreitenden Verschmelzung gezeigt werden, wie eine Einigungssituation zwischen den Aktionären der beteiligten Gesellschaften erreicht werden kann. Die Annahme, bei Vernachlässigungen von Verbundeffekten führen Barzuzahlungen zu Verschlechterungen von Vermögenspositionen, die noch vor der Verschmelzung galten, konnte für den Fall einer grenzüberschreitenden Verschmelzung widerlegt werden. Ausschlaggebend für die Erzielung einer Einigungssituation ohne Berücksichtigung von Verbundeffekten sind die jeweils unterschiedlichen nationalen Steuerbelastungen der beteiligten Länder.

3. Grenz-Umtauschverhältnis mit Berücksichtigung von Verbundeffekten

3.1 Bestimmung und Aufteilung von Mindest-Verbundeffekten im Rahmen des Anteilsverfahrens

Nach der Identifizierung von Verbundeffekten gilt es, eine qualitative Erfassung und anschließende Bewertung vorzunehmen. Nach der Bewertung von Verbundeffekten stellt sich weiterhin die Frage, in welchem Verhältnis diese den beteiligten Rechtsträgern im Rahmen der Ermittlung eines Umtauschverhältnisses zugeordnet werden sollen.[779] Im vorherigen Abschnitt wurde die Ermittlung eines Umtauschverhältnisses ohne die Berücksichtigung von Verbundeffekten vorgenommen. Im Folgenden wird aufgezeigt, wie sich eine entsprechende Berücksichtigung auf das Umtauschverhältnis, bezugnehmend auf das Beispiel des vorherigen Abschnitts, auswirkt.

Aufgrund des finanziellen Nachteils, den der österreichische Anteilseigner wegen der höheren Steuerbelastung des deutschen Rechtsträgers einbüßt, wird unter Annahme rationalen Verhaltens der Anteilseigner grundsätzlich davon auszugehen sein, dass – abgesehen von einer Barzuzahlung – ohne die Berücksichtigung von Verbundeffekten eine Einigungssituation nicht herbeigeführt werden kann. Verbundeffekte drücken sich darin aus, dass sie im Verschmelzungsfall zweier oder mehrerer Unternehmen einen Mehrwert gegenüber den Zukunftserfolgen darstellen, die sich bei separater Fortführung der beteiligten Unternehmen ergeben.[780] Sie können nicht ohne die Teilnahme aller Partner am Verschmelzungsvorgang erzielt werden und somit stellt ein Verbundeffekt einen gemeinsamen Verbundgewinn dar.[781]

Entgegen einer Barzuzahlung wird die Einbeziehung von Verbundeffekten nun aus dem Blickwinkel untersucht, in welcher Höhe ein Verbundeffekt mindestens vorliegen muss, damit nach seiner Zuteilung auf die beteiligten Unternehmen die jeweiligen Vermögenspositionen vor der beabsichtigten Verschmelzung eingehalten werden können. Die Zuteilung soll im Beispielfall nach dem Anteilsverfahren erfolgen. Daraus folgt bei einem maßgebenden Umtauschverhältnis von 1:1 die jeweils hälftige Zuteilung des Verbundeffekts zum Zukunftserfolg des Stammhauses sowie zum Zukunftserfolg der Betriebsstätte, welche gem. § 1 Abs. 5 Satz 2 AStG als eigenständiges und unabhängiges Unternehmen zu betrachten ist. Damit verbunden ist die Annahme, dass die an der Verschmelzung beteiligten Unternehmen zukünftig im Rahmen des Unternehmensverbundes jeweils gleichwertig zur Erzielung des gemeinsamen Verbundeffektes beitragen, womit die zu erwirtschaftenden Gewinne auf beiden Seiten um einen entsprechenden Mehrwert anzupassen sind. Mit der Zuteilung des Verbundeffektes sind darüber hinaus weitere Maßnahmen erforderlich, die sich in der Anpassung hinsichtlich der Zuordnung von Vermögenswerten und

779 Zur angemessenen Aufteilung von Verbundeffekten, vgl. Ossadnik, BFuP 1990, S. 467ff.

780 Vgl. Ossadnik, BFuP 1990, S. 466.

781 Vgl. Eisenführ, zfbf 1971, S. 467.

der sich daraus ergebenden Chancen und Risiken vor dem Hintergrund der ausgeübten Funktionen der Betriebsstätte widerspiegeln. Ebenso wird in diesem Zusammenhang auch die Anpassung des Dotationskapitals erforderlich.[782]

Für die Ermittlung eines Mindest-Verbundeffektes bietet sich zunächst an, grundlegend die ausschüttbaren Ergebnisse der beteiligten Rechtsträger nach Abzug von Unternehmenssteuern in Betracht zu ziehen, da diese Ergebnisse nach der Verschmelzung mindestens in gleicher Höhe erzielt werden sollen. Anhand dieser Werte kann auch hierbei ähnlich wie im Beispielfall zur Barzuzahlung im ersten Schritt der erforderliche Mindestgewinn des verschmolzenen Unternehmens nach Abzug von Unternehmenssteuern ermittelt werden. Ausgangspunkt hierzu bildet das zu erzielende ausschüttbare Ergebnis des österreichischen Rechtsträgers (e_{BnUSt}), zumal die österreichischen Anteilseigner die Nachteile aufgrund der höheren Gewinnbesteuerung des deutschen Rechtsträgers erfahren.

$$(31) \quad e_{BnUSt} = \frac{e_B}{e_A + e_B} * MG_{nUst}$$

Ausgehend von den ermittelten Ertragswerten der beteiligten Rechtsträger und den daraus abgeleiteten jährlichen Gewinnen konnten die ausschüttbaren Ergebnisse durch den Abzug von Unternehmenssteuern auf beiden Seiten bestimmt werden. Darüber hinaus wurde die jeweilige Beteiligungshöhe in Abhängigkeit des Verhältnisses der zukünftigen Bruttogewinne zueinander festgelegt, woraus ein Umtauschverhältnis von 1:1 resultierte. Mit Hilfe dieser Informationen kann nach Umstellung der Formel (30) zunächst der erforderliche Mindestgewinn des verschmolzenen Unternehmens nach Abzug von Unternehmenssteuern errechnet werden. Die Bezugsgröße stellt dabei der Gewinn des österreichischen Rechtsträgers dar.

$$(32) \quad MG_{nUst} = e_{B_{nUSt}} * \frac{e_A + e_B}{e_B}$$

$$\Leftrightarrow \quad MG_{nUSt} = 7.500.000 * \frac{1}{2}$$

$$\Leftrightarrow \quad MG_{nUSt} = 15.000.000\,Euro$$

Nachdem der Mindestgewinn errechnet wurde, kann in einem zweiten Schritt der Mindest-Verbundeffekt bestimmt werden. Dazu kann Formel (25) um die Berücksichtigung eines Verbundeffektes entsprechend modifiziert werden:

$$(25b) \quad MG_{nUSt} = \left(e_A + \frac{e_A}{e_A + e_B} * V_{jährlich} \right) * \left(1 - s_{gew}^{D} - s_{ks,s}^{D}\right) * \left(e_B + \frac{e_B}{e_A + e_B} * V_{jährlich} \right) * \left(1 - s_{ks}^{Ö}\right)$$

$V_{jährlich}$ = Zahlungsstrom aus dem Verbundeffekt vor persönlichen Steuern

Demnach erfolgt die Aufteilung des Mindest-Verbundeffektes gem. dem Anteilsverfahren. Zu den ursprünglichen jährlichen Erträgen kommen nun die Erträge aus dem

782 Vgl. § 1 Abs. 5 Satz 3 Nr. 1–4 AStG; Zur Anpassung des Dotationskapitals, vgl. § 13 Abs. 5 BsGaV, Entwurf des BMF vom 05.08.2013.

Mindest-Verbundeffekt hinzu. Eine alternative Vorgehensweise stellt eine indirekte Bestimmung des Mindest-Verbundeffektes dar, indem zunächst durch Heranziehung der bereits ermittelten Größe des Mindestgewinns nach Unternehmenssteuern auf die Mindestgewinngröße vor Unternehmenssteuern hochgerechnet wird:

$$(33) \quad MG_{vUSt} = \frac{MG_{nUSt}}{\frac{e_A}{e_A + e_B} * \left(1 - s_{gew}^D - s_{ks,s}^D\right) + \frac{e_A}{e_A + e_B} * \left(1 - s_{ks}^{Ö}\right)}$$

$$\Leftrightarrow \quad MG_{vUSt} = \frac{15.000.000}{0,350875 + 0,375}$$

$$\Leftrightarrow \quad MG_{vUSt} = 20.664.715 \, Euro$$

Die Differenz zwischen dem Mindestgewinn vor Unternehmenssteuern und dem ursprünglichen Bruttogewinn des verschmolzenen Unternehmens stellt den gesuchten jährlichen Zahlungsstrom aus dem Mindest-Verbundeffekt dar, der dem Zahlungsstrom der Barzuzahlung entspricht. Bei entsprechender Kapitalisierung des zusätzlichen, jährlichen, Zahlungsstroms mit der Wiederanlagerendite in Höhe von 14.25% resultiert ein Mindest-Verbundeffekt von exakt 4.664.666,67 Euro, was dem Barwert der bereits ermittelten Barzuzahlung entspricht. Angesichts einer Aufteilung dieses Verbundeffektes im Verhältnis der Anteile handelt es sich im Ergebnis um eine Mindestgröße, ab deren Höhe die österreichischen Aktionäre einer Verschmelzung zustimmen könnten, da sie ihre Vermögenspositionen nicht verschlechtern.

Tabelle 34: Vermögenspositionen der Aktionäre nach Verschmelzung unter Berücksichtigung des Mindest-Verbundeffektes

	Vermögenspositionen der Aktionäre	**A-AG Deutschland**	**B-AG Österreich**
	Ergebnis vor Steuern	10.000.000,00 €	10.000.000,00 €
+	Ergebnis aus Verbundeffekt	332.357,50 €	332.357,50 €
=	Korrigiertes Ergebnis vor Steuern	10.332.357,50 €	10.332.357,50 €
-	GewSt 14%	1.446.530,05 €	n/v
-	KSt / öKSt 15% / 25%	1.549.853,63 €	2.583.089,38 €
-	SolZ 5,5%	85.241,95 €	n/v
=	Ergebnis nach Steuern	7.250.731,88 €	7.749.268,13 €
	Ausschüttbares Ergebnis (Stammhaus)	→ **15.000.000,00 €** ←	
		Aufteilung zu je 50%	
=	Nettozufluss vor persönlichen Steuern	7.500.000,00 €	7.500.000,00 €
=	**Vermögensposition nach Verschmelzung**	**7.500.000,00 €**	**7.500.000,00 €**

Bei Betrachtung der Vermögenspositionen wird deutlich, dass bei Annahme des errechneten Mindest-Verbundeffektes nach der Verschmelzung die Vermögensposition des deutschen Anteilseigners im Gegensatz zum österreichischen Anteilseigner aufgrund der unterschiedlichen Gewinnbesteuerung verbessert wird. Um den Vermögensvorteil nicht nur einseitig, sondern auf beide beteiligten Anteilseigner zu verteilen, bietet sich in diesem Fall wiederum ein Spitzenausgleich in Form einer Barzuzahlung an, die der österreichische Anteilseigner erhält. Wird nun eine Barzuzahlung in Höhe des Mindest-Verbundeffektes vorgenommen, erhalten beide Anteilseigner die gleichen Vermögensvorteile.

Tabelle 35: Vermögenspositionen der Aktionäre nach Verschmelzung bei zusätzlicher Barzuzahlung in Höhe des Mindestverbundeffektes

	Vermögenspositionen der Aktionäre	**A-AG Deutschland**	**B-AG Österreich**
	Ergebnis vor Steuern	10.000.000,00 €	10.000.000,00 €
+	Ergebnis aus Verbundeffekt	332.357,50 €	332.357,50 €
=	Korrigiertes Ergebnis vor Steuern	10.332.357,50 €	10.332.357,50 €
-	Ergebnis aus Barzuzahlung	332.357,50 €	332.357,50 €
=	Ergebnis vor Steuern	10.000.000,00 €	10.000.000,00 €
-	GewSt 14%	1.400.000,00 €	n/v
-	KSt / öKSt 15% / 25%	1.500.000,00 €	2.500.000,00 €
-	SolZ 5,5%	82.500,00 €	n/v
=	Ergebnis nach Steuern	7.017.500,00 €	7.500.000,00 €
	Ausschüttbares Ergebnis (Stammhaus)	→ **14.517.500,00 €** ←	
		Aufteilung zu je 50%	
=	Nettozufluss vor persönlichen Steuern	7.258.750,00 €	7.258.750,00 €
+	(Netto-)Barzuzahlung	-	482.500,00 €
=	Vermögensposition nach Verschmelzung	7.258.750,00 €	7.741.250,00 €
	Vermögensvorteil	**241.250,00 €**	**241.250,00 €**

Alternativ kann der jährliche (Brutto-)Zahlungsstrom aus dem Mindest-Verbundeffekt auch direkt ermittelt werden, indem die Unternehmenssteuern in den jährlichen (Netto-)Zahlungsstrom einbezogen werden:

$$(34)\quad V_{brutto,jährlich} = \frac{V_{jährlich}}{\frac{e_A}{e_A+e_B} * \left(1 - s_{gew}^D - s_{ks,s}^D\right) + \frac{e_A}{e_A+e_B} * \left(1 - s_{ks}^{Ö}\right)}$$

$$\Leftrightarrow \quad V_{brutto,jährlich} = \frac{482.500}{0{,}350875 + 0{,}375}$$

$$\Leftrightarrow \quad V_{brutto,jährlich} = 664.715 Euro$$

$V_{brutto,\,jährlich}$ = jährlicher Zahlungsstrom aus dem Verbundeffekt vor Unternehmenssteuern

3.2 Zur Eignung der Grenzumtauschverhältnisse als Maßstab zur Ermittlung von Mindest-Verbundeffekten

Die Ermittlung des Mindest-Verbundeffektes kann auch aus dem Blickwinkel der Bestimmung eines Grenzumtauschverhältnisses erfolgen, welches durch ein Mindest- und ein Höchst-Umtauschverhältnis abgegrenzt wird. Zum einen kann in diesem Zusammenhang der Frage nachgegangen werden, in welcher Höhe ein Verbundeffekt zur Bestimmung des Mindest-Umtauschverhältnisses der übertragenden Aktiengesellschaft zugeordnet werden muss, um bei Annahme eines Ziel-Umtauschverhältnisses die Vermögensposition des dahinterstehenden Aktionärs nach Abzug von Unternehmenssteuern zu erreichen. Der aufgrund der national bedingten Unternehmenssteuerdifferenz resultierende Vermögensnachteil ist bei Betrachtung des Mindest-Umtauschverhältnisses durch die Erwirtschaftung eines zusätzlichen Gewinns der österreichischen Aktiengesellschaft auszugleichen. Zum anderen wird zur Bestimmung des Höchst-Umtauschverhältnisses ein Verbundeffekt zum Ertragswert der übernehmenden Aktiengesellschaft hinzugerechnet. Der jährliche Zahlungsstrom aus dem Mindest-Verbundeffekt fällt angesichts der höheren Unternehmensbesteuerung der deutschen Aktiengesellschaft im Gegensatz zu Österreich höher aus. Auf der Grundlage des Mindest-Umtauschverhältnisses ergibt sich demnach:

$$(28a)\quad V_{brutto,jährlich}^M = \frac{Z_{netto,jährlich}}{\frac{e_A}{e_A+e_B} * \left(1 - s_{ks}^{Ö}\right)}$$

$$\Leftrightarrow \quad V_{brutto,jährlich}^M = \frac{482.500}{0{,}75}$$

$$\Leftrightarrow \quad V_{brutto,jährlich}^M = 643.333{,}33 Euro$$

$V_{brutto,jährlich}^M$ = jährlicher Zahlungsstrom aus dem Verbundeffekt vor Unternehmenssteuern auf Grundlage des Mindest-Umtauschverhältnisses

Entsprechend resultiert auf Grundlage des Höchst-Umtauschverhältnisses ein höherer, jährlicher, Zahlungsstrom:

$$(28b)\quad V^{H}_{brutto,jährlich} = \frac{Z_{netto,jährlich}}{\frac{e_A}{e_A + e_B} * \left(1 - s^{D}_{gew} - s^{D}_{ks,s}\right)}$$

$$\Leftrightarrow \quad V^{H}_{brutto,jährlich} = \frac{482.500}{0,70175}$$

$$\Leftrightarrow \quad V^{H}_{brutto,jährlich} = 687.566,80\,Euro$$

$V^{H}_{brutto,jährlich}$ = jährlicher Zahlungsstrom aus dem Verbundeffekt vor Unternehmenssteuern auf Grundlage des Höchst-Umtauschverhältnisses

In der Konsequenz wird ein Einigungsbereich abgegrenzt, der auf Grundlage uneinheitlicher Rechengrößen, insbesondere durch die Einbeziehung wertmäßig unterschiedlicher Verbundeffektgrößen, basiert. Zwar können bei Bezug auf das auszuschüttende Ergebnis des verschmolzenen Unternehmens die Vermögenspositionen bei Unterstellung eines Ziel-Umtauschverhältnisses von 1:1 genau eingehalten und sogar einseitig verbessert werden[783], dennoch ist diese Vorgehensweise nicht vertretbar. Zur Bestimmung des Umtauschverhältnisses wird regelmäßig auf die zu erzielenden Bruttogewinne der verbundenen Unternehmen einschließlich Verbundeffekt abgestellt. Das Ziel-Umtauschverhältnis wird unter diesen Umständen nur dann erreicht, wenn der einkalkulierte Mindest-Verbundeffekt im Wege des Spitzenausgleichs ausgezahlt werden sollte. Dies wiederum unterstellt aber die Tatsache, dass der Mindest-Verbundeffekt, rein auf das Mindest- oder Höchst-Umtauschverhältnis bezogen, entweder nur der deutschen oder nur der österreichischen Besteuerung unterliegt. Die einseitige Zuordnung eines Verbundeffektes auf den Ertragswert eines der beiden Unternehmen setzt immerhin voraus, dass der Verbundeffekt auch durch das jeweilige Unternehmen erwirtschaftet wird. Aus diesem Blickwinkel betrachtet kann ein Umtauschverhältnis von 1:1 von vornherein nicht gerechtfertigt werden, was wiederum die Verteilung des Verbundeffektes nach dem Anteilsverfahren befürwortet, sollte das Umtauschverhältnis in erster Linie auf Basis der auszuschüttenden Ergebnisse der beteiligten Rechtsträger abgeleitet werden.

3.3 Möglichkeiten und Grenzen weiterer Verfahren zur Aufteilung von Mindest-Verbundeffekten auf die beteiligten Rechtsträger

Zur Aufteilung des Mindest-Verbundeffektes bestehen weitere Möglichkeiten, neben dem Anteilsverfahren das Halbierungs- sowie das Mittelwertverfahren anzuwenden. Bezugnehmend auf das Ziel, Mindest-Verbundeffekte ermitteln und daraufhin die Grenz-Umtauschverhältnisse ableiten zu wollen, führt die

783 Die Vermögensposition des Aktionärs der übernehmenden Aktiengesellschaft mit Sitz in Deutschland wird verbessert.

anschließende Anwendung des Mittelwertverfahrens zum falschen Ergebnis, da unterschiedliche Steuerlasten im Rahmen der Ermittlung der Grenz-Umtauschverhältnisse angenommen wurden. Um den exakten Mittelwert zu bestimmen, wären zusätzliche Annahmen zur Verteilung des Verbundeffektes innerhalb der zu verschmelzenden Unternehmen notwendig, da zwei national unterschiedliche Besteuerungssysteme das Ergebnis beeinflussen. Die Verwendung des Mittelwertverfahrens scheidet somit für Zwecke der Bestimmung eines Umtauschverhältnisses einer grenzüberschreitenden Verschmelzung aus.

Das Ergebnis des Halbierungsverfahrens entspricht, bezogen auf das Beispiel, wegen der jeweils hälftigen Aufteilung der Anteile dem Anteilsverfahren. Die Anwendung dieses Verfahrens wird in der modernen Bewertungstheorie nicht nur wegen seiner formalen Einfachheit vorgeschlagen, sondern auch gerade in den Fällen befürwortet, in denen über die Entstehung von Verbundeffekten sowie über deren verursachungsgerechte Aufteilung auf die beteiligten Rechtsträger keine Aussagen getroffen werden können.[784] Weichen die Ertragspotenziale zwischen den zu verschmelzenden Rechtsträgern umso stärker voneinander ab, könnten die Aktionäre des Partners mit dem höheren Potenzial die hälftige Zurechnung im Rahmen des Halbierungsverfahrens jedoch als unangemessen einstufen. Dagegen steigt beim ertragsschwächeren Verschmelzungspartner der Anreiz, einer Verschmelzung zuzustimmen.[785] Im betrachteten Beispielfall einer grenzüberschreitenden Verschmelzung kann bereits bei einer gleichmäßigen Anteilsverteilung die hälftige Zurechnung des Verbundeffektes seitens des österreichischen Verschmelzungspartners als unangemessen eingestuft werden. Hintergrund sind auch hier die national differierenden Besteuerungssysteme, die nach Verschmelzung eine Veränderung der jeweiligen Vermögenspositionen zugunsten des deutschen und zu Lasten der österreichischen Aktionäre verursachen. Dementsprechend können die Aktionäre der deutschen Gesellschaft selbst bei deutlich höherem Erfolgspotenzial durchaus die Halbierung des Verbundeffekts befürworten, zumal er von der günstigeren Besteuerung der österreichischen Erträge profitiert. Umgekehrt erfahren die österreichischen Aktionäre bereits bei gleichmäßiger Verteilung der Anteile finanzielle Nachteile, die sich bei steigender Beteiligungsquote noch verstärken, sodass im betrachteten Beispielfall die Verteilung des Verbundeffektes auch nach dem Halbierungsverfahren aus Sicht der österreichischen Aktionäre keine Zustimmung finden dürfte.

784 Vgl. Dirrigl, DB 1990, S. 191.
785 Vgl. Ossadnik, Synergieeffekte, 1995, S. 57–58.

4. Vorschlag zur Bestimmung eines angemessenen Umtauschverhältnisses

4.1 Ableitung eines Ziel-Umtauschverhältnisses unter Zugrundelegung einer einheitlichen Wiederanlagerendite

Zur Bestimmung eines angemessenen Umtauschverhältnisses führte im betrachteten grenzüberschreitenden Verschmelzungsfall nur die Kapitalisierung nachhaltiger Zahlungsstromgrößen vor Berücksichtigung von ergebnismindernden Unternehmenssteuern und gleichzeitig vereinfachter Annahme identischer Eigenkapitalkosten zum gewünschten Ergebnis von 1:1.[786] Dagegen konnte durch die Diskontierung der ausschüttbaren Ergebnisse mit den unternehmensindividuell angepassten Eigenkapitalkosten ein angemessenes Umtauschverhältnis nicht ohne weitere hinreichende Maßnahmen wie die Barzuzahlung oder die Berücksichtigung bzw. Aufteilung eines Mindestverbundeffekts ermittelt werden.

Unter Beachtung der Empfehlung von *Gmelin*, ein Umtauschverhältnis auf Basis zukünftiger Zahlungsstromgrößen zu bestimmen, kann unter o.g. Umständen die Ermittlung des angemessenen Umtauschverhältnisses schrittweise erfolgen. Hilfestellend bietet sich im ersten Schritt die Ableitung eines Ziel-Umtauschverhältnisses an, wobei die Jahresüberschüsse beider Unternehmen jeweils mit einer vereinheitlichten Wiederanlagerendite kapitalisiert werden. Für beide Unternehmen sind daher zunächst die Ertragswerte zu bestimmen. Im bisherigen Fall wurde vereinfachend nur die nachhaltige Phase beider Bewertungskalküle betrachtet. Nachfolgend wird dagegen die Detailplanungsphase im Rahmen der Zwei-Phasen-Methode hinzugezogen.

$$(35) \qquad EW(A)=\sum_{t=1}^{T}\frac{e_{A,t}}{(1+r_w)^t}+\frac{e_{A,T+1}}{r_w(1+r_w)^T}$$

$$(36) \qquad EW(B)=\sum_{t=1}^{T}\frac{e_{B,t}}{(1+r_w)^t}+\frac{e_{B,T+1}}{r_w(1+r_w)^T}$$

Während bei ausschließlicher Betrachtung der nachhaltigen Phase noch durch die Kürzung der Eigenkapitalkosten eine reine Gegenüberstellung der Jahresüberschüsse erreicht werden konnte, ist durch die Erweiterung der Bewertungskalküle um die Detailplanungsphase eine Kürzung nicht mehr möglich. Wenn auch die Detailplanungsphase nur einen geringen Teil des gesamten Unternehmenswertes ausmacht, ist deren Einbeziehung im Rahmen der Zwei-Phasen-Methode dennoch richtig und konsequent. Es sind nun die resultierenden Unternehmenswerte in Relation zu setzen und nicht mehr ausschließlich zwei Zahlungsstromgrößen, welche nachhaltig zu erzielen sind.

---

786 Siehe dazu die Ausführungen in Abschnitt II. 2.1. dieses Kapitels.

$$(37) \qquad U^* = \frac{b * \sum_{t=1}^{T} \frac{e_{A,t}}{(1+r_w)^t} + \frac{e_{A,T+1}}{r_w (1+r_w)^T}}{a * \sum_{t=1}^{T} \frac{e_{B,t}}{(1+r_w)} + \frac{e_{B,T+1}}{r_w (1+r_w)^T}}$$

$$\Leftrightarrow \qquad U^* = \frac{b * EW_A}{a * EW_B}$$

U^* = Ziel-Umtauschverhältnis

Die Vereinheitlichung der Wiederanlagerendite, mit der die Jahresüberschüsse der Detailplanungs- und Nachhaltigkeitsphase diskontiert werden, gewährleistet die Vergleichbarkeit der zukünftigen Ertragswerte beider Unternehmen. Jedoch muss an dieser Stelle festgehalten werden, dass die Zugrundelegung einer einheitlichen Wiederanlagerendite nur eine Hilfestellung darstellt, um einen ersten Anhaltspunkt für das Ergebnis eines angemessenen Umtauschverhältnisses zu bekommen. Wenngleich schon die Vereinheitlichung der Wiederanlagerendite bei einschränkender Betrachtung der nachhaltigen Phase nicht zu vertreten ist, rückt der Wunsch nach einer Vereinheitlichung durch die Ergänzung der Kalküle um die Detailplanungsphase in noch weitere Ferne. Anhand des folgenden Beispiels soll dargestellt werden, wie das Ziel-Umtauschverhältnis im Rahmen des Zwei-Phasen-Modells abgeleitet werden kann. Hierzu gelten folgende Annahmen:

Tabelle 36: Geplante Unternehmensgewinne der A-AG und B-AG

A-AG Deutschland (übernimmt)	**Phase I**			**Phase II**
Jahr	1	2	3	∞
Unternehmensgewinne (EBT) *in Mio.Euro*	10	11	12	13
B-AG Österreich (überträgt)	Phase I			Phase II
Jahr	1	2	3	∞
Unternehmensgewinne (EBT) *in Mio.Euro*	10	11	12	13

A-AG (Deutschland)

Tabelle 37: Angenommene Parameter der A-AG

GK_A	NW Aktien	$s^D_{ks,s}$	s^D_{gew}	s
100 *Mio. Euro*	100 *Euro*	15,825%	14%[787]	5,5%
r_f	Z	r_j^{vSt}	r_w^D	β_j^D
2,5%	6,5%	9%	12,83%	1,0

r_w^D = Wiederanlagerendite für Aktionäre der A-AG

β_j^D = Unternehmensindividueller (verschuldeter) Betafaktor der A-AG

B-AG (Österreich)

Tabelle 38: Angenommene Parameter der B-AG

GK_B	NW Aktien	$s_k^Ö$	$\beta_j^Ö$
100 *Mio. Euro*	100 *Euro*	15%	1,0
r_f	Z	r_j^{vSt}	$r_w^Ö$
2,5%	6,5%	9%	12%

$r_w^Ö$ = Wiederanlagerendite für Aktionäre der B-AG

$\beta_j^Ö$ = Unternehmensindividueller (verschuldeter) Betafaktor der B-AG

Vereinfachend wird für das Beispiel unterstellt, dass beide Aktiengesellschaften exakt die gleichen Gewinne erwirtschaften und auch die gleiche Anzahl an Stammaktien vorhanden ist. Ebenso wird davon ausgegangen, dass die Vorsteuerrendite unter Zugrundelegung des CAPM ermittelt wurde und für beide Aktiengesellschaften gleichermaßen relevant ist. Trotz der Annahme einer (teilweisen) Fremdfinanzierung beider Unternehmen sowie der Annahme unterschiedlicher Kapitalstrukturen wird ein einheitlicher Betafaktor unterstellt, um hinsichtlich der Vorsteuerrendite abweichende Ergebnisse zu vermeiden. In Abhängigkeit der jeweiligen Unternehmenssteuerbelastungen kann auf Basis der Vorsteuerrendite

787 Zur Ermittlung des Gewerbesteuersatzes wird ein Hebesatz in Höhe von 400% unterstellt. Bei einem Messzahl von 3,5 resultiert: 3,5 x 400% = 14%.

in beiden Fällen die entsprechende Wiederanlagerendite ermittelt werden. Von Hinzurechnungsregelungen in Bezug auf die Ermittlung der Gewerbesteuer sowie der Berücksichtigung der Zinsschranke wird abgesehen.

Aufgrund der dargestellten Annahmen resultiert bei einheitlicher Verwendung der Wiederanlagerendite in Höhe von 12,83%, welche für die A-AG ermittelt wurde, folgender Unternehmenswert:

$$(35)\quad EW(A)=\frac{10}{(1+0{,}1283)^1}+\frac{11}{(1+0{,}1283)^2}+\frac{12}{(1+0{,}1283)^3}+\frac{13}{(1+0{,}1283)^3*0{,}1283}$$

$$\Leftrightarrow\quad EW(A)=96.437.473{,}22$$

$$(37)\quad U^*=\frac{96.437.473{,}22}{96.437.473{,}22}$$

$$\Leftrightarrow\quad U^*=1:1$$

Der Unternehmenswert der A-AG entspricht dem Unternehmenswert der B-AG aufgrund der selbigen Annahmen bzgl. der erwarteten Unternehmensgewinne, womit ein Ziel-Umtauschverhältnis von 1:1 resultiert. Der Ansatz der Wiederanlagerendite, welche sich für die Aktionäre der A-AG ergibt, kann zur Bewertung der B-AG nicht nur vor dem Hintergrund der Argumentation befürwortet werden, dass für die Aktionäre der österreichischen B-AG die Möglichkeit besteht, eine Alternativanlage in die A-AG mit Sitz in Deutschland zu wählen. Die Empfehlung zur einheitlichen Verwendung kann darüber hinaus mit dem Argument bestärkt werden, dass nach vollzogener Verschmelzung nur noch ein Unternehmen mit Sitz in Deutschland existiert, aus dessen Sicht eine etwaige Unternehmensbewertung in Zukunft vorzunehmen ist. Maßgebend wäre dann voraussichtlich ein Aktionär mit Wohnsitz in Deutschland, aus dessen Sicht eine steuerliche Typisierung vorzunehmen ist.

4.2 Bestimmung des Umtauschverhältnisses auf Grundlage der Bewertungen der beteiligten Rechtsträger auf stand-alone-Basis

Nachdem im ersten Schritt ein Ziel-Umtauschverhältnis ermittelt wurde, können daran anschließend in einem zweiten Schritt die Unternehmenswerte separat ermittelt werden, um auf Basis des daraus resultierenden Umtauschverhältnisses die Differenz zum Ziel-Umtauschverhältnis durch eine etwaige Barzuzahlung oder durch eine zusätzliche Berücksichtigung bzw. entsprechende Aufteilung eines Mindestverbundeffekts auszugleichen. Damit soll gewährleistet werden, dass solche Vermögenspositionen erreicht werden, die der Beteiligungsquote bezogen auf das Ziel-Umtauschverhältnisses entsprechen. Wenn auch zur vorausgehenden Bestimmung des Ziel-Umtauschverhältnisses der Ansatz einer einheitlichen Wiederanlagerendite dazu beitragen mag, dem Wunsch einer auf Zukunftserfolgen basierenden Ableitung eines angemessenen Umtauschverhältnisses nachzukommen, werden jedoch insbesondere Kapitalstrukturrisiken im Zuge der Vereinheitlichung der Betafaktoren ausgeblendet. Bezugnehmend auf das Beispiel werden nun differenzierte Annahmen zur Höhe der jeweiligen (verschuldeten) Betafaktoren getroffen, womit die jeweiligen Vorsteuerrenditen sowie die Wiederanlagerenditen ihrer Höhe beeinflusst werden.

Tabelle 39: Geplante Unternehmensgewinne der A-AG und B-AG inklusive der Herleitung der Wiederanlagerenditen

A-AG Deutschland (übernimmt)	**Phase I**			**Phase II**
Jahr	1	2	3	∞
Unternehmensgewinne (EBT) *in Mio.Euro*	10	11	12	13
(verschuldetes) Beta	1,1	1,2	1,1	1,1
$r_{j,D}^{vSt}$	9,65%	10,30%	9,65%	9,65%
$r_{w,D}$	13,75%	14,68%	13,75%	13,75%
B-AG Österreich (überträgt)	Phase I			Phase II
Jahr	1	2	3	∞
Unternehmensgewinne (EBT) *in Mio.Euro*	10	11	12	13
(verschuldetes) Beta	0,9	1,0	0,9	1,0
$r_{j,D}^{vSt}$	8,35%	9%	8,35%	9%
$r_{w,Ö}$	11,13%	12%	11,13%	12%

Ausgehend von den periodenbezogenen Wiederanlagerenditen der jeweiligen Aktiengesellschaften können nun die Unternehmenswerte berechnet werden:

$$(35a)\quad EW(A)=\sum_{t=1}^{T}\frac{e_{A,t}}{\left(1+r_{w,D}\right)^{t}}+\frac{e_{A,T+1}}{r_{w,D}\left(1+r_{w,D}\right)^{T}}$$

$$(36a)\quad EW(B)=\sum_{t=1}^{T}\frac{e_{B,t}}{\left(1+r_{w,Ö}\right)^{t}}+\frac{e_{B,T+1}}{r_{w,Ö}\left(1+r_{w,Ö}\right)^{T}}$$

$$(35a)\quad EW(A)=\frac{10}{(1+0{,}1375)^{1}}+\frac{11}{(1+0{,}1468)^{2}}+\frac{12}{(1+0{,}1375)^{3}}+\frac{13}{(1+0{,}1375)^{3}*0{,}1375}$$

$$\Leftrightarrow\quad EW(A)=89.537.084{,}95\,Euro$$

$$(36a) \quad EW(B)=\frac{10}{(1+0{,}1113)^1}+\frac{11}{(1+0{,}12)^2}+\frac{12}{(1+0{,}1113)^3}+\frac{13}{(1+0{,}12)^3*0{,}12}$$

$$\Leftrightarrow \quad EW(B)=103.619.613{,}16\,Euro$$

Bei Anwendung der Zwei-Phasen-Methode resultiert nun aus der Relation beider Unternehmenswerte aufgrund der differenzierten Eigenkapitalkostensätze zwischen dem übernehmenden und dem übertragenden Unternehmen ein im Vergleich zum Ziel-Umtauschverhältnis abweichendes Ergebnis.

$$(37a) \quad U=\frac{b*\sum_{t=1}^{T}\frac{e_{A,t}}{(1+r_{w,D})^t}+\frac{e_{A,T+1}}{r_{w,D}(1+r_{w,D})^T}}{a*\sum_{t=1}^{T}\frac{e_{B,t}}{(1+r_{w,Ö})}+\frac{e_{B,T+1}}{r_{w,Ö}(1+r_{w,Ö})^T}}$$

$$\Leftrightarrow \quad U=\frac{89.537.084{,}95}{103.619.613{,}16}$$

$$\Leftrightarrow \quad U=0{,}864093991:1$$

U = Umtauschverhältnis ohne Barzuzahlung sowie ohne Zuteilung eines Mindest-Verbundeffektes

Während bei der Bestimmung des Ziel-Umtauschverhältnisses noch eine einheitliche Wiederanlagerendite zur Bewertung beider Unternehmen sowohl für die Detailplanungsphase als auch für die nachhaltige Phase angenommen wurde, sind nun auf beiden Seiten die Wiederanlagerenditen individuell bestimmt worden. Die vereinfachte Annahme im Rahmen der ausschließlichen Betrachtung der nachhaltigen Phase, dass entweder die Wiederanlagerendite des übernehmenden oder des übertragenden Unternehmens zur Bewertung beider Unternehmen maßgebend sein kann[788], scheidet bei der ergänzenden Berücksichtigung der Detailplanungsphase endgültig aus, zumal in dieser Phase kapitalstrukturbedingt eine unternehmensindividuelle Anpassung der Eigenkapitalkosten bzw. der Wiederanlagerendite im jährlichen Turnus erfolgt.

4.3 Barzuzahlung und Berücksichtigung eines Mindestverbundeffektes als Instrumente zur Einhaltung der Vermögenspositionen auf Basis des Ziel-Umtauschverhältnisses

4.3.1 Ermittlung der Barzuzahlung

Das Ziel-Umtauschverhältnis U^* stellt nach den bisherigen Ausführungen die Basis zur Bestimmung eines angemessenen Umtauschverhältnisses im Rahmen des beispielhaften Falls einer grenzüberschreitenden Verschmelzung zwischen zwei

788 Siehe dazu die Ausführungen in Abschnitt I. 3.2.4. dieses Kapitels.

Aktiengesellschaften dar. Nachdem zur Ableitung eines Umtauschverhältnisses die Unternehmenswerte der beteiligten Aktiengesellschaften auf stand-alone-Basis ermittelt wurden, können anschließend entsprechende Maßnahmen wie die Barzuzahlung oder die Verteilung eines Mindest-Verbundeffektes vorgenommen werden, um die Lücke zum Ziel-Umtauschverhältnis zu schließen. Bei den auf stand-alone-Basis ermittelten Unternehmenswerten handelt es sich insofern um isolierte Werte, da der Einbezug von Verbundeffekten, die erst durch das Wirksamwerden der grenzüberschreitenden Verschmelzung erzielt werden können, sowohl in der Literatur als auch in der Rechtsprechung abgelehnt wird.[789]

Es wurde bereits gezeigt, dass selbst bei Vernachlässigung von Verbundeffekten entsprechende Vereinbarungen von Barzuzahlungen aufgrund nationaler Besteuerungsunterschiede trotzdem dazu beitragen können, das gewünschte Ziel-Umtauschverhältnis zu erreichen. In einem dritten Schritt soll nun die Barzuzahlung ermittelt werden, damit im Ergebnis die Vermögenspositionen der Aktionäre eingehalten werden können, die im Rahmen der jeweiligen Unternehmensbewertung auf stand-alone-Basis bestimmt werden konnten.

Demnach resultierten folgende Unternehmenswerte:

$$(35a) \quad EW(A) = 89.537.084{,}95 Euro$$

$$(36a) \quad EW(B) = 103.619.613{,}16 Euro$$

Durch die Anlage der beiden Unternehmenswerte zu den Konditionen, welche im Rahmen der vorhergehenden Bestimmung des Ziel-Umtauschverhältnisses verwendet wurden, können die jährlich zu erwartenden (konstanten) Unternehmensgewinne vor Abzug von Unternehmenssteuern berechnet werden:

$$(38) \quad e_A = EW(A) * r_w^D$$
$$\Leftrightarrow \quad e_A = 89.537.084{,}95 * 12{,}83\%$$
$$\Leftrightarrow \quad e_A = 11.483.202{,}87 Euro$$

$$(39) \quad e_B = EW(B) * r_w^{Ö}$$
$$\Leftrightarrow \quad e_B = 103.619.613{,}16 * 12{,}00\%$$
$$\Leftrightarrow \quad e_B = 12.434.353{,}56 Euro$$

Die Unternehmensgewinne (*EBT's*) können anschließend noch um die Unternehmenssteuern bereinigt werden, um die Jahresüberschüsse zu erhalten, welche den Aktionären vor dem Verschmelzungsvorgang zustehen:

789 Vgl. Castedello, in: WP-Handbuch, Band II, 2014, Die Unternehmensbewertung, Tz. 484; Emmerich, in: Emmerich/Habersack, Konzernrecht, § 305 Rz. 70ff.; Fleischer, ZGR 1997, S. 368ff.; BGH, Beschluss vom 04.03.1998, - II ZB 5–97 -, DStR, S. 899; OLG Frankfurt, Urteil vom 02.05.2011, - 21 W 3/11, AG 2011, S. 828ff.; OLG Stuttgart, Urteil vom 04.02.2000, - 4 W 15/98 -, NZG 2000, S. 744,; ff.

Tabelle 40: Ermittlung der Jahresüberschüsse der A-AG und B-AG

	A-AG	B-AG
EBT	11.483.202,87	12.434.353,56
Unternehmenssteuern	3.424.865.26	3.108.588,39
Jahresüberschuss	**8.058.337,61**	**9.325.765,17**

Mit Hilfe von Formel (21b) kann nun die (Netto-)Barzuzahlung ermittelt werden:

$$(21b) \quad Z = \frac{\left(e_A\left(1 - s_{gew}^D - s_{ks,s}^D\right) + e_B\left(1 - s_{ks}^Ö\right)\right)(u' - u)}{(u * a + b) i * u'}$$

$$\Leftrightarrow \quad Z = \frac{(8.058.337{,}61 Mio._A + 9.325.765{,}17 Mio._B)(1 - 0{,}864093991)}{(0{,}864093991 * 1 Mio. + 1 Mio.) 0{,}09 * 1}$$

$$\Leftrightarrow \quad Z = 14.082.528{,}05 Euro$$

Als Rendite der Alternativanlage wurde die Vorsteuerrendite in Höhe von 9% für beide Aktionärsgruppen unterstellt. Wird diese Zuzahlung zu genau dieser Rendite angelegt, resultiert ein jährlicher, zusätzlicher, Zahlungsstrom in Höhe von 1.267.427,53 Euro für die Aktionäre der übertragenden B-AG. Unter Berücksichtigung dieses Zahlungsstroms kann wiederum der erforderliche Mindestgewinn vor Unternehmenssteuern gem. Formel (27) ermittelt werden:

$$(26) \quad MG_{vUSt} = \frac{e_A\left(1 - s_{gew}^D - s_{ks,s}^D\right) + e_B\left(1 - s_{ks}^Ö\right) - Z_{netto,jährlich}}{\frac{e_A}{e_A + e_B}\left(1 - s_{gew}^D - s_{ks,s}^D\right) + \frac{e_B}{e_A + e_B}\left(1 - s_{ks}^Ö\right)}$$

$$\Leftrightarrow \quad MG_{vUSt} = \frac{8.058.337{,}61 Mio._A + 9.325.765{,}17 Mio_B - 1.267.427{,}53 Mio.}{0{,}336921442 + 0{,}389912957}$$

$$\Leftrightarrow \quad MG_{vUSt} = 22.173.792{,}66 Euro$$

Weiterhin ist der jährlich erforderliche Zahlungsstrom der Barzuzahlung auf Bruttobasis zu bestimmen, damit nach entsprechender Minderung der Unternehmensgewinne der bereits ermittelte Mindestgewinn vor Abzug von Unternehmenssteuern erreicht werden kann.

$$(28) \quad Z_{brutto,jährlich} = \frac{Z_{netto,jährlich}}{\frac{e_A}{e_A + e_B}\left(1 - s_{gew}^D - s_{ks,s}^D\right) + \frac{e_B}{e_A + e_B}\left(1 - s_{ks}^Ö\right)}$$

$$\Leftrightarrow \quad Z_{brutto,jährlich} = \frac{1.267.427{,}53}{0{,}336921442 + 0{,}389912957}$$

$$\leftrightarrow \quad Z_{brutto,jährlich} = 1.743.763{,}77 Euro$$

Die (Brutto-)Barzuzahlung beläuft sich bei Kapitalisierung der jährlichen Zahlungsströme (1.743.763,77 Euro) zur einheitlichen Wiederanlagerendite in Höhe von 12,83%, welche annahmegemäß neben den Aktionären der A-AG auch den Aktionären des österreichischen Unternehmens zur Verfügung steht, auf 13.596.513,68 Euro.

Tabelle 41: Vermögenspositionen der Aktionäre nach Verschmelzung unter Berücksichtigung der Barzuzahlung (II)

	Vermögenspositionen der Aktionäre	**A-AG Deutschland**	**B-AG Österreich**
	Ergebnis vor Steuern	11.483.202,87 €	12.434.353,56 €
-	Ergebnis aus Barzuzahlung	837.208,98 €	906.554,79 €
=	Vermindertes Ergebnis vor Steuern	10.645.993,89 €	11.527.798,77 €
-	GewSt 14%	1.490.439,14 €	n/v
-	KSt / öKSt 15% / 25%	1.596.899,08 €	2.881.949,69 €
-	SolZ 5,5%	87.829,45 €	n/v
=	Vermindertes Ergebnis nach Steuern	7.470.826,21 €	8.645.849,08 €
	Ausschüttbares Ergebnis (Stammhaus)	**16.116.675,29 €**	
		Aufteilung zu je 50%	
=	Nettozufluss vor persönlichen Steuern	8.058.337,64 €	8.058.337,64 €
+	(Netto-)Barzuzahlung	-	1.267.427,53 €
=	**Vermögensposition nach Verschmelzung**	**8.058.337,64 €**	**9.325.765,17 €**

Die Zahlungsströme aus der (Brutto)-Barzuzahlung verteilen sich im Verhältnis der Gewinnanteile der A-AG und B-AG am Gesamtgewinn.[790] Wie in der Tabelle verdeutlicht wird, können die Vermögenspositionen nach dem Verschmelzungsvorgang eingehalten werden.

790 Für die A-AG ergibt sich demnach eine Ergebnisminderung in Höhe von 837.208,98 Euro, was gemessen am Gewinnanteil der A-AG einer Quote von 48,01% entspricht. Entsprechend entfällt der übrige Teil des Zahlungsstroms auf die B-AG mit 906.554,79 Euro.

4.3.2 Ermittlung des Mindest-Verbundeffektes

Anstelle von ausgleichenden Barzuzahlungen können auch erforderliche Mindest-Verbundeffekte in Frage kommen, um das Ziel-Umtauschverhältnis zu erreichen. Wenn auch im Rahmen der Unternehmensbewertungen auf stand-alone-Basis nur unechte Synergieeffekte berücksichtigt werden dürfen, steht zumindest die Ermittlung von Mindest-Verbundeffekten als echte Synergieeffekte im Einklang mit dem Ziel, den Aktionären zur Entscheidungsunterstützung eine Informationsgrundlage zu liefern, die Aufschluss darüber gibt, welche Vermögenspositionen aus ihrer entsprechenden Berücksichtigung resultieren bzw. ob die Vermögenspositionen eingehalten werden können. Immerhin stellen gerade Verbundeffekte ein zentrales Motiv zur Verschmelzung zweier Unternehmen dar.

Bezogen auf das Beispiel kann alternativ zur Barzuzahlungsbemessung ein Mindest-Verbundeffekt ermittelt werden, um die Vermögenspositionen der Aktionäre der übertragenden B-AG beizubehalten. Ausgangspunkt zur Ermittlung stellt auch hier zunächst die Bestimmung eines Mindestgewinns vor persönlichen Steuern aus Sicht der Aktionäre der B-AG dar, der unter Berücksichtigung des Ziel-Umtauschverhältnisses von 1:1 resultieren muss.

$$(31a) \qquad MG_{nUSt} = e_{B_{nUSt}} * \frac{e'_A + e'_B}{e'_B}$$

$$\Leftrightarrow \qquad MG_{nUSt} = 9.325.765,17 * 2$$

$$\Leftrightarrow \qquad MG_{nUSt} = 18.651.530,34 \, Euro$$

e'_A = jährlicher Zahlungsstrom der A-AG gem. Ziel-Umtauschverhältnis

e'_B = jährlicher Zahlungsstrom der B-AG gem. Ziel-Umtauschverhältnis

Nachdem der erforderliche Mindestgewinn vor persönlichen Steuern ermittelt wurde, kann anschließend darauf basierend die Vorsteuergröße ermittelt werden:

$$(33) \qquad \frac{MG_{nUSt}}{\frac{e_A}{e_A + e_B} * \left(1 - s^D_{gew} - s^D_{ks,s}\right) + \frac{e_A}{e_A + e_B} * \left(1 - s^{Ö}_{ks}\right)} = MG_{vUSt}$$

$$\Leftrightarrow \qquad MG_{vUSt} = \frac{18.651.530,34}{0,336921442 + 0,389912957}$$

$$\Leftrightarrow \qquad MG_{vUSt} = 25.661.320,33 \, Euro$$

Werden nun von dem Mindestgewinn vor Unternehmenssteuern die Unternehmensgewinne beider Unternehmen abgezogen, welche ohne Verbundeffekte erwirtschaftet werden, resultiert ein zu berücksichtigender Zahlungsstrom, der auch im Rahmen der Barzuzahlungsbemessung ermittelt werden konnte.

$$(40) \qquad V_{brutto,jährlich} = MG_{vUSt} - \left(e_A + e_B\right)$$

$$\Leftrightarrow \qquad V_{brutto,jährlich} = 1.743.763,77 \, Euro$$

Der Zahlungsstrom aus dem Mindest-Verbundeffekt entspricht im Ergebnis dem Zahlungsstrom aus der Barzuzahlung.

Tabelle 42: Vermögenspositionen der Aktionäre nach Verschmelzung unter Berücksichtigung des Mindest-Verbundeffektes (II)

	Vermögenspositionen der Aktionäre	**A-AG Deutschland**	**B-AG Österreich**
	Ergebnis vor Steuern	11.483.202,87 €	12.434.353,56 €
+	Ergebnis aus Verbundeffekt	837.208,98 €	906.554,79 €
=	Korrigiertes Ergebnis vor Steuern	12.320.411,85 €	13.340.908,35 €
-	GewSt 14%	1.724.857,66 €	n/v
-	KSt / öKSt 15% / 25%	1.848.061,78 €	3.335.227,09 €
-	SolZ 5,5%	101.643,40 €	n/v
=	Ergebnis nach Steuern	8.645.849,02 €	10.005.681,26 €
	Ausschüttbares Ergebnis (Stammhaus)	**18.651.530,28 €**	
		Aufteilung zu je 50%	
=	Nettozufluss vor persönlichen Steuern	9.325.765,14 €	9.325.765,14 €
=	**Vermögensposition nach Verschmelzung**	**9.325.765,14 €**	**9.325.765,14 €**

Die Zahlungsströme aus dem Mindest-Verbundeffekt verteilen sich im Verhältnis der Gewinnanteile der A-AG und B-AG am Gesamtgewinn.[791] Damit können die Vermögenspositionen nach dem Verschmelzungsvorgang für die Aktionäre der B-AG eingehalten werden, wobei die Vermögenspositionen der Aktionäre der A-AG verbessert werden. Um den Vermögensvorteil beiden Parteien vor dem Hintergrund des zu unterstellenden Ziel-Umtauschverhältnisses von 1:1 gleichermaßen zukommen zu lassen, bietet sich die Barzuzahlung an die Aktionäre der B-AG in Höhe des Mindest-Verbundeffektes an.

791 Für die A-AG ergibt sich demnach eine Ergebnismehrung in Höhe von 837.208,98 Euro, was gemessen am Gewinnanteil der A-AG einer Quote von 48,01% entspricht. Entsprechend entfällt der übrige Teil des Zahlungsstroms auf die B-AG mit 906.554,79 Euro.

E. Zusammenfassung

In der vorliegenden Arbeit wurde aufgezeigt, unter welchen Voraussetzungen ein Umtauschverhältnis im Rahmen einer grenzüberschreitenden Verschmelzung von Kapitalgesellschaften zwischen Deutschland und Österreich bestimmt werden kann. Im Mittelpunkt stand dabei die Verschmelzung durch Aufnahme in Form der Hereinverschmelzung einer Kapitalgesellschaft mit Unternehmenssitz in Österreich auf eine Kapitalgesellschaft mit Unternehmenssitz in Deutschland. Hierzu wurden nicht nur die rechtlichen Grundlagen aufgezeigt, welche es hinsichtlich der Verfahrensweise bei einer grenzüberschreitenden Verschmelzung zwischen Deutschland und Österreich zu beachten gilt, sondern es wurden auch die Bedingungen zur Bestimmung eines objektivierten Unternehmenswertes vor dem Hintergrund der Grundsätze zur Durchführung von Unternehmensbewertungen im Sinne der Fachgutachten IDW S 1 i.d.F. 2008 sowie KFS BW 1 i.d.F. 2006 herausgearbeitet. Die auf stand-alone-Basis ermittelten (objektivierten) Unternehmenswerte der deutschen und österreichischen Kapitalgesellschaft stellen die Basis für das anschließend herzuleitende Umtauschverhältnis dar, dem sich die Ausführungen des dritten Teils der Arbeit widmen.

Vor den Ausführungen zum Vergleich der Grundsätze zur Durchführung von Unternehmensbewertungen zwischen Deutschland und Österreich wurden zunächst die gesetzlichen Grundlagen, die bei Verschmelzung auf nationaler Ebene sowie bei grenzüberschreitenden Verschmelzungstatbeständen Anwendung finden, dargelegt. Es wurde festgestellt, dass sich grenzüberschreitende Verschmelzungen in der Verfahrensweise nicht erheblich von nationalen Verschmelzungen unterscheiden. Die Richtlinie über die Verschmelzung von Kapitalgesellschaften aus verschiedenen Mitgliedstaaten (IntVRL) wurde weitgehend übereinstimmend in deutsches und österreichisches Recht umgesetzt, wodurch das Verfahren zur grenzüberschreitenden Verschmelzung ermöglicht wird, ohne zusätzliche rechtskulturelle Barrieren überwinden zu müssen. Hervorzuheben ist die Umsetzung der Vorschrift des Art. 10 Abs. 3 Satz 1 IntVRL durch die österreichische Rechtsordnung, nach der ein Verfahren zur Kontrolle und Überprüfung des Umtauschverhältnisses vorgesehen ist. Im Hinblick auf Barzuzahlungen gibt die österreichische Rechtsordnung damit das Erfordernis eines Kontroll- und Überprüfungsverfahrens nach deutscher Rechtsordnung vor und ermöglicht den Anteilseignern des österreichischen Unternehmens im betrachteten Fall der Hereinverschmelzung nach Deutschland die Einleitung eines Spruchverfahrens. Die Vorschrift des Art. 10 Abs. 1 IntVRL wurde dagegen durch den österreichischen Gesetzgeber nicht richtlinienkonform umgesetzt, da die österreichische Rechtsordnung für den Fall eines Barabfindungsangebots durch das in Deutschland ansässige übernehmende Unternehmen kein Verfahren zur Abfindung von Minderheitsgesellschaftern in der deutschen Rechtsordnung vorsieht, wodurch die Einleitung eines Spruchverfahrens durch die österreichischen Anteilseigner ermöglicht werden könnte.

Die Bestimmung eines angemessenen Umtauschverhältnisses erfordert im Vorfeld die Bewertungen der zu verschmelzenden Unternehmen. Maßgeblich sind die Ermittlungen objektivierter Unternehmenswerte, da der grenzüberschreitenden Verschmelzung ein auf gesetzlichen Vorschriften basierender Bewertungsanlass zugrunde liegt. Von zentraler Bedeutung ist in diesem Zusammenhang die Vergleichbarkeit der Unternehmenswertergebnisse im Hinblick auf die Bestimmung des angemessenen Umtauschverhältnisses, welches schließlich aus der Relation der ermittelten Unternehmenswerte resultiert. Als Voraussetzung gilt dazu die Anwendung einheitlicher Risikomaßstäbe im Zähler und Nenner der jeweiligen Bewertungskalküle, um die Vergleichbarkeit zu gewährleisten. Vor dem Hintergrund dieser Voraussetzung wurden im zweiten Teil der Arbeit die Grundsätze zur Durchführung von Unternehmensbewertungen der beiden Fachgutachten IDW S 1 i.d.F. 2008 sowie KFS BW 1 i.d.F. 2006 verglichen. Im Ergebnis gehen beide Standards bzgl. der Grundsätze inhaltlich weitgehend konform, wobei der Standard S 1 in Teilbereichen ausführlicher ist und insoweit als Interpretationsgrundlage von Regelungen in KFS BW 1 zu Rate gezogen werden kann. Das Hauptaugenmerk lag im Rahmen des Vergleichs auf den Typisierungen der steuerlichen Verhältnisse, die sowohl zur Bestimmung des objektivierten Unternehmenswerts der Kapitalgesellschaft mit Unternehmenssitz in Deutschland als auch zur Bestimmung des objektivierten Unternehmenswerts der in Österreich ansässigen Kapitalgesellschaft vorzunehmen sind. Idealerweise sieht auch die österreichische Unternehmensbewertungspraxis die Bestimmung der Eigenkapitalkosten mittels CAPM-Methode vor. Zur Ermittlung des Basiszinssatzes wird die Verwendung von veröffentlichten Zinsstrukturdaten der Deutschen Bundesbank oder EZB zur Herleitung einer Zinsstrukturkurve empfohlen. Der Ansatz des Risikozuschlags erfolgt wie aus Sicht eines Anteilseigners mit Wohnsitz in Deutschland bezugnehmend auf die veröffentlichten Studien von *Stehle*. Bei vereinfachter Unterstellung eines einheitlichen Betafaktors, der für beide Unternehmen gilt, basieren die auf Grundlage der CAPM-Methode abgeleiteten Eigenkapitalkosten bei mittelbarer Typisierung auf identischem Niveau, was einer geforderten Vergleichbarkeit entgegenkommt. Hinzu treten die Änderungen in der Besteuerung von Zinsen, Dividenden und Kursgewinnen, die – sieht man von dem aus Sicht des Anteilseigners der Kapitalgesellschaft mit Unternehmenssitz in Deutschland zu berücksichtigenden Solidaritätszuschlag ab – spätestens ab Bewertungsstichtagen zum 01.04.2012 einheitlich in Form der Abgeltungsteuer bzw. österreichischen Kapitalertragsteuer in Höhe von 25% im Zähler und Nenner der Bewertungskalküle zu berücksichtigen sind. Damit bewegen sich die Eigenkapitalkosten auch bei unmittelbarer Typisierung auf einem vergleichbaren Niveau.

Die Vereinheitlichung der unternehmensindividuell zu bestimmenden Betafaktoren kann aber aus verschiedenen Gründen, welche dargelegt wurden, nicht gelingen.[792] Darunter fiel bspw. das Argument, dass der Betafaktor die Vergangenheit

792 Siehe dazu Kapitel C. III. 2.4.2.2.

repräsentiert und die Unternehmensbewertung im Fokus zukünftiger Planungen steht. Vor diesem Hintergrund ist zu prüfen, ob das gegenwärtige Geschäftsmodell des jeweiligen Unternehmens auch in Zukunft keinen wesentlichen Veränderungen unterliegt. Im Zuge der beabsichtigten grenzüberschreitenden Verschmelzung ist unter Berücksichtigung des jeweiligen Geschäftsmodells die Bewertung der beteiligten Rechtsträger auf stand-alone-Basis erforderlich, sodass die jeweiligen Bilanz- und GuV-Planungen unabhängig voneinander vorgenommen werden. Dabei kann mit hoher Wahrscheinlichkeit davon ausgegangen werden, dass die Ergebnisse der Planungen nicht deckungsgleich sind, zumal sie auf unternehmensindividuellen Einschätzungen beruhen[793], welche wiederum durch unterschiedliche Marktrisiken beeinflusst werden, sofern die beteiligten Unternehmen auf unterschiedlichen Märkten auftreten. Weiterhin wird davon auszugehen sein, dass sich die Kapitalstrukturen nicht auf einheitlichem Niveau bewegen. Darüber hinaus ist der Unternehmenssteuerspareffekt durch den Einfluss der Fremdfinanzierung zu nennen. Wie festgestellt wurde, kann aufgrund des unterschiedlichen Steuerregimes zwischen Deutschland und Österreich kein einheitlicher Steuerspareffekt durch den Einfluss der Fremdfinanzierung erreicht werden.[794]

Dennoch konnten in einem folgenden Beispiel zur Unternehmensbewertung einer deutschen sowie österreichischen Kapitalgesellschaft trotz der Annahme identischer Eigenkapitalkosten nach persönlichen Steuern keine einheitlichen Unternehmenswerte ermittelt werden. Der nach KFS BW 1 i.d.F. 2006 resultierende Unternehmenswert übersteigt den Unternehmenswert der deutschen Kapitalgesellschaft deutlich, was allein aufgrund der in den beiden Ländern differierenden Ertragsteuerbelastung auf Unternehmensebene zurückführen ist. Die höhere Steuerbelastung der deutschen Kapitalgesellschaft führt durchgängig zu niedrigeren ausschüttbaren Ergebnissen, woraus ein geringerer Unternehmenswert folgt.

Im Mittelpunkt des dritten Teils stand nun die Ermittlung des Umtauschverhältnisses im Rahmen der grenzüberschreitenden Verschmelzung zweier Aktiengesellschaften zwischen Deutschland und Österreich. Konkret wurde der Fall einer Hereinverschmelzung einer Aktiengesellschaft mit Unternehmenssitz in Österreich auf eine deutsche Kapitalgesellschaft betrachtet. Hierzu wurden zunächst die Rahmenbedingungen erörtert, wonach die Bewertung der übernehmenden deutschen Aktiengesellschaft aus Sicht eines in Deutschland ansässigen, unbeschränkt steuerpflichtigen Anteilseigners und die Bewertung der übertragenden österreichischen Aktiengesellschaft aus Sicht eines in Österreich ansässigen, unbeschränkt steuerpflichtigen Anteilseigners zu erfolgen hat.

Vor dem Hintergrund der einzuhaltenden Vermögenspositionen der Aktionäre nach vollzogener Verschmelzung wurden weiterhin die steuerlichen Rahmenbedingungen untersucht. Es konnte festgehalten werden, dass sich die finanziellen Vermögenspositionen der Aktionäre nach der grenzüberschreitenden Verschmelzung

793 Siehe dazu Kapitel C. III. 2.4.2.2.1.
794 Siehe dazu Kapitel C. III. 2.4.2.2.2.

nicht anders darstellen als vor der Verschmelzung. Deutschland ist demzufolge nach der Verschmelzung lediglich zu einer Quellenbesteuerung berechtigt, welche jedoch auf die österreichische Einkommensteuer angerechnet werden kann. Damit treten keine Unterschiede zum Inlandsfall auf, sodass vereinfachend die mittelbare Typisierung der steuerlichen Verhältnisse vertreten werden kann. Diese Vereinfachung steht auch im Einklang mit den Empfehlungen des IDW S 1 i.d.F. 2008 sowie KFS BW 1 i.d.F. 2006.

Eine weitere zu erörternde Überlegung stellte die vereinfachte Relation zukünftiger Zahlungsstromgrößen zur Bestimmung des Umtauschverhältnisses dar. Zunächst wurden dazu die notwendigen Voraussetzungen und Grenzen dargelegt, die im Wesentlichen in einem vereinfachenden Abstellen auf eine einheitliche Kapitalkostengröße münden. Zwar kommt ein vereinfachendes Abstellen auf einheitliche Kapitalkosten einer Vergleichbarkeit zukünftiger Erfolgsströme deutlich entgegen, wenngleich es sich dabei jedoch nur um eine Näherungslösung zur Bestimmung eines angemessenen Umtauschverhältnisses handeln kann, zumal mit der Vereinheitlichung von Kapitalkosten auch die Annahme eines identischen Risikoniveaus für beide beteiligten Unternehmen einhergeht, was als äußerst unwahrscheinlich eingestuft werden kann. In der Folge wird bei dieser Vorgehensweise das Umtauschverhältnis verfälscht. In diesem Kontext wurden verschiedene Zahlungsstromgrößen, beginnend mit der Ertragsgröße *EBITDA* bis hin zum Jahresüberschuss vor Unternehmenssteuern *(EBT)*, hinsichtlich ihrer Eignung zur Ermittlung eines angemessenen Umtauschverhältnisses beurteilt. Die Verwendung des Jahresüberschusses vor Unternehmenssteuern *(EBT)* stellt sich gegenüber dem *EBITDA* als die vorteilhaftere Variante heraus, da der Jahresüberschuss bereits Aufschluss über die Höhe der Abschreibungen sowie über die Fremdfinanzierung gibt und nur noch das aus Sicht der Aktionäre Herausholbare darstellt, wenn auch bei entsprechender Relation der jeweils kapitalisierten *EBT* das Ergebnis eines angemessenen Umtauschverhältnisses nicht exakt erreicht werden kann, da im Regelfall die zukünftigen Erträge beider Aktiengesellschaften mit unterschiedlich hohen Risiken behaftet sind. Vergleichsweise zu *EBITDA* ist aber durch die Relation von *EBT* eine Minimierung der Abweichung vom angemessenen Umtauschverhältnis zu erwarten, da nur noch Zahlungsströme mit Eigenkapitalkosten zu diskontieren sind, womit die Ertragswertmethode den Vorzug gegenüber den DCF-Verfahren genießt.

Nach den Ausführungen zu den Rahmenbedingungen wurde nun für den betrachteten Fall der grenzüberschreitenden Verschmelzung in einem ersten Schritt das Umtauschverhältnis (Ziel-Umtauschverhältnis) beispielhaft auf Grundlage der Relation kapitalisierter Jahresüberschüsse vor Unternehmenssteuern bestimmt. Vereinfachend wurden für das Fallbeispiel die Annahmen getroffen, dass beide zu verschmelzende Aktiengesellschaften mit Unternehmenssitz in Deutschland und in Österreich zukünftig exakt die gleichen Unternehmensgewinne erwirtschaften und die Höhe des Grundkapitals beider Unternehmen übereinstimmt. Unter Zugrundelegung der einheitlichen Wiederanlagerendite aus Sicht der Aktionäre der deutschen Kapitalgesellschaft konnte durch die Relation der zukünftigen Unternehmensgewinne beider Unternehmen das Ziel-Umtauschverhältnis in Höhe von 1:1

ermittelt werden. Dieses Ziel-Umtauschverhältnis war maßgebend, da annahmegemäß davon ausgegangen wurde, dass nach der Verschmelzung die übernehmende Aktiengesellschaft weiterhin in Deutschland ansässig ist und die (ehemalige) Aktiengesellschaft in Österreich als Betriebsstätte fortgeführt wird und der zukünftige Unternehmensgewinn der Aktiengesellschaft je zur Hälfte durch das Stammhaus in Deutschland sowie durch die Betriebsstätte in Österreich erwirtschaftet werden. Daraus ergab sich die Konsequenz, dass die Betriebsstätte in Österreich gem. § 1 Abs. 5 Satz 2 AStG zur Anwendung des Fremdvergleichsgrundsatzes wie ein eigenständiges Unternehmen zu behandeln ist.[795]

Aufgrund der differierenden Unternehmenssteuerbelastungen zwischen der deutschen und österreichischen Aktiengesellschaft resultierte im zweiten Schritt nach anschließender Relation der objektivierten Unternehmenswerte auf stand-alone-Basis ein – im Vergleich zum Umtauschverhältnis auf Basis der Relation kapitalisierter Jahresüberschüsse vor Unternehmenssteuern (Ziel-Umtausch-verhältnis) – abweichendes Umtauschverhältnis. Um das im Beispiel eingangs ermittelte Ziel-Umtauschverhältnis von 1:1 zu erreichen und zugleich die Vermögenspositionen der Aktionäre der übertragenden österreichischen Aktiengesellschaft nicht schlechter zu stellen, bot sich zum Ausgleich der Vermögensinteressen eine Barzuzahlung an. Wegen der Annahme, dass die gesamten Unternehmenserträge je zur Hälfte durch das Stammhaus und durch die Betriebsstätte erwirtschaftet werden, wurde die Barzuzahlung folglich auf beiden Seiten je zur Hälfte ergebnismindernd berücksichtigt. Mit der ermittelten Barzuzahlung konnten die Vermögensinteressen der Aktionäre ausgeglichen werden und somit eine Einigungssituation ohne die Einbeziehung von Verbundeffekten herbeigeführt werden. Vernachlässigungen von Verbundeffekten führten in diesem Fall nicht zu Verschlechterungen von Vermögenspositionen, welche noch vor der Verschmelzung galten. Ursächlich dafür sind die jeweils unterschiedlichen nationalen Steuerbelastungen der beteiligten Länder.

Als Alternative zur Barzuzahlung konnte ein Mindest-Verbundeffekt bestimmt werden, der vorliegen muss, um nach anteiliger Verteilung die Vermögensinteressen der Aktionäre der übertragenden Aktiengesellschaft ausgleichen zu können. Dabei wurde fiktiv unterstellt, dass die zusätzlichen jährlichen Gewinne aus dem Verbundeffekt durch beide Unternehmen gleichermaßen im Verhältnis der Anteile erwirtschaftet werden. Die Zuteilung des Verbundeffektes erfolgte im Beispielfall nach dem Anteilsverfahren. Auf Basis des maßgebenden Ziel-Umtauschverhältnisses von 1:1 konnte eine jeweils hälftige Zuteilung des Verbundeffekts zum Zukunftserfolg des Stammhauses sowie zum Zukunftserfolg der Betriebsstätte

795 Weiterhin hat auf Grundlage der Funktions- und Risikoanalyse der Geschäftstätigkeit der Betriebsstätte die Zuordnung von Vermögenswerten des Unternehmens, welche die Betriebsstätte zur Ausübung der ihr zugeordneten Funktionen benötigt, die Zuordnung von Chancen und Risiken des Unternehmens, die sie auf Grund der ausgeübten Funktionen und zugeordneten Vermögenswerte übernimmt, sowie die Zuordnung eines angemessenen Eigenkapitals (Dotationskapital) zu erfolgen, vgl. § 1 Abs. 5 Satz 3 Nr. 1–4 AStG.

vorgenommen werden. Hintergrund dafür war die Annahme, dass die an der Verschmelzung beteiligten Unternehmen zukünftig im Rahmen des Unternehmensverbundes jeweils gleichwertig zur Erzielung des gemeinsamen Verbundeffektes beitragen.[796] Dadurch wurden die Vermögenspositionen der Aktionäre des übernehmenden Unternehmens bevorzugt. Durch einen folgenden Spitzenausgleich in Form einer Barzuzahlung konnte jedoch gewährleistet werden, dass dieser Vorteil wiederum beiden Parteien zugute kommt.

Insgesamt betrachtet stellt die schrittweise Ermittlung eines angemessenen Umtauschverhältnisses, ausgehend von einer vereinfachten Berechnung eines Ziel-Umtauschverhältnisses und einer anschließenden Ermittlung der jeweiligen Unternehmenswerte auf stand-alone-Basis zur Eingrenzung des Einigungsbereiches einen plausiblen Ansatz dar. Für die Ermittlung des Ziel-Umtauschverhältnisses bietet sich zunächst hilfestellend die Kapitalisierung der Jahresüberschüsse beider Unternehmen mit der einheitlichen Wiederanlagerendite des übernehmenden Unternehmens an, um die Vergleichbarkeit der zukünftigen Ertragswerte beider Unternehmen zu gewährleisten. Die Verwendung der einheitlichen Wiederanlagerendite des übernehmenden Unternehmens kann aus zweierlei Gründen befürwortet werden. Zum einen ist davon auszugehen, dass für die Aktionäre des österreichischen Unternehmens die Möglichkeit besteht, eine Alternativanlage in die übernehmende Aktiengesellschaft mit Geschäftssitz in Deutschland zu wählen. Zum anderen existiert nach vollzogener Verschmelzung nur noch ein Unternehmen mit Geschäftssitz in Deutschland, aus dessen Sicht eine etwaige Unternehmensbewertung in Zukunft vorzunehmen ist, wofür dann die Sichtweise eines Aktionärs mit Wohnsitz in Deutschland zu unterstellen ist. Zur Erreichung des Ziel-Umtauschverhältnisses stellen ausgehend von den im zweiten Schritt ermittelten objektivierten Unternehmenswerten auf stand-alone-Basis sowohl die Verteilung eines Mindest-Verbundeffektes als auch die Barzuzahlung an die Aktionäre des übertragenden Unternehmens zwei zielführende Varianten dar.

Abschließend bleibt festzuhalten, dass das IDW in seinem aktuellen Standard S 1 i.d.F. 2008 die Empfehlung zur mittelbaren Typisierung im Rahmen internationaler Transaktionen aus Vereinfachungsgründen zurecht verankert hat. Dies steht auch im Einklang mit dem österreichischen Fachgutachten KFS BW 1 i.d.F. 2006. Die Vermögenspositionen von Anteilseignern vor der Verschmelzung können bezugnehmend auf den betrachteten Fall der grenzüberschreitenden Verschmelzung von Kapitalgesellschaften zwischen Deutschland und Österreich nach vollzogener Verschmelzung aufgrund der Regelungen des DBA beibehalten werden, was die

796 Mit der Zuteilung des Verbundeffektes waren darüber hinaus Anpassungen hinsichtlich der Zuordnung von Vermögenswerten und der sich daraus ergebenden Chancen und Risiken vor dem Hintergrund der ausgeübten Funktionen der Betriebsstätte notwendig, ebenso in diesem Zusammenhang auch die Anpassung des Dotationskapitals, vgl. § 1 Abs. 5 Satz 3 Nr. 1–4 AStG; Zur Anpassung des Dotationskapitals, vgl. § 13 Abs. 5 BsGaV, Entwurf des BMF vom 05.08.2013.

Vernachlässigung der persönlichen Steuern bzw. eine mittelbare Typisierung befürwortet. Das Umtauschverhältnis lässt sich sowohl auf Vorsteuer- als auch auf Nachsteuerbasis bestimmen, wenn auch die Unternehmenswerte auf Vorsteuerbasis von den Ergebnissen nach persönlichen Steuern abweichen. Die Empfehlungen zur Ableitung von Eigenkapitalkosten gem. CAPM-Methode und der damit verbundenen Orientierung an Zinsstrukturdaten der Deutschen Bundesbank zur Herleitung eines Basiszinssatzes, sowie die Orientierung an den Studien von *Stehle* hinsichtlich des Ansatzes eines Risikozuschlags, werden auch von der österreichischen Unternehmensbewertungspraxis geteilt, womit die Qualität einer Vergleichbarkeit von Unternehmenswerten deutlich erhöht wird. Zuletzt verbleibt ein auf Seiten des in Deutschland ansässigen Anteilseigners zu berücksichtigender Solidaritätszuschlag, sofern der Unternehmenswert auf Basis nach persönlichen Steuern ermittelt werden sollte. Gegebenenfalls können noch gesetzliche Änderungen in Bezug auf die Unternehmensbesteuerung zwischen Deutschland und Österreich zu einer Angleichung führen, was ebenfalls einen Beitrag zur Qualitätssteigerung einer Vergleichbarkeit leisten würde.

Dennoch kann der Ansatz eines pauschalen, einheitlichen Risikozuschlags für beide Seiten aufgrund unternehmensindividueller Betafaktoren, von deren Einheitlichkeit im Regelfall nicht auszugehen ist, nicht gelingen. Insofern ist im Rahmen der grenzüberschreitenden Verschmelzung die Kapitalisierung zukünftiger Zahlungsströme der beteiligten Unternehmen zu einem einheitlichen Kapitalisierungszinssatz nicht zu rechtfertigen, womit die Forderung nach einheitlichen Bewertungsmaßstäben nicht erfüllt werden kann. Aus diesem Blickwinkel heraus betrachtet stellt die in dieser Arbeit angeführte schrittweise Bestimmung eines angemessenen Umtauschverhältnisses, beginnend mit der Ermittlung eines Ziel-Umtauschverhältnisses auf Grundlage der Unternehmenswertbestimmung mit Hilfe einer kompromisshaften Vereinheitlichung der Wiederanlagerenditen beider Anteilseignergruppen, einen gangbaren Weg dar, um die Bestimmung des Umtauschverhältnisses auf Basis der zukünftigen Ertragskraft der beteiligten Unternehmen zu gewährleisten.

Anhang

(1) Herleitung der Wiederanlagerendite:[797]

Durch die Wiederanlage der thesaurierten Beträge zum Kapitalisierungszinssatz vor Unternehmenssteuern (Wiederanlagerendite) wird die Kapitalwertneutralität der Wiederanlage dieser thesaurierten Beträge erreicht. Die Wiederanlagerendite ermittelt sich wie folgt:

$$r_w = \frac{r_j^{vSt}}{\left(1 - s_{gew} - s_{ks}\right)}$$

Im ersten Schritt ist der Kapitalisierungszinssatz vor persönlichen Steuern zu ermitteln. Hierzu kann der Kapitalisierungszinssatz nach persönlichen Steuern als Ausgangspunkt gewählt werden. Unter Berücksichtigung der Zusammenhänge zwischen Vor- und Nachsteuerrendite des TAX-CAPM ergibt sich die Vorsteuerrendite wie folgt:

Berechnung des Kapitalisierungszinssatzes nach persönlichen Steuern:

$$r_j^{nSt} = \left(1 - s_A\right) * r_j^{vSt} + \left(r_M^{vSt} - d_M * s_A - k_M * est_k^{eff} - r_f\left(1 - s_A\right)\right) * \beta_j$$

Entsprechend ergibt sich der Kapitalisierungszinssatz vor persönlichen Steuern durch Einbezug der persönlichen Steuern, bestehend aus Abgeltungsteuer auf Dividenden zzgl. effektive Kursgewinnsteuerbelastung:

$$r_j^{vSt} = r_j^{nSt} + d_j * s_A + k_j * est_k^{eff}$$

Werden die Unternehmenssteuern noch einbezogen, kann ausgehend von dem Kapitalisierungszinssatz nach persönlichen Steuern auch direkt auf die Wiederanlagerendite hochgerechnet werden:[798]

$$r_w = \frac{r_j^{nSt}}{\left(1 - q * s_a - (1-q) * est_k^{eff}\right) * (1 - s_{gew} - s_{ks})}$$

(2) Bestimmung des Wachstums aus Thesaurierung:[799]

Grundlage zur Ermittlung der Wachstumsrate aus Thesaurierung stellt der Kapitalisierungszinssatz vor persönlichen Steuern dar, der sich aus einer Dividende und einem Kursgewinn zusammensetzt. Dementsprechend ergibt sich die Wachstumsrate aus Thesaurierung aus der Multiplikation des Kapitalisierungszinssatzes mit der Thesaurierungsquote:

797 Vgl. Formel (5), S. 111.
798 Vgl. Formel (5), S. 111.
799 Vgl. Formel (3), S. 105.

$w_{th} = r_j^{vSt} * (1-q)$

(3) Herleitung des periodendurchschnittlichen, effektiven Kursgewinnsteuersatzes:[800]

Die Ausprägung des periodendurchschnittlichen, effektiven Kursgewinnsteuersatzes est_k^{eff} eines Anteilseigners ist insbesondere von der Haltedauer *H* und der Kurswachstumsrate w_{th} abhängig.

Es gilt: $est_k^{eff} < s_A$

Wird unterstellt, dass ein Wertpapier *j* in t=0 zu einem Preiser p_j erworben wird und sein Kurs über die Haltedauer *T* mit einer Kurswachstumsrate w_{th} jährlich wächst, ergibt sich folgende Beziehung:

$$(1) \qquad p_j\left(1+w\left(1-est_k^{eff}\right)\right)^T = p_j\left(\left(1-s_A\right)\left(\left(1+w\right)^T-1\right)+1\right)$$

Durch Auflösen nach est_k^{eff} erhält man schließlich:

$$(2) \qquad est_k^{eff} = \frac{\left(\left(1-s_A\right)\left(\left(1+w_{th}\right)^H-1\right)+1\right)^{\frac{1}{H}}-1}{w_{th}}$$

(4) Herleitung des Umtauschverhältnisses:

Zunächst ist jeweils der Wert einer Aktie *a* des Unternehmens A (A-AG) vor der Verschmelzung zu bestimmen:

$$(1) \qquad W_{A,v} = \frac{E_A}{a*i}$$

Durch die Verschmelzung steigt der Zukunftserfolg der A-AG um E_B und um den Verbundeffekt *V*, wobei die Anzahl der Aktien um Δa zunimmt. Wird das Umtauschverhältnis definiert als

$u = \frac{b}{\Delta a}$ so gilt $\Delta a = \frac{b}{u}$

Δa = Anzahl der von der A-AG neu zu schaffenden Aktien, die den Aktionären der B-AG gewährt werden

Unter der Voraussetzung, dass sich die Alternativrenditen der Aktionäre von A-AG und B-AG entsprechen ($i_A = i_B$), ergibt sich der Wert einer Aktie der übernehmenden A-AG nach der Verschmelzung als

800 Vgl. Formel (4), S. 107.

$$(2) \qquad W_{A,n} = \frac{E_A + E_B + V}{u\left(a + \frac{b}{u}\right) * i}$$

Werden (1) und (2) gleichgesetzt und anschließend nach (3) aufgelöst, resultiert das Mindest-Umtauschverhältnis:[801]

$$\frac{E_A}{a * i} = \frac{E_A + E_B + V}{u\left(a + \frac{b}{u}\right) * i} \qquad \Rightarrow \qquad (3) \qquad u_A = \frac{b * E_A}{a(E_B + V)}$$

Sind die zukünftigen Unternehmensgewinne und die Zahlungsströme aus dem Verbundeffekt konstant, kann die Alternativrendite *i* vernachlässigt werden.

Demnach genügt es zur Ermittlung des Höchst-Umtauschverhältnisses, den Zukunftserfolg einer Aktie der übertragenden Aktiengesellschaft (B-AG) mit dem auf eine Aktie der B-AG entfallenden Zukunftserfolg der übernehmenden Aktiengesellschaft (A-AG) nach der Verschmelzung gleichzusetzen:

$$\frac{E_B}{b} = \frac{E_A + E_B + V}{u_B\left(a + \frac{b}{u_B}\right)}$$

Durch Umformung kann daraus die Bestimmungsgleichung für das Höchst-Umtauschverhältnis ermittelt werden:[802]

$$(4) \qquad u_B = \frac{b(E_A + V)}{a * E_B}$$

(5) Herleitung des Ziel-Umtauschverhältnisses:

Bezugnehmend auf die Ausführungen in (4) zur Herleitung des Umtauschverhältnisses kann das Ziel-Umtauschverhältnis wie folgt ermittelt werden:

Ausgangspunkt war die Annahme, dass Aktionäre der österreichischen Gesellschaft die im Vergleich zu den Aktionären der deutschen Gesellschaft eine identische Alternativanlage am Kapitalmarkt erwerben können. Damit gilt:

$$EW(A) = \sum_{t=1}^{T} \frac{e_{A,t}}{(1 + r_w)^t} + \frac{e_{A,T+1}}{r_w (1 + r_w)^T}$$

$$EW(B) = \sum_{t=1}^{T} \frac{e_{B,t}}{(1 + r_w)^t} + \frac{e_{B,T+1}}{r_w (1 + r_w)^T}$$

801 Vgl. Formel (18), S. 215.

802 Vgl. Formel (19), S. 216.

Dementsprechend ergibt sich das Ziel-Umtauschverhältnis wie folgt:

$$U^* = \frac{b * \sum_{t=1}^{T} \frac{e_{A,t}}{\left(1+r_w\right)^t} + \frac{e_{A,T+1}}{r_w \left(1+r_w\right)^T}}{a * \sum_{t=1}^{T} \frac{e_{B,t}}{\left(1+r_w\right)} + \frac{e_{B,T+1}}{r_w \left(1+r_w\right)^T}}$$

$$\Leftrightarrow U^* = \frac{b * EW_A}{a * EW_B}$$

Das Ergebnis des Ziel-Umtauschverhältnisses ist als angemessenes Umtauschverhältnis zu interpretieren. Dies ist durch die Vergleichbarkeit der ermittelten Ertragswerte der beteiligten Aktiengesellschaften zu begründen, zumal die Kapitalisierung der jeweiligen Zahlungsstromgrößen mit einer einheitlichen Wiederanlagerendite erfolgt.

(6) Ableitung der Zinsstrukturkurve auf Basis der Svensson-Methode:

Mit Hilfe der Svensson-Methode werden aus den für Kuponanleihen beobachteten Renditen laufzeitspezifische Zerobond-Renditen erzeugt. Unter Verwendung der Parameter β_0, β_1, β_2, β_3, τ_1 und τ_2, welche durch die Deutsche Bundesbank börsentäglich veröffentlicht werden, können laufzeitabhängige Zerobondrenditen abgeleitet werden. Nach der Methode wird die laufzeitabhängige Zerobondrendite wie folgt definiert:

$$z(T,\beta,\tau) = \beta_0 + \beta_1 \left(\frac{1-\exp(-T/\tau_1)}{(T/\tau_1)} \right) + \beta_2 \left(\frac{1-\exp(-T/\tau_2)}{(T/\tau_1)} - \exp(T/\tau_1) \right) + \beta_3 \left(\frac{1-\exp(-T/\tau_2)}{(T/\tau_2)} - \exp(-T/\tau_2) \right)$$

Literaturverzeichnis

Ahlers, M. [zit.: Verschmelzung, 2003]: Verschmelzung deutscher börsennotierter Kapitalgesellschaften, Lohmar 2003.

Bachl, R. [zit.: Unternehmensbewertung, 2013]: Einführung in die Unternehmensbewertung, 4., aktualisierte Auflage, Düsseldorf 2013.

Baetge, J./Niemeyer, K./Kümmel, J./Schulz, R., in: Peemöller, V. (Hrsg.) [zit.: Peemöller, Praxishandbuch UB, 2012]: Praxishandbuch der Unternehmensbewertung, 5., aktualisierte und erweiterte Auflage, Herne 2012., Darstellung der Discounted Cashflow-Verfahren (DCF-Verfahren) mit Beispiel, S. 349–498.

Baldamus, E.-A. [zit.: IStR 2012]: Neues zur Betriebsstättengewinnermittlung, in: IStR 2012, S. 317–324.

Ballwieser, W. [zit.: WPG 1998]: Unternehmensbewertung mit Discounted Cash-Flow-Verfahren, in: WPG 1998, S. 81–92.

Ballwieser, W. [zit.: WPG 2002]: Der Kalkulationszinsfuß in der Unternehmensbewertung: Komponenten und Ermittlungsprobleme, in: WPG 2002, S. 737–743.

Ballwieser, W. [zit.: Unternehmensbewertung, 2004]: Unternehmensbewertung, 1. Auflage, Stuttgart 2004.

Ballwieser, W./Kruschwitz, L./Löffler, A. [WPg 2007]: Einkommensteuer und Unternehmensbewertung – Probleme mit der Steuerreform 2008, in: WPg 2007, S. 765–769.

Ballwieser, W./Hachmeister, D. [zit.: Unternehmensbewertung, 2013]: Unternehmensbewertung – Prozess, Methoden und Probleme, 4., überarbeitete Auflage, Stuttgart 2013.

Barthel, C.-W. [zit.: CFB 2010]: Unternehmenswert: Bewertungsmethoden in der Rechtsprechung, in: CFB 2010, S. 449–456.

Bayer, W. [zit.: ZHR 2008]: Fehlerhafte Bewertung – Aktien als Ausgleich bei Sachkapitalerhöhung und Verschmelzung?, in: ZHR 2008, S. 24–41.

Bayer, W., in: Bayer, W./Vetter, J. (Hrsg.) [zit.: Lutter, UmwG, 2014]: Umwandlungsgesetz, Band I, 5. neu bearbeitete Auflage, Köln 2014, §§ 32; 122a-l.

Bayer, W./Schmidt, J. [zit.: NJW 2006]: Die neue Richtlinie über die grenzüberschreitende Verschmelzung von Kapitalgesellschaften – Inhalt und Anregungen zur Umsetzung in Deutschland, in: NJW 2006, S. 401–403.

Bayer, W./Schmidt, J. [NZG 2006]: Der Regierungsentwurf zur Änderung des Umwandlungsgesetzes – Eine kritische Stellungnahme, S. 841–845.

Bayer, W./Vetter, J. (Hrsg.) [zit.: Lutter, UmwG, 2014]: Umwandlungsgesetz, Band I, 5. neu bearbeitete Auflage, Köln 2014.

Behrens, P. [zit.: ZGR 1994]: Die Umstrukturierung von Unternehmen durch Sitzverlegung oder Fusion über die Grenze im Licht der Niederlassungsfreiheit im Europäischen Binnenmarkt (Art. 52 und Art. 58 EWGV), in: ZGR 1994, S. 1–25.

Behrens, P. [zit.: EuZW 2012]: EuGH: Niederlassungsfreiheit/Gesellschaftsrecht: Grenzüberschreitende Umwandlung von Gesellschaften, in: EuZW 2012, S. 621–626.

Bendlinger, S./Görl, M./Plaaßen, K.-H./Remberg, M. [zit.: IStR 2004]: Neue Tendenzen der OECD zur Ausweitung des Betriebsstättenbegriffs und deren Beurteilung aus Sicht des Maschinen- und Anlagenbaus, in: IStR 2004, S. 145–149.

Beutel, D. [zit.: Der neue rechtliche Rahmen grenzüberschreitender Verschmelzungen in der EU, 2008]: Der neue rechtliche Rahmen grenzüberschreitender Verschmelzungen in der EU – Einflüsse des Gemeinschaftsrechts auf die Schaffung nationaler Rechtsgrundlagen grenzüberschreitender Verschmelzungen unter Beteiligung deutscher Kapitalgesellschaften; München 2008.

Birk, D. in: Hübschmann, W./Hepp, E./Spitaler, A. (Hrsg.) [zit.: Hübschmann/Hepp/Spitaler, AO und FGO, 2013]: Abgabenordnung – Finanzgerichtsordnung, 225. Ergänzungslieferung Dezember 2013, Köln 2013, § 12 AO Rn. 4.

Bitzer, K. [zit.: Probleme der Prüfung des Umtauschverhältnisses, 1987]: Probleme der Prüfung des Umtauschverhältnisses bei aktienrechtlichen Verschmelzungen, Bamberg 1987.

Blasche, S./Dirksen, D./Kallmeyer, H. (Hrsg.) [zit.: Kallmeyer, UmwG, 2013]: Umwandlungsgesetz, 5. neu bearbeitete Auflage, Köln 2013.

Born, K. [zit.: Unternehmensanalyse und Unternehmensbewertung, 2003]: Unternehmensanalyse und Unternehmensbewertung, 2., überarbeitete und aktualisierte Auflage, Stuttgart 2003.

Brähler, G. [zit.: Internationales Steuerrecht, 2012]: Internationales Steuerrecht, Grundlagen für Studium und Steuerberaterprüfung, 7., aktualisierte Auflage, Wiesbaden 2012.

Brocker, M. [zit.: BB 2010]: Die grenzüberschreitende Verschmelzung von Kapitalgesellschaften, in: BB 2010, S. 971–977.

Buchheim, R. [zit.: Europäische Aktiengesellschaft und grenzüberschreitende Konzernverschmelzung, 2001]: Europäische Aktiengesellschaft und grenzüberschreitende Konzernverschmelzung. Der aktuelle Entwurf der Rechtsform aus betriebswirtschaftlicher Sicht, Wiesbaden 2001.

Bula, T./Pernegger, I., in: Sagasser, B. / Bula, T. / Brünger, T.R. (Hrsg.) [zit.: Sagasser/Bula/Brünger, Umwandlungen, 2011]: Umwandlungen: Verschmelzung – Spaltung – Formwechsel – Vermögensübertragung, 4., neu bearbeitete und erweiterte Auflage, München 2011, § 9 Rz. 80–137.

Bungert, H. [zit.: BB 2006]: Grenzüberschreitende Verschmelzungsmobilität – Anmerkungen zur Sevic-Entscheidung des EuGH, in: BB 2006, S. 53–56.

Busse von Colbe, W. [zit.: ZGR 1994]: Berücksichtigung von Synergien versus Stand-alone-Prinzip bei der Unternehmensbewertung, in: ZGR 1994, S. 595–609.

Castedello, M., in: Institut der Wirtschaftsprüfer in Deutschland e.V. (Hrsg.) [zit.: WP-Handbuch, Band II, 2014]: Wirtschaftsprüferhandbuch, Band II, Düsseldorf 2014, Die Unternehmensbewertung, S. 1–214.

Copeland, T./ Koller, T./ Murrin, J. [zit.: Unternehmenswert, 1993]: Unternehmenswert: Methoden und Strategien für eine wertorientierte Unternehmensführung, Frankfurt/New York, 1993.

Debatin, H. [zit.: DStR-Beihefter Heft 23/1992]: Doppelbesteuerungsabkommen und innerstaatliches Recht, in: DStR-Beihefter Heft 23/1992, S. 1–8.

Decher, C.E., in: Bayer, W./Vetter, J. (Hrsg.) [zit.: Lutter, UmwG, 2014]: Umwandlungsgesetz, Band I, 5. neu bearbeitete Auflage, Köln 2014, § 15.

Deutsche Gesellschaft für Betriebswirtschaft (Hrsg.) [zit.: Deutsche Gesellschaft für Betriebswirtschaft, Verschmelzung, 1970]: Die Verschmelzung von Unternehmungen, Berlin 1970.

Diedrich, R. [zit.: BFuP 2013]: Vor- und Nachsteuerrechnungen bei der Unternehmensbewertung im Lichte der Ausschüttungspolitik, in: BFuP 2013, S. 55–70.

Dirrigl, H. [zit.: WPG 1989]: Die Angemessenheit des Umtauschverhältnisses bei einer Verschmelzung als Problem der Verschmelzungsprüfung und der gerichtlichen Überprüfung (Teil II), in: WPG 1989, S. 454–462.

Dirrigl, H. [zit.: DB 1990]: Synergieeffekte beim Unternehmenszusammenschluss und Bestimmung des Umtauschverhältnisses, in: DB 1990, S. 185–192.

Dörschell, A./Franken, A./Schulte, J. [zit.: Kapitalisierungszinssatz, 2009]: Der Kapitalisierungszinssatz in der Unternehmensbewertung – Praxisgerechte Ableitung unter Verwendung von Kapitalmarktdaten, Düsseldorf 2009.

Doralt, W./Ruppe, H.-G. [zit.: Steuerrecht, 2007]: Steuerrecht Band I, 9. Auflage, Wien 2007.

Drinhausen, F./Keinath, A. [zit.: BB 2006]: Referentenentwurf eines Zweiten Gesetzes zur Änderung des Umwandlungsgesetzes – Erleichterung grenzüberschreitender Verschmelzungen für deutsche Kapitalgesellschaften?, in: BB 2006, S. 725–732.

Drinhausen, F., in: Semler, J./Stengel, A. (Hrsg.) [Semler/Stengel, UmwG, 2012]: Umwandlungsgesetz mit Spruchverfahrensgesetz, Band 56, 3. Auflage, München 2012, Einleitung C, §§ 122 a bis 122 l.

Drüen, K.-D. in: Tipke, K./Kruse, H. [zit.: AO/FGO, 2012]: Abgabenordnung – Finanzgerichtsordnung, 134. Ergänzungslieferung März 2013, Köln 2013, § 2 Tz. 1 ff., § 2 AO Tz. 28ff.

Drukarczyk, J./Schüler, A. [zit.: Unternehmensbewertung, 2009]: Unternehmensbewertung, 6., überarbeitete und erweiterte Auflage, München 2009.

Drygala, T. in: Bayer, W./Vetter, J. (Hrsg.) [zit.: Lutter, UmwG, 2014]: Umwandlungsgesetz, Band I, 5. neu bearbeitete Auflage, Köln 2014, §§ 2; 4; 5; 8.

Dvorak, M. in: Kranebitter, G. (Hrsg.) [zit.: Kranebitter, Unternehmensbewertung, 2007]: Unternehmensbewertung für Praktiker, 2., aktualisierte und erweiterte Auflage, Wien 2007, Bewertungsverfahren – Synergien und strategische Prämien, S. 126–131.

Eckert, G., in: Kalss, S. (Hrsg.) [zit.: Kalss, Verschmelzung, 2010]: Verschmelzung Spaltung Umwandlung: einschließlich internationale Verschmelzung und Gesellschafterausschluss, 2. Auflage, Wien 2010, § 15 EU-VerschG.

Eckstein, K. [zit.: Grenzüberschreitende Verschmelzung, 2009]: Grenzüberschreitende Verschmelzung von kleinen und mittleren Unternehmen, Band I, Berlin 2009.

Egger, A. [zit.: RWZ 2006]: Das neue Fachgutachten für Unternehmensbewertung, verabschiedet vom Fachsenat für Betriebswirtschaft und Organisation der Kammer der Wirtschaftstreuhänder am 27.2.2006, in: RWZ 2006, S. 97–101.

Eisele, D., in: Rössler, R./Troll, M. (Hrsg.) [zit.: Rösler/Troll, BewG, 2014]: BewG – Bewertungsgesetz, 19. Auflage, Stand 10/2013, München 2013, § 97.

Eisenführ, F. [zit.: zfbf 1971]: Preisfindung für Beteiligungen mit Verbundeffekt, in: zfbf 1971, S. 467–479.

Elmendorff, W. [zit.: WPG 1966]: Bewertung von Unternehmensanteilen im Streubesitz, in WPG 1966, S. 548–559.

Emmerich, V., in: Emmerich, V./Habersack, M. (Hrsg.) [zit.: Emmerich/Habersack, Konzernrecht, 2013]: Aktien- und GmbH-Konzernrecht, 7., überarbeitete Auflage, München 2013, § 305 Rz. 1–86.

Emmerich, V./Habersack, M. (Hrsg.) [zit.: Emmerich/Habersack, Konzernrecht, 2013]: Aktien- und GmbH-Konzernrecht, 7., überarbeitete Auflage, München 2013.

Endfellner, C. in: Gassner, W./Lang, M./Lechner, E. (Hrsg.) [zit.: Gassner/Lang/Lechner, DBA Österreich – Deutschland, 1999]: Das neue Doppelbesteuerungsabkommen Österreich – Deutschland, Wien 1999, Das Netz der österreichischen Doppelbesteuerungsabkommen, S. 277–295.

Engel-Kazemi, N./Hohenblum, B., in: Thömmes, O./Lang, M./Schuch, J. (Hrsg.) [zit.: Thömmes/Lang/Schuch, Investitions- und Steuerstandort Österreich, 2005]: Investitions- und Steuerstandort Österreich. Wirtschaftliche und steuerliche Rahmenbedingungen, 2. Auflage, Wien 2005, Die Besteuerung von Kapitalerträgen in Österreich, S. 199–218.

Engelmeyer, C., [zit.: DB 1996]: Die Informationsrechte des Betriebsrats und der Arbeitnehmer bei Strukturänderungen, in: DB 1996, S. 2542–2545.

Engelmeyer, C. [zit.: BB 1998]: Informationsrechte und Verzichtsmöglichkeiten im Umwandlungsgesetz, in: BB 1998, S. 330–335.

Ernst, D./Schneider, S./Thielen, B. [zit.: Unternehmensbewertungen, 2012]: Unternehmensbewertungen erstellen und verstehen – Ein Praxisleitfaden, 5., überarbeitete und erweiterte Auflage, München 2012.

Exler, M. [zit.: BBB 2007]: Die Discounted Cashflow-Methode, „State of the Art" innerhalb der Beratungspraxis, in: BBB 2007, S. 87–93.

Fischl, B./Haßauer, V. [zit.: NWB-BB 2013]: Unternehmensbewertung: Die Verfahren und ihre Einsatzmöglichkeiten, in: NWB-BB 2013, S. 22–25.

Fleischer, H. [zit.: ZGR 1997]: Die Barabfindung außenstehender Aktionäre nach den §§ 305 und 320b AktG: Stand-alone-Prinzip oder Verbundberücksichtigungsprinzip?, in: ZGR 1997, S. 368–400.

Frenzel, R. [zit.: Grenzüberschreitende Verschmelzung von Kapitalgesellschaften, 2008]: Grenzüberschreitende Verschmelzung von Kapitalgesellschaften – Zur Umsetzung der Zehnten Gesellschaftsrechtlichen Richtlinie in deutsches Recht, Hamburg 2008.

Fronhöfer, M., in: Widmann/Mayer (Hrsg.) [zit.: Widmann/Mayer, Umwandlungsrecht, 2013]: Umwandlungsrecht – Umwandlungsgesetz, Umwandlungsteuergesetz, München, 2013, § 2.

Frotz, S., in: Frotz, S./Kaufmann, A. (Hrsg.) [zit.: Frotz/Kaufmann, Verschmelzungen, 2012]: Grenzüberschreitende Verschmelzungen, Praxiskommentar, 2., neu bearbeitete und erweiterte Auflage, Wien 2012, § 5.

Frotz, S./Kaufmann, A. (Hrsg.) [zit.: Frotz/Kaufmann, Verschmelzungen, 2012]: Grenzüberschreitende Verschmelzungen, Praxiskommentar, 2., neu bearbeitete und erweiterte Auflage, Wien 2012.

Gassner, W./Lang, M./Lechner, E. (Hrsg.) [zit.: Gassner/Lang/Lechner, DBA Österreich – Deutschland, 1999]: Das neue Doppelbesteuerungsabkommen Österreich – Deutschland, Wien 1999.

Gebhardt, G./Daske, H. [zit.: WPG 2005]: Kapitalmarktorientierte Bestimmung von risikofreien Zinssätzen für die Unternehmensbewertung, in: WPG 2005, S. 649–656.

Gehling, C. in: Stengel, A./Semler, J. (Hrsg.) [Semler/Stengel, UmwG, 2012]: Umwandlungsgesetz mit Spruchverfahrensgesetz, Band 56, 3. Auflage, München 2012, §§ 8; 13.

Gille, M. [zit.: Bilanzierung immaterieller Anlagewerte bei Umwandlungen, 2005]: Bilanzierung immaterieller Anlagewerte bei Umwandlungen nach HGB und IAS/IFRS, Frankfurt 2005.

Gleißner, W./Wolfrum, M. [zit.: FB 2008]: Eigenkapitalkosten und die Bewertung nicht börsennotierter Unternehmen: Relevanz von Diversifikationsgrad und Risikomaß, in: FB 2008, S. 602–614.

Gmelin, H.J. in: Deutsche Gesellschaft für Betriebswirtschaft (Hrsg.) [zit.: Deutsche Gesellschaft für Betriebswirtschaft, Verschmelzung, 1970]: Die Verschmelzung von Unternehmungen, Berlin 1970, Die Bewertung von Unternehmungen und Unternehmensanteilen im Rahmen von Verschmelzungen, S. 33–53.

Görl, M. in: Vogel, K./Lehner, M. (Hrsg.) [zit.: Vogel/Lehner, DBA, 2008]: Doppelbesteuerungsabkommen: DBA, 5., völlig neubearbeitete Auflage 2008, München 2008, Art. 5.

Goette, W./Habersack, M./Grunewald, B./Hüffer, U./Kreße, B./Ries, C./Schaal, H.-J./ Schlitt, M./Schürnbrand, J./Wackerbarth, U./Diregger, C./Kalss, S./Winner, M. (Hrsg.) [zit.: Goette et al., AktG, 1994]: Münchener Kommentar zum Aktiengesetz: AktG Band 6: §§ 329–410, WpÜG, Österreichisches Übernahmerecht, 3. Auflage, München 2011.

Goetzke, W./Sieben, G. (Hrsg.) [zit.: Goetzke/Sieben, Unternehmensbewertung, 1977]: Moderne Unternehmensbewertung und Grundsätze ihrer ordnungsmäßigen Durchführung, Köln 1977.

Großfeld, B. [zit.: NZG 2002]: Europäische Unternehmensbewertung, in: NZG 2002, S. 353–400.

Grünberger, H. [zit.: Bilanzierung, 2009]: Grundzüge der Bilanzierung, Wien 2009.

Grunewald, B., in: Bayer, W./Vetter, J. (Hrsg.) [zit.: Lutter, UmwG, 2014]: Umwandlungsgesetz, Band I, 5. neu bearbeitete Auflage, Köln 2014, § 21.

Grunewald, B., in: Goette, W./Habersack, M./Grunewald, B./Hüffer, U./Kreße, B./ Ries, C./Schaal, H.-J./Schlitt, M./Schürnbrand, J./Wackerbarth, U./Diregger, C./ Kalss, S./Winner, M. (Hrsg.) [zit.: Goette/Habersack/Grunewald et al., AktG, 1994]: Münchener Kommentar zum Aktiengesetz: AktG Band 6, § 340.

Günther, T. [zit.: Controlling, 2013]: Unternehmenswertorientiertes Controlling, 2. Auflage, München 2013.

Handelsrechtsausschuss des Deutschen Anwaltvereins [zit.: Handelsrechtsausschuss des DAV]: Stellungnahme zum Regierungsentwurf eines Zweiten Gesetzes zur Änderung des Umwandlungsgesetzes, in: NZG 2006, S. 737–744.

Heckschen, H. [zit.: Verschmelzung von Kapitalgesellschaften, 1989]: Verschmelzung von Kapitalgesellschaften, Stuttgart 1989.

Heckschen, H. [zit.: GmbHR 2008]: Kapitalerhöhung und Down-Stream-Merger, in: GmbHR 2008, S. 802–805.

Heckschen, H., in: Widmann, S./Mayer, D., (Hrsg.) [zit.: Widmann/Mayer, Umwandlungsrecht, 2013]: Umwandlungsrecht – Umwandlungsgesetz, Umwandlungsteuergesetz, München 2013, §§ 2 und 13.

Heinsen, O. in: Löwenstein, U./Looks, C./Heinsen, O. (Hrsg.) [zit.: Löwenstein/Looks/Heinsen, Betriebsstättenbesteuerung, 2011]: Betriebsstättenbesteuerung, Inboundinvestitionen, Outboundinvestitionen, Steuergestaltungen, Branchenbesonderheiten, 2. Auflage, München 2011, Rz. 1 und Rz. 50ff.

Henckel, N.-F./Schmalzhaf, T. [zit.: FB 2006]: Der Konflikt zwischen Manager und Verschmelzungsprüfer im Rahmen einer Verschmelzungsprüfung aus spieltheoretischer Perspektive, in: FB 2006, S. 281–291.

Hennrichs, J. [zit.: ZHR 2000]: Unternehmensbewertung und persönliche Ertragsteuern aus (aktien-)rechtlicher Sicht, in: ZHR 2000, S. 453–478.

Herrler, S./Schneider, S. [zit.: GmbHR 2011]: Grenzüberschreitende Verschmelzungen von Gesellschaften mit beschränkter Haftung zwischen Deutschland und Österreich, in: GmbHR 2011, S. 795–806.

Herzig, N./Dautzenberg, N. [zit.: DB 1992]: Steuergestaltung und Steuerharmonisierung im Binnenmarkt – Folgen der Fusionsrichtlinie und der Mutter-Tochter-Richtlinie, in: DB 1992, S. 1–7.

Herzig, N./Förster, G. [zit.: DB 1994]: Grenzüberschreitende Verschmelzung von Kapitalgesellschaften, in DB: 1994, S. 1–8.

Heurung, R. [zit.: DB 1997a]: Zur Anwendung und Angemessenheit verschiedener Unternehmenswertverfahren im Rahmen von Umwandlungsfällen (Teil I), in: DB 1997, S. 837–843.

Heurung, R. [zit.: DB 1997b]: Zur Anwendung und Angemessenheit verschiedener Unternehmenswertverfahren im Rahmen von Umwandlungsfällen (Teil II), in: DB 1997, S. 888–892.

Heurung, R. [zit.: DB 1999]: Berücksichtigung von Ertragsteuerwirkungen in Unternehmensbewertungsmodellen im Rahmen von Verschmelzungstatbeständen, in: DB 1999, S. 1225–1233.

Heurung, R./Kurtz, M./Wagener, K. [zit.: WPG 1999]: Zur Berücksichtigung unterschiedlicher Kapitalstrukturen im Rahmen der Unternehmensbewertung bei Verschmelzungstatbeständen, in: WPg 1999, S. 797–811.

Hörtnagel, R., in: Schmitt, J./Hörtnagel, R./Stratz, R.-C. (Hrsg.) [zit.: Schmitt/Hörtnagel/Stratz, UmwG, 2013]: Umwandlungsgesetz, Umwandlungssteuergesetz: UmwG, Um-StG, 6. Auflage, München 2013, § 122e Rz. 1–20.

Hoffmann-Becking, M. [zit.: Verschmelzungsrecht, 1988]: Das neue Verschmelzungsrecht in der Praxis, in: Goerdeler, R./Hommelhoff, P./Lutter, M./Wiedemann, H. (Hrsg.): Festschrift für H.-J. Fleck zum 70. Geburtstag am 30. Januar 1988, Berlin/New York 1988, S. 105–124.

Hoffmann, S./Nippel, P. [zit.: ZFB 2012]: Die Abgeltungsteuer auf Kursgewinne und der Steuerstundungseffekt in der Unternehmensbewertung, in: ZFB 2012, S. 1311–1336.

Hoffmann, B. von/Thorn K. [zit.: Internationales Privatrecht, 2007]: Internationales Privatrecht: einschließlich der Grundzüge des Internationalen Zivilverfahrensrecht, JuS-Schriftenreihe/Studium, Band 18, 9., neu bearbeitete Auflage, München 2007.

Hommel, M./Pauly, D./Schuster, C. [zit.: FB 2008]: Unternehmensbewertung und Unternehmensteuerreform 2008, in: FB 2008, S. 412–423.

Hübschmann, W./Hepp, E./Spitaler, A. (Hrsg.) [zit.: Hübschmann/Hepp/Spitaler, AO und FGO, 2013]: Abgabenordnung – Finanzgerichtsordnung, 225. Ergänzungslieferung Dezember 2013, Köln 2013.

Hügel, H.-F. [zit.: Verschmelzung und Einbringung, 1993]: Verschmelzung und Einbringung, Unternehmensübertragung auf verbandsrechtlicher Grundlage im österreichischen und deutschen Gesellschafts-, Bilanz- und Ertragsteuerrecht der Kapitalgesellschaften, Wien/Köln 1993.

Ihrig, H.-C. [zit.: GmbHR 1995]: Gläubigerschutz durch Kapitalaufbringung bei Verschmelzung und Spaltung nach neuem Umwandlungsrecht, in: GmbHR, S. 622–643.

Institut der Wirtschaftsprüfer in Deutschland e.V. (Hrsg.) [zit.: IDW ES 1 i.d.F. 1999]: Grundsatze zur Durchführung von Unternehmensbewertungen, in: WPG 1999, S. 200–216.

Institut der Wirtschaftsprüfer in Deutschland e.V. (Hrsg.) [zit.: IDW S 1 i.d.F. 2000]: Grundsatze zur Durchführung von Unternehmensbewertungen, in: WPG 2000, S. 825–842.

Institut der Wirtschaftsprüfer in Deutschland e.V. (Hrsg.) [zit.: IDW S 1 i.d.F. 2005]: Grundsatze zur Durchführung von Unternehmensbewertungen, in: IDW-FN 2005, S. 690–718.

Institut der Wirtschaftsprüfer in Deutschland e.V. (Hrsg.) [zit.: IDW S 1 i.d.F. 2008]: Grundsatze zur Durchführung von Unternehmensbewertungen, in: IDW-FN 2008, S. 271–292.

Institut der Wirtschaftsprüfer in Deutschland e.V. (Hrsg.) [zit.: WP-Handbuch, Band II, 2008]: Wirtschaftsprüferhandbuch, Band II, Düsseldorf 2008.

Institut der Wirtschaftsprüfer in Deutschland e.V. (Hrsg.) [zit.: WP-Handbuch, Band II, 2014]: Wirtschaftsprüferhandbuch, Band II, Düsseldorf 2014.

Jacobs, O.H. in: Jacobs, O.H./Endres, D./Spengel, C. (Hrsg.) [zit.: Jacobs/Endres/Spengel, Internationale Unternehmensbesteuerung, 2011]: Internationale Unternehmensbesteuerung. Deutsche Investitionen im Ausland – Ausländische Investitionen im Inland, 7., neu bearbeitete und erweiterte Auflage, München 2011.

Jacobs, O.H./Endres, D./Spengel, C. (Hrsg.) [zit.: Jacobs/Endres/Spengel, Internationale Unternehmensbesteuerung, 2011]: Internationale Unternehmensbesteuerung. Deutsche Investitionen im Ausland – Ausländische Investitionen im Inland, 7., neu bearbeitete und erweiterte Auflage, München 2011.

Jonas, M./Wieland-Blöse, H./Schiffarth, S. [zit.: FB 2005]: Basiszinssatz in der Unternehmensbewertung, in: FB 2005, S. 647–653.

Jonas, M. [zit.: FB 2006]: Ausschüttungsverhalten und Betafaktor deutscher Aktiengesellschaften, in: FB 2006, S. 479–485.

Jonas, M. [zit.: WPG 2008]: Relevanz persönlicher Steuern? – Mittelbare und unmittelbare Typisierung der Einkommensteuer in der Unternehmensbewertung, in: WPG 2008, S. 826–833.

Kahle, H./Mödinger, J. [zit.: IStR 2010]: Die Neufassung des Art. 7 OECD-MA im Rahmen der Aktualisierung des OECD-MA 2010, in: IStR 2010, S. 757–763.

Kalss, S. (Hrsg.) [zit.: Kalss, Verschmelzung, 2010]: Verschmelzung Spaltung Umwandlung: einschließlich internationale Verschmelzung und Gesellschafterausschluss, 2. Auflage, Wien 2010.

Kammer der Wirtschaftstreuhänder (Hrsg.) [zit.: KFS BW 1 i.d.F. 2006]: Fachgutachten zur Unternehmensbewertung des Fachsenats für Betriebswirtschaft und Organisation des Instituts für Betriebswirtschaft, Steuerrecht und Organisation der Kammer der Wirtschaftstreuhänder, beschlossen am 27.02.2006.

Kammer der Wirtschaftstreuhänder (Hrsg.) [zit.: KFS BW 1, Entwurf vom 01.10.2013]: Fachgutachten zur Unternehmensbewertung: Entwurf vom 01. Oktober 2013.

Kaufmann, A., in: Frotz, S./Kaufmann, A. (Hrsg.) [zit.: Frotz/Kaufmann, Verschmelzungen, 2012]: Grenzüberschreitende Verschmelzungen, Praxiskommentar, 2., neu bearbeitete und erweiterte Auflage, Wien 2012, § 12.

Kengelbach, J. [zit.: Unternehmensbewertung, 2000]: Unternehmensbewertung bei internationalen Transaktionen, Frankfurt 2000.

Kessler, W./Kröner, M./Köhler, S. (Hrsg.) [zit.: Kessler/Kröner/Köhler, Konzernsteuerrecht, 2008]: Konzernsteuerrecht, National – International, München 2008.

Kiem, R. [zit.: ZIP 1999]: Die schwebende Umwandlung, in: ZIP 1999, S. 173–181.

Kieninger, E.-M. [zit.: EWS 2006]: Grenzüberschreitende Verschmelzungen in der EU – das SEVIC-Urteil des EuGH, in: EWS 2006, S. 49–54.

Kirchmayr, S. [zit.: IWB 2011]: Besteuerung der Einkünfte natürlicher Personen aus Kapitalvermögen, in: IWB 2011, S. 178–188.

Klein, M./Stephanblome, M. [zit.: ZGR 2007]: Der Downstream Merger – aktuelle umwandlungs- und gesellschaftsrechtliche Fragestellungen, in: ZGR 2007, S. 351–400.

Klingebiel, J./Patt, J./Rasche, R./Krause, R. [zit.: Umwandlungssteuerrecht, 2012]: Umwandlungssteuerrecht, Band 6, 3., überarbeitete Auflage, Stuttgart 2012.

Kloster, L. [zit.: GmbHR 2003]: EU-grenzüberschreitende Verschmelzungen sind (steuerneutral) durchführbar – Zugleich Anmerkungen zu LG Koblenz vom 16.09.2003 - 4 HK.T 1/03, in: GmbHR 2003, S. 1413–1417.

Knoll, L./Deininger, C. [zit.: ZBB 2004]: Der Basiszins der Unternehmensbewertung zwischen theoretisch Wünschenswertem und praktisch Machbarem, in: ZBB 2004, S. 371–381.

Königsmaier, H./Rabel, K. (Hrsg.): Unternehmensbewertung – Theoretische Grundlagen – Praktische Anwendung, Festschrift für Gerald Mandl zum 70. Geburtstag, Wien 2010.

Koller, T./Goedhart, M./Wessels, D. [zit.: Valuation, 2010]: Valuation – Measuring and Managing the Value of Companies, 5th Edition, New Jersey 2010.

Koppensteiner, H. [zit.: Der Konzern 2006]: Zur grenzüberschreitenden Verschmelzung, in: Der Konzern 2006, S. 40–55.

Kranebitter, G. (Hrsg.) [zit.: Kranebitter, Unternehmensbewertung, 2007]: Unternehmensbewertung für Praktiker, 2., überarbeitete und erweiterte Auflage, Wien 2007.

Kranebitter, G./Lang, F., in: Kranebitter, G. (Hrsg.) [zit.: Kranebitter, Unternehmensbewertung, 2007]: Unternehmensbewertung für Praktiker, 2., überarbeitete und erweiterte Auflage, Wien 2007, Rechtsgrundlagen und berufsständische Normen – Österreich, S. 21–39.

Krause, N./Kulpa, N. [zit.: ZHR 2007]: Grenzüberschreitende Verschmelzungen: Vor dem Hintergrund der „Sevic"-Entscheidung und der Reform des deutschen Umwandlungsrechts, in: ZHR 2007, S. 38–78.

Kruschwitz, L./Löffler, A. [zit.: Unternehmensbewertung und Einkommensteuer]: Unternehmensbewertung und Einkommensteuer aus der Sicht von Theoretikern und Praktikern, in: WPg 2005, S. 73–79.

Kruschwitz, L./Löffler, A. [zit.: WPg 2008]: Kapitalkosten aus theoretischer und praktischer Perspektive, in: WPg 2008, S. 803–810.

Kruschwitz, L./Löffler, A./Essler, W. [zit.: Unternehmensbewertung, 2009]: Unternehmensbewertung für die Praxis. Fragen und Antworten, Stuttgart 2009.

Kruse, C./Kruse, C. [zit.: BB 2010]: Grenzüberschreitende Konzernverschmelzungen – Vorgaben und Vereinfachungen der §§ 122a ff. UmwG, in: BB 2010, S. 3035–3038.

Küting, K. [zit.: Unternehmerische Wachstumspolitik, 1980]: Unternehmerische Wachstumspolitik. Eine Analyse unternehmerischer Wachstumsentscheidungen und die Wachstumsstrategien deutscher Unternehmungen, Berlin 1980.

Kuhner, C./Maltry, H. [zit.: Unternehmensbewertung, 2012]: Unternehmensbewertung, 2., aktualisierte Auflage, Wiesbaden 2012.

Kunowski, S./Popp, M., in: Peemöller, V. (Hrsg.) [zit.: Peemöller, Praxishandbuch UB, 2012]: Praxishandbuch der Unternehmensbewertung, 5., aktualisierte und erweiterte Auflage, Herne 2012, Sonderaspekte der Unternehmensbewertung, S. 1053–1100.

Laitenberger, J./Bahr, C. [zit.: FB 2002]: Die Bedeutung der Einkommensteuer bei der Unternehmensbewertung, in: FB 2002, S. 703–708.

Laitenberger, J./Tschöpel, A. [zit.: WPG 2003]: X Vollausschüttung und Halbeinkünfteverfahren, in: WPG 2003, S. 1357–1367.

Lang, F. in: Kranebitter, G. (Hrsg.) [zit.: Kranebitter, Unternehmensbewertung, 2007]: Unternehmensbewertung für Praktiker, 2., aktualisierte und erweiterte Auflage, Wien 2007, Bewertungsverfahren – Ausschüttungsbeschränkungen, S. 134–135.

Lechner, E., in: Gassner, W./Lang, M./Lechner, E. (Hrsg.) [zit.: Gassner/Lang/Lechner, DBA Österreich – Deutschland, 1999]: Das neue Doppelbesteuerungsabkommen Österreich – Deutschland, Wien 1999, Die Behandlung von Dividenden nach dem neuen DBA Österreich-Deutschland.

Leible, S./Hoffmann, J. [zit.: RIW 2006]: Grenzüberschreitende Verschmelzungen im Binnenmarkt nach „SEVIC", in: RIW 2006, S. 161–168.

Löwenstein, U./Looks, C./Heinsen, O. (Hrsg.) [zit.: Löwenstein/Looks/Heinsen, Betriebsstättenbesteuerung, 2011]: Betriebsstättenbesteuerung, Inboundinvestitionen, Outboundinvestitionen, Steuergestaltungen, Branchenbesonderheiten, 2. Auflage, München 2011.

Lutter, M./Drygala, T. [zit.: AG 1995]: Wie fest ist der feste Ausgleich nach § 304 Abs. 2 S. 1 AktG?, in: AG 1995, S. 49–57.

Lutter, M./Bayer, W. in: Bayer, W./Vetter, J. (Hrsg.) [zit.: Lutter, UmwG, 2014]: Umwandlungsgesetz, Band I, 5. neu bearbeitete Auflage, Köln 2014, Einleitung I.

Mandl, G./Rabl, K. [zit.: Unternehmensbewertung, 2002]: Unternehmensbewertung. Eine praxisorientierte Einführung, 2., aktualisierte und überarbeitete Auflage, Wien 2002.

Mandl, G./Rabel, K. [zit.: RWZ 2006]: Gegenüberstellung der neuen Fachgutachten IDW S 1 und KFS BW 1, in: RWZ 2006, S. 102–107.

Mandl, G./Rabl, K. [zit.: Wirtschaft und Management 2006]: Basiszinssatz und Risikozuschlag nach dem neuen Fachgutachten zur Unternehmensbewertung KFS BW 1, in: Wirtschaft und Management 2006, Schriftenreihe zur wirtschaftswissenschaftlichen Forschung und Praxis, Jahrgang 3, Nr. 5, November 2006, S. 7–20.

Mandl, G./Rabl, K. in: Peemöller, V. (Hrsg.) [zit.: Peemöller, Praxishandbuch UB, 2012]: Praxishandbuch der Unternehmensbewertung, 5., aktualisierte und erweiterte Auflage, Herne 2012, Methoden der Unternehmensbewertung, S. 49–91.

Markowitz, H.-M. [zit.: Portfolio Selection]: Portfolio Selection – Efficient Diversification of Investments, New Haven, London: Yale University Press, 1959, Second Printing, 1970.

Marsch-Barner, R., in: Blasche, S./Dirksen, D./Kallmeyer, H. (Hrsg.) [zit.: Kallmeyer, UmwG, 2013]: Umwandlungsgesetz, 5. neu bearbeitete Auflage, Köln 2013, §§ 2–4; 5 Abs. 1 Nr. 1, 2, 4, 5, 7, 8, Abs. 2; 8; 15; 122e; 122h-122j.

Matschke, M.J., in: Münster, H. (Hrsg.) [zit.: Unternehmensbewertung, 1979]: Betriebswirtschaftliche Beiträge, Band 28, Wiesbaden 1979, Funktionale Unternehmensbewertung, Band II: Der Arbitriumwert der Unternehmung.

Matschke, M.J. [zit.: BFuP 1981]: Unternehmensbewertung in dominierten Konfliktsituationen am Beispiel der Bestimmung der angemessenen Barabfindung für den ausgeschlossenen oder ausscheidungsberechtigten Minderheits-Kapitalgesellschafter, in: BFuP 1981, S. 115–129.

Matschke, M.J./Brösel, G. [zit.: Unternehmensbewertung, 2013]: Unternehmensbewertung: Funktionen – Methoden – Grundsätze, 4., vollständig überarbeitete und erweiterte Auflage, Wiesbaden 2013.

Maul, S./Teichmann, C./Wenz, M. [zit.: BB 2003]: Der Richtlinienvorschlag zur grenzüberschreitenden Verschmelzung von Kapitalgesellschaften, in: BB 2003, S. 2633 - 2641.

Mayer, D. in: Widmann, S./Mayer, D., (Hrsg.) [zit.: Widmann/Mayer, Umwandlungsrecht, 2013]: Umwandlungsrecht – Umwandlungsgesetz, Umwandlungsteuergesetz, München 2013, §§ 5; 8; 47.

Meitner, M./Streitferdt, F., in: Peemöller, V. (Hrsg.) [zit.: Peemöller, Praxishandbuch UB, 2012]: Praxishandbuch der Unternehmensbewertung, 5., aktualisierte und erweiterte Auflage, Herne 2012, Die Bestimmung des Betafaktors, S. 511–575.

Mertens, H. [zit.: AG 1990]: Die Gestaltung von Verschmelzungs- und Verschmelzungsprüfungsbericht, in: AG 1/1990, S. 20–32.

Metz, V. [zit.: Kapitalisierungszinssatz, 2007]: Der Kapitalisierungszinssatz bei der Unternehmensbewertung. Basiszinssatz und Risikozuschlag aus betriebswirtschaftlicher Sicht und aus Sicht der Rechtsprechung, Heidelberg, 2007.

Moxter, A. in: Goetzke, W./Sieben, G. (Hrsg.) [zit.: Goetzke/Sieben, Unternehmensbewertung, 1977]: Moderne Unternehmensbewertung und Grundsätze ihrer ordnungsmäßigen Durchführung, Köln 1977, Die sieben Todsünden des Unternehmensbewerters, S. 253–256.

Moxter, A. [Unternehmensbewertung, 1983]: Grundsätze ordnungsmäßiger Unternehmensbewertung, 2., vollständig umgearbeitete Auflage, Wiesbaden 1983.

Moxter, A. [zit.: ZIP 1986]: Buchbesprechungen/Wirtschaftsprüfer-Handbuch 1985/86, in: ZIP 1986, S. 1493–1495.

Müller, H.-F. [zit.: Der Konzern 2007]: Der Schutz der Minderheitsgesellschafter bei der grenzüberschreitenden Verschmelzung, in: Der Konzern 2007, S. 81–88.

Müller, W., in: Blasche, S./Dirksen, D./Kallmeyer, H. (Hrsg.) [zit.: Kallmeyer, UmwG, 2013]: Umwandlungsgesetz, 5. neu bearbeitete Auflage, Köln 2013, §§ 9; 10; 122f.

Münstermann, H. [zit.: Wert, 1966]: Wert und Bewertung der Unternehmung, Wiesbaden 1966.

Munkert, M. J. [zit.: Kapitalisierungszinssatz, 2005]: Der Kapitalisierungszinssatz in der Unternehmensbewertung: Theorie, Gutachtenpraxis und Rechtsprechung in Spruchverfahren, Heidelberg 2005.

Nelson, C.R./Siegel, A.F. [zit.: JoB 1987]: Parsimonious Modeling of Yield Curves, in: Journal of Business, Vol. 60, 1987, S. 473–489.

Neye, H.-W./Timm, B. [zit.: DB 2006]: Die geplante Umsetzung der Richtlinie zur grenzüberschreitenden Verschmelzung von Kapitalgesellschaften im Umwandlungsgesetz, in: DB 2006, S. 488–493.

Nölle, J.-U., in: Schacht, U./Fackler, M. (Hrsg.) [zit.: Schacht/Fackler, Unternehmensbewertung, 2009]: Praxishandbuch Unternehmensbewertung, 2., vollständig überarbeitete Auflage, Wiesbaden 2009, Grundlagen der Unternehmensbewertung S. 9–29.

Nonnenmacher, R. [zit.: AG 1982]: Das Umtauschverhältnis bei der Verschmelzung von Kapitalgesellschaften, in: AG 1982, S. 153–158.

Obermaier, R. [zit.: Bewertung, 2004]: Bewertung, Zins und Risiko: Anmerkungen zu Grundproblemen der entscheidungsorientierten Unternehmensbewertung und der wertorientierten Unternehmensführung, Frankfurt 2004.

Obermaier, R. [zit.: FB 2004]: Unternehmensbewertung bei Auszahlungsüberschüssen – Risikozu- oder abschlag?, in: FB 2004, S. 2761–2766.

Obermaier, R. [zit.: FB 2006]: Marktzinsorientierte Bestimmung des Basiszinssatzes in der Unternehmensbewertung, in: FB 2006, S. 472–479.

Obermaier, R. [zit.: FB 2008]: Die kapitalmarktorientierte Bestimmung des Basiszinssatzes für die Unternehmensbewertung: the Good, the Bad and the Ugly, in: FB 2008, S. 493–507.

Obermeier, T./Gasper, R. [zit.: Investitionsrechnung, 2008]: Investitionsrechnung und Unternehmensbewertung, München 2008.

Oechsler, J. [zit.: NZG 2006]: Die Richtlinie 2005/56/EG über die Verschmelzung von Kapitalgesellschaften aus verschiedenen Mitgliedstaaten, in: NZG 2006, S. 161–165.

Ossadnik, W. [zit.: DB 1985]: Zur Angemessenheit des Umtauschverhältnisses bei der Verschmelzung von Aktiengesellschaften, in: DB 1985, S. 1953–1957.

Ossadnik, W. [zit.: BFuP 1990]: Die Zurechnung von Synergieeffekten bei der Verschmelzung von Kapitalgesellschaften – Anmerkungen zur Bestimmung eines „angemessenen" Umtauschverhältnisses der Gesellschaftsanteile, in: BFuP 1990, S. 457–471.

Ossadnik, W. [zit.: Synergieeffekte, 1995]: Die Aufteilung von Synergieeffekten bei Fusionen, Stuttgart 1995.

Ossadnik, W. [zit.: DB 1997]: Die „angemessene" Synergieverteilung bei der Verschmelzung, in: DB 1997, S. 885–887.

Peemöller, V. [zit.: DStR 2001]: Grundsätze der Unternehmensbewertung – Anmerkungen zum Standard IDW S 1, in: DStR 2001, S. 1401–1408.

Peemöller, V. [zit.: BBB 2006]: Ertragswert und DCF-Verfahren. Ein Blick in die Zukunft: Ermittlung von Unternehmenswerten, in: BBB 2006, S. 286–291.

Peemöller, V. (Hrsg.) [zit.: Peemöller, Praxishandbuch UB, 2012]: Praxishandbuch der Unternehmensbewertung, 5., aktualisierte und erweiterte Auflage, Herne 2012.

Peemöller, V./Kunowski, S., in: Peemöller, V. (Hrsg.) [zit.: Peemöller, Praxishandbuch UB, 2012]: Praxishandbuch der Unternehmensbewertung, 5., aktualisierte und erweiterte Auflage, Herne 2012, Ertragswertverfahren nach IDW, S. 275–347.

Perridon, L./Steiner, S./Rathgeber, A. (Hrsg.) [zit.: Perridon et al., Finanzwirtschaft der Unternehmung, 2012]: Finanzwirtschaft der Unternehmung, 16., überarbeitete und erweiterte Auflage, München 2012.

Pfeiffer, G./Heilmeier, M. [zit.: GmbHR 2009]: Einreichung und Bekanntmachung des Verschmelzungsplans bei grenzüberschreitender Verschmelzung – Praxisprobleme im Umgang mit § 122 d UmwG, in: GmbHR 2009, S. 1317–1321.

Pfitzer, N., in: Institut der Wirtschaftsprüfer in Deutschland e.V. (Hrsg.) [zit.: WP-Handbuch, Band II, 2014]: Wirtschaftsprüferhandbuch, Band II, Düsseldorf 2014, Umwandlungsfälle und deren Prüfung, S. 547–581.

Rabel, K. [zit.: RWZ 2009]: Ertragssteuern bei der Bewertung von Personengesellschaften und Einzelunternehmen, in: RWZ 2009, S. 303–307.

Rausch, B. [zit.: Unternehmensbewertung, 2008]: Unternehmensbewertung mit zukunftsorientierten Eigenkapitalkostensätzen – Möglichkeiten und Grenzen der Schätzung von Eigenkapitalkostensätzen ohne Verwendung historischer Renditen, Wiesbaden 2008.

Reese, R./Wiese, J. [zit.: ZBB 2007]: Die kapitalmarktorientierte Ermittlung des des Basiszinses für die Unternehmensbewertung, in: ZBB 2007, S. 38–52.

Reichert, J., in: Semler, J./Stengel, A. (Hrsg.) [Semler/Stengel, UmwG, 2012]: Umwandlungsgesetz mit Spruchverfahrensgesetz, Band 56, 3. Auflage, München 2012, § 47.

Reimann, W. [zit.: MittBayNot 1995]: Die kostenrechtlichen Auswirkungen des Umwandlungsgesetzes, in: MittBayNot 1995, S. 1–5.

Richter, F./Schüler, A./Schwetzler, B. (Hrsg.): [zit.: Kapitalgeberansprüche, 2003]: Kapitalgeberansprüche, Marktwertorientierung und Unternehmenswert, Festschrift für Jochen Drukarczyk zum 65. Geburtstag, München 2003.

Rödder, T., in: Kessler, W./Kröner, M./Köhler, S. (Hrsg.) [zit.: Kessler/Kröner/Köhler, Konzernsteuerrecht, 2008]: Konzernsteuerrecht, National – International, München 2008, § 8, Rn. 550–639.

Rössler, R./Troll, M. (Hrsg.) [zit.: BewG, 2014]: BewG – Bewertungsgesetz, 19. Auflage, Stand 10/2013, München 2013.

Sagasser, B., in: Sagasser, B./Bula, T./Brünger, T.R. (Hrsg.) [zit.: Sagasser/Bula/Brünger, Umwandlungen, 2011]: Umwandlungen: Verschmelzung – Spaltung – Formwechsel – Vermögensübertragung, 4. neu bearbeitete und erweiterte Auflage, München 2011, § 8, Rn. 1–26.

Sagasser, B./Bula, T./Brünger, T.R. (Hrsg.) [zit.: Sagasser/Bula/Brünger, Umwandlungen, 2011]: Umwandlungen: Verschmelzung – Spaltung – Formwechsel –Vermögensübertragung, 4. neu bearbeitete und erweiterte Auflage, München 2011.

Sagasser, B./Luke, A., in: Sagasser, B./Bula, T./Brünger, T.R. (Hrsg.) [zit.: Sagasser/Bula/Brünger, Umwandlungen, 2011]: Umwandlungen: Verschmelzung – Spaltung – Formwechsel – Vermögensübertragung, 4. neu bearbeitete und erweiterte Auflage, München 2011, § 9, Rz. 1–393D.

Schacht, U./Fackler, M. (Hrsg.) [zit.: Schacht/Fackler, Unternehmensbewertung, 2009]: Praxishandbuch Unternehmensbewertung, 2., vollständig überarbeitete Auflage, Wiesbaden 2009.

Schiessl, L.-M. [zit.: AG 1999]: Ist das deutsche Aktienrecht kapitalmarkttauglich?, in: AG, 44. Jg., S. 442–452.

Schieszl, S./Bachmann, M./Amann, T., in: Peemöller, V. (Hrsg.) [zit.: Peemöller, Praxishandbuch UB, 2012]: Praxishandbuch der Unternehmensbewertung, 5., aktualisierte und erweiterte Auflage, Herne 2012, Das Wachstum der finanziellen Überschüsse in der Unternehmensbewertung – Eine empirisch gestützte Bestandsaufnahme, S. 629–652.

Schmalenbach, E. [zit.: Die Aktiengesellschaft, 1950]: Die Aktiengesellschaft, 7. Auflage, Wiesbaden 1950.

Schmitt, J./Hörtnagel, R./Stratz, R.-C. (Hrsg.) [zit.: Schmitt/Hörtnagel/Stratz, UmwG, 2013]: Umwandlungsgesetz, Umwandlungssteuergesetz: UmwG, UmStG, 6. Auflage, München 2013.

Schmitt, J./Schloßmacher, S. [zit.: DStR 2010]: Down-Stream Merger mit ausländischen Anteilseignern, in: DStR 2010, S. 673–680.

Schmitz, J.-P. [zit.: Verschmelzungsprüfung, 1987]: Die Verschmelzungsprüfung gem. § 340b AktG: Untersuchung einer neuen Prüfung unter besonderer Berücksichtigung des entscheidungsorientierten Ablaufes des Fusionsprozesses und sonstiger aktienrechtlicher Verschmelzungsprüfungen, Reihe: Steuer, Wirtschaft und Recht, Band 38, Bergisch Gladbach/Köln, 1987.

Schöne, T. [zit.: GmbHR 1995]: Das Aktienrecht als „Maß aller Dinge" im neuen Umwandlungsrecht? zugleich Anmerkungen zu den Kölner Umwandlungsrechtstagen, in: GmbHR 1995, S. 325ff.

Schröer, H. in: Stengel, A./Semler, J. (Hrsg.) [Semler/Stengel, UmwG, 2012]: Umwandlungsgesetz mit Spruchverfahrensgesetz, Band 56, 3. Auflage, München 2012, § 5.

Schwetzler, B. [zit.: Richter/Schüler/Schwetzler, Kapitalgeberansprüche, 2003]: Innenfinanzierung durch Pensionsrückstellungen und Unternehmenswert, in: Richter, F./Schüler, A./Schwetzler, B. (Hrsg.): Kapitalgeberansprüche, Marktwertorientierung und Unternehmenswert, Festschrift für Jochen Drukarczyk zum 65. Geburtstag, München 2003, S. 409–440.

Sedemund, J. [zit.: BB 2006]: EU-weite Verschmelzungen: Gesellschaftsrechtliche Vorgaben und steuerliche Implikationen des SEVIC-Urteils des EuGH vom 13.12.2005, in BB 2006, S. 519–522.

Serf, C., in: Schacht, U./Fackler, M. (Hrsg.) [zit.: Schacht/Fackler, Praxishandbuch UB, 2009]: Praxishandbuch Unternehmensbewertung, 2., vollständig überarbeitete Auflage, Wiesbaden 2009, Ertragswertverfahren, S. 169–203.

Semler, J./Stengel, A. (Hrsg.) [Semler/Stengel, UmwG, 2012]: Umwandlungsgesetz mit Spruchverfahrensgesetz, Band 56, 3. Auflage, München 2012.

Sieben, G. [zit.: AG 1966]: Der Anspruch auf angemessene Abfindung nach § 12 UmwG – Höchstrichterliche Entscheidungen in betriebswirtschaftlicher Sicht (Teil III), in: AG 1966, S. 83–89.

Sieja, M. [zit.: NWB 2013]: Grenzüberschreitende Verschmelzung von Kapitalgesellschaften, in: NWB 2013, S. 1820–1830.

Siepe, G./Dörschell, A./Schulte, J. [zit.: WPg 2000]: Der neue IDW Standard: Grundsätze zur Durchführung von Unternehmensbewertungen (IDW S 1), in: WPg 2000, S. 946–960.

Simon, S./Rubner, D. [zit.: Der Konzern 2006]: Die Umsetzung der Richtlinie über grenzüberschreitende Verschmelzungen ins deutsche Recht, in: Der Konzern 2006, S. 835–843.

Stehle, R., [zit.: WPG 2004]: Die Festlegung der Risikoprämie von Aktien im Rahmen der Schätzung des Wertes von börsennotierten Kapitalgesellschaften, in: WPG 2004, S. 906–927.

Stratz, R.-C., in: Schmitt, J./Hörtnagel, R./Stratz, R.-C. (Hrsg.) [zit.: Schmitt/Hörtnagel/Stratz, UmwG, 2013]: Umwandlungsgesetz, Umwandlungssteuergesetz: UmwG, UmwStG, 6. Auflage, München 2013, §§ 5 Rz. 1–116.

Strunk, G./Kaminski, B. in: Strunk, G./Kaminski, B./Köhler, S. (Hrsg.) [zit.: Strunk/Kaminski/Köhler, AStG/DBA, 2012]: Außensteuergesetz, Doppelbesteuerungsabkommen, 30. Ergänzungslieferung August 2012, Bonn 2012, Einl. Rz. 5, Einl. Rz. 21ff., Einl. Rz. 44.

Strunk, G./Kaminski, B./Köhler, S. (Hrsg.) [zit.: Strunk/Kaminski/Köhler, AStG/DBA, 2012]: Außensteuergesetz, Doppelbesteuerungsabkommen, 30. Ergänzungslieferung August 2012, Bonn 2012.

Süß, R./Wachter, T. [zit.: Internationales GmbH-Recht]: Handbuch des internationalen GmbH-Rechts, 2. Auflage, München 2011.

Svensson, L. [zit.: Svensson 1994]: Estimating and Interpreting Forward Interest Rates: Sweden 1992–1994, National Bureau of Economic Research, Working Paper No. 4871, 1994.

Teichmann, C. [zit.: DB 2012]: Der grenzüberschreitende Formwechsel ist spruchreif: das Urteil des EuGH in der Rs. Vale, in DB 2012, S. 2085–2092.

Thömmes, O. [zit.: DB 1993]: Identitätswahrende Sitzverlegung von Gesellschaften in Europa, in: DB 1993, S. 1021–1026.

Thömmes, O. [zit.: NWB 2012]: Grenzüberschreitende Umwandlung von Gesellschaften: VALE-Entscheidung des EuGH vom 12.07.2012 – Rs. C-378/10, in: NWB 2012, S. 3018–3021.

Thömmes, O./Lang, M./Schuch, J. (Hrsg.) [zit.: Thömmes/Lang/Schuch, Investitions- und Steuerstandort Österreich, 2005]: Investitions- und Steuerstandort Österreich. Wirtschaftliche und steuerliche Rahmenbedingungen, 2. Auflage, Wien 2005.

Thomas, J. [zit.: Steuerliche Behandlung einer grenzüberschreitenden Verschmelzung, 2007]: Die steuerliche Behandlung einer grenzüberschreitenden Verschmelzung von Kapitalgesellschaften innerhalb der EU, Köln 2007.

Timm, W. [zit.: AG 1982]: Minderheitenschutz im GmbH-Verschmelzungsrecht, in: AG 1982, S. 93–108.

Timmreck, C. [zit.: Sicherheitsäquivalente, 2006]: Kapitalmarktorientierte Sicherheitsäquivalente – Konzeption und Anwendung bei der Unternehmensbewertung, Wiesbaden 2006.

Tipke, K./Kruse, H. [zit.: AO/FGO, 2012]: Abgabenordnung – Finanzgerichtsordnung, 134. Ergänzungslieferung Dezember 2013, Köln 2013.

Trentini, S., [zit.: Quo usque tandem...?, 2010]: Quo usque tandem...?, in: Königsmaier, H./Rabel, K. (Hrsg.): Unternehmensbewertung – Theoretische Grundlagen – Praktische Anwendung, Festschrift für Gerald Mandl zum 70. Geburtstag, Wien 2010, S. 623–634.

Triebel, V./Hase, K. von [zit.: BB 2003]: Wegzug und grenzüberschreitende Umwandlung deutscher Gesellschaften nach „Überseering" und „Inspire Art", in: BB 2003, S. 2409–2417.

Tschöpel, A. [zit.: Risikoberücksichtigung, 2004]: Risikoberücksichtigung bei Grenzpreisbestimmungen im Rahmen der Unternehmensbewertung, Lohmar/Köln 2004.

Vasicek, O. [zit.: JoFE 1977]: An equilibrium characterization of the term structure, in: JoFE 1977, S. 177–188.

Vetter, J. [zit.: AG 2006]: Die Regelung der grenzüberschreitenden Verschmelzung im UmwG, in: AG 2006, S. 613–626.

Vogel, K. in: Vogel, K./Lehner, M. (Hrsg.) [zit.: Vogel/Lehner, DBA, 2008]: Doppelbesteuerungsabkommen: DBA, 5., völlig neubearbeitete Auflage 2008, München 2008, Einleitung, Überschrift und Präambel, Art. 2, 3, vor Art. 6–22.

Vogel, K./Lehner, M. (Hrsg.) [zit.: Vogel/Lehner, DBA, 2008]: Doppelbesteuerungsabkommen: DBA, 5., völlig neubearbeitete Auflage 2008, München 2008.

Wagenhofer, A. [zit.: Bilanzierung und Bilanzanalyse, 2013]: Bilanzierung und Bilanzanalyse, 11., überarbeitete und aktualisierte Auflage, Wien 2013.

Wagner, F./Rümmele, P. [zit.: WPG 1995]: Ertragsteuern in der Unternehmensbewertung – Zum Einfluß von Steuerrechtsänderungen, in: WPG 1995, S. 433–441.

Wagner, W./Jonas, M./Ballwieser, W./Tschöpel, A. [zit.: WPg 2004]: Weiterentwicklung der Grundsätze zur Durchführung von Unternehmensbewertungen (IDW S 1), in: WPg 2004, S. 889–898.

Wagner, W./Jonas, M./Ballwieser, W./Tschöpel, A. [zit.: WPg 2006]: Unternehmensbewertung in der Praxis – Empfehlungen und Hinweise zur Anwendung von IDW S 1, in: WPg 2006, S. 1005–1028.

Wagner, W., in: Institut der Wirtschaftsprüfer in Deutschland e.V. (Hrsg.) [zit.: WP-Handbuch, Band II, 2008]: Wirtschaftsprüferhandbuch, Band II, Düsseldorf 2008, Die Unternehmensbewertung.

Wagner, W./Saur, G./Willershausen, T. [zit.: WPG 2008]: Zur Anwendung der Neuerungen der Unternehmensbewertungsgrundsätze des IDW S 1 i.d.F. 2008 in der Praxis, in: WPG 2008, S. 731–747.

Wassermeyer, F. in: Wassermeyer, F./Kaeser, C./Schwenke, M. (Hrsg.) [zit.: Wassermeyer/Kaeser/Schwenke, DBA, 2013]: Doppelbesteuerungsabkommen, Band I, 124. Auflage, München 2013.

Wassermeyer, F./Kaeser, C./Schwenke, M. (Hrsg.) [zit.: Wassermeyer/Kaeser/Schwenke, DBA, 2013]: Doppelbesteuerungsabkommen, Band I, 124. Auflage, München 2013.

Wassermeyer, F. [zit.: IStR 2012]: Die abkommensrechtliche Aufteilung von Unternehmensgewinnen zwischen den beteiligten Vertragsstaaten, in: IStR 2012, S. 277–282.

Wegener, W. [zit.: DStR 2008]: Auswirkungen der Steuerreform auf den objektivierten Unternehmenswert von Kapitalgesellschaften, in: DStR 2008, S. 935–942.

Widmann, B./Schieszl, S./Jeromin, A. [zit.: FB 2008]: Der Kapitalisierungszinssatz in der praktischen Unternehmensbewertung, in: FB 2008, S. 800–810.

Widmann, S./Mayer, D., (Hrsg.) [zit.: Widmann/Mayer, Umwandlungsrecht, 2013]: Umwandlungsrecht – Umwandlungsgesetz, Umwandlungssteuergesetz, München 2013.

Wiese, J. [zit.: WPG 2007]: Unternehmensbewertung und Abgeltungssteuer, in: WPG 2007, S. 368–375.

Wiese, J./Gampenrieder, P. [zit.: BB 2008]: Marktorientierte Ableitung des Basiszinses mit Bundesbank- und EZB-Daten, in: BB 2008, S. 1722–1726.

Wiese, J. [zit.: WPG 2006]: Komponenten des Zinsfußes in Unternehmensbewertungskalkülen: Theoretische Grundlagen und Konsistenz, in: WPG 2006, S. 55–58.

Wilke, K.-M. [zit.: LB Internationales Steuerrecht, 2012]: Lehrbuch Internationales Steuerrecht, 11., überarbeitete Auflage, Herne 2012.

Willemsen, H.-J., in: Blasche, S./Dirksen, D./Kallmeyer, H. (Hrsg.) [zit.: Kallmeyer, UmwG, 2013]: Umwandlungsgesetz, 5. neu bearbeitete Auflage, Köln 2013, § 5 Abs. 1 Nr. 9, Abs. 3.

Winter, M. [zit.: Der Konzern 2007]: Planung und Vorbereitung einer grenzüberschreitenden Verschmelzung, in: Der Konzern 2007, S. 24–34.

Winter, M. [zit.: GmbHR 2008]: Grenzüberschreitende Verschmelzung – ein Update, in: GmbHR, S. 532–537.

Winter, M./Vetter, J., in: Bayer, W./Vetter, J. (Hrsg.) [zit.: Lutter, UmwG, 2014]: Umwandlungsgesetz, Band I, 5. neu bearbeitete Auflage, Köln 2014, §§ 47; 53.

Wöhe, G./Döring, U. [zit.: Betriebswirtschaftslehre, 2013]: Einführung in die Allgemeine Betriebswirtschaftslehre], 25. überarbeitete und aktualisierte Auflage, München 2013.

Wollny, C. [zit.: Der objektivierte Unternehmenswert, 2010]: Der objektivierte Unternehmenswert: Unternehmensbewertung bei gesetzlichen und vertraglichen Bewertungsanlässen, 2., überarbeitete und erweiterte Auflage, Berlin 2010.

Wunsch, I. [zit.: Verschmelzung und Spaltung von Kapitalgesellschaften]: Verschmelzung und Spaltung von Kapitalgesellschaften, Bielefeld 2003.

Zeidler, G.-W./Schöniger, S./Tschöpel, A. [zit.: FB 2008]: Auswirkungen der Unternehmenssteuerreform 2008 auf Unternehmensbewertungskalküle, in: FB 2008, S. 276–288.

Zimmermann, N., in: Blasche, S./Dirksen, D./Kallmeyer, H. (Hrsg.) [zit.: Kallmeyer, UmwG, 2013]: Umwandlungsgesetz, 5. neu bearbeitete Auflage, Köln 2013, §§ 13; 17 Abs. 1; 53; 122g.

Verzeichnis der verwendeten Internetquellen

BDO Graz GmbH Wirtschaftsprüfungs- und Steuerberatungsgesellschaft [zit.: Empfehlung der Arbeitsgruppe Unternehmensbewertung vom 30.10.2006]: Empfehlung Arbeitsgruppe Unternehmensbewertung, veröffentlicht unter http://www.valuationcenter.at/images/pdf/empf-ag-ubew-30-10-2006.pdf, Abruf am 01.12.2013.

BDO Graz GmbH Wirtschaftsprüfungs- und Steuerberatungsgesellschaft [zit.: Empfehlung der Arbeitsgruppe Unternehmensbewertung vom 11.12.2006]: Empfehlung Arbeitsgruppe Unternehmensbewertung, veröffentlicht unter http://www.valuationcenter.at/images/pdf/empf-ag-ubew-11-12-2006.pdf, Abruf am 01.12.2013.

BDO Graz GmbH Wirtschaftsprüfungs- und Steuerberatungsgesellschaft [zit.: Empfehlung der Arbeitsgruppe Unternehmensbewertung vom 17.01.2012]: Empfehlung Arbeitsgruppe Unternehmensbewertung des Fachsenats für Betriebswirtschaft und Organisation zur Bestimmung der Marktrisikoprämie vom 17.1.2012, veröffentlicht unter http://www.valuationcenter.at/images/pdf/empf-ag-ubew-17-01-2012.pdf, Abruf am 01.12.2013.

BDO Graz GmbH Wirtschaftsprüfungs- und Steuerberatungsgesellschaft [zit.: Empfehlung der Arbeitsgruppe Unternehmensbewertung vom 04.10.2012]: Empfehlung Arbeitsgruppe Unternehmensbewertung des Fachsenats für Betriebswirtschaft und Organisation zur Bestimmung der Marktrisikoprämie vom 4.10.2012, veröffentlicht unter http://www.valuationcenter.at/images/pdf/empf-ag-ubew-4-10-2012.pdf, Abruf am 01.12.2013.

Deutsche Bundesbank [zit.: Monatsbericht, 10/1997]: Schätzung von Zinsstrukturkurven, in: Monatsbericht Oktober 1997, veröffentlicht unter http://www.bundesbank.de/Navigation/DE/Veroeffentlichungen/Monatsberichte/monatsberichte.html?startpageId=Startseite-DE&startpageAreaId=Navigationsbereich&startpageLinkName=monatsberichte+38932.

Deutsche Bundesbank. [zit.: Kapitalmarktstatistik der Deutschen Bundesbank, 2013]: Kapitalmarktstatistik – Tägliche Zinsstruktur am Rentenmarkt – Schätzwerte, veröffentlicht unter http://www.bundesbank.de/Redaktion/DE/Downloads/Statistiken/Geld_Und_Kapitalmaerkte/Zinssaetze_Renditen/stat_zinsstruktur_BWP.pdf?__blob=publicationFile Abruf am 01.12.2013.

Institut der Wirtschaftsprüfer in Deutschland e.V. (Hrsg.) [zit.: Bericht der 84. Sitzung des AKU]: Eckdaten zur Bestimmung des Kapitalisierungszinssatzes im Rahmen der Unternehmensbewertung vom 10.12.2004, veröffentlicht unter https://www.idw.de/idw/portal/d374798/index.jsp, Abruf am 01.12.2013.

Institut der Wirtschaftsprüfer in Deutschland e.V. (Hrsg.) [zit.: Bericht der 86. Sitzung des AKU]: Eckdaten zur Bestimmung des Kapitalisierungszinssatzes im Rahmen der Unternehmensbewertung vom 29.06.2005, veröffentlicht unter https://www.idw.de/idw/portal/d388488/index.jsp Abruf am 01.12.2013.

Institut der Wirtschaftsprüfer in Deutschland e.V. (Hrsg.) [zit.: Bericht der 95. Sitzung des FAUB]: Ergebnisbericht-Online über die 95. Sitzung des Fachausschusses für Unternehmensbewertung und Betriebswirtschaft (FAUB) vom 29. November 2007, veröffentlicht unter https://www.idw.de/idw/portal/d388488/index.jsp, Abruf am 01.12.2013.

Institut der Wirtschaftsprüfer in Deutschland e.V. (Hrsg.) [zit.: Bericht der 108. Sitzung des FAUB]: Ergebnisbericht-Online über die 108. Sitzung des Fachausschusses für Unternehmensbewertung und Betriebswirtschaft (FAUB) vom 27.08.2012, veröffentlicht unter https://www.idw.de/idw/portal/d388488/index.jsp, Abruf am 01.12.2013.

Institut der Wirtschaftsprüfer in Deutschland e.V. (Hrsg.) [zit.: Bericht der 109. Sitzung des FAUB]: Ergebnisbericht-Online über die 109. Sitzung des Fachausschusses für Unternehmensbewertung und Betriebswirtschaft (FAUB) vom 20.11.2012, veröffentlicht unter https://www.idw.de/idw/portal/d388488/index.jsp, Abruf am 01.12.2013.

IVA – Austrian Shareholder Association [zit.: IVA, 2013]: IVA-Analyse -Ausschüttungsquoten 2012, veröffentlicht am 01.12.2012 unter http://www.iva.or.at/artdetail.php?id=11617, Abruf am 01.12.2013.

Österreichische Kontrollbank AG. [zit.: Österreichische Kontrollbank, 2013]: Zinsstrukturkurve Bundesanleihen – nach dem Verfahren von Svensson, veröffentlicht unter http://www.profitweb.at/public/main/start.jsp, Abruf am 01.12.2013.

Rechtsprechungsverzeichnis

Europäischer Gerichtshof (EuGH)

12.07.2012	Rs. C-378/10	DB 2012	S. 1614ff.
16.12.2008	Rs. C-210/06	DNotZ 2009	S. 553ff.
13.12.2005	Rs. C-411/03	DNotZ 2006	S. 210ff.
05.11.2002	Rs. C-208/00	DNotZ 2003	S. 139ff.

Reichsfinanzhof

03.10.1935	III A 267/34	RStBl. 1935	S. 1400ff.
14.07.1938	III 78/38	RStBl. 1938	S. 937ff.

Bundesverfassungsgericht

26.03.1957	2 BvG 1/55	BVerGE 6	S. 363ff.

Bundesfinanzhof (BFH)

15.01.1971	III R 125/69	BStBl. II 1971	S. 380ff.
28.06.1972	I R 35/70	BStBl. II 1972	S. 787ff.

Bundesgerichtshof (BGH)

17.01.1973,	ZR 142/70	NJW 1973	S. 509ff.
04.03.1998	II ZB 5/97	DStR 1998	S. 898ff.

LG Frankfurt

16.05.1984	3/3 AktE 144/80	AG 1985	S. 58f.
24.11.1995	3/11 T 57/95	GmbHR 1996	S. 542.
02.05.2006	3/05 O 153/04	AG 2007	S. 42ff.

LG München

31.08.1999	5 HK O 8188/99	AG 2000	S. 86

OLG München

10.12.1998	3 Z BR 237/98	NJW-RR	S. 833

OLG Frankfurt

22.08.2000	14 W 23/00	ZIP 2000	S. 1928
02.05.2011	21 W 3/11	AG 2011	S. 828ff.

OLG Stuttgart

04.02.2000	4 W 15/98	NZG 2000	S. 744ff.

Quellenverzeichnis

AmtshilfeRL-	Gesetz zur Umsetzung der Amtshilferichtlinie sowie zur Änderung
UmsG	steuerlicher Vorschriften vom 26. Juni 2013 (BGBl. I S. 1809)
AO	Abgabenordnung in der Fassung der Bekanntmachung vom 1. Oktober 2002 (BGBl. I S. 3866, ber. I 2003 S. 61), zuletzt geändert durch Art. 13 Gesetz zur Anpassung des Investmentsteuergesetzes und anderer Gesetze an das AIFM-Umsetzungsgesetz (AIFM-Steuer-Anpassungsgesetz – AIFM-StAnpG) vom 18.12.2013 (BGBl. I S. 4318)
AStG	Gesetz über die Besteuerung bei Auslandsbeziehungen vom 8. September 1972 (BGBl. I S. 1713), zuletzt geändert durch Art. 6 Gesetz zur Umsetzung der Amtshilferichtlinie sowie zur Änderung steuerlicher Vorschriften vom 26.06.2013 (BGBl. I S. 1809)
BsGaV	[zit.: BsGaV, Entwurf des BMF vom 05.08.2013]: Verordnung zur Anwendung des Fremdvergleichsgrundsatzes auf Betriebsstätten nach § 1 Absatz 5 des Außensteuergesetzes (Betriebsstättengewinnaufteilungsverordnung nach § 1 Abs. 5 AStG), BMF-Entwurf vom 05. August 2013
DBA	[zit.: DBA-Österreich, BGBl. 2002 II]: Abkommen zwischen der Bundesrepublik Deutschland und der Republik Österreich zur Vermeidung der Doppelbesteuerung auf dem Gebiet der Steuern vom Einkommen und vom Vermögen vom 24. August 2000 (BGBl. 2002 II S. 735) in der Fassung des Änderungsprotokolls vom 29. Dezember 2010 (BGBl. 2011 II S. 1210)

EGBGB	Einführungsgesetz zum Bürgerlichen Gesetzbuch in der Fassung der Bekanntmachung vom 21. September 1994 (BGBl. I S. 2494, ber. BGBl. 1997 I S. 1061), zuletzt geändert durch BVerfG, Beschl. v. 17.12.13 – 1 BvL 6/10 – vom 17.12.2013 (BGBl. 2014 I S. 110)
EGV	Vertrag zur Gründung der Europäischen Gemeinschaft vom 25. März 1957 in der Fassung bis 30. November 2009, internationale Quelle UNTS Bd. 298 S. 11, zuletzt geändert durch Art. 2 Vertrag von Lissabon vom 13.12.2007 (ABl. Nr. C 306 S. 1)
EStG	Einkommensteuergesetz in der Fassung der Bekanntmachung vom 8. Oktober 2009 (BGBl. I S. 3366, ber. I 2009 S. 3862), zuletzt geändert durch Art. 11 Gesetz zur Anpassung des Investmentsteuergesetzes und anderer Gesetze an das AIFM-Umsetzungsgesetz (AIFM-Steuer-Anpassungsgesetz – AIFM-StAnpG) vom 18.12.2013 (BGBl. I S. 4318)
EuGVVO	Verordnung (EG) Nr. 44/2001 des Rates vom 22. Dezember 2000 über die gerichtliche Zuständigkeit und die Anerkennung und Vollstreckung von Entscheidungen in Zivil- und Handelssachen (ABl. 2001 Nr. L 12 S. 1, ber. ABl. Nr. L 307 S. 28 und ABl. 2010 Nr. L 328 S. 36), zuletzt geändert durch Art. 1 ÄndVO (EU) 566/2013 vom 18.6.2013 (ABl. Nr. L 167 S. 29)
HGB	Handelsgesetzbuch in der Fassung vom 10. Mai 1897 (RGBl. S. 219), zuletzt geändert durch Art. 1 ÄndG vom 4. Oktober 2013 (BGBl. I S. 3746)
MgVG	Gesetz über die Mitbestimmung der Arbeitnehmer bei einer grenzüberschreitenden Verschmelzung Vom 21. Dezember 2006 (BGBl. I S. 3332), zuletzt geändert durch Art. 11 G zur Umsetzung der AktionärsrechteRL (ARUG) vom 30. Juli 2009 (BGBl. I S. 2479)

OECD	[zit.: OECD-MA 2010]: OECD-Musterabkommen 2010 zur Vermeidung der Doppelbesteuerung auf dem Gebiet der Steuern vom Einkommen und vom Vermögen, Paris 2010
OECD	[zit.: OECD-MK 2010]: OECD-Musterkommentar 2010 zur Vermeidung der Doppelbesteuerung auf dem Gebiet der Steuern vom Einkommen und vom Vermögen, Paris 2010
SpruchG	Gesetz zur Neuordnung des gesellschaftsrechtlichen Spruchverfahrens (Spruchverfahrensneuordnungsgesetz) in der Fassung der Bekanntmachung vom 12. Juni 2003 BGBI. Teil I, Nr. 25, S. 838
UmwG	Umwandlungsgesetz in der Fassung der Bekanntmachung vom 28. Oktober 1994 (BGBl. I S. 3210, ber. 1995 S. 428), zuletzt geändert durch Art. 2 Abs. 48 G zur Änd. von Vorschriften über Verkündung und Bekanntmachungen sowie der ZPO, des EGZPO und der AO vom 22.12.2011 (BGBl. I S. 3044)
UStRG 2008	Unternehmensteuerreformgesetz 2008 in der Fassung vom 14. August 2007 (BGBl. I S. 1912 (Nr. 40)), zuletzt geändert durch Artikel 16 G. vom 20. Dezember 2008 (BGBl. I S. 2850)
WÜRV	Gesetz zu dem Wiener Übereinkommen über das Recht der Verträge vom 23. Mai 1969, in der Fassung der Bekanntmachung vom 03. August 1985 (BStBl. II 1985, S. 926–960)

Österreichische Quellen

EU-VerschG	Bundesgesetz über die grenzüberschreitende Verschmelzung von Kapitalgesellschaften in der Europäischen Union in der Fassung der Bekanntmachung vom 24. Oktober 2007 (BGBl. I Nr. 72/2007), zuletzt geändert am 27. Juli 2011 (BGBl. I Nr. 53/2011)

öAktG	Bundesgesetz über Aktiengesellschaften in Österreich in der Fassung der Bekanntmachung vom 06. Mai 1965 (BGBl. Nr. 98/1965), zuletzt geändert am 24.04.2012 (BGBl. I Nr. 35/2012)
öEStG	Bundesgesetz über die Besteuerung des Einkommens natürlicher Personen in Österreich in der Fassung der Bekanntmachung vom 29. Juli 1988 (BGBl. Nr. 400/1988), zuletzt geändert am 28.02.2014 (BGBl. I Nr. 13/2014)
öGmbHG	Gesetz betreffend die Gesellschaften mit beschränkter Haftung in Österreich in der Fassung der Bekanntmachung vom 06. März 1906 (RGBl. Nr. 58/1906), zuletzt geändert am 02.07.2013 (BGBl. I Nr. 109/2013)
UGB	Bundesgesetz über besondere zivilrechtliche Vorschriften für Unternehmen in der Fassung vom 10. Mai 1897 (dRGBl. S. 219/1897), zuletzt geändert am 27. Oktober 2005 (BGBl. I Nr. 120/2005)
StabG	1. Stabilitätsgesetz 2012 in der Fassung vom 31.03.2012 (BGBl I 35/2012), zuletzt aktualisiert am 30.08.2013 (2. Stabilitätsgesetz 2012)

Sonstige Quellen

Deutscher Bundestag (Hrsg.) [zit.: Begr. RegE, BT-Drucks. 16/2919]: Gesetzentwurf des Zweiten Gesetzes zur Änderung des Umwandlungsgesetzes vom 12.10.2006, BT-Drucks. 16/2919.

Bundesrat (Hrsg.) [zit.: BegrRegE, BR-Drucks. 12/6699]: Gesetzentwurf zur Bereinigung des Umwandlungsrechts (UmwBerG) vom 01.02.1994, BR-Drucks. 12/6699.

Richtlinie 90/434/EWG des Rates vom 23. Juli 1990 über das gemeinsame Steuersystem für Fusionen, Spaltungen, Abspaltungen, die Einbringung von Unternehmensteilen und den Austausch von Anteilen, die Gesellschaften verschiedener Mitgliedstaaten betreffen, sowie für die Verlegung des Sitzes einer Europäischen Gesellschaft oder einer Europäischen Genossenschaft von einem Mitgliedstaat in einen anderen Mitgliedstaat, ABl. Nr. L 225 S. 1, EU-Dok.-Nr. 3 1992 L 0050, zuletzt geändert durch Art. 17 ÄndRL 2009/133/EG vom 19.10.2009 ABl. Nr. L 310 S. 34.

Richtlinie 2001/86/EG des Rates vom 8. Oktober 2001 zur Ergänzung des Statuts der Europäischen Gesellschaft hinsichtlich der Beteiligung der Arbeitnehmer, in: Amtsblatt der Europäischen Gemeinschaften Nr. L 294.

Richtlinie 2005/56/EG des Europäischen Parlaments und des Rates vom 26. Oktober 2005 über die Verschmelzung von Kapitalgesellschaften verschiedener Mitgliedstaaten, in: Amtsblatt der Europäischen Union Nr. L 310 vom 25. November 2005.

Richtlinie 2006/43/EG des Europäischen Parlaments und des Rates vom 17. Mai 2006 über Abschlussprüfungen von Jahresabschlüssen und konsolidierten Abschlüssen, zur Änderung der Richtlinien 78/660/EWG und 83/349/EWG des Rates und zur Aufhebung der Richtlinie 84/253/EWG des Rates, in: Amtsblatt der Europäischen Union Nr. L 157 vom 09. Juni 2006.

Richtlinie 2009/109/EG des Europäischen Parlaments und des Rates vom 16. September 2009 zur Änderung der Richtlinien 77/91/EWG, 78/855/EWG und 82/891/EWG des Rates sowie der Richtlinie 2005/56/EG hinsichtlich der Berichts- und Dokumentationspflicht bei Verschmelzungen und Spaltungen, in: Amtsblatt der Europäischen Union Nr. L 259 vom 02. Oktober 2009.

Verordnung (EG) Nr. 44/2001 des Rates vom 22. Dezember 2000 über die gerichtliche Zuständigkeit und die Anerkennung und Vollstreckung von Entscheidungen in Zivil- und Handelssachen, Abl. EG Nr. L 12, vom 16. Januar 2001.

Verordnung (EG) Nr. 2157/2001 des Rates vom 08. Oktober 2001 über das Statut der Europäischen Gesellschaft (SE), Abl. EG Nr. L 294/1 vom 10. November 2001.

Zweites Gesetz zur Änderung des Umwandlungsgesetzes vom 19.04.2007, in: BGBL I, S. 542–548.

Internationale Steuerlehre, Steuerrecht und Wirtschaftsprüfung

Herausgegeben von Rainer Heurung, Gerd Morgenthaler und Andreas Dutzi

Band 1 Markus Gsödl: Entstrickungstatbestände des Einkommen- und Körperschaftsteuergesetzes. Eine Analyse unter dem Aspekt der Gerechtigkeit. 2010.

Band 2 Philipp Seidel: Ertragsbesteuerung periodischer Auslandseinkünfte aus Direktinvestitionen. 2011.

Band 3 Hans-Jürgen Lappat: Die in- und ausländische Besteuerung schweizerischer Betriebsstätten deutscher Personenhandelsgesellschaften. 2011.

Band 4 Jens Kalbitzer: Wegzugsbesteuerung nach § 6 AStG. Betriebswirtschaftliche Analyse und Gestaltungsempfehlungen. 2012.

Band 5 Bastian Thiedemann: Die Entwicklung einer modernen, europarechtskonformen und zukunftsweisenden Gruppenbesteuerung für Deutschland. Eine Untersuchung insbesondere unter gemeinschaftsrechtlichen und steuersystematischen Gesichtspunkten. 2013.

Band 6 Michael Fritz: Ermittlung von Umtauschverhältnissen im Rahmen von grenzüberschreitenden Verschmelzungstatbeständen. 2015.

www.peterlang.com